JN448852

종교시민문화연구소 학술총서 ❷

# 민주주의, 종교성, 그리고 공화적 공존

김종철 · 송재룡 외

다산출판사

이 저서는 2015년 대한민국 교육부와 한국연구재단의 지원을 받아 수행된 연구임(NRF-2015S1A3A2046920)

# 서문

한국연구재단이 주관하는 한국사회과학연구사업(SSK)의 일환으로 '사회적 진보와 공화적 공존: 개인, 종교, 공동체' 연구단이 결성된 지 2년 만에 그동안 맺은 공동연구의 결실을 내어 놓게 되었다. 우리 연구단은 원래 소형단계 연구사업에서 "공공영역에서의 시민참여를 통한 공화적 공존 모색" 연구팀과 "한국의 종교와 사회적 진보: 종교사회학적 접근" 연구팀이 연합하여 출범하였다. 두 소형 연구팀이 각각 중점 연구하였던 '시민참여'와 '종교와 공공성'을 독자적으로 더욱 심화시켜 나가는 한편, 소형단계의 두 연구팀의 연구 비전을 통합적으로 발전시키기 위한 '시민 및 시민사회와 종교'연구를 진행함으로써 한국적 시민참여 모델을 구축하는 것이 연합된 연구단의 목표이다. 이 목표를 달성하기 위해 '시민사회의 법, 정치, 행정', '공적 종교의 기능과 역할', '시민참여제도와 종교단체'의 주제들에 대하여 개인연구 혹은 공동연구의 형식으로 연구에 매진하여 왔다. 이 연구성과 가운데 연계성이 높은 연구실적을 모으고 새로운 연구과제를 보완하여 학계에 보고하게 된 것이 「민주주의, 종교성, 그리고 공화적 공존」이라고 이름 붙이게 된 이 책이다.

오늘날 우리 사회는 물론 지구촌의 인류사회는 인종, 종교, 세대, 경제적 차별 등 다양한 갈등요소를 극복하고 새로운 공존의 틀을 모색해야 하는 전환기에 있다. 그러나 개인의 자율성을 최대한 존중하면서도 개인적 삶을 공동체의 공공선과 조화를 이루는 방향으로 실현해야 할 인간의 숙명적 조건은 새로운 패러다임에서도 변함없이 요청되는 지향가치일 수밖에 없다. 따라서 개인의 인격적 자유가 공동체의 정치, 경제, 사회, 문화적 조건과 상호존중의 관계를 유지하기 위해서 민주주의, 법의 지배, 인권의 보장 등 현대 공화주의 정치철학이 제시하는 공존의 원리와 규칙은 사회과학적 탐구의 지향점이자 수단이다. 한편 이러한 공존의 모색은 한국 사회라는 특별한 공간에서의 현실적 조건에 대한 탐색과 결합하여서만 그 적실성을 확보하게 될 것이다. 특히 시대를 초월하는 공존의 조건이지만 역설적으로 바로 그러한 가치 때문에 또 다른 갈등의 기제로 작동할 수 있는 이중성을 배태하고 있는 종교의 영역은 한국 사회의 공존 모델을 구상하는 데 빠질 수 없는 영역이다. 기본적으로 종교가 사회구성원들의 가치와 규범적 덕목의 패턴이 형성되는 원천으로 기능하며 따라서 한국 사회의 집합적 가치지향성을 형성해 주는 주요 토대 중의 하나라는 점에서, 한국 사회의 진보와 공화적 공존을 위한 논의와 불가분하게 연결된다.

이 책은 모두 세 부로 구성되어 있다. 제1부는 '현 단계 한국의 민주주의'라는 주제하에 모두 네 편의 논문을 수록하고 있다. 한국의 민주주의 수준에 대한 다양한 시각에서의 연구는 우리가 추구하는 공화적 공존 모색의 대상에 대한 엄밀한 진단을 전제로 한다. 제1장에서 김종철과 이지문은 특정인, 특정집단, 특정계층의 독재를 거부하고 공동체의 구성원이 '비지배적 자유'와 '사회적 평등'의 가치를 핵심으로 하는 헌법공동체를 꾸리기 위해 필요한 정치개혁의 과제를 구명하고 있다. 특히 헌법개정의 정치학이 보여주는 헌정사적, 헌법정책적 의의와 한계를 제시하면서 입법정책과 정치의식개혁의 중요성을 강조하고 있다는 점을 주목할 필요가 있다. 제2장에서 오수길은 서울시라는 도시정부의 조건 속에서 협력적 방식의 문제해결 메커니즘인 협치의 구성요소를 분석하면서 협력적 거버넌스의 핵심과제를 제시하고 있다. 특히, 협치의 당사자 스스로 결정하고 참여하는 것, 문제해결을 지향하면서도 시민참여 자체에 기반한 협력의 과정이 중요하다는 점을 실증적 연구를 통해 확인하고 있다. 제3장에서 정승안은 박근혜-최순실 국정농단을 척결한 촛불시민의 민주주의혁명이 가지는 정치사회학적 의미를 거대담론의 차원과 일상생활의 사회사에 대한 복합계차원에서 분석함으로써 현 단계 한국 민주주의의 수준에 대한 또 하나의 시각을 제시하고 있다. 제4장에서 전명수는 종교사회학적 관점에서 정치발전과 종교의 관계, 특히 종교시민단체의 활동을 소재로 종교가 정치발전에 미치는 영향을 분석하고 있다. 이 네 편의 논문을 통해 현 단계 한국 민주주의의 과제가 정치제도적 차원의 개혁과 함께 종교사회를 비롯한 시민사회의 역동성과 결합되어 있고 또한 결합해야 한다는 공동의 문제의식을 획득할 수 있다.

제2부는 '종교성과 참여민주주의'라는 주제 아래 5편의 논문을 묶었다. 제5장에서 김성건의 '종교와 민주주의'는 종교성이 민주주의 발전의 전제로 작동하는 사례를 제시한 또끄빌의 고전적 시각을 차용하여 한국 사회의 민주주의 발전은 종교성의 부재 혹은 후퇴를 극복해야 할 과제에 연동되어 있음을 강조하고 있다. '종교와 도덕과 정치' 사이의 연관성을 모색하지 않고 향후 민주주의 연구는 온전한 모습을 구축할 수 없음을 강력히 시사하고 있는 셈이다.

제6장에서 송재룡과 조광덕은 종교성과 사회정치적 참여의 상관관계를 실증분석을 통해 구명하려 시도하고 있다. 종교성과 사회정치적 참여의 연계성을 주장하는 규범적 차원의 가설을 종교성을 대표하는 참석빈도, 신앙심의 정도, 삶에 미치는 영향, 종교 유형 등의 다양한 변인으로 설정하고 사회에 대한 신뢰, 지도자에 대한 신뢰 등 사회자본에 기초한 사회정치적 참여 요인들의 관련성을 상관분석과 회귀분석을 통하여 분석한 결과는 통계적으로 유의미성에도 불과하고 그 정도가 아주 미약한 것임을 보고하고 있다. 당위론적 연구와 실증연구의 간극을 종교성과 참여민주주의적 관점에서 해석할 것인지가 향후 민주주의와 종교성 연구의 지난한 과제가 될 것임을 보여준 연구성과라 할 것이다.

제7장은 '종교와 사회적 자본, 그리고 시민사회 발전'의 문제에 천착한 장형철의 노작이다. 이 글에서 장형철은 사회적 실체로서의 종교를 푸트남식 사회자본을 형성하는 기제로 파악하고 이를 한국 개신교의 사례를 활용하여 종교성과 연계시켜 그 특성과 기능을 고찰하고 있다. 이 연구성과에 의해 한국 개신교는 비교적 높은 밀도의 사회자본을 형성하고 있음에도 불구하고 배타적인 신앙 규범으로 특징되는 약한 호혜성 때문에 사회자본의 확대재생산에 실패하고 시민사회의 발전에 기여하지 못하는 한계가 있음이 논증되고 있다. 한국 개신교를 비롯한 종교사회의 시민사회를 향한 공적 책무에 대한 성찰을 촉구하는 글이라 할 수 있다. 제7장의 문제의식은 상대적으로 시민사회의 발전에 기여한 것으로 인식되어 온 한국 개신교의 민주화운동의 특성과 한계를 고찰한 제8장에 의해서도 일정 부분 공유된다. 이 글에서 전명수는 먼저 생활계몽운동과 독립운동으로 상징되는 사회참여적 문화에 기반하여 1960년대 이후 민주화운동의 주요한 주체로 성장했던 개신교 사회운동의 특성을 정리한 다음 그 특성이 민주화운동이 정점에 다다른 6월 항쟁에서 드러낸 한계를 명동성당의 상징적 역할과 대비하여 밝힌다. 특히 6월항쟁에서 '희망의 언덕'으로 기능했던 명동운동의 '쉼터'에 대하여 공론장이론에 입각한 해석을 시도함으로써 공론장소로서의 교회와 사회 사이의 경계공간을 어떻게 제공할 것인지의 관점에서 개신교 사회운동의 참여민주주의적 과제를 시사하고 있다는 점에 이 글의 의의가 있다. 종교성의 민주주의적 상관성은 불교청년운동의 사례를 다룬 정승안과 박수호의 제9장에서도 주요한 연구과제이자 실천과제로 부각된다. 정승안과 박수호는 불교를 비롯한 동양종교의 주술성이 사회변동과의 상관성을 무력화시켰다는 베버의 가설과 기독교와 가톨릭에 편중된 한국의 사회참여적 종교사회학 연구풍토에도 불구하고 청년불교운동을 중심으로 불교사회개혁운동의 성과와 한계를 1980년대의 시점에서 조명한다.

제3부는 '한국의 민주주의와 공화적 공존'의 표제하에 5편의 논

문이 수록되었다. 제10장에서 김종철은 한국 헌법이 지향하는 기본가치인 평등의 헌법적 의미를 공화적 공존의 가치론적 전제로 제시하려고 시도하고 있다. 그는 한국 헌법의 평등개념은 단순히 만인평등론에 기초한 형식적 평등의 차원뿐만 아니라 사회구조적 불평등구조에 대한 공동체의 적극적 개선의무를 촉발하는 실질적 평등의 차원으로 확대된 것임을 롤스, 드워킨, 페팃의 정치철학적 시사점을 활용하여 논증하고, 이를 토대로 공화적 공존의 사회경제적 기초를 구축하려는 장기적 디자인을 시사하고 있다. 제11장에서 이국운은 제헌헌법에 나타난 민주공화국 프로젝트의 모습을 재현하여 공화적 공존을 지향하는 한국 민주주의의 헌법적 기초를 복원하려 시도하고 있다. 이 글을 통해 독자들은 민주공화국 프로젝트가 비로소 정치적 이상에서 법적 이념으로 탈바꿈한 제헌헌법의 민주공화국 프로젝트의 실체를 사회경제적 평등의 추구와 민주적 의회의 우위라는 명제에서 확인함과 더불어 제헌헌법 이후의 헌정사가 이 공존의 프로젝트를 어떻게 왜곡해 왔는지까지도 공유할 수 있다. 제12장에서 송재룡은 다문화주의의 조건을 배경으로 공화적 공존의 사회학적 기초를 '인정의 정치학'과 '선한 경쟁의 정치학'이라는 개념을 통해 제시하고 있다. 이 글은 테일러식의 '인정의 정치학'이 지속적으로 내몰려 온 도덕적 상대주의와 권력 기제의 작동가능성에 대한 혐의를 '인정의 정치학'이 함의하고 있는 해석학적 가치평가의 틀에 대한 이해부족의 문제로 진단하고, '선한 경쟁의 정치학'이라는 보다 정제된 개념을 통해 '인정의 정치학'에 함의되어 있는 실천적 가능성을 재조명하여 공존사회의 정치철학적 기초를 제시하려 시도하고 있다.

제13장에서 박수호는 정보기술혁명으로 가속화되고 있는 융합사회의 조건 속에서 공화적 공존이 필요로 하는 소통합리성의 사회구성원리적 의의를 구명하는 한편 이원론적 세계관의 속성을 가진 서양적 관점보다 일원론적 세계관의 속성을 가진 동양적 관점에서 본 새로운 공공-민간의 관계를 민주주의의 구조틀로 제시한다. 제14장에서 조광덕은 공공

활동 참여 경험과 일반신뢰(generalized trust)가 사회적 자본의 형성과 유용성을 증대시키며 투표참여 등 민주주의 제도를 확립시키는 데 있어서 중요한 요인임을 실증적으로 분석하고 있다. 제3부에 수록된 5편의 논문은 한국 민주주의가 공화적 공존의 목표를 달성하기 위해 헌정제도와 이념적 모색은 물론, 공존사회의 정치철학적 기초 및 인식틀이나 일반신뢰와 같은 사회자본의 심화구축이 필요함을 종합적으로 제시해 준다.

사회적 진보와 공화적 공존을 지향하는 한국적 시민참여모델의 창출은 매우 광범위한 인식론적, 방법론적, 정책론적 공동연구를 요청하고 있다. 한편으로는 정치철학과 정치사회학적 이념과 인식의 전환을 끊임없이 모색하면서 이를 헌정제도와 법질서 속에 안정화하려는 제도디자인의 과제가 필요하다. 다른 한편으로는 규범적 방법론과 실증경험적 방법론을 병행하면서 이념 및 원리와 제도라는 일관된 상부구조가 현실이라는 하부구조적 토대와 상호조응하는 조건과 방향에 대한 협력적 융합연구가 요청된다. 특히 종교성은 이러한 이론적 · 실증적 연구의 주요한 소재이자 실험장을 제공해 줌과 동시에 공화적 공존의 실체적 가치에 대한 지향가치를 제공해 준다. 시민, 종교, 공동체의 관계망 속에서 사회적 진보와 공화적 공존을 추구하는 우리 연구단의 공동목표가 이번 책의 출간을 시발점으로 앞으로도 지속적 성과를 기약할 수 있기를 소망한다.

2017년 6월

공동집필자를 대표하여 김종철 · 송재룡

# 차례

## Part 1 현 단계 한국의 민주주의

1

PART

# 현 단계 한국의 민주주의

chapter **01**

# 공화적 공존을 위한 정치 개혁의 필요성과 조건 : 정부형태 개헌론을 넘어서[1,2]

**김종철**(연세대학교 법학전문대학원 교수)
**이지문**(연세대학교 국가관리연구원 전문연구원)

## Ⅰ. 서론 : 한국 민주주의의 퇴행과 정치개혁의 필요성

민주공화국은 인간으로서의 존엄과 가치를 가지는 개인이 모든 사회적 차별을 극복하고 자유롭고 민주적인 정치 및 사회질서 속에서 더불어 사는 것, 즉 공화국 시민이 '공화적 공존'의 삶을 영위하는 것을 추구하는 정치공동체이다.[3] 대한민국은 헌법 제1조 제1항에서 민주공화국임을 선언하

---

1 이 논문은 2012년 정부(교육부)의 재원으로 한국연구재단의 지원을 받아 수행된 연구임(NRF-2012S1A3A2033542).

2 이 글은 같은 제목으로 「세계헌법연구」 제20권 제1호(2014.4.30.)에 게재한 것을 재수록한 것임.

3 이 글에서 '공화적 공존'은 민주공화국 원리에 기초하여 자유롭고 평등한 존재로서의 시민들이 민주적으로 공동체를 형성하고 운영하는 것을 의미하는 포괄적 개념이다. 따라서 공화주의(republicanism)와 같은 특정 정치철학과 동일시할 필요는 없으나 공화주의가 민주공화국 원리의 내포와 외연을 이해하고 설명하는 데 도움이 되는 정치철학임을 부인하지도 않는다. 이런 관점에서 공화적 공존의 전제를 헌법상 평등의 가치와 관련하여 조감하고 있는 시론적 연구로는 김종철, "공화적 공존의 전제로서의 평등," 「헌법학연구」 제19권 제3호(2013.9.), 1-38면 참조.

고 모든 공동체의 질서가 이처럼 공화적 공존을 위해 형성되고 유지되어야 함을 확인하고 있다. 그러나 대한민국이 이러한 헌법적 명령을 효과적으로 이행하고 있는지에 대한 의혹이 이명박 정부에 뒤이어 박근혜 정부가 출범한 지 1년이 지나면서 강화되고 있다.

민주화의 분수령이 되었던 1987년 6월 시민항쟁 이후 한국 민주주의는 세계의 다른 신생 민주주의국가들과 비교해 매우 성공적인 민주화 전환의 사례로 인식될 만큼 꾸준히 성장하여 입헌민주주의를 안정적으로 구축하였다는 대내외의 평가를 받아 왔다.[4] 특히 한국 민주화의 주역들이 여야간 정권교체를 통해 김영삼 '문민정부', 김대중 '국민의 정부'와 노무현 '참여정부'를 수립함으로써 한국 민주주의는 한 단계 성장하여 보다 안정적인 민주주의를 구축한 것으로 인식되었다. 그러나 이명박 정부 시기 정치적·사회적 반대세력에 대한 노골적 탄압에 이어 박근혜 정부 출범 이후 '유신의 회귀'를 우려하는 목소리가 나올 정도로 한국 민주주의에 대한 위기감이 한껏 높아진 상태이다.

박근혜 정부 출범 이전부터 불거졌던 국가정보원(이하 '국정원') 등 국가기관의 대선개입 의혹과 경찰의 은폐축소 혐의는 수사 대상이 되어 왔다. 그러나 국가정보원법과 공직선거법(이하 '공선법')을 정면으로 위반하여 민주헌정의 근간을 훼손한 혐의를 받고 있는 국정원은 남북정상회담의 북방한계선 논란, 정상회담 회의록 유출과 이석기 내란음모사건 수사를 주도하면서 국정원개혁 논의를 회피하고 정치의 중심으로 전면에 나서고 있다. 헌정질서 회복의 헌법상 책무를 져야 할 박근혜 대통령은 박정희 독재정권 이래 한국 민주주의의 질곡을 상징해 온 '정보기관에 의한 통치'를 오히려 복원시키고 있다는 비판 속에서 냉전시대의 산물인 종북논쟁으로 입

---

4 특히 2000년대 한국 입헌주의의 발전에 대한 개괄적 소개로는 Jongcheol Kim, "Upgrading constitutionalism: The ups and downs of constitutional developments in South Korea since 2000" in Albert Chen(ed.), *Constitutionalism in Asia in the Early Twenty-First Century*(CUP, 2014), ch.4.

헌정치를 위축시키고 '배제'와 '억압'의 통치를 전면화하고 있다. 또한 박근혜 정부하에서는 헌정사상 초유의 정당해산심판청구뿐만 아니라 선거부정수사에 대한 수사라인 교체나 외압이 발생하는 등 권력기관의 자의적 권력남용에 대한 우려가 갈수록 깊어지고 있다.

그렇다면 1987년 이후 사반세기를 거치면서 최소한 절차적 민주주의의 기초는 다졌다고 자부하던 한국 민주주의가 이처럼 속절없이 퇴행하고 있는 원인은 무엇이며, 그 합리적 대안은 무엇인가? 한국 사회 일각에서는 민주주의의 위기를 대통령 중심의 정부형태에서 그 원인을 찾고, 정부형태를 바꾸는 개헌론을 통해 타개해야 한다는 주장이 지속적으로 제기되어 왔다. 특히 유력한 대안으로 분권형 대통령제 혹은 4년 대통령 중임제가 제시되고 있다.[5] 이 논문은 헌법상 정부형태의 본질을 밝힌 다음 그동안 한국의 정치현실과 학계에서 제기되어 온 정부형태 개조론의 허실(虛實)을 규명하고 국민 다수가 원하는 진정한 '공화적 공존형 정치개혁'을 위한 현실적 대안을 제시하는 데 그 목적이 있다.[6] 특히 민주화 이후 한국 민주주

5 第18대 국회 국회의장 자문기구 헌법연구자문위원회가 2009년 8월 제안한 헌법개성안의 대안이다. 헌법연구자문위원회, 「국회의장자문기구 헌법연구자문위원회 결과보고서」, 헌법연구자문위원회, 2009 참조. 이 밖에 대화문화아카데미가 제안하는 새 헌법안에서는 분권형 정부형태와 5년 중임제를 제안하고 있다. 대화문화아카데미, 「새로운 헌법 무엇을 담아야 하나」, 2011 참조.

6 사실 정부형태는 국가공동체의 최고의사를 확정하는 주권자가 누구인지를 밝히고 주권자의 위임에 따라 다양한 현안에 관하여 구체적인 결정을 내리고 집행하는 개별 국가권력을 배치하는 구조를 의미한다. 따라서 정부형태의 논의는 국민의 직접적 대표기관인 입법권과 행정권뿐만 아니라 사법권을 비롯한 독립적 권력까지 포함하여 그 전체적인 구도를 살필 필요가 있으나 사법권을 비롯한 기타 독립적 권력의 경우 주권자와 직접적인 책임관계를 형성하는 경우가 드물 뿐만 아니라, 정치적 중립성을 표방하게 되는 경우가 일반적이기 때문에 정부형태에 대한 논의는 정치 · 행정의 중추적 기능을 수행하는 입법권과 행정권 사이의 관계를 중심으로 이루어진다(김종철, "정부형태 : 최근의 개헌논의를 중심으로," 조기숙 외, 「한국 민주주의 어디까지 왔나」, 인간사랑, 2011, 217–218면). 따라서 본 논문에서도 정치개혁의 대안은 주로 여기에 집중한다.

의의 위기는 무분별한 정부형태 개헌이 아니라 현행 헌법의 정부형태를 정상화하면서 자유민주주의를 실질적으로 진전시킬 수 있는 정치관계법의 자유화와 민주화를 통해 극복될 수 있음을 논증하고 그 제도적 조건을 예시적으로 제시하는 데 주력할 것이다.

## Ⅱ. 한국형 정부형태의 본질 : 이미 충분히 분권적인 대통령제!

### 1. 헌법상 정부형태 개관과 본질 : 변형된 '분권형' 대통령제

#### (1) 헌법상 정부형태 개관

헌법학계의 정부형태에 대한 전통적인 태도는 정부형태를 권력분립의 원리를 실현하는 정부형태로 이해하면서 주로 정치권력인 의회와 행정부 간의 관계를 중심으로 논의하는 것이다.[7] 1987년 제정된 현행 헌법은 정부형태에 있어 대통령제를 중심으로 하면서도 고전적 대통령제의 모형인 미국식 대통령제에서는 찾아볼 수 없는 여러 가지 이질적인 제도를 도입하여 하나의 독특한 정부형태를 구성하고 있다.[8]

한국 헌법은 고전적 대통령제의 본질적 요소를 갖추고 있다. 첫째, 국민

---

7 김철수, 「헌법학개론」, 박영사, 2007, 1220면; 권영성, 「헌법학원론」, 법문사, 2010, 763면; 허영, 「한국헌법론」, 박영사, 2013, 725면; 성낙인, 「헌법학」, 법문사, 2013, 894면; 전광석, 「한국헌법론」, 집현재, 2013, 483면.

8 제헌헌법 이래 이러한 혼합형 정부형태는 그 형태를 채택하게 된 동기의 다양성, 혼합성의 정도에 차이가 있지만 대체적으로 일관적으로 유지되어 온 경로의존성(path dependence)을 보여준다. 심지어 이승만식 대통령제로 알려진 제헌헌법도 국무원을 국정의결기관으로 하는 등 변형성이 매우 큰 특징이 있음을 주목해야 한다.

에 의하여 직접 선출되는 대통령이 국가원수이면서 행정부의 수반으로 행정권력의 정점을 이룬다(헌법 제66조 제1항 및 제4항). 둘째, 확정된 임기가 보장된다(헌법 제70조). 셋째, 대통령이 국회에 대하여 정치적 책임을 지는 의회의 불신임제가 존재하지 아니하고 오로지 국회의 탄핵소추와 헌법재판소의 탄핵결정에 의해서만 강제퇴출이 가능하다(헌법 제65조 제1항 및 제4항, 제111조 제1항 제2호). 넷째, 대통령의 법률안 거부권을 통해 국회의 입법에 대한 통제가 가능하다(헌법 제53조 제1항). 나섯째, 대통령의 국회 해산권이 인정되지 아니한다.[9]

그러나 한국 헌법은 미국식 대통령제와는 달리 정부와 의회의 유기적 관계가 형성될 여지를 두거나 대통령의 권한행사를 행정부 내부에서 절차적으로 통제할 수 있는 이질적인 요소를 포함하고 있어 변형된 대통령제로서의 성격을 가진다. 그 개요를 정리하면 다음 〈표 1〉과 같다.

**표 1** 한국형 정부형태의 비대통령제적 요소

| 이질적 요소 | 구체적 내용 | 헌법적 근거 |
|---|---|---|
| 행정부의 제2인자로서의 국무총리제 | • 국회의 동의를 얻어 임명되는 국무총리에게 행정각부(行政各部) 통할권 부여<br>• 국무총리에 대한 국회의 해임건의권 부여<br>• 국무총리의 국무위원 제청권 | 헌법 제86조 및 제63조 제1항, 제87조 제1항 |
| 국정최고심의기관으로서의 국무회의제 | • 수요 국정사항에 대하여 국무회의의 필수심의권 부여 | 헌법 제88조 및 제89조 |
| 국회의원과 국무위원 겸직 허용 | • 국회의원의 행정부 참여 허용 | 헌법 제43조 |
| 국무위원과 행정각부의 장 겸직 | • 행정각부의 장은 국무위원 중에서 임명 | 헌법 제94조 |
| 정부의 법률안 제출권 | • 의원내각제의 특징인 정부의 법률안 제출권 부여 | 헌법 제52조 |
| 국무총리 등 국회 답책성 | • 국무총리나 국무위원 및 정부위원의 국회 출석 발언권 및 이들에 대한 국회의 출석요구권 인정 | 헌법 제62조 |
| 국무총리와 국무위원 부서제도 | • 대통령 국법상 행위의 문서주의 및 국무총리와 관계 국무위원 부서제도 | 헌법 제82조 |

9 직전 헌법인 1980년 헌법에서는 대통령의 국회 해산권을 인정하였다.

### (2) 한국형 정부형태의 진면목 : '분권형' 대통령제

헌법상 정부형태에 포함된 모든 이질적 요소의 특징을 관통하는 요소는, 미국 대통령제와는 달리 행정권이 대통령이라는 1인 기관에 귀속하는 것이 아니라 국무총리와 국무위원, 국무회의 및 대통령자문기관, 행정각부 등으로 구성되는 '정부'라는 집단적 조직체에 부여된다는 점이다. 현행 헌법은 대통령을 국민대표기관이자 행정권력의 수반으로 인정하면서도 행정권력 내부의 견제와 균형, 의회권력과의 견제와 균형을 구조화하고 있어 이미 충분히 분권적인 정부형태이다.[10]

또한 현행 헌법상 정부형태는 대통령제를 채택하였으나 그 이질적 요소 때문에 의원내각제나 프랑스형의 이원정부제로 운영될 수 있는 정부형태라는 전향적 해석론[11]에 주목할 필요가 있다. 노무현 정부는 실제로 이러한 해석론을 직접 실천하려고 시도한 바 있다.[12] 전향적 해석론의 대표자인 성낙인 교수는 한국의 정부형태는 의회와 행정부 간의 역학관계에 따른 변수가 많은 형태를 가지고 있기 때문에 정치현실에서 다양한 국가관리체계의 형성가능성이 농후하다는 점에서 전향적 해석론을 착안하였다.

한편 현행 헌법이 광범위한 국가권력의 형성과 운영을 국회의 입법권에 위임하는 태도를 취하고 있을 뿐만 아니라 사법권과 헌법재판권이 독립적으로 제도화되어 있다는 점도 정부형태의 본질을 파악할 때 주목해야 할 부분이다. 어떤 정부형태건 민주적 법치주의와 그 파생원리로서 의회민주

---

10 국가권력의 분권 여부는 단순히 의회와 행정부, 행정부 내부 간의 분권만으로는 충분히 확정되지 않는다. 연방제의 도입 여부나 지방자치제의 활성화 정도, 양원제의 도입 여부, 정당제도나 선거제도의 특성 등도 정치권력 분권의 가늠자가 될 수 있다(김종철, 앞의 글("정부형태") 228-231면 참조). 다만 여기서는 분권의 충분성을 의회와 행정부의 범위로 한정하여 논하기로 한다.

11 대표적으로, 성낙인, "한국형 대통령제의 반성과 과제," 「東亞法學」 제23호(1997), 1-36면; 성낙인, 「헌법학」, 법문사, 2013, 934-950면.

12 참여정부시절 노무현 대통령 스스로가 분권형 책임총리제로 국정을 운영할 수 있음을 여러 차례 천명하였고, 이해찬 국무총리의 내각통할권이 실질적으로 운영된 경험은 이러한 측면에서 소중한 사례가 되고 있다.

주의를 운영의 기본으로 삼는다면 모든 국정의 출발점은 의회의 입법이다. 대통령제라 하여 이 평범한 정부형태 운영의 요소는 변하지 않는다. 의원내각제나 대통령제, 이원정부제라는 의회와 집행부 간의 관계를 중심으로 하는 정부형태론의 관건은 이들 간의 관계를 상호의존적 존립관계로 보느냐 별개의 국민 대표성을 가지는 독립적 관계로 보느냐의 차이일 뿐 국가운영의 메커니즘이 의회의 입법에 의한 국정과제가 일차적으로 확정되고 이차적으로 그 구체적 집행이 집행권을 가지는 정부에 의해 이루어진다는 점은 공통적이다. 더구나 우리 헌법은 제헌헌법 이래로 정부구성을 비롯한 거의 대부분의 국정운영을 구체화할 수 있는 권한을 입법권자에게 위임하고 있다. 심지어 정부조직권이나 공무원인사권마저도 법률이 정하는 바에 따라 정하게 되어 있다(각각 헌법 제96조 및 제78조).[13]

결국 한국형 정부형태의 진면목은 분권형 대통령제인 것이다. 다만 한국형 정부형태에 대한 전통적이고 대중적인 이해가 '대통령제'에 중점을 두고 있다면, 전향적 해석론은 그 변형성 혹은 혼합형성에 초점을 두고 대통령제라는 것은 순수한 대통령제와는 달리 매우 제한적 의미를 가진다는 점을 강조하는 데에 특징이 있다. 그러나 헌법제도 사제가 대통령의 독재화를 구조화하고 있다는 것은 헌법을 객관적으로 이해하지 못한 오해에서 비롯된 것이다.

## 2. 한국형 정부형태에 대한 오해의 원인

그렇다면 관성적으로 대통령을 정치권력의 정점에 위치시키고 대통령이 우월적 지위를 가지는 것으로 보는 정부형태에 대한 전통적 인상은 왜

13 비교법적 연구를 원용하여 우리 헌법상 대통령의 권한이 과도하지 않다는 점을 강조하면서 제왕적 대통령제의 폐단을 강조하는 개헌론을 경계하는 견해로는 박기덕, "한국의 정부형태 및 정부형태 논쟁 : 쟁점의 본질과 효율적 대안,"「한국정치연구」 제16집 제1호(2007), 120-122면 참조.

이처럼 광범위하게 유포되었는가?

두 가지 원인을 가정해 볼 수 있다.[14] 첫째는 역사적 · 문화적 원인이다. 1948년 제헌헌법 제정 이후 지금까지의 아홉 차례 헌법 개정의 경우, 반민주행위 처벌을 위한 소급입법의 근거 마련을 위한 1960년 11월 29일 제4차 개헌을 제외하고는 대부분 정부형태의 개편을 중심으로 이루어졌다.[15] 순수의원내각제를 표방하였으나 채 1년도 실효성을 확보하지 못했던 1960년 헌법의 경우를 제외하고는 정부형태는 의원내각제 요소를 가미한 대통령제라는 혼합적 요소를 내포하였다. 이처럼 헌법이 매우 혼합적이거나 변형적 정부형태를 채택하였음에도 불구하고 정치현실에서는 거의 모든 정부에서 대통령을 정점으로 한 '권력의 인격화(personification of power)' 현상이 지배적이었기 때문에 정부형태의 제도적 성격과는 무관하게 정치현실 자체가 대통령 중심의 정부형태로만 인식하게끔 하는 경향이 심화되었다.[16] 이와 함께 주권자인 국민 스스로가 근대적 민주공화국의 실질을 체험하지 못하고 왕정의 연장선에서 '공화국의 군주'로 대통령을 인식하는 전근대적 의식이 내면화되어 있어 실질적인 제도와는 달리 대통령을 제왕

---

14 이하 한국형 정부형태에 대한 오해의 원인에 대해서는 김종철, "1987년 헌법의 개정론에 대한 비판적 고찰 : 권력구조를 중심으로," 「정책연구」 제148호(2006)의 관련부분을 전재하거나 수정한 것이다.

15 제헌헌법 역시 그 핵심은 정부형태였다. 국회 헌법 및 정부조직법기초위원회(이하 '헌법기초위원회') 다수는 내각책임제를 선호했고, 유진오가 마련한 헌법 초안 역시 내각책임제를 기반으로 하고 있었으나, 국회의장으로 선출된 이승만의 강력한 반대에 부딪히면서 헌법기초위원회는 내각책임제를 포기하고 대통령 중심제로 바꾸기로 결정했다(강원택, "헌법 개정의 바람직한 절차와 과정," 강원택 편, 「헌법 개정의 정치」, 인간사랑, 2010, 86-87면).

16 정치학자 최장집 교수는 노무현 대통령의 경우도 '제왕적 대통령'이라고 단정하면서, 참여정부를 최소한의 절차적 정당성을 확보한 대통령이 입법부나 사법부에 의해 견제받지 않는 권력을 휘두르던 권위주의 정부를 지칭하는 '위임민주주의(delegative democracy)'라고 평가할 정도였다. 하지만 그런 평가는 지나치게 자의적인 것이었다(조기숙, "어떤 민주주의인가?," 조기숙 외, 「한국 민주주의 어디까지 왔나」, 인간사랑, 2012, 40면).

적으로 보는 문화적 인상이 지배적일 수 있다. 또 한편으로는 제도 그 자체의 문제라기보다는 제도 운영에 있어 법적 절차를 무시하고 검찰, 경찰, 군, 정보기관, 국세청을 비롯한 권력기관을 통해 국가권력을 오남용하는 것이 일상화된 탓도 있다. 특히 헌법체제 자체가 독재를 표방하였던 유신독재체제를 거치면서 제왕적 대통령의 이미지는 한국의 정치문화에 깊숙이 내면화되었다. 유신헌법은 삼권분립을 부정하고 삼권을 초월하는 주권행사기관으로 통일주체국민회의를 누고 그 의장이 삼권을 지배하는 독재체제를 채택하였다. 다양한 민주적 의사는 국론분열로 취급되고 왕정과 마찬가지로 오로지 영도적 지도자의 의사만이 국민의 갈채 속에 주권적 지위를 누렸다. 다원성을 전제하는 '정치'는 없고 오로지 독재적 '통치'만이 존재한 것이다. 오늘까지도 대통령은 마치 정치를 초월해서 탈정치적으로 국정에 임해야 한다는 관점이 지배적이다 보니 민주화된 이후에도 유신헌법적 시각에서 헌법상 정부형태를 이해하고 있는 것이다.

둘째는 대통령의 헌법상의 지위에 대한 오해 때문이다.[17] 현행의 1987년 헌법도 전두환 군사정부의 강압 아래 탄생한 1980년 헌법(소위 제5공화국 헌법)에서 대통령이 우월적 지위를 탈색하고 국회에 의한 행정부 통제의 여지를 확대하기는 하였지만 여전히 대통령은 대법원과 헌법재판소의 구성권을 보유하며(헌법 제104조 제1항 및 제2항, 제111조 제2항 내지 제4항), 최고회계검사기관인 감사원을 직속에 두고(헌법 제97조), 헌법개정안제안권과 국민투표부의권을 통해 국회를 우회할 수 있는 헌법적 수단을 가지며(헌법 제128조 제1항, 제72조), 긴급명령권과 계엄선포권 등 국가긴급권을 통하여 법원의 기능에 영향을 미치거나 법률과 동일한 효력의 규범을 창설할 수 있는 권한(헌법 제76조 및 제77조)을 가지는 등 헌정질서의 중심에 위치하고 있다. 그러나 대통령의 권한이 막중한 것은 사실이나 현재 한국

---

17 대통령의 헌법상의 지위를 과대평가하는 경향의 문제점에 대해서는 김종철, "대통령의 헌법상의 지위와 권력비판의 올바른 방향," 「언론과 법」 제4권 제2호(2005), 7-47면 참조.

에서 소위 제왕적 대통령제의 위험이 운위되는 것은 이러한 헌법상의 제도화된 권한 때문이 아니라는 점을 유의할 필요가 있다. 대통령이 가지는 핵심권력이 대부분 비상권력이어서 대통령의 제왕적 지위를 실질화하는 방향으로 현실화되는 것은 아니기 때문이다. 오히려 통상적인 권력인 행정권을 통제하기 위한 광범위한 입법형성권이 국회에 부여되어 있으므로 국회입법권의 적정한 행사를 통해 충분히 통제 가능함에도 현실에서는 이러한 국회의 정상적인 권력통제기능이 작동하지 않는 경우가 많아서 문제인 것이다.

## 3. 한국형 정부형태의 구조적 문제점 : 대통령의 독재화와 무력화의 주기적 반복[18]

한국형 정부형태를 분권형으로 확인할 때 그 구조적 문제점은 무엇인가? 이 문제를 분명히 확인하지 않을 때 엉뚱하게 정부형태를 바꾸어야만 제왕적 대통령제를 치유할 수 있다는 논리적으로 전혀 타당성이 없는 주장이 횡행하게 된다. 혼합형 정부형태가 '혼합형'이라는 특성을 살리지 못하고 작동하는 데에서 오는 '시스템 오류'임에도 '시스템 자체'의 문제로 파악하고 있는 것이 현행 한국 대통령제에 대한 가장 강력한 비판의 출발점이다. 합법적이고 민주적인 절차에 의한 정부의 수립보다는 물리력에 기초한 사실상의 권력의 쟁취와 이를 정당화하는 법제의 성립이라는 한국 헌정사의 악순환 속에서는 '명목적 헌법'상의 혼합형 정부형태는 대통령의 제왕적 지위를 구조화할 위험성을 항상 내재하고 있다. 따라서 1987년 헌법체제의 주요한 관심사는 대통령 직선을 통해 국민의 국정최고책임자 선택권을 보장하는 한편 국민대표기관인 국회의 대통령에 대한 견제권을 강

18 이 부분은 김종철, 앞의 논문("1987년 헌법의 개정론에 대한 비판적 고찰") 22면 이하의 내용을 일부 전재 혹은 수정한 것이다.

화하는 것이었다. 아울러 헌법재판소를 설립하여 정치권력인 대통령과 국회를 통제하는 현대입헌주의의 정부형태를 구현하려 하였다. 그러나 1987년 체제 초기의 노태우, 김영삼, 김대중 세 정부는 정치현실에서의 권위주의적 관행에 의존하여 그러한 제한정부(limited government)의 이상을 실현하는 데 실패하였다. 대통령은 정당의 당수를 겸임하면서 정당을 통해 국회를 지배하였다. 동시에 헌법이 권력분립의 원칙에 기초하여 국회의 견제권이 일정부분 작용할 것을 전제해 대통령에게 인정한 대법원과 헌법재판소 구성권을 이용하여 사법권력마저도 장악하는 경향을 보였다. 물론 이러한 권위주의적 통치는 검찰, 경찰, 국세청, 군, 정보기관과 같은 사회통제기관의 다분히 정파적인 활동이 밑거름이 되었다. 따라서 1987년 이후에도 '민주화 이후의 민주주의'[19]의 제도화가 재삼 논의되었다.

노무현 정부는 민주화 이후의 민주주의를 제도화하는 시대적 소명을 받고 탄생한 정부로 기대되었다. 그러나 역설적이게도 노무현 정부의 탈권위화는 국회에 대한 대통령의 통제력 약화를 초래하여 대통령선거를 통해 국민으로부터 위임받은 정책을 제대로 추진하지 못하는 권력적 공백을 초래하였다. 즉, 노무현 대통령의 집권 1년차이자 제17대 국회의 마지막 해는 국회의 다수파인 反노무현세력이 입법권을 장악하여 대통령의 권한행사의 법적 근거를 제공하기를 거부함으로써 대통령의 무력화현상이 드러났고 급기야는 헌정사상 처음으로 대통령에 대한 탄핵소추가 국회에서 의결되었다. 사실 이러한 대통령의 무력화는 제왕적 대통령제적 현실에 가려진 1987년 체제의 그림자였다. 노태우, 김영삼, 김대중 세 대통령은 일시적으로 야당이 장악한 국회를 3당 합당, 의원 빼오기와 꿔주기 등 인위적 정계개편을 통해 제도에 따른 대통령의 무력화현상을 반입헌주의적 수단에 기대어 독재화의 양상으로 전환시켰다. 그러나 특이한 것은 독재화 경

---

19 최장집, 「민주화이후의 민주주의 : 한국 민주주의의 보수적 기원과 위기」, 후마니타스, 2002 참조.

향의 말로는 항상 극단적 권력누수로 나타났다. 소위 레임덕(Lame Duck) 현상을 어떤 이유에서건 피할 수 없었고 척박한 한국의 정치문화는 그들을 불명예퇴직의 관행으로 몰아넣었다. 노태우 대통령은 퇴임 후 전두환 대통령과 함께 반란죄와 부정부패를 이유로 처벌을 받았으며, 김영삼 대통령은 금융위기의 혼란 속에 굴욕스럽게 권좌를 물러났고, 김대중 대통령도 두 아들을 교도소에 보내는 참담함 속에 청와대를 떠났다. 노무현 대통령은 정치보복의 굴레를 안고 자결하는 비운을 맞았다. 이명박 대통령은 여대야소의 행운을 누리면서 4대강사업과 관련한 부정이나 국정원을 통한 선거부정의 굴레가 잠복한 가운데 언제 정쟁의 대상으로 불려 나올지 모르는 상황에 처해 있다. 임기 초반인 박근혜 대통령은 '국정원 정치'로 상징되는 공안통치를 전면에 내세우면서 제왕적 대통령제적 외양을 일시적으로 구가하고는 있으나 결국은 스스로 조기레임덕을 자초하게 될 것으로 전망된다.

결국 이질적인 요소를 내포하는 변형적 대통령제인 현재의 정부형태는 제왕적 대통령의 가능성과 무력한 대통령의 가능성 사이를 정치적 조건에 따라 반복하는 불안정상태를 여실히 보여준다. 이러한 정부형태의 유동성을 더욱 강화시키고 있는 것은 대통령과 국회의원의 임기가 각각 5년과 4년이어서 서로 일치하지 않기 때문에 대통령의 임기 중 국회의원 총선거를 피할 가능성이 낮다는 점이다.[20] 대통령 임기 중의 국회의원 총선거는 정당민주주의체제하에서 대통령이 속한 정당에 대한 국민의 심판을 의미할 수 있고 만일 여당이 총선에서 패배하였다면 국정의 최고책임자인 대통령은 당연히 그러한 국민의 의지를 국정운영에 반영하여야 한다는 주장이 가능하게 된다.[21] 이러한 상태에 대한 대응도 이질적인 요소를 탈각하

---

20 현행 체제하에서는 20년 주기로 한 차례 대통령 선거와 국회의원 선거가 동일한 해에 치러진다. 1992년 제14대 총선과 제14대 대선, 2012년 제19대 총선과 제18대 대선이 그러하다.

21 성낙인, "권력의 민주화와 정부형태 : 한국형 이원정부제(半대통령제)," 「법과사회」

여 순수한 대통령제의 모습으로 가는 방향과 완전히 대통령제의 외피를 벗고 이원정부제(半대통령제)나 의원내각제로 전환하는 방법 등 다양하게 전개되지 않을 수 없다는 데 한국 대통령제의 본질적인 고민이 있다.

그러나 한국형 정부형태의 문제점을 해결하는 방안을 모색할 때 한 가지 유의할 것은 이런 체제불안정성이 정부형태 자체의 문제라기보다는 헌정의 또 다른 축을 이루는 정치도덕과 헌법적 관행의 미성숙에 기인한 것이라는 점이다. 따라서 제도적 차원에만 몰각된, 그것도 문제되는 제도적 흠결의 핵심을 오해하는 섣부른 정부형태 개편론은 언 발에 오줌 누기 식의 미봉책이거나 내과적 처방이 필요한 고질병에 외과적 수술을 감행하고자 하는 무모한 것일 수 있다. 특히 현행 정부형태를 제왕적인 것으로 단정하고 그 대안이 마치 분권형이라고 주장하는 것은 한 마디로 장님 코끼리 만지기 식 오류에 빠져 있는 것이다.

## Ⅲ. 정부형태 개편을 위한 개헌론의 개요와 문제점

### 1. 동상이몽(同床異夢)의 개헌론

사실 노무현 참여정부까지 국정관리체제를 개혁하기 위한 노력에도 불구하고 이명박 대통령과 박근혜 대통령으로 이어지는 새누리당 정부가 보여준 퇴행적 국정운영은 1987년 체제의 정부형태가 가지는 구조적 한계가 더 이상의 민주화를 가로막고 있다는 그간의 주장을 뒷받침하는 것으로 해석될 여지도 있다. 이런 해석의 배경에는 현행 1987년 헌법이 그 역사적 의의에도 불구하고 급변하는 정세 속에서 짧은 시기에 1노(盧)3김(金)으로

---

제15호(1997), 23-25면.

대표되는 기성정치인들의 이해관계를 중심으로 졸속으로 제정되어 정치현실과 헌법의 부조화를 고착화시키고 있다는 인식이 자리하고 있다.[22] 특히 현행 정부형태 자체의 특징적 요소들이 지속적으로 문제시되었다. 대통령의 임기에서부터 대통령과 의회 및 사법권력과의 관계, 행정부 내의 의사결정구조 등 현행 헌법이 제도화하고 있는 정부형태는 21세기의 다원화된 정치현실에서 안정된 국정운영을 담보하기에 적절하지 않다는 것이다.[23] 바로 이런 한계가 국민의 정부와 참여정부의 시기에 잠정적으로 극복되던 제왕적 대통령제의 폐단이 부활된 것이라는 것이다.

그러나 이러한 문제제기는 임기 말 노무현 대통령이 대통령 4년 연임제 '원 포인트' 개헌을 주창한 것[24]과 대비된다. 당시 대선을 목전에 둔 상황에서의 개헌논의는 진전되기가 힘든 상황이었고 결국 새 정부하에서 개헌을 추진하기로 하는 선에서 일단락되었지만, 탄핵 후유증으로 인한 일시적 여대야소에도 불구하고 태생적 소수파 대통령의 굴레를 경험한 노무현 대통령이 정부형태 개편에서 주목한 것은 정치의 효율성이었다. 제왕적 대통령제의 폐단과는 거리가 먼, 즉 여소야대의 만성화에 의한 무기력한 대통령제, 비효율적 정치체제의 개편이었다.

결국 두 가지 양립하는 정부형태 개편론은 동일한 제도를 두고 각자의 해법에만 골몰함으로써 중요한 정치개혁의 본질적 측면을 놓친 것이라고 할 수 있다.

---

22 윤대규, 「왜 개헌인가?」, 한울, 2005, 18면.

23 박명림, "87년 헌정체제 개혁과 한국 민주주의 : 무엇을, 왜, 어떻게 바꿀 것인가?," 「창작과 비평」 제130호(2005.12.), 34-51면 참조.

24 노무현 대통령의 개헌제안의 내용과 그에 대한 비판으로는 김종철, "대통령 4년 연임제 '원 포인트' 개헌론에 대한 비판적 검토," 「헌법학연구」 제13권 제1호(2007), 61-106면 참조.

## 2. 왜곡된 개헌론의 문제점

제왕적 대통령제의 폐단에 주목하는 관점은 무엇보다 현행 헌법하에서 대통령제가 제왕적으로 운영될 수 있는 것이 정부형태의 문제가 아니라 근본적으로 제도외적 요인이 작용하고 있다는 점을 간과하고 있는 문제점을 가지고 있다. 대통령의 헌법상 권한이 막강해서 제왕적 대통령제의 폐단이 나타나는 것이 아니라는 것이다.[25] 따라서 현행 헌법하에서 대통령의 제왕적 지위가 현실화된다면 그것은 제도적인 차원보다는 제도외적 차원의 문제일 가능성이 크다.[26]

대표적인 정치문화적 변수로 국회의원들의 자율성을 잠식할 수 있는 제도적 장치들이 집행권자인 대통령에게 전속될 수 있는 가능성이다. 소위 '4대 권력기관'이라는 경찰, 검찰, 국세청, 국정원이 정치현실에서 발휘하는 힘으로 헌법에 의해 부여된 국회의 권위는 휴지조각으로 변할 수 있다. 엄격한 공선법과 정치자금에 관련된 법제의 위력하에 불법의 칼날 위에 서 있는 국회의원들이 이들 권력기관으로부터 완전히 자유로울 수 없다. 이런 법현실과 더불어 공직후보자 선출과정에서의 중앙집권성이 결합할 때 국회의원의 자율성은 사실상 집행권자의 영향력을 벗어나기가 쉽지 않다. 더구나 각종 이권사업은 국회를 중심으로 결정되는 것이 아니라 정부를 중심으로 하기 때문에 국무위원 겸직이 국회의원의 중요한 관심사가

---

25 이러한 오류를 전형적으로 보여주는 것이 2009년 국회의장 자문기구 헌법연구자문위원회가 제안한 헌법개정안의 정부형태 개편론이다. 김종철, "헌법개정론의 원인진단과 개정방안의 실효성에 대한 소고 : 헌법연구자문위원회의 보고서를 중심으로," 「법과사회」 제38호(2010.6.), 146-147면 참조. 이하의 설명은 이 글에서 일정부분 전재하거나 수정보완한 것이다.

26 적어도 이처럼 자유민주주의의 요체는 정부형태를 불문하고 의회민주주의임을 인식하지 못하고 봉건주의의 잔재인 '나라님 사상'에 근거한 대통령 중심적 사고방식이 지배하는 정치문화의 후진성을 극복하는 것이 중요하다. 대통령제에서 대통령의 헌법상의 위상과 권위를 무시하자는 것이 아니라 유신독재헌법과 같이 삼권 초월적인 권위주의적 잔영에 현혹되어서는 안 된다는 것이다.

되고 여당의원이 되는 것이 중요해지는 이유가 된다. 그렇다면 정부형태의 문제점으로 지적되는 여러 요소들도 결국은 정치문화와 선거제도 및 정당제도와 같은 관련 정치제도의 문화적 · 입법적 개선을 통해 충분히 해소 가능하다는 점을 인식하는 것은 그리 어렵지 않다.[27]

사정이 이러하다면 현행 정부형태의 문제점을 해소하기 위한 대안으로 개헌이 실질적 의미를 가지려면 대통령의 지위를 변화시키기 위한 측면보다는 대통령의 초법적 권력행사가 가능하지 못하도록 4대 권력기관에 대한 헌법적 통제장치를 마련하는 것이 급선무일 수 있다. 사실 입법적으로도 달성될 수 있는 이런 개혁안이 현실권력의 거대한 힘에 부딪쳐 불가능하다면 개헌을 통해 4대 권력기관의 구성, 운영에 관한 독립성과 분권화를 확보하는 대안을 마련하는 것이 훨씬 효과적이다. 문제는 이런 입법사항들을 헌법화한 비교법적 사례가 거의 없다는 점에 그 논의의 한계가 있다. 결과적으로 헌법의 개정을 통하기보다는 정도에 해당하는 입법적 개선에 골몰하도록 국민의 공감대를 확보하는 것이 우선이다. 그러나 그러자면 현재 이들 국가권력들이 정치적으로 중립적이고 독립적이지 못하다는 점이 정치권에서 공감대를 이루어야 하는데 그것이 현실적으로 불가능한 것이 딜레마다.

한편 노무현 대통령의 헌정효율화에 기초한 정부형태 개편론도 정치적 민주화의 안정성에 대한 과도한 낙관론에 근거한 것임이 이명박 정부와

---

27 예를 들어, 미국식 대통령제의 경우 '약한 정당'과 의원 개개인의 강한 독립성이 결합된 정당제도를 가지는 반면 우리의 경우 정당 자체가 근대 정당으로서의 기초가 약한 반면 헌정시스템에서의 정당의 기능은 매우 '강한 정당'을 전제로 하는 정치문화가 발달되어 있기 때문에 이런 정치문화나 정당제도에 대한 변화가 제도개선의 선결과제이거나 대안일 수 있다. 강원택, 「대통령제, 내각제와 이원정부제」, 인간사랑, 2006, 92면; 송석윤, "4·19혁명이 헌정사에 남긴 영향과 우리의 과제 : 의회민주주의의 정착을 위하여," 국회사무처 · 국회입법조사처 · 한국헌법학회, 「4·19혁명정신과 헌법개정」(4·19혁명 50주년기념 공동학술대회 자료집, 2010), 36면; 박기덕, 앞의 글, 124-125면.

박근혜 정부에서의 급격한 민주주의 퇴행에서 현실적으로 증명되었다. 대통령과 총선의 주기일치에 따른 여대야소의 안정적 구축이 어떻게 자의적 국가권력이나 국정원 통치의 부활과 같은 제왕적 대통령제의 악몽을 되풀이할 수 있는지를 실증하고 있는 것이다.

## Ⅳ. 한국형 정부형태의 새로운 비전 : 공화적 공존을 위한 정치개혁의 조건

### 1. 한국 민주주의 위기의 근본 원인 : 정치의 실종과 정치독과점 카르텔의 구조화

앞서 살핀 바와 같이, 무분별한 정부형태 개헌론은 정부형태가 헌정에서 차지하는 비중이 매우 큼에도 불구하고 제도 외적 원인은 간과하고 제도적 요인을 과도하게 강조하고 있는 문제가 있다. 한국 대통령제에 대한 본질적 고민도 이러한 원인과 결과의 인과관계를 제대로 규명하지 않은 채 임기응변식 대응을 모색함으로써 오히려 문제만 증폭되고 있다는 데 있다. 그렇다면 우리에게 남겨진 하나의 가능성은 현행 정부형태의 재이해와 재해석을 통해 민주적 대응성(responsiveness) 부족과 국정의 비효율성을 동시에 극복하는 방안을 모색하는 것이다. 그 핵심은 현행 헌법의 혼합제 정부형태를 헌법상 민주공화국 체제가 지향하는 공생공영의 정신에 따라 연정형 정부형태로 운용할 수 있는 가능성을 모색하고 그 선결과제로서의 정치개혁을 위한 대타협을 추진하는 것이다.

1987년 체제의 자랑인 민주주의가 '국정원 통치'에 의존하는 이명박 · 박근혜 정부 시기 퇴행하고 있다는 것을 체험하면서 뼈아프게 깨닫지 않을 수 없는 것은 점진적 민주화와 자유화를 통해 한국 사회에 깊이 뿌리박은 반민주적 정치부정의 제도와 문화를 개조하는 데 실패하였다는 점이다. 대한민국 헌법이 제일원칙으로 선언하고 있는 민주공화국에서의 자유민주주의의 실현은 책 속에 죽어 있는 원칙으로 전락하고 있다. 정치적 자율체로서의 국민의 지위는 법문서상의 형식적 지위에 불과하고 지금의 정치체제는 실질적으로는 정치과정을 독과점하는 특정 정치세력과 그와 결합한 대기업, 주요 언론, 이익집단화된 학계와 관료 등의 '정경언관학(政經言官學)' 카르텔에 의해 철저히 농단되고 있다. 주기적으로 돌출하는 소위 '새 정치' 담론도 정작 문제의 본질인 자유롭고 민주적인 정치의 복원과는 거리가 멀고 오히려 정치의 영역을 축소시키는 '반(反)정치' 혹은 '탈(脫)정치'운동을 통해 지배카르텔의 정치독과점을 더욱 공고히 하는 데 기여할 뿐이다. 국회의원 정수 감축론이나 기초지방자치단체선거의 정당공천 배제가 대표적이다.

결국 '국정원 통치'의 부활과 한국 민주주의의 위기는 정치의 자유화와 민주화로 돌파되어야 한다. 정치를 국가규제의 대상으로 전락시키는 한편 정치적 신진대사를 억압하고 정치적 독과점을 구조화하는 공선법, 정당법, 정치자금법 등 정치관계법은 '국정원 통치'의 자양분이 되고 있으므로 자유민주헌법의 정신에 따라 다양한 국민적 의견이 대의민주주의 과정에 수렴될 수 있도록 개혁되어야만 한다.

그러나 이런 제도개혁만으로는 민주화 이후 위기에 빠진 민주주의의 발전을 달성하기에 역부족이다. 모든 국민들이 되뇌는 타협과 공화적 공존의 정치를 이루기 위한 정치문화의 구축이 병행되어야 한다. 깨어 있는 시민들이 일상적 사회경제활동 속에서 정치적 자아를 마음껏 발휘하는 한편 현실과 유리된 이념논쟁이 아니라 생활 속의 구체적인 현안을 정치적 타협과정 속에서 스스로 결정하고 해소해 가기 위한 문화적 자각과 이를 현실화시킬 수 있는 정치문화를 구축해야 한다. 특히 현행 헌법이 전제하고 있는 합의제 정부형태의 특성을 반영하여 선거의 비례성을 강화하는 한편 정파 간의 연합을 일상화하여 민주적 대응성(democratic responsiveness)과 국가정책의 효율성(policy effectiveness)이라는 두 마리 토끼를 잡을 수 있는 제도이해를 강화하는 것이다. 특히 현행 헌법상 정부형태의 특성을 민주주의적 관점에서 재해석하여 다원적 연정형 정부형태로 운영할 수 있는 가능성에 주목할 필요가 있다.

## 2. 다원적 연정형 정부형태 운영의 전제조건

### (1) 헌정목표에 대한 대타협 : 자유민주적 기본질서에의 합의

국회선진화법에 대한 논란이 분분하지만 최소한 타협과 공화적 공존의 정치의 구현이 우리의 시대정신임은 부인하기 힘들다. 그렇다면 다시 한 번 불통과 배제의 정치를 극복하기 위한 제2의 민주화에 매진할 필요가 있다.

일단 국기문란과 헌정문란 사태를 해결해야 할 책임을 방기하는 박근혜 정부와 새누리당의 자세변화가 불가피하지만 그 흐름을 유도해 내는 것은 결국은 주권자인 민주시민의 몫일 수밖에 없다. 그리고 새로운 정치개혁의 지향점은 "우리들과 우리들의 자손의 안전과 자유와 행복을 영원히 확보"하기 위해 공존공영의 틀이 되는 자유민주적 기본질서에 대한 대타협이다. 현행 헌법이 상정하고 있는 최고이념으로서의 자유민주적 기본질서는 정치적 자유주의를 토대로 공동체의 다원적 공존공영을 추구하는 것이다.

자유민주적 기본질서에 근간을 둔 민주공화국의 주권자인 국민은 모든 국가권력의 시원(始原)이며, 이 통일체적 국민을 구성하는 개인으로서의 모든 국민은 인간으로서의 존엄과 가치에 기초하여 스스로 양심에 따라 사상을 형성하고 그 사상에 따라 민주공화국의 정치과정에 적극적으로 참여함으로써 국가구성원으로서의 공적 자율성(public autonomy)을 실현한다. 정치적 표현과 활동의 자유는 이런 공적 자율성 실현의 핵심적 요소가 되므로 자유민주적 기본질서의 정당성은 이러한 자유의 '최대한의 보장'에 터 잡고 있다. 즉, 국민의 정치적 의사형성과 전파를 통하여 국민 간 정치

적 유대를 확장하는 정치적 표현과 활동의 자유는 자유민주적 기본질서의 핵심을 구성하는 것이다.[28]

### (2) 정치적 자유주의를 구현하기 위한 정치개혁

#### ① 정치관계법의 자유화와 민주화

자유민주적 기본질서의 구현은 민주정치를 효과적으로 보장하기 위한 모든 정치과정의 자유화 및 민주화와 병행될 때 그 의미를 살릴 수 있다.

현행 공선법은 자유선거가 원칙이고 그에 대한 규제가 예외여야 한다는 헌법정신에 역행하는 매우 다양하고 광범위한 규제장치를 마련하고 있다.[29] 예를 들어, 너무 광범위하게 사전선거운동 금지가 적용되고 이와 결부된 선거운동의 기간이 매우 짧게 제한되어 있으며,[30] 선거운동에 해당하는 행위 자체가 매우 협소하게 설정되어 있다.[31] 선거운동의 주체가 엄격한 통제를 받고,[32] 선거비용 또한 규제되고 있으

---

28 근래 한국 민주주의의 퇴행은 자유민주주의 자체를 부정하는 극좌 정치세력뿐만 아니라 유신독재의 망령에 사로잡힌 시대착오적인 극우 정치세력이 자유민주주의를 오히려 참칭하고 있는 데서 비롯된다.

29 공선법의 과도한 규제체제의 현황에 대해서는 김종철, "공직선거법상 인터넷언론 규제에 대한 비판적 고찰," 「언론과 법」 제8권 제2호(2009.12.), 6-8면 참조.

30 공선법은 선거운동 기간을 "선거기간 개시일부터 선거일 전일까지"로 제한하고, 예비후보자 등이 선거운동을 하는 경우 및 인터넷 홈페이지를 이용하여 선거운동을 하는 경우 일정한 예외를 인정하고 있다(공선법 제59조). 다만, 예비후보자 등 선거운동에 있어서 엄격한 방법상 제한을 가하고 있다(공선법 제60조의 3 참조).

31 공선법은 선거운동을 "당선되거나 되게 하거나 되지 못하게 하기 위한 행위"로 정의하고, 선거에 관한 단순한 의견개진 및 의사표시, 입후보와 선거운동을 위한 준비행위, 정당의 후보자 추천에 관한 단순한 지지 · 반대의 의견개진 및 의사표시, 통상적인 정당활동을 선거운동 개념에서 제외시키고 있다(공선법 제58조 제1항 참조).

32 공선법은 "누구든지 자유롭게 선거운동을 할 수 있다. 그러나 이 법 또는 다른 법률의 규정에 의하여 금지 또는 제한되는 경우에는 그러하지 아니하다."라고 규정하면서(제58조 제2항), 외국인 등 선거운동을 할 수 없는 자를 한정적으로 열거하고 있다(제60조 제1항). 그러나 선거운동을 할 수 없는 자의 범위가 넓다는 점 그리고 어깨

며,[33] 선거운동 매체의 한정적 열거, 호별방문 금지, 여론조사공표 제한 기한의 설정 등 방법상에 다양한 제한[34]이 설정되어 있다.[35] 이로써 국민의 자유로운 정치참여와 표현의 자유는 공선법에 의해 예외적 자유로 전락하고 만 상태이다. 따라서 선거운동 기간을 획기적으로 확장시켜, 선거운동의 자유와 공정의 수준을 제고시켜야 하며, 선거운동의 방법 및 수단에 대한 규제 역시 완화 혹은 제거할 필요가 있다.[36] 이와 함께 선거연령을 18세로 낮추는 등 참정권을 확대하기 위한 개혁을 단행해야 한다.[37]

그러나 문제는 공선법에 국한된 것이 아니다. 또 다른 정치관계법인 정당법은 정당원의 자격을 과도하게 제한[38]하고 정당의 설립과 조직형성의

---

띠를 착용하고 선거운동을 할 수 있는 자를 배우자 또는 선거사무장 등에 제한하는 등(제68조) 특정한 방법의 선거운동의 경우 실질적으로 그 주체를 제한하고 있다는 점에 비추어 선거운동 주체에 있어서도 비교적 폭넓은 규제가 이루어지고 있다고 볼 수 있다.

33 공선법은 선거비용 개념을 "당해 선거에서 선거운동을 위하여 소요되는 금전 · 물품 및 채무 기타 모든 재산상의 가치가 있는 것"으로 정의하고, 그 액수를 제한하는 방식의 규제를 채택하고 있다(공선법 제119조, 제121조 참조).

34 공선법은 선거운동 방법으로 신문 · 방송을 이용한 선거운동(제69조 내지 제70조), 집회를 이용한 선거운동(제79조), 대담 · 토론회를 통한 선거운동(제81조 내지 제82조의 3), 문서 · 도화에 의한 선거운동(제64조 내지 제68조), 정보통신망을 이용한 선거운동(제82조의 4, 제82조의 7)을 제한적으로 허용하면서, 제88조 내지 제118조에서 탈법방법에 의한 문서 · 도화의 배부 · 게시 등 금지(제93조), 호별방문 제한(제106조), 여론조사의 결과공표금지(제108조) 등 광범위한 금지행위 목록을 열거하고 있다.

35 기타 선거운동의 자유의 제한에 대한 비판적 고찰로는 강태수, "선거운동의 자유에 대한 제한의 문제점과 개선방향,"「世界憲法硏究」(World Constitutional Law Review), 제14권 제2호(2008), 1–28면 참조.

36 보다 자세한 내용은 김용철, "한국 선거운동의 민주적 품질 : 자유와 공정의 관점에서," 장훈 편,「공정사회와 정치개혁」, 나남, 2013, 223–229면 참조.

37 김종철, "선거권 등 청소년 참정권 확대의 헌법적 타당성과 의의," 민주사회를 위한 변호사모임, 국회의원 장하나 의원실, 전국교직원노동조합, 청소년의 정치적 권리 '내놔라' 운동본부, '18세 선거권'과 청소년 참정권을 위한 토론회 발제문(2012.11.11.) 참조.

38 정당법 제22조는 국회의원 선거권자만이 정당원이 되도록 함으로써 선거권과 정당

자유[39]도 엄격하게 규제함으로써 국민의 정치참여를 위축시키고 결국 국민의 민주적 정치역량이 성장할 수 있는 기회를 박탈하고 국민을 정치적으로 극도로 수동화함으로써 사회 전반의 정치수준을 퇴행시키는 심각한 문제를 안고 있다. 즉, 헌법에서는 국민이라면 누구나 자유롭게 정당을 설립하거나 정당에 가입할 수 있으며 자유롭게 활동할 수 있도록 되어 있음에도 불구하고, 하위법인 정당법에서는 위헌의 소지가 있는 각종 제한들이 규정되어 있는 것이다.[40] 한국 사회에서 소위 '탈정치' 혹은 '반정치'의 분위기가 팽배하게 되고 지속적으로 '새 정치'에 대한 열풍이 주기적으로 반복되는 것은 이처럼 규제 일변도의 정치질서에 따른 정치의 위기에 대한 반작용적 성격이 짙다.[41] 특히 정당과 관련하여 정작 선거와 연계시켜

---

활동을 과도하게 결속하여 청소년의 정치활동을 제한하고 있고, 대부분의 사립학교 교원들을 비롯하여 현실적으로 정치적 영향력이 클 수 있는 직업군의 정당의 자유를 박탈함으로써 정치활동을 과도하게 제한하고 있다.

39 정당법상 지역정당은 설립이 금지되고(정당법 제17조와 제18조에 의해 5개 이상의 시·도에 당원수 천 명 이상의 시·도당이 있어야만 정당으로 등록할 수 있다), 사회당은 2004년 이 규정이 헌법상 보장된 결사의 자유를 침해한다고 헌법소원심판을 헌법재판소에 청구하였으나 헌법재판소는 이 규정이 헌법에 어긋난 입법목적을 가진 것으로 단정하기 어렵다는 취지로 그 청구를 기각한 바 있다(강원택, "폐쇄적 지역정당 구조와 정치개혁 : 지방정치를 중심으로,"「한국정치연구」 제19집 제1호(2010), 12면 각주 7). 지구당도 설치할 수 없으며(정당법 제3조에 따라 중앙당과 시·도당만이 정당의 기간조직이 된다), 선거와 결부된 정당존속만이 허용되는 등(예컨대 정당법 제44조 제1항 제2호는 4년간 임기만료에 의한 국회의원 선거나 지방자치 선거에 참여하지 않은 정당의 등록을 취소한다) 정당의 자유가 극도로 규제되고 있다. 2014년 1월 28일 헌재가 2012헌마431결정에서 국회의원 선거에 참여하여 의석을 얻지 못하고 유효투표 총수의 100분의 2 이상을 득표하지 못한 정당에 대해 그 등록을 취소하도록 한 정당법 제44조 제1항 제3호와 등록취소된 정당의 명칭과 동일한 명칭을 일정 기간 정당의 명칭으로 사용할 수 없도록 한 정당법 제41조 제4항 중 제44조 제1항 제3호에 관한 부분은 헌법에 위반된다고 결정한 것은 만시지탄이었지만 적절한 전향적 태도라고 할 것이다.

40 정영태, "정당 결성 및 활동과 공정성 : 공무원 · 교원의 당원자격과 정치활동의 자유를 중심으로," 장훈 편,「공정사회와 정치개혁」, 나남, 2013, 50면.

41 시민들이 공적 의제(res publica)에 무관심하며 오로지 개인적 이익이나 욕망의 실현

야 할 조직의 자유와 관련하여서는 관련성을 무시하고, 선거와 반드시 연계시켜서는 안 되는 존립요건에서는 필수조건으로 하는 등 이율배반을 구조화하고 있다. 즉, 정당의 주요 활동을 선거와 연계시켜야 함에도 불구하고 정치적 결사인 정당마저도 선거기간 활동이 자유롭지 못하도록 국가가 규제하는 것은 정치에 대한 국가의 과도한 개입을 전제하는 것으로 비정상적이다. 또한 정당의 존립요건 자체를 선거와 연계시키는 것도 소수자의 근본적 정치적 자유를 다수지배의 논리로 원천적으로 봉쇄하는 것으로서 정당설립의 자유와 복수정당제를 명문으로 확인하고 있는 헌법정신을 위반한 것이다. 따라서 지역정당과 소수자정당의 설립을 자유화하여 복수정당제를 통해 '다원적 민주주의'를 구현하도록 하는 헌법적 명령을 구현하여야 한다.[42] 선거가 정당의 주요한 활동공간임을 부인할 수 없다고 하더라도 정당은 선거 이외의 정치과정에서 여론형성과 공론과정을 실효적으로 수행하는 데 중요한 정치적 조직이며 오히려 이러한 활동에서의 성

---

에만 골몰하게 되는 사회는 진정한 민주공화국(democratic republic)이 요원하다는 점에서 탈정치와 반정치는 공화적 공존의 토대를 무너뜨리는 반민주공화적인 것으로 공동체의 이익에 반하는 것이다. 일찍이 아테네 민주주의의 전성기를 구사한 페리클레스의 언명은 우리에게 시사하는 점이 매우 크다: "(…) 우리의 정체는 이웃나라들의 제도를 모방한 것이 아닙니다. 우리는 남을 모방하기보다 남에게 본보기가 되고 있습니다. 소수자가 아니라 다수자의 이익을 위해 나라가 통치되기에 우리 정체를 민주정치라고 부릅니다. (…) 이곳에서 정치가들은 가사(家事)도 돌보고 공적인 업무도 처리하며, 주로 생업에 종사하는 사람들도 정치에 무식하지 않습니다. 우리 아테나인들만이 특이하게도 정치에 참여하지 않는 자들을 비정치가가 아니라 무용지물로 간주합니다. 그리고 우리만이 정책에 직접 비준하거나 토의하는데, 그것은 우리가 말과 행동을 양립할 수 없는 것으로 보지 않고, 결과를 따져보기도 전에 필요한 행동부터 취하는 것을 최악으로 보기 때문입니다. (…)" (투키디데스 저, 천병희 역, 「펠로폰네소스 전쟁사」, 숲, 2011, 168−171면)[강조 필자 삽입].

42 영국에서는 정당 등록방식은 두 가지로 구분된다. 하나는 전국적인 수준에서 경쟁하는 정당 설립이고 이와는 별개로 '소수정당'으로의 등록 규정이 별도로 마련되어 있다. 독일의 정당법에서도 지역적으로 활동하는 정당의 설립을 허용하고 있다(강원택, "폐쇄적 지역 정당 구조와 정치개혁 : 지방정치를 중심으로," 「한국정치연구」 제19집 제1호(2010), 13−14면).

과를 기반으로 선거에서도 일정한 성과를 기대할 수 있게 되기 때문에 원천적으로 선거와 정당을 존립의 조건으로 결합시키는 것은 정치의 본질과 수단이 전도된 것이며 자유민주국가의 근간인 정당활동을 과도하게 제한하는 것임이 명백하므로 이를 완화하여야 한다.

물론 선거운동의 자유와 정치적 표현의 자유가 절대적 자유일 수 없다는 점, 과거 정치사에서 불법타락선거의 폐해가 적지 않았다는 점 등에서 일정한 규제가 불가피한 점을 부인할 수는 없다. 그러나 민주화 이후의 한국 사회의 변화를 효과적으로 반영하여 자유민주주의 수준을 높일 책무가 입법자, 궁극적으로 국민에게 주어져 있다. 따라서 "말은 풀고, 돈은 묶는" 선거규제의 기본지향을 효과적으로 구현하기 위하여 정치과정 특히 선거연계 표현행위와 활동에 대한 규제는 완화되는 것이 시대적 요청이다.

### ② 다원적 민주주의를 위한 시민사회의 정치화 : 교원과 공무원의 정치자유 보장

현행 헌법은 정당의 자유와 복수정당제의 보장을 전제로 하는 정치적 자유주의에 기반을 둔 다원적 민주주의가 자유민주적 기본질서의 내용임을 확인하고 있다. 다원적 민주주의는 "국민 전체의 이익을 위한 정책이 선험적으로 항상 단수로 존재하는 것이 아니라 선택의 가능성을 가진 복수의 형태로 존재"[43]하는 현실을 반영하는 것임을 명확히 인식할 필요가 있다. 다원적 민주주의에 기초한 자유민주적 기본질서는 국민 전체의 이익 혹은 국가의 이익이 군주제하의 군주의 의사처럼 통일되어 미리 존재하는 것이 아니라 다양한 사회영역의 다원적 의사가 선거 등 정치과정을 통해 다수결에 의해 수렴되는 것을 전제하게 되며, 그 핵심은 정치적 표현행위 등 정치적 자유와 참정권을 최대한 보장하는 데 있다.[44] 따라서 국민

---

43 법무부장관, 의견서 : 2004헌나1 대통령탄핵사건, 2004, 65면.

44 이 점을 분명히 인식하고 "헌법상 국민 전체에 대한 봉사자라는 의미는 본래 공무원이 신명을 바쳐 충성을 다해야 하는 대상이 국왕이나 군주 또는 특권층이 아니고 국

의 일부를 불명확한 공익적 필요만을 내세워 다원적 정치과정에서 전면적으로 배제하는 것은 원칙적으로 헌법이 예정하고 있는 것이 아니다.

한국 사회의 일각에서, 특히 공무원의 정치적 중립성을 권리적 차원이 아니라 의무적 차원에서만 편향적으로 해석하는 견해는 대개 국론의 분열을 문제시하고 이견이 해소된 국민총화가 정상적인 것으로 인식하는 경향을 보인다. 이러한 경향은 군주제나 북한과 같은 일당독재체제의 일원적 전체주의제제에서의 정치에 대한 관점이지, 다원적 민주주의에 기초한 자유민주주의체제의 정치에 대한 관점일 수 없다.[45] 무수히 많은 개인들이 각자의 정치적 자아를 가지고 종교, 양심, 사상 등 정신적 자유를 실현하는 것이 보장된 민주공화국에서 정치적 견해는 다양하게 나누어지는 것이 당연하며, 이견은 민주적 의견소통과정을 거쳐 수렴되는 것이다. 수렴의 소통과정이 없는 정치적 결론은 권위주의적 독재체제에서 지도자의 결단과 수동적 대중의 무비판적 '갈채'에 의해 내려지는 것[46]이며 다원적 민주주의와 공존할 수 없는 사유체제이다.[47]

---

민 전체라는 뜻으로서 그것은 국민이 나라의 주인으로서 지자와 피치사의 사동싱(自同性)을 의미하는 국민주권주의 · 자유민주주의의 원리에서 당연히 파생되는 것"임을 확인하고 있는 김양균 재판관의 인식을 경청할 필요가 있다(헌재 1991.7.22. 89헌가106, 판례집 3, 387, 443 참조).

45 헌재는 이 점을 유신헌법에 근거한 긴급조치 제1호 등 위헌소원에서 명확하게 지적한 바 있다: "통일된 국론의 존재는 개인의 자유가 억압된 전체주의 사회에서 주로 상정하는 것으로, 다원화된 민주주의 사회에서는 오히려 표현의 자유를 보장하고 자유로운 토론을 통해 사회적 합의를 도출하는 것이야말로 국민총화를 공고히 하고 국론을 통일하는 진정한 수단이라는 점에서 긴급조치 제9호는 국민총화와 국론통일이라는 목적에 적합한 수단이라고 보기도 어렵다"(헌재 2013.3.21. 2010헌바132 등, 공보 제198호, 472, 483 참조).

46 이와 같은 영도적 대통령제에 기초한 전체국가적 민주주의관은 나찌 계관학자인 카를 슈미트가 다원적 민주주의에 기초한 의회주의와 대비되어 민주주의의 본질로 논증한 것으로 유명하다. 카를 슈미트 저, 나종석 역, 「현대 의회주의의 정신사적 상황」, 도서출판 길, 2012, 서론 참조.

47 우리나라의 역동적인 헌정사는 삼권을 초월하고 헌법개정권을 전유하는 주권수임기

한편 다원적 민주주의하에서 국민대표기관은 본질적으로 정치적 기능을 수행할 수밖에 없고 이러한 정치적 대표기관이 헌법과 법률을 집행함에 있어 헌법과 법률에 위반하는 것을 전문적 능력에 기초하여 견제하기 위해 직업공무원제가 도입되었다. 직업공무원제의 요체인 공무원의 신분과 정치적 중립성은 다원적 민주주의체제에서 직업공무원이 법치국가 원리를 배경으로 정치적 외압과 엽관제를 통한 민주헌정의 왜곡을 견제하기 위해 보장되는 것이 본질인 것이다. 따라서 오히려 직업공무원제를 다원적 민주주의의 전제인 주권자인 공무원의 정치적 자유를 근원적으로 박탈하기 위한 것으로 해석하는 것은 헌법의 체계정합적인 해석이라고 할 수 없다.

교육의 정치적 중립성을 내세워 교원의 정치활동을 금지하는 국가공무원법 제66조 제1항이나 교원노조법 제3조는 자유민주적 기본질서가 다원적 민주주의에 전제하고 있는 의미를 제대로 간파하지 못한 것으로 헌법에 합치하지 아니한다. 즉, 교육종사자인 교육행정담당자나 교원은 물론 학부모, 심지어 피교육자까지 민주시민으로서 다양한 생활공간에서 정치적 자아를 형성하고 발현해야 하는 주권자로서의 국민이며, 이러한 국민의 시원적이고 근본적인 정치적 자유를 통해 국민주권이 실질적으로 구현되어 국민대표기관인 국회에 의해 법률의 형식으로 기본적 교육제도가 형성되는 것임을 간과한 것이다. 근래의 교과서 왜곡파동에서 보는 바와 같이 의무교육을 비롯한 학교교육에서 민주시민을 양성하기 위한 교과내용이나 교육방법은 교육의 자주성 · 전문성 · 정치적 중립성의 요청을 충실

---

관을 설치하여 그 의장인 대통령으로 하여금 국회의원의 삼분의 일을 추천할 수 있도록 하는 한편 국민의 기본적 인권은 물론이고 주권자로서의 헌법개정 논의 및 추진의 자유 자체를 대통령의 긴급조치의 형식으로 박탈할 수 있도록 한 초입헌주의 독재체제(헌재 2013.3.21. 2010헌바132 등, 공보 제198호, 472 참조)가 '한국적 민주주의'와 총력안보의 미명하에 국민의 정치참여를 극도로 제한하는 제도와 문화가 만연하여 다원적 민주주의의 기초를 위태롭게 했던 아픈 역사를 극복한 민주화의 역사였다.

히 반영하지만 결국 민주적 정치과정과 법치적 행정과정을 통해 확정되고 집행되는 것이다. 따라서 교육이 정치와 무관하다는 것은 교육기본법 제6조 제1항이 규정하고 있는 바와 같이 교육 그 자체가 "정치적 · 파당적 또는 개인적 편견을 전파하기 위한 방편으로 이용되어서는 아니 된다."는 것 혹은 교육기본법 제14조 제4항이 규정하고 있는 바와 같이 "교원은 특정한 정당이나 정파를 지지하거나 반대하기 위하여 학생을 지도하거나 선동하여서는 아니 된다."는 수준의 제한을 의미할 뿐 교육과 직접적으로 연계되지 아니한 시간, 장소에서 일반시민의 정치적 자유권 실현의 방법으로 이루어지는 것을 부정하는 논거로 이용될 수 없다.[48]

#### ③ 언론시장 독과점구조 타파를 위한 언론시장개혁

스스로 정치화하고 상업적 자본에 포획되어 민주적 공론장으로서의 기능보다는 오히려 시장권력에 의한 민주주의 침탈을 구조화하는 언론 독과점구조는 정치불신을 조장하고 끊임없이 무한경쟁체제를 정당화하는 정치적 신진대사를 가로막는 정치독과점을 지탱함으로써 합리적 민주개혁을 가로막는 걸림돌이 되고 있으므로 공정한 언론경쟁을 위한 언론민주화의 제도화가 요청된다.

### (3) 합의제 민주주의를 향한 의회제도 개혁

합의제 민주주의(consensus democracy)의 발전은 국민주권의 실질화나 다원적 민주주의를 강화하기 위한 제도개혁이나 의식개혁의 과제 못지않게 정부형태를 불문하고 민주적 법치국가의 근간을 이루는 의회제도의 합리화에 기초할 수밖에 없다.[49] 특히 다양한 정치세력 간의 공존공영을 통

---

48 같은 취지로는 공무원과 교원의 정당가입 및 정치활동의 자유 제한에 대한 정영태, "정당 결성 및 활동과 공정성 : 공무원 · 교원의 당원자격과 정치활동의 자유를 중심으로," 장훈 편, 「공정사회와 정치개혁」, 나남, 2013, 70-92면 참조.

49 서로 다른 선호를 갖는 시민들의 의사를 반영하고 정부를 구성하여 정책 결정을 하는 방법 중 하나는 그 사회의 다수의 선호를 존중하여 정부를 구성한 다음 정책을

해 안정적이면서도 효율적인 민주공화국을 수립하고자 하는 우리 헌법의 목표는 그 중심인 의회를 연정형 정부형태하의 대화와 공화적 공존의 정치로 이끌기 위한 제도개혁을 통해 달성될 수 있을 것이다.

### ① 국회의원 정수 증대와 비례대표제 선거개혁[50]

합의제 민주주의의 대표적인 형태인 연정형 정부형태에 걸맞은 의회제도의 근간은 사회적 다원성을 비례적으로 반영할 수 있는 비례대표제로의 선거개혁임은 의문의 여지가 없다. 또한 지역대표제 중심의 현행 선거제도를 비례대표제로 전환하는 한편 의회민주주의적 국정 통제를 현실화하기 위해서는 국회의원 정수의 확대가 불가피하다.[51] 구체적으로는 지역구와 비례대표 국회의원을 각각 250명 수준으로 정하는 독일식 혼합형 비례대표제를 적극 검토하여야 한다.[52] 비례대표제는 물론 국회의원 정수의 증

---

결정하는 것이고, 다른 하나는 단순 다수를 넘어서 가능한 한 많은 사람의 선호를 존중하여 정부를 구성함으로써 정책 결정의 정당성을 높이는 것이다. 레이파트는 전자를 다수제 민주주의(majoritarian democracy)라고 부르고, 후자를 합의제 민주주의라고 부른다(김남국, "한국 정치의 모델로서 합의제 민주주의," 서병훈 외, 「왜 대의민주주의인가」, 2011, 323-324면 참조).

50 단순한 국회의원 정수 증대에 대한 국민적 반대여론을 감안하면 양원제의 도입을 통해 실질적인 국회의원 정수 증대의 효과를 도모하는 것도 고려해 볼 만하다. 통일에 대비하거나 지역분권화의 방안으로도 양원제를 고려해 볼 수 있다는 점에서 향후 양원제에 대한 심도 있는 논의가 필요할 것이다. 통일에 대비한 양원제에 대한 논의로는 안성호, 「양원제 개헌론 : 지역대표형 상원연구」, 신광문화사, 2013; 강원택, "지역대표성과 숙의 : 양원제," 「통일 이후의 한국 민주주의」, 나남 참조. 그러나 양원제 도입은 개헌을 전제로 한다는 점에서 현행 헌법하에서의 제도 운영을 전제로 하는 이 글에서는 논외로 한다.

51 박명림은 국회의원 1인당 인구 수가 OECD 국가 평균 두 배로, 최소한 현재의 두 배로 늘려야 한다고 주장한다(박명림, "민주공화국에서 국가를 다시 생각하다," 도정일 외, 「다시, 민주주의를 말한다」, 휴머니스트, 2010, 95면). 의원 정수에 대한 보다 자세한 논의는 강원택, 「한국의 정치개혁과 민주주의」, 인간사랑, 2006, 88-95면 참조.

52 헌법 제41조 제2항에 "국회의원 수는 법률로 정하되, 200인 이상으로 한다."라고 규정하고 있기 때문에 헌법 개정 없이 의원 수는 늘릴 수 있다. 현행 국회의원 선거제

가에 대한 국민적 반감이 큰 것이 현실이다.[53] 그러나 이러한 반감은 정치 독과점체제의 반사효과일 뿐 진정한 국민의 선택일 수 없다. 국회의원의 특권을 축소하여 소요비용을 삭감하는 한편 수의 증대는 그 사회적 영향력을 합리화하는 데 기여하게 될 것이다. 반면 국회의원 수의 증대는 사회적 다원성을 반영하는 데 효과적일 뿐만 아니라 제왕적 지배의 근간을 이루는 권력기관의 횡포나 관료제의 폐단을 효과적으로 극복하기 위한 물적 기반을 제공해 줄 것이다. 나아가 갈수록 극심해지고 있는 기업의 정치권력 포획에 소요되는 비용을 증대시켜 국회의 민주적 자율성을 강화하는 데에도 기여할 것이다.[54]

---

도는 다수대표제와 비례대표제가 결합된 '2표 병립형 혼합제'로 의원 정수 300명 가운데 244명은 소선거구 단순다수제에 의해 선출되고 56명은 전국 정당명부 비례제에 의해 선출된다. 소선거구 단순다수대표제의 가장 큰 문제는 유권자의 정치적 의사를 크게 왜곡시키고 있다는 것으로 거대정당은 득표율에 비해 상대적으로 많은 의석을 차지하는 과다대표성을 보인 반면, 군소정당인 경우 과소대표성을 갖는다. 두 번째 문제는 비례대표제에 의해 선출된 총 의원 수의 비중이 너무 적다는 데 있다. 비례대표는 18.7%로, 2표 병립제를 채택하고 있는 러시아 하원 선거 경우는 의원 정수 450석의 50%에 해당하는 225석이, 일본 중의원 선거에서는 480석 중 37.5%인 180석이 비례의석이다. 독일과 뉴질랜드의 하원도 약 50%가 정당명부식 비례대표제에 의해 선출된다. 현행 제도는 결과적으로 노동대중과 사회경제적 소외계층을 대변하는 진보적 정치개혁 세력의 제도권정치 진출을 어렵게 한다(선학태, 『한국 민주주의의 뉴패러다임』, 명인문화사, 2008, 299-301면).

53 2009년 여의도연구소의 선거제도 개편관련 정책조사 결과(응답자 수 2,509명)를 보면, 국회의원 정수를 지금의 수보다 줄여야 한다는 응답이 68.1%로 지금의 국회의원 수가 적당하다거나(17.1%), 지금의 수보다 늘려야 한다(4.4%)에 비해 압도적으로 높게 나타났다(김준석, "선거제도의 개편과 공정성," 장훈 편, 『공정사회와 정치개혁』, 나남, 2013, 176-177면). 정치권에서는 안철수 신당 공동대표가 2012년 대선 후보시절 이러한 유권자 여론조사를 반영하자면서 100명 감축하여 200명으로 하자고 제안한 것이 대표적이다.

54 물론 가장 중요한 것은 국회의원이 대통령과 소속정당으로부터 자율성을 확보하는 것이다. 공천, 선거운동, 정치자금 제공 등과 같이 재선에 중요한 영향을 미치는 요인들에 대한 대통령과 소속정당의 권한이 여전히 큰 상황 속에서 자율성을 발휘할 수 있는 여지가 적어지게 된다는 점에서 공천방식과 선거제도, 정당정치의 민주화

② **의정상 소수자 보호제도 강화**

대화와 공화적 공존의 정치, 연정형 정부형태의 운영을 그 핵심으로 하는 합의제 민주주의에서는 의정 운영에 있어서 다수주의적 지배의 위험성을 줄이기 위한 의정상 소수자 보호제도의 강화를 요청한다.

우선 국회의원 정수 조정과 연계되어야 하겠지만 교섭단체제도의 개혁이 필요하다.[55] 특히 현행 국회의원 정수하에서는 교섭단체의 구성을 위한 정수를 축소하는 한편 국정통제와 관련된 국회의 제도는 소수자 보호의 원칙을 존중하여 합리적 개선이 요청된다. 예컨대 국정통제권을 강화하는 국정조사제도는 다수결이 아니라 소수자결정권(발동요건을 다수결보다 완화하는 제도)을 강화하도록 하는 한편 국회청문제도도 이런 원칙하에 국회에서의 공론을 강화하는 방향으로 개혁되어야 한다.

한편 국회에 할당된 인사권에 있어서 사회적 다원성이 반영될 수 있도록 가중다수정족수제도를 도입할 필요가 있다. 예컨대 헌법재판관 3인을 국회에서 선출하는 경우 우선적 추천권을 현행과 같이 의석비율을 감안하여 배정하더라도 최종 선출권은 소수자의 의견이 존중되도록 출석의원 3분의 2의 찬성을 받도록 하는 안을 도입하는 것이다.[56]

---

등을 복합적으로 고민할 필요가 있을 것이다(조진만, "한국의 국회 : 제도적 발전과 파행적 운영," 조기숙 외, 「한국 민주주의 어디까지 왔나」, 인간사랑, 2011, 88면).

55 국회법 제33조(교섭단체)를 보면 국회에 20인 이상의 소속의원을 가진 정당은 하나의 교섭단체가 되며, 다른 교섭단체에 속하지 아니하는 20인 이상의 의원으로 따로 교섭단체를 구성할 수 있다. 후자의 경우 제18대 국회 때 자유선진당과 창조한국당이 함께 교섭단체를 구성한 사례에서 찾을 수 있다. 교섭단체를 구성하지 못하는 소수당을 배제시키는 문제가 있다.

56 이 밖에 국고보조금제도가 의석 수 또는 득표율에 따라 지급되는 가운데 특히 교섭단체 구성 정당에게 혜택이 집중됨으로써 소선거구 단순다수제로 인한 불비례성을 보다 더 심화시킬 뿐 아니라 정당의 카르텔화를 조장할 수 있다는 점에서 독일의 상대적 상한선 및 절대적 상한성, 득표수 연동의 차등화를 통한 소수정당 배려 등을 고려할 수 있을 것이다(유진숙, "국고보조금제도 형성과 담론 : 독일사례를 중심으로," 장훈 편, 「공정사회와 정치개혁」, 2013, 267면).

물론 소수자 보호제도의 강화는 국정의 효율성 요청과 조화를 이루는 범위 내에서 이루어져야 할 것이다. 아무리 합의제 민주주의라고 하더라도 소수파의 횡포가 다수결주의라는 민주주의의 원칙을 무력화하는 것을 용인할 수는 없기 때문이다. 예컨대 국회의원 정수를 대폭 증대하는 경우라면 현재의 교섭단체 정수는 유지될 수도 있을 것이고, 설령 현 체제하에서 그 정수를 조정하더라도 의결방식에 있어 소수파 교섭단체가 협의권을 넘어 다수파 교섭단체와 모든 사안에 있어 대등한 지위를 요구할 수는 없다. 나아가 국정조사나 인사 외의 청문제도의 경우 소수자결정권제를 도입하는 경우에도 발동요건으로 한정되어야 할 것이다.

### ③ 국민의 정치참여 확대를 통한 의회 견제

입법부와 행정부 간의 정부형태나 그 구성 방식에 대한 논의로만 공화적 공존형 정치개혁의 내용물을 다 채울 수는 없다. 국민주권의 실질적 구현 차원에서 투표 참여로 국한되는 정치참여의 장(場)을 보다 확장할 필요가 있다. 헌법 개정 없이 제도화할 수 있는 방안은 정치개혁특별위원회(이하 '정개특위')의 시민참여 보장이다.

국회의원들의 이해관계가 걸린, 특히 거대정당들의 기득권이 달려 있는 선거법이나 정치자금법 개정 논의를 일방적으로 국회의원들에게, 그것도 의석 수를 반영한 위원 구성으로 원내 1 · 2당의 입장이 반영될 수밖에 없는 정개특위에 맡기고 있는 현실에 대한 대안 마련이 요청된다. 선거구나 정치자금, 의원 정수, 선거제도 등 의원과 정당의 이해와 직결되는 현안에 대해서 현행처럼 의원들로 구성되는 정개특위에 일방적으로 맡기는 현행 방식이나 각 정당이 추천하는 외부인사들로 구성되는 자문위원회 역시 자신을 추천한 정당의 입장을 반영할 수 있다는 점에서 한계가 있을 수밖에 없다. 결정 권한까지 부여할 수는 없다고 하더라도 사법배심의 방식을 원용하여 의회배심을 자문위원회 형식으로 구성하여 정개특위와 같은 역할을 담당할 수 있도록 하며, 결정 사항에 대해서 국회 본회의에 상정하여 처리하도록 한다면 의회의 입법권을 존중하면서도 지금처럼 정당들의 밀실 거래나 기득권 고수 차원의 추진을 일정 정도 저지할 수 있을 것이다.[57]

## V. 결론

현행 정치시스템하에서 국민의 자유로운 정치참여와 표현의 자유는 공선법에 의해 예외적 자유로 전락하고 있고, 정당원의 자격을 과도하게 제한하고 정당의 설립과 조직형성의 자유도 엄격하게 규제하는 정당법에 의해 왜곡되고 있다. 그 결과 정치적으로 자유로운 시민들이 주체가 되는 민주공화국 대신 정치를 혐오하고 외면하는 부자유스런 노예들의 공화국으로 전락한 한국판 앙시앙 레짐(ancien régime)이 한국 민주주의의 맨얼굴이 되고 있다. 즉, 공선법, 정당법 등 정치관계법은 민주주의를 신장시키기 위한 법제라기보다는 주권자인 국민의 자유로운 정치활동과 선거의 자유를 과도하게 억압하여 국민을 구조적으로 탈정치화·반정치화시킴으로써 소수의 카르텔화된 정치기득권층이 정치를 독과점하도록 만드는 반자유민주적 제도라는 비판에서 자유롭지 못하다.

이러한 반자유민주적 현실을 극복하는 것은 정치를 혐오하거나 정치시스템의 안정성을 훼손할 수 있는 정치의 축소 혹은 대의민주적 의회체제의 축소가 아니라, 대의민주적 의회정치에서 실질적 국민주권이라는 민주적 정당성이 회복될 수 있도록 국민의 참정권을 확대하는 한편 정치적 표현의 자유를 강하게 보장하는 방향으로 정치개혁을 달성하는 것이다. 공선법은 사전선거운동 규제를 비롯한 악법적 요소를 일신하여 명실상부하

57 이지문, "정치개혁특위, 구성부터 바꾸자," 「한겨레신문」 2012.1.31.자.

게 국민주권을 실질화하는 정치법으로 일신되어야 한다. 정당법은 정당설립의 요건을 완화하고 정당원이 될 수 있는 자격을 대폭 완화하여 정치 활성화의 중요한 축으로 정당이 발전할 수 있도록 개혁되어야 한다. 과도하게 이상적인 정치자금법도 현실화하여 민주주의의 비용을 기꺼이 감수하면서 국민주권이 일상적으로 실현될 수 있도록 개선되어야 한다. 한편 국회의원 정수를 획기적으로 개선하여 국정통제를 강화하고 민주적 공론화 과정을 확보하는 한편 비례대표제적 선거개혁을 가능하게 해야 한다. 의정과정에서도 소수파를 활성화시키기 위한 교섭단체제도 등을 개혁할 필요가 있다. 이와 함께 시민의 목소리가 의회에 반영될 수 있는 장치를 제도화함으로써 정치엘리트와 시민 간의 괴리를 극복함으로써 국민주권의 실질화에 보다 기여할 수 있어야 할 것이다. 이러한 다원적 민주주의의 토대 위에서 현행 헌법의 혼합제 정부형태의 장점을 살려 연정이 일상화되는 합의제 민주주의로의 전환을 추구하는 것이 민주주의의 위기를 정면으로 돌파하는 현시대적 과제이다.

그러나 정작 정치기득권층인 기성정당이나 정치권이 제기하는 것은 반자유민주적 법제도의 개선보다는 오히려 기성정치카르텔을 더욱 강화시킬 수 있는 위험이 클뿐더러 정치개혁의 원인과 처방이 모순되는 정부형태 개편론에만 매몰되어 있어 문제이다.

대립과 갈등의 정치문화는 그 자체가 원인이라기보다는 정치 독과점구조와 국민주권의 박탈을 정당화하는 정치제도와 사회문화의 결과이므로 대화와 타협의 정치제도와 문화로 바꾸기 위한 '공화적 공존형' 정치개혁과 의식개혁이 필요하며, 소수파를 존중하도록 하는 합의제 민주주의를 연정형 정부형태의 효과적 구현을 통한 달성 역시 요청된다. '탈정치'나 '반정치'가 아닌 '정치의 복원'만이 한국 민주주의를 한걸음 더 도약시키는 필요충분조건이다. 그리고 이러한 필요충분조건은 현행헌법하에서 정치관계법의 개혁만으로도 충분히 실현 가능하다.

# 참고문헌

**강원택**, 2006, 「대통령제, 내각제와 이원정부제」, 인간사랑.

______, 2010, "헌법 개정의 바람직한 절차와 과정," 강원택 편, 「헌법 개정의 정치」, 인간사랑.

______, 2010, "폐쇄적 지역 정당 구조와 정치개혁 : 지방정치를 중심으로," 「한국정치연구」, 19(1).

**강태수**, 2008, "선거운동의 자유에 대한 제한의 문제점과 개선방향," 「世界憲法硏究」(World Constitutional Law Review), 14(2).

**권영성**, 2010, 「헌법학원론」, 법문사.

**김용철**, 2013, "한국 선거운동의 민주적 품질 : 자유와 공정의 관점에서," 장훈 편, 「공정사회와 정치개혁」, 나남.

**김종철**, 2005, "대통령의 헌법상의 지위와 권력비판의 올바른 방향," 「언론과 법」, 4(2).

______, 2006, "1987년 헌법의 개정론에 대한 비판적 고찰 : 권력구조를 중심으로," 「정책연구」, 148.

______, 2007, "대통령 4년 연임제 '원 포인트' 개헌론에 대한 비판적 검토," 「헌법학연구」, 13(1).

______, 2009, "공직선거법상 인터넷언론 규제에 대한 비판적 고찰," 「언론과 법」, 8(2).

______, 2010, "헌법개정론의 원인진단과 개정방안의 실효성에 대한 소고 : 헌법연구자문위원회의 보고서를 중심으로," 「법과사회」, 38.

______, 2011, "정부형태 : 최근의 개헌논의를 중심으로," 조기숙 외, 「한국 민주주의 어디까지 왔나」, 인간사랑.

______, 2012, "선거권 등 청소년 참정권 확대의 헌법적 타당성과 의의," 민주사회를 위한 변호사모임, 국회의원 장하나 의원실, 전국교직원노동조합, 청소년의 정치적 권리 '내놔라' 운동본부, '18세 선거권'과 청소년 참정권을 위한 토론회 발제문(2012.11.11.).

______, 2013, "공화적 공존의 전제로서의 평등," 「헌법학연구」, 19(3).

**김준석**, 2013, "선거제도의 개편과 공정성," 장훈 편, 「공정사회와 정치개혁」, 나남.
**김철수**, 2007, 「헌법학개론」, 박영사.
**대화문화아카데미**, 2011, 「새로운 헌법 무엇을 담아야 하나」.
**박기덕**, 2007, "한국의 정부형태 및 정부형태 논쟁 : 쟁점의 본질과 효율적 대안," 「한국정치연구」, 16(1).
**박명림**, 2005, "87년 헌정체제 개혁과 한국 민주주의 : 무엇을, 왜, 어떻게 바꿀 것인가?," 「창작과 비평」, 130.
_____, 2010, "민주공화국에서 국가를 다시 생각하다," 도정일 외, 「다시, 민주주의를 말한다」, 휴머니스트.
**법무부장관**, 2004, 의견서 : 2004헌나1 대통령탄핵사건.
**선학태**, 2008, 「한국 민주주의의 뉴패러다임」, 명인문화사.
**성낙인**, 1997, "한국형 대통령제의 반성과 과제," 「東亞法學」, 23.
_____, 1997, "권력의 민주화와 정부형태 : 한국형 이원정부제(半대통령제)," 「법과 사회」, 15.
_____, 2013, 「헌법학」, 법문사.
**송석윤**, 2010, "4·19혁명이 헌정사에 남긴 영향과 우리의 과제 : 의회민주주의의 정착을 위하여," 국회사무처 · 국회입법조사처 · 한국헌법학회, 「4·19혁명정신과 헌법개정」, 4·19혁명 50주년기념 공동학술대회 자료집.
**슈미트, 카를**(Carl Schmitt), 2012, 「현대 의회주의의 정신사적 상황」, 나종석 역, 도서출판 길.
**유진숙**, 2013, "국고보조금제도 형성과 담론 : 독일사례를 중심으로," 장훈 편, 「공정사회와 정치개혁」, 나남.
**윤대규**, 2005, 「왜 개헌인가?」, 한울.
**이지문**, 2012, "정치개혁특위, 구성부터 바꾸자," 「한겨레신문」 2012.1.31.
**전광석**, 2013, 「한국헌법론」, 집현재.
**정영태**, 2013, "정당 결성 및 활동과 공정성 : 공무원 · 교원의 당원자격과 정치활동의 자유를 중심으로," 장훈 편, 「공정사회와 정치개혁」, 나남.
**조기숙**, 2012, "어떤 민주주의인가?," 조기숙 외, 「한국 민주주의 어디까지 왔나」, 인간사랑.
**조진만**, 2011, "한국의 국회 : 제도적 발전과 파행적 운영," 조기숙 외, 「한국 민주주의 어디까지 왔나」, 인간사랑.
**최장집**, 2002, 「민주화 이후의 민주주의 : 한국 민주주의의 보수적 기원과 위기」, 후마니타스.
**투키디데스**, 2011, 「펠로폰네소스 전쟁사」, 천병희 역, 숲.
**허영**, 2013, 「한국헌법론」, 박영사.

**헌법연구자문위원회**, 2009, 「국회의장자문기구 헌법연구자문위원회 결과보고서」, 헌법연구자문위원회.

chapter **02**

# 도시정부의 협력적 거버넌스[1]

**오수길**(고려사이버대학교 창의공학부 교수)

1981년, 나는 내 운명의 길을 다시 찾게 해준 스승 람을 만났다. 스승의 가르침을 받으면서 나는 연금술의 길로 돌아올 수 있었다. 혹독한 성신감응 훈련을 마치고 난 저녁으로 기억된다. 나는 연금술의 언어가 그토록 어렵고 모호한 이유를 물었다.

"연금술사에는 세 부류가 있네."

스승의 대답이었다.

"연금술의 언어를 아예 이해하지 못한 채 흉내만 내는 사람들이 있는가 하면, 이해는 하지만 연금술의 언어는 머리가 아닌 가슴으로 따라가야 한다는 것 또한 알기에 마침내 좌절해버리는 사람들이 있지."

"그럼 세 번째 부류는요?"

"연금술이라는 말을 한 번도 들어본 적이 없으면서도 연금술의 비밀을 얻고, 자신의 삶 속에서 '철학자의 돌'을 발견해낸 사람들일세."

---

1 이 글은 2016년 12월 경희대에서 개최된 한국NGO학회 동계학술대회와 2017년 2월 경희사이버대 목요포럼에서 발표한 논문을 수정 · 보완한 것으로, 논문은 2015년 대한민국 교육부와 한국연구재단의 지원을 받아 수행된 연구임(NRF-2015S1A3A2046920).

아마도 스승은 스스로를 두 번째 부류에 놓고 있는 듯했다. 나는 스승으로부터 본격적으로 연금술을 배우기 시작했다. 상징의 언어란 만물의 정기, 또는 칼 융이 말한 집단 무의식에 도달하는 유일한 방법임을 이해했다. 자아의 신화, 그리고 그 단순함 때문에 받아들이기를 거부했던 신의 표지들도 알게 되었다. '위대한 업'은 하루아침에 이루어지는 게 아니었다. 그것은 하루하루 자아의 신화를 살아내는 세상 모든 사람 앞에 조용히 열려 있었다.

– Coelho(2001 : 271–272)

## Ⅰ. 서론

1990년대 이후 시민운동이 확산되면서 거버넌스(governance)에 대한 관심과 논의가 촉발되었다. 거버넌스 개념에 대한 이론적 논의와는 별개로 한국에서는 '함께', '공동의' 또는 '공공의'와 같은 의미가 부여되면서 '협치(協治)', '공치(共治)', '공치(公治)'와 같은 용어로 정착되었는데, 표면적으로는 협력의 가치를 확산시키는 데 기여하기도 했다. 최근까지도 수사학적인 의미에서 협치가 정부로부터 공언되기도 했는데, 참여정부 때는 거버넌스에 대한 초점과 가치를 전면에 내세우기도 했다.[2]

그런데 대부분의 경우 협력의 적소(niche)는 지방에 있었고, 로컬 거버넌스는 이러한 협력의 가치와 실천을 풍부하게 축적할 수 있는 장이 되었다. 오랫동안 다양한 협력 사례를 축적해 왔던 '지방의제21(local agenda 21)' 추진과정은 지방 지속가능발전을 중심으로 지방정부의 협력적 거버넌스의

2 참여정부의 경우 협력적 거버넌스를 위한 많은 제도적 · 실제적 성과를 보였지만, 이때도 '무늬만 거버넌스'라는 비판이 적지 않았다.

가능성을 보여주기도 했다(오수길, 2006).

최근 서울시의 경우 지속가능발전을 위한 기본조례와 지속가능발전위원회를 추진하면서도 본격적인 민관협치 시대를 열기 위해 2016년 9월 29일 '서울특별시 민관협치 활성화를 위한 기본조례'를 제정(서울특별시조례 제6317호)하였는데, 이 조례의 제2조(정의) 1항은 "'민관협치'란 사회문제 해결을 위해 민간과 서울특별시가 공동으로 정책을 결정하고 집행 · 평가하는 시정 운영 방식 및 체계 등을 말한다."라고 규정하고 있다. 또한 참여자들의 자발성과 수평적 협력관계 구축, 민관협치 과정 자체가 중요한 가치라는 데 대한 인식 확대, 민간과 시의 상호신뢰 등을 민관협치 활성화를 위한 기본원칙으로 제3조에 담고 있다.

이 글은 민관협치의 의미를 이론적으로 정리하고, 2016년 11월 27일 세종대에서 개최된 '협치서울시민대회'를 참조하여 몇 가지 쟁점과 과제를 제시하는 데 목적이 있다. 국내외적으로 정치와 사회 · 경제적 위기에 직면하여 국가적인 문제해결 능력이 한계를 드러내고 있고, 공공성을 위한 문제해결 메커니즘을 갖춰 가고 있는 도시와 지방이 부각(Barber, 2014)되고 있는 가운데, 민관협치의 의의를 명확히 이해할 필요가 있기 때문이다.

## Ⅱ. 거버넌스의 용법

### 1. 거버넌스 재조명의 의미

거버넌스에 대해 "정부 활동을 발생시키고, 규정하고, 가능하게 하는 법률, 행정 규칙, 사법적 판정, 실천의 레짐"이라고 정의한 Lynn *et al.*(2000: 3)의 정의에 따르면, 거버넌스는 '정부'의 개념과 동일하다고 판단할 수 있다. 실제로 거버넌스에 대한 전통적인 용법은 '거버넌스'를 '정부'와 동의어로 규정하고 있는 사전적 의미에 가깝다.[3] 그렇다면 "거버넌스를 구현하자."라거나 "거버넌스로 사업을 진행하자." 등의 말은 정확한 의미를 전달하고 있다고 할 수 있을까? 최소한 다른 수식어가 필요 없다고 할 수 있을까? 어찌됐든 거버넌스라는 용어가 "공공 부문의 수단에 의한 전통적인 정부 이미지와 비교되는 새로운 방식의 통치에 대한 다목적용 용어가 되고 있다."(Moon, 1999: 112)라는 지적만큼은 사실이라 할 것이다.

Lynn *et al.*(2000)은 'O = f(E, C, T, S, M)'[4]라는 수식으로 정부 활동의 목적과 수단을 성과와 연결하여 거버넌스를 정의하는데, "정부 활동의 산출(O)은 환경요인(E), 고객 특성(C), 처리(T), 구조(S), 관리역할과 행동(M)의 함수"라고 정의한다. 거버넌스가 변화하고 있어 거버넌스에 새롭게 초점을 맞춘 논의가 필요하다는 Newman(2001)의 지적에 비춰 보면, '거버넌스를 구현'하는 것이 아니라 거버넌스를 재조명해 보는 새로운 논의와 방향이 요구된다는 의미이거나 새로운 거버넌스를 구현하자는 것이다.

Newman(2001: 24)은 첫째, 전 세계적으로 공공서비스를 전달하는 대안적인 모델로 네트워크, 팀제, 파트너십이 등장하고 있고, 둘째, 공공-민간, 국가-시민사회, 국가-국제 간 경계가 흐려지고 있어 책임의 경계도 흐려지고 있으며, 셋째, 통치과정에서의 이슈네트워크와 정책네트워크, 넷째, 원거리에서의 통치, 다섯째, 더욱 성찰적이고 대응적인 정책도구들의 개

---

3 Oxford Advanced Learner's Dictionary(1995)는 거버넌스를 '통치 활동 혹은 방식; 정부'라고 정의한다.

4 O(산출/결과)는 거버넌스 레짐의 최종 산물을, E(환경요인)는 정치적 구조, 권한의 수준, 경제적 성과, 공급자들 간의 경쟁 존재 혹은 부재, 자원수준과 의존, 법적 틀, 대상 집단의 특성을, C(고객 특성)는 고객의 속성, 특성, 행태를, T(처리)는 거버넌스 레짐 내 조직의 주요 업무 혹은 핵심 과정, 조직의 미션과 목적, 채용과 적격성 기준, 적격성을 결정할 방법, 프로그램 처리나 기법을, S(구조)는 조직 유형, 거버넌스 레짐 내 조직들의 조정과 통합 수준, 집권화된 통제의 상대적 정도, 기능분화, 행정규칙이나 인센티브, 예산할당, 계약 장치나 관계, 제도적 문화와 가치를, M(관리역할과 행동)은 리더십 특성, 스탭 관리 관계, 의사소통, 의사결정의 방법, 전문성/경력 관심, 모니터링 · 통제 · 책무 메커니즘을 포함하고 있다.

발, 여섯째, 리더십의 제공, 파트너십의 형성, 방향잡기와 조정, 시스템 전반의 통합과 규제로 전환되고 있는 정부 역할, 일곱째, 네트워크와 파트너십을 통한 지역사회의 새로운 조정 활동 수행, 그리고 도시와 지역에서의 '협상에 의한 자치', 여덟째, 더 많은 대중참여에 의한 의사결정, 아홉째, 권한의 복잡성 문제와 파편화에 대한 민주적 혁신, 열째, 제도적 틀을 넘어선 시민사회와의 관계 형성 등 전 세계적인 변화를 들어 '거버넌스 전환(governance shift)'이라고 표현하였다.

마찬가지 맥락에서 Rhodes(1997)는 "최소 국가로서의 거버넌스, 기업식 거버넌스, 신공공관리로서의 거버넌스, 좋은 거버넌스, 사회적 사이버네틱 체계로서의 거버넌스, 자기 조직화 네트워크로서의 거버넌스" 등 '정부'의 의미가 변화하고 있는 새로운 통치과정(process of governing)을 거버넌스라고 하고 있다. 또한 Pierre and Peters(2000: 75-93)는 정부 권력이 치환되고 있는 유형 또는 방향을 기준으로, 국제 조직들의 역할 증가(moving up), 지역, 지방, 지역사회로의 이동(moving down), NGO, 기업, 민영화로의 이동(moving out) 등 세 가지 수준으로 거버넌스가 전환되고 있음을 정리하고 있다.

그러므로 거버넌스란 '문제해결의 메커니즘'이라는 일반적인 정의로 이해하든, "정부 활동을 발생시키고, 규정하고, 가능하게 하는 법률, 행정 규칙, 사법적 판정, 실천의 레짐"이라고 정부를 중심으로 정의하든 통치방식 또는 통치유형이라고 파악할 수 있는 것이다. 지난 시기 그 메커니즘 또는 정부 활동은 통치자의 명령이었거나 정부 자체와 동의어였을 것인데,[5] 현대사회의 '복잡하고 다양하고 역동적인 사회적 상호작용'(Kooiman, 1993a)

---

5 중국에서는 거버넌스를 '치리(治理)'라고 번역한다. 조선시대 인조와 효종 시기를 무대로 하고 있는 홍순목(2013)의 소설은 효종 즉위 직후 인재 등용을 권하는 신하들의 말을 담고 있다. "나라가 흥하는 것도, 망하는 것도 그 시작은 모두 인재를 어떻게 쓰느냐에 달렸습니다. 치리의 기본은 인사에 있고, 그 요체는 인재를 적재적소에 쓰는 것입니다. 하늘이 인재를 냄은 세상을 위해 중하게 쓰기 위함이니, 그것을 제대로 쓰는 것이 곧 어진 군왕이 할 일입니다."

이 정부 활동이나 문제해결 메커니즘의 유형을 바꾸고 있다고 볼 수 있다.

Kooiman(1993a: 2)이 "사회적 · 정치적 · 행정적 행위자들의 통치 활동에서 도출되는 패턴"을 거버넌스라고 정의한 것은 이런 이유일 것이다. 예를 들어, Jessop(1998: 351)은 거버넌스의 형태를 시장의 힘이 주된 교환 관계의 무정부 상태(anarchy), 국가에 의한 강제적인 조정과 같은 명령의 계서제(階序制, hierarchy), 네트워크와 같은 자치 조직의 이서제(異序制, heterarchy) 등의 사회적 관계 형태들로 설명하고 있다.

이러한 정의에 따르면, 국가 거버넌스(public governance)는 정부 입장에서 볼 때 '노젓는 역할(rowing)에서 방향을 잡는 역할(steering)로'(Osborne and Gaebler, 1992) 정부의 역할이나 거버넌스의 패턴을 변화시키는 것으로 지향점이 설정될 수 있다. 하지만 거버넌스에 대한 논의가 반드시 정부의 역할과 정부의 입장에 국한되어 이뤄질 필요는 없음을 알 수 있다. 특히 거버넌스 변화의 목적이 단지 정부의 효율성 또는 생산성을 높이는 데에만 있지 않다면 더욱 그렇다.

Hummel and Stivers(2001: 28)가 대의민주주의와 관련하여 제기한 비판적인 명제들을 살펴보자.

첫째, 정부의 민주주의가 '직접 지식'으로서의 민주주의는 아니다.

둘째, '시민'을 위해서 만들어진 법이 개인으로서의 우리를 배제한다.

셋째, 행정은 개인을 대상으로 일하는 것이 아니라 사례를 대상으로 일하고 있다.

넷째, 대의체제가 소외를 낳는다.

Hummel and Stivers는 직업공무원제 또는 관료제를 기반으로 하는 대의체제의 '지식'이란 '프로크루스테스의 침대'라고 한다.[6] 즉 과학적 개념

---

6 그리스 신화에 나오는 프로크루스테스는 사람을 붙잡아 자기 침대에 눕혀 침대보다 키가 크면 다리를 자르고 키가 작으면 잡아 늘였다는 것이다.

과 논리, 법과 규정 등 정부에 의해 보편적으로 개념화될 수 있는 것만이 '재현'되고, 정부 스스로의 직업 논리에 따르게 되어 시민은 통계치의 숫자나 하나의 사례 속에 포함되는 수준의 관리체계의 대상이 될 뿐이라는 것이다(오수길, 2011: 281).

우리 사회 주요 행위자들의 거버넌스에 대한 기대에 간격이 존재한다면 거버넌스가 진공상태로 주어지지 않는다는 데 그 이유가 있을 것이며, 이를 극복하기 위한 노력이 거버넌스 논의와 실천의 중심이 될 필요가 있다. 특히 거버넌스를 새롭게 재구성해 보고자 하는 노력은 '일방향적 조종과 통제(one-way steering and control)'(또는 국가나 시장이 혼자서 일하기)에서 '양방향적 혹은 다중적 설계(two or multilateral designs)'(또는 함께 일하기)로 전환하자는 필요와 요구에 바탕을 두고 있다. 그래서 사회-정치 체계와 그 거버넌스의 질(quality)은 구성원들의 상호 요구와 수행 역량을 인정하는 정도에 달려 있다(Kooiman, 1993a, 1993b).

## 2. 거버넌스, 협력적 거버넌스, 또는 협치

현대사회의 제반 문제를 효과적이고 적절히 해결해 나가기 위해 거버넌스를 새롭게 구성하려는 노력은 거버넌스의 가치나 지향점을 규범적으로 제시하며, 그 핵심적인 운영원리에 따라 계층제, 시장, 네트워크 방식 등의 패턴으로 나타날 수 있을 것이다([그림 1] 참조). 이러한 구분을 참고하여 현재 통용되고 있는 여러 용어와 개념들을 정리할 필요가 있다. 그래야 일정한 지향점에 합의하고, 그 운영원리에 대한 적용과 실천이 용이할 수 있다. 그리고 이러한 핵심적인 운영원리가 거버넌스의 어떤 내용과 형식에 정합성을 갖고 있는가 하는 것은 경험적인 문제이기도 하다.

그림 1 거버넌스의 지향과 패턴

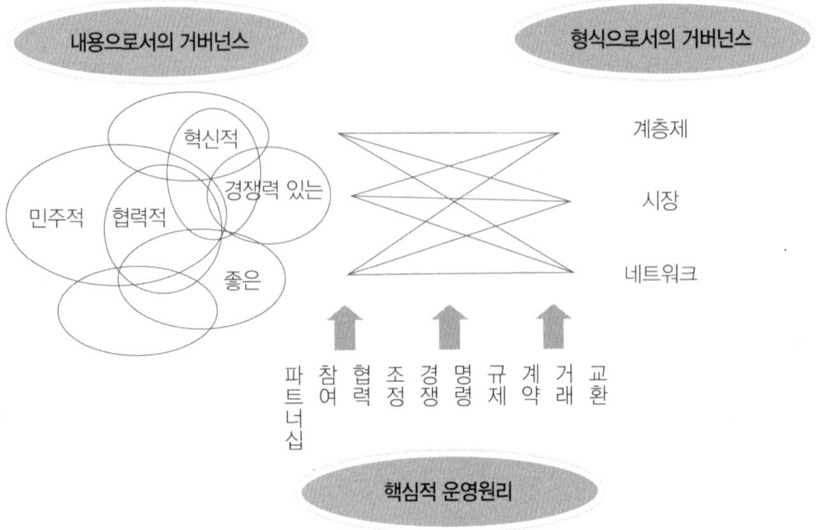


자료출처: 오수길(2007: 34).

우선 '거버넌스'는 현재 한국에서 '협력적 거버넌스'와 동일한 개념으로 이해되고 있는 현상이 '협력'을 중심으로 새로운 거버넌스의 지향점에 대한 담론이 확산되어 있다는 점에서 긍정적이라 할 것이지만, '거버넌스' 개념 자체로는 '협력적'이라는 의미를 반드시 담고 있다고 하기는 어렵다.[7] 이에 따르면, 협치는 협력적 거버넌스와 동의어로서 협력을 핵심적인 운영원리로 하는 거버넌스라 할 수 있다. 즉 협력적 거버넌스는 거버넌스의 초점(focus)을 협력에 두고 있는 것이다.

'서울특별시 민관협치 활성화를 위한 기본조례'에서 밝히고 있는 '민관협치'의 경우 거버넌스 또는 협력적 거버넌스(협치)의 영역(locus)까지를 밝히고 있다 할 것인데, 거버넌스 또는 협력적 거버넌스의 과정 중에서 민과

7 물론 거버넌스 개념을 협력적 거버넌스로 이해함으로써 거버넌스의 재구성에는 노력이나 헤게모니가 요구된다는 것을 간과한 채 소위 '거버넌스 피로감'을 느끼는 부작용도 존재한다.

관(서울시)의 상호작용에 중심을 두겠다는 의미이다. 즉 협력적 거버넌스를 위해 민과 관의 상호작용을 활성화하기 위한 조례라는 것이다.

이처럼 거버넌스의 초점과 영역을 바탕으로 내용으로서의 거버넌스와 형식으로서의 거버넌스를 연계하여 거버넌스, 협력적 거버넌스 또는 협치, 민관협치의 개념을 이해할 수 있다. 이와 관련하여 '참여적 거버넌스'는 거버넌스의 핵심적인 운영원리를 참여에 두고 있는 것이고, '협치행정'이라고 한다면 협력적 거버넌스 또는 협치를 위한 행정을 만들겠다는 의미일 것이다. 또한 '분권'과 '자치'는 각각 거버넌스의 핵심적인 운영원리라고도 할 수 있지만, 두 개념이 함께 묶여서 활용된다면 권력에 초점을 두고 중앙집권과 지방자치, 지방정부와 마을자치라는 영역을 논의하면서 활용되는 개념이 될 것이다.[8]

한편 최근 전국적으로 활성화되고 있는 마을만들기지원센터나 사회적경제지원센터와 같은 중간지원조직의 경우 흔히 '거버넌스 기구'로 일컬어지기도 하지만, 그 자체로는 단지 마을만들기나 사회적경제 지원사업을 잘 추진하기 위한 행정조직이라 할 수 있다.[9] 마을만들기나 사회적경제 영역에서 협력적 거버넌스가 이뤄지고 있고 이를 지원하기 위한 역할을 다하기 위한 것이라면, 협치행정조직 또는 협력적 거버넌스(협치)를 위한 기구라고 불릴 수 있을 것이다. 주로 각 분야의 협의체 대표들이 위원으로 구성되어 있는 서울시 지속가능발전위원회의 경우 각 분야의 협력적 거버넌스를 잘 작동시키기 위한 기구로서 '협력적 거버넌스의 거버넌스를 위한 기구'라고 할 만하다.

거버넌스의 핵심적인 운영원리에 대한 논의도 필요하다. 거버넌스의 가치나 지향점에 대한 합의가 이뤄지고 난 뒤 이를 달성 또는 실현하는 것은

---

8 최근 남경필 경기도지사의 주장 이후 자주 거론되는 '연정'이란 정치세력 간의 협력이라는 점에서 협치와 동일시되기는 어렵다고 할 수 있다. 협치의 일부일 수는 있다.

9 정부와 동의어로 사용되는 거버넌스의 의미라면 '거버넌스 기구'라고 해도 무방하겠다.

이 핵심 운영원리의 수준에 달려 있다 할 것이다. Jonathan(2001)의 경우 협력 또는 파트너십과 관련하여 협력(cooperation), 조정(coordination) 그리고 협동(collaboration) 등 세 가지 용어를 연속선상에서 구분한다.[10] 연속선상에서 가장 말단의 협력이란 어떤 구조나 기획의 노력도 없는 일반적인 의미에서의 협력으로서 비공식적인 관계를 말한다. 연속선상의 가운데에 있는 조정은 약간의 공동 기획은 있으나 여전히 개별 조직이 권한을 갖고 있는 공식적인 관계를 말한다. 연속선상의 상단에 있는 협동은 공식적인 관계로서 새로운 조직 구조가 있고, 임무와 권한이 협동에 의해 결정된다.[11]

Gray(1985)는 협동을 "둘 이상의 이해 당사자들이 개별적으로는 어느 쪽도 해결할 수 없는 일련의 문제들을 해결하기 위한 유형 자원의 충당(appreciations)이나 공동 관리(pooling)"라고 정의했다. 그리고 Shergold(2008)는 상호이익을 위해 아이디어와 자원을 공유하는 것을 협력으로, 참여자와 조직 상호 간 집합적 의사결정을 조정으로, 자율적인 행위자와 조직 간 상호작용으로서 기존 조직의 경계와 정책을 넘어 새로운 공공가치를 창출하는 것이 협동이라고 하였다. Lowndes and Skelcher(1998)는 민관 파트너십의 발전 단계에서 계층제, 시장, 네트워크 등의 거버넌스 패턴이 나타나게 된다고 하였는데, 파트너십에서 나타나는 다양한 상호작용을 조정하는 핵심적인 운영원리가 작동되는 결과라고 할 수 있다.

이러한 파트너십의 특징을 다음 다섯 가지로 정리할 수 있다(Gray, 1985; Peters, 1998; 오수길, 2006).

첫째, 둘 이상의 행위자가 포함되어 있다.

둘째, 각 참여자가 주체로서 참여한다.

---

10 협력과 파트너십은 민관협력 또는 민관 파트너십이라고 하듯 통용할 수 있을 것으로 본다.

11 오수길(2006)은 협동을 '공조'라고 표현했는데, 협동이 더 적절해 보인다.

셋째, 행위자들 사이에 어느 정도의 지속적인 상호작용과 관계가 존재한다.

넷째, 각 참여자는 무언가를 기여한다.

다섯째, 각 행동의 결과에 대한 책임을 일정하게 공유한다.

지역사회와 지방정부 간의 상호작용을 중심으로 도시행정에서의 시민참여를 범주화 한 Arnstein(1969)은 비참여 단계로서의 조작과 처방, 명목단계로서이 정보제공과 협의와 회유, 시민권력 단계로서의 파트너십과 권한위임과 시민통제로 '참여의 사다리' 모형을 제시한 바 있다. 이처럼 핵심적인 운영원리의 작동 수준에 따라 거버넌스의 패턴이 결정될 것이고, 거버넌스의 가치나 지향에 대한 인식과 합의에 대한 공유 정도를 결정하게 될 것이다.[12]

[그림 2]는 지방 지속가능발전(오수길, 2006)을 중심으로 전국 지방정부의 지속가능발전협의회의 지향점을 정리한 것이다. 과거 정부 정책에 대한 비판과 주창을 중심으로 하던 시민사회단체들이 협력을 중심으로 지방정부와의 파트너십을 형성해 왔는데, 책임과 권한을 공유할 수 있는 거버넌스 중심의 논의와 실천으로 나아가야 한다는 것이다.[13]

---

12 여기에서 거버넌스의 패턴에 대한 논의는 가령 '네트워크 거버넌스'가 내세워졌다 하더라도 실제 핵심적인 운영원리인 참여나 협력이 계층제 거버넌스 방식으로 이뤄질 수도 있음을 전제하는 것이다.

13 지속가능발전협의회는 1992년 리우데자네이루에서 개최된 유엔환경개발회의의 결의에 따른 의제21(Agenda 21)을 지방차원에서 이행하기 위한 지방의제21 추진을 위해 1995년부터 각 지방자치단체에 민관협력 기구로서 설치되기 시작한 지방의제21 추진협의회들이 2015년 지속가능발전법 개정을 계기로 명칭을 통일적으로 변경한 조직이다. [그림 2]에서 국제기구와 조직들이란 2015년 유엔 지속가능발전목표(SDGs: Sustainable Development Goals) 채택이나 이클레이(ICLEI: Local Governments for Sustainability, 지속가능성을 위한 세계지방정부)와 같은 국제기구의 역할에 의해 지방과 국가, 국제 이슈가 연계될 수 있음을 나타낸 것이다.

그림 2  주창에서 거버넌스로

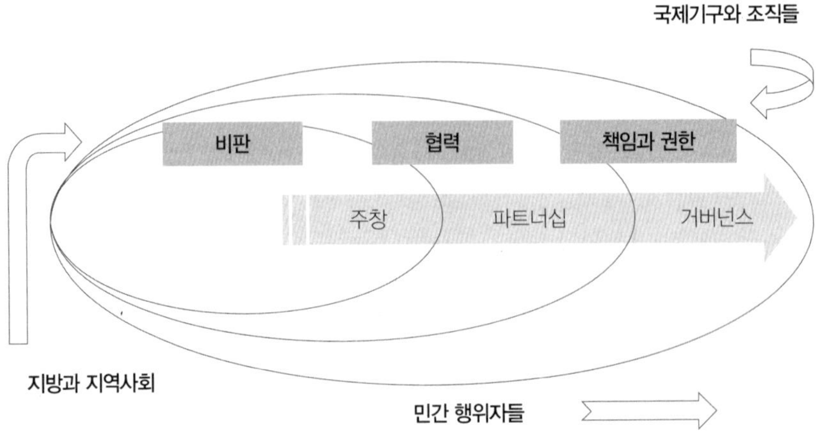


자료출처: 오수길(2016: 37).

# Ⅲ. 민관협치의 쟁점

## 1. 누구의 관점인가?

미국에서 민관 파트너십은 1980년대 이래 민간 투자를 도시 인프라에 유도하기 위한 도구로 활용되었다(Linder, 2000: 19). '공동생산(co-production)'(Osborne and Gaebler, 1992)이나 '민영화'(Savas, 1987, 2000)도 같은 맥락에서 이해할 수 있다. Linder(2000)는 이러한 '민영화 운동'이 신자유주의와 신보수주의의 이데올로기가 접목된 결과라고도 했다. 즉 국가는 본질적으로 비효율적이라는 신자유주의와 국가가 과도한 일에 관여하고 있다는 신보수주의가 민영화를 추구하게 되었다는 것이다.

물론 민간부문이 경제 분야나 기업 또는 자본에 한정될 수 없다. 특히 미국의 경우 2005년 뉴올리언스 지역의 허리케인 카트리나에 효과적으로 대응하지 못한 데 대해 충격을 받은 행정학자들이 *Public Administration Review* 2006년 겨울호에 협력적 공공관리(Collaborative Public Management) 특집 논문들을 게재한 이후 협력적 거버넌스에 대한 논의로 나아갔다.

한국의 경우 2000년대 들어 신자유주의 영향과 IMF 구제금융 여파로 민영화 운동의 영향을 받았지만, 1990년대 말부터 공공부문-NGO 간 파트너십이 활발히 연구되기 시작했다(예를 들어, 이근주, 2000; 김수현 · 박은철, 2000). 이는 1990년대 들어 NGO라는 개념이 확산되기 시작된 탓이기도 하지만, 시장실패와 정부실패의 대안으로서 자원분야의 활용 필요성이 제기되고 NGO의 역할이 증대되었기 때문이라 할 수 있다.

이에 따라 협력적 거버넌스를 지향하며 많은 파트너십들이 나타났고 일정한 성과도 있었지만, (지방)정부에 특히 재원을 의존하게 되면서 NGO들이 독립성을 상실하고 창도 역할은 약화될 수도 있다는 우려가 생겨났다(이근주, 2000: 295-296). 또한 특히 지방의 경우 지역사회의 자원과 역량 부족으로 '그 얼굴이 그 얼굴(same old people)'(Langton, 1983) 현상이 나타날 수 있고, 협력의 장이 단지 참여자들의 불평만 듣게 될 '공식적인 싸움터'(Trist, 1983)로 전락할 수도 있으며, 참여자들이 '명예만 좇는 참여자들(glory seekers)'(Huxham and Vangen, 1996)로 채워질 수도 있다는 지적도 있었다.

2016년 11월 27일 세종대에서 개최된 '협치서울시민대회'에서 박원순 서울시장은 인사말을 통해 "서울시는 의회, 자치구, 중앙정부와의 협치에서 나아가 시민과의 협치시대를 열기 위해 부단히 노력 중입니다."라고 밝혔다. 시민과의 협치를 위한 것이라면, 주요 부문별 시민사회단체 차원을 넘어서 일반 시민의 생활세계로 들어가는 것이 필요하다. 이러한 생활세계를 이해하기 위해 〈표 1〉과 같은 틀을 고려해 볼 수 있다.

표 1 생활세계의 분석 틀

| 해석 / 기술 | 주관적 해석 (SI: Subjective Interpretation) | 객관적 해석 (OI: Objective Interpretation) |
|---|---|---|
| 당사자의 의견 (description of) | Ⅳ | Ⅲ |
| 외부인의 의견 (description on) | Ⅱ | Ⅰ |

자료: 이광석 · 신충식 · 오수길 · 박소담(2010: 125).

〈표 1〉은 생활세계를 이해하기 위한 현상학적 접근방법을 적용해 본 틀로서 어떤 정책이나 의사결정이 누구의 의견을 바탕으로 한 것인지를 한 축에, 그리고 그 의견을 어떤 방식으로 해석한 것인지를 한 축에 놓은 것이다. 여기에서 Ⅰ의 경우 사실을 잘 이해하는 데 목적을 둔 것이라 할 수 있지만, 시민들의 생활세계와는 관계없이 일부의 참여를 통해 '객관성'을 운운하는 차원에 머물 수 있다. Ⅱ의 경우 객관적인 자료를 바탕으로 참여자들이 주관적인 해석을 내릴 수 있지만 자의적인 결론에 이를 수도 있다. Ⅲ에서는 설문이나 구조화된 면담결과를 해석하는 차원이 될 수 있지만, 궁극적으로는 Ⅳ와 같이 시민들이 직접 자신의 생활세계를 드러내는 기회를 많이 만들어 내는 것이 필요하다 할 것이다.

## 2. 무엇을 위한 협치인가?

지방의제21 추진과정의 참여를 촉진하기 위한 전략들을 하향식 전략(top-down strategy), 상향식 전략(bottom-up strategy), 인정하지만 전략(Yes...but strategy), 제한된 대화 전략(limited dialogue strategy) 등으로 분류한 Young(1996, 2000: 184-187)의 논의를 통해 참여나 협력, 또는 협치를 강조하는 것이 궁극적으로 무엇을 위한 것인가 하는 데 대해 쟁점을 제기할 수 있다.

첫째, 하향식 전략은 정부가 확고하게 통제하면서 일방향의 과정을 설정한다는 것이다. 또한 통제를 유지하고 일방향의 과정을 설정한다. 이런 전략에서 참여는 정부가 의제를 설정하고 통제하면서 시민이나 관련 집단들에게 단지 정보를 전달하는 차원에 머물 수밖에 없다. 협치과정에서 민간의 투입을 가로막는 방식으로서 협치의 의미를 훼손하는 것이라 할 수 있다.

둘째, 상향식 전략은 정부가 참여를 양방향식 대화로 인식하는 것으로서 정보를 전달하는 차원이 아니라 정보를 공유하는 차원으로 접근한다. 정보 공유는 제반 이해관계자들은 물론, 소수집단들도 의사결정에 다양한 방식으로 참여할 수 있는 여지를 마련할 수 있다. 의제를 설정하는 데서부터 정책의 방향과 우선순위를 정하고 함께 집행할 수 있는 틀을 만드는 데 기여할 수도 있다.

셋째, 'Yes...but' 전략은 정부가 상향식 전략을 채택했지만 수사적 차원에서 머물며 참여과정은 보장하지 않는 것을 말한다. 광범위한 참여에 대한 당위성은 인정하면서도 정부가 몰입되어 있는 몇 가지 정책과 프로젝트에만 이를 한정하는 것이다. 이런 전략은 권력을 공유한다는 목표를 내세우면서도 실제로는 정부의 통제력을 유지하게 되는 전략이라 할 수 있다.

넷째, 제한된 대화 전략이란 하향식 전략을 기본으로 하면서 여기에 일정한 융통성을 덧붙이는 것을 말한다. 정부가 정책의 방향과 우선순위는 이미 정해 두고, 세부사항과 관련된 제한된 한계 내에서 시민과의 대화를 통해 몇 가지 피드백을 받고자 하는 전략이다.

이와 유사하게 Kernaghan(1993: 65)은 권한부여의 과정에 초점을 맞춰 권력의 본질이나 정도를 중심으로 두고, 권력의 본질과 정도에 따라 네 가지 유형의 파트너십을 구분하였다. 첫째, 협력적 파트너십(collaborative partnerships)으로서 각 파트너의 상호의존성이 높고 의사결정 과정에서 각 파트너가 권력을 발휘할 수 있다. 둘째, 운영 파트너십(operational partnerships)으로서 의사결정 수준이 아니라 업무를 공유하면서 비공식적인 영향력을 발휘할 수 있다. 셋째, 기부 파트너십(contributory partnerships)으로서 운영에는 거의 참여하지 않고 기금 형태로 후원할 수 있다. 넷째, 자문 파트너십(consultative partnerships)으로서 공식화, 공론화, 공익성, 신뢰성 등에 따라 영향력이 달리 나타날 수는 있지만, 기본적으로는 공공조직이 외부의 개인이나 집단의 자문을 구하는 방식이다. 이 밖에 '가짜 파트너십(phony partnership)'을 추가할 수 있는데, 일반적으로 이해관계자들을 포섭하거나 조작하기 위해 만들어진 것이라 할 수 있다.

협치서울시민대회에서 박원순 서울시장은 인사말을 통해 "시민을 중심에 둔 협치가 서울의 문제를 해결하는 열쇠입니다."라고 밝혔는데, 문제해결을 위한 새로운 거버넌스를 모색하는 것으로서의 협치가 갖는 의미를 생각해 볼 때 문제해결의 자원을 시민에게서 찾는다는 말이라고 볼 수 있다. 또 다른 측면에서는 주권자로서의 시민참여 자체가 협치의 목적이라고도 해석할 수 있다.

협치서울시민대회에서 발표된 '2016협치서울선언'은 다음과 같은 결의를 담고 있다. 이러한 결의는 협치의 핵심적인 운영원리에 대한 논의와 실천을 통해 실현될 수밖에 없다.

하나, 협치체계를 시민주도형으로 바꾼다.

하나, 시민참여 제도를 완성한다.

하나, 재정민주주의를 강화한다.

하나, 공동의 역량을 높인다.

하나, 협치의 걸림돌은 걷어 내고, 디딤돌은 단단히 한다.

하나, 협치서울선언의 실현을 위해 실천계획을 수립한다.

## 3. 어떤 방식이 필요한가?

협치서울시민대회에서 협치서울지역협의회 이상훈 운영위원장은 "마을공동체, 도시재생, 사회적경제, 찾아가는동주민센터, 원전하나줄이기 등

혁신의제들을 중심으로, 다양한 위원회 설치와 중간지원기관으로 대표되는 민간위탁사업 등을 통해 정책기획과 집행하는 과정에서 시민이 주체가 될 수 있는 통로들을 만들어 왔다."라고 밝혔다. 이들 사업은 서울시가 추진해 온 대표적인 사업들로서 상당한 성과를 거두기도 했다. 특히 협력적 거버넌스를 구축하여 다양한 주체를 만들어 내고 기초자치단체는 물론 마을단위에서의 적극적인 참여를 이끌어 내고자 노력한 것이라 많은 의미가 있다.

하지만 여러 가지 한계를 드러내기도 했다. 이는 협력적 거버넌스의 구축과정이 오랜 시간과 경험을 요구하는 것이기도 하고 협치 노력의 초기 기획이 몇 년간 이행되면서 초기에 고려하지 못한 문제점들이 부각된 것일 수도 있다. 협치서울시민대회를 기획하면서 주요 참여자들을 대상으로 실시한 '서울시 협치의 걸림돌/디딤돌' 투표 결과는 협치의 성공과 실패의 요인을 잘 드러내고 있다.

협치 걸림돌로는 사전 투표 결과 '시민을 들러리 시키는 민관협력 제도', '정책집행의 권한과 책임의 불균형', '행정의 일방 추진과 민간의 무리한 민원', '행정과 시민의 협치 경험 부족', '행정과 시민사회 각각의 칸막이' 등으로 선정되었다. 그런데 앞의 세 가지는 같은 맥락에서 이해할 수 있는 것으로, 협력의 정도나 수준이 시민들로 하여금 수권자로서 또는 동등한 시민으로서 참여한 효능감이 적었다는 것을 말해준다. 협치서울시민대회 현장에서의 토론회 결과 이들 후보군 중 '행정과 시민의 협치 경험 부족'이 가장 중요한 요인으로 선정된 것은 대회 참가자들의 우호적인 의식을 보여주는 것이라고도 할 수 있지만, 이 역시 같은 맥락에서 이해할 수 있다.

협치 디딤돌로는 '지역/사회문제 공론장 형성', '다양한 시민 주체 등장과 열린 행정 도입', '소통이 잘 되는 공무원과 시민 증가', '민-관 리더의 협치 의지' 등이 선정되었다. 그리고 협치서울시민대회 참가자들의 토론회 결과로는 '다양한 시민 주체 등장과 열린 행정 도입'이 선정되었다. 이러한 결과는 협치의 의의에 대한 공감도가 높고, 협치 경험의 축적과 향후 과정

**표 2** 서울시 협치의 걸림돌/디딤돌 후보군 및 사전 투표 결과

| 순위 | 협치 걸림돌 | 협치 디딤돌 |
|---|---|---|
| 1 | 시민을 들러리 시키는 민관협력 제도 (136건, 15.3%) | 지역/사회문제 공론장 형성 (125건, 14.0%) |
| 2 | 정책집행의 권한과 책임의 불균형 (125건, 14.1%) | 다양한 시민 주체 등장, 열린 행정 도입 (124건, 13.9%) |
| 3 | 행정의 일방 추진, 민간의 무리한 민원 (115건, 12.9%) | 소통이 잘 되는 공무원과 시민 증가 (116건, 13.0%) |
| 4 | 행정과 시민의 협치 경험 부족 (113건, 12.7%) | 민-관 리더의 협치 의지 (101건, 11.3%) |
| 5 | 행정과 시민사회 각각의 칸막이 (89건, 10.0%) | 협치형 정책에 대한 예산 등 행정 지원 (94건, 10.5%) |
| 6 | 행정-시민의 정보 격차 (87건, 9.8%) | 협치 조례 등 협치 제도와 기반 조성 (90건, 10.1%) |
| 7 | 건강한 토론교육과 문화 미흡 (81건, 9.1%) | 협치를 통한 시정 정책의 변화 체감 (75건, 8.4%) |
| 8 | 행정과 시민의 만남과 공론 부족 (69건, 7.8%) | 협치에 대한 시대적 요구 (63건, 7.1%) |
| 9 | 행정의 불친절과 시민의 무관용 (41건, 4.6%) | 민간 전문가의 적극적 행정 참여 (54건, 6.1%) |
| 10 | 협치를 잘하는 행정과 시민의 보상 부재 (33건, 3.7%) | 협치학교 등 협치 이해 교육 추진 (49건, 5.5%) |

* 총 표본 수: 서울시 엠보팅 등을 통해 걸림돌 889건, 디딤돌 891건(각 3개 항목 중복 선택)

** 음영 부분은 협치서울시민대회 참가자들이 사전 투표 결과를 참고하며 진행한 원탁토론회 결과 가장 중요한 것으로 선정한 걸림돌/디딤돌 내용임.

자료출처: 서울시 협치서울시민대회 자료집, p.19.

에 대한 기대가 높다는 것을 알 수 있다. 그런데 '협치형 정책에 대한 예산 등 행정 지원'이나 '협치 조례 등 협치 제도와 기반 조성'과 같이 공식적인 장치의 필요성에 대한 요구는 아주 높지 않은 것을 볼 때, 협치는 협력 기반을 위한 제도화보다는 과정에 더 큰 의의가 있다는 것을 알 수 있다.

# Ⅳ. 민관협치의 과제

## 1. 주권자에 중심을 두자

Kjær(2007: 12-13)는 거버넌스란 '게임의 규칙을 설정, 적용, 집행하는 것'이라고 하면서 안정적인 규칙을 마련하기 위해서는 정통성이 확보되어야 한다고 주장한다. 이러한 정통성에는 정부 개입의 정당성을 입증하기 위한 산출 지향적인 정통성, 즉 효율성이 강조될 수 있지만, 시민들의 합의를 필요로 하는 투입 지향적인 정통성, 즉 민주성이 동등하게 강조되어야 한다는 것이다.

'좋은 정부'와 '나쁜 정부'를 상징하는 프레스코화로 14세기 이탈리아 궁전을 장식했던 공화주의 화가 Lorenzetti는 좋은 정부에 대해 "민중의 감시 아래서 정의와 지혜가 시행되는 것을 높이 평가하는데, 여기서의 정의와 지혜란 오늘날 정치지도층의 머릿속을 잠시도 떠나지 않는 회계적 차원의 근심과는 거리가 멀다."(로베르, 2016.10.: 10)라고 주장한 바 있다. 거버넌스 시대에는 '도덕'보다는 '윤리'에 기반한 거버넌스가 중요하다는 주장(신충식, 2016: 49)도 같은 맥락에서 이해할 수 있다.

흔히 "소통을 잘 하면 갈등의 비용도 줄일 수 있다."라는 식의 접근도 설득력을 갖는 모양이지만, 정부와 사회의 비용을 절감하기 위해서가 아니라 주민들이 주권자이고 시민이기 때문에 소통해야 한다고 생각할 수 있는 것이 투입 지향적인 정통성을 확보하는 길이다. 1992년 이후 '의제21' 또는 '지방의제21'의 접근방법이 오랫동안 생명력을 가질 수 있었던 것은 백지의 의제로 출발하여 지역주민 스스로 문제를 규정하도록 요청했다는 것이었다(Taylor, 1995). 다양한 방식의 민주적 의사결정이 있을 수 있지만, 시민들이 직접 공적인 논쟁에 참여할 수 있는 것이 가장 근본적인 수준이며(Coenen, Huitema, and O'Toole, 1998: 6), 지역주민의 지식과 경험에서 도출된 해결책이 더욱 잘 작동할 수 있다는 것이다(Young, 2000: 183-184).

## 2. 문제해결에 초점을 맞추자

거버넌스는 또한 "상이한 수준, 양식, 질서에서 발생하는 사회-정치적 행위자들의 사회문제해결 노력"(Kooiman, 1993a, 1993b)이다. 그래서 Alter and Hage(1993)는 정부의 새로운 역할이 '경계확장자(boundary-spanner)' 혹은 '네트워크 형성자(reticulists)'라고 말했다. 서울시의 마을공동체, 도시재생, 사회적경제, 찾아가는동주민센터, 원전하나줄이기, 주민참여예산제는 모두 서울의 주요 문제를 해결하고자 하는 노력의 일환이었고, 그 과정에서 경계를 확장하고 네트워크를 형성하고자 노력했던 것이다.

**그림 3** 협력의 진화 모형

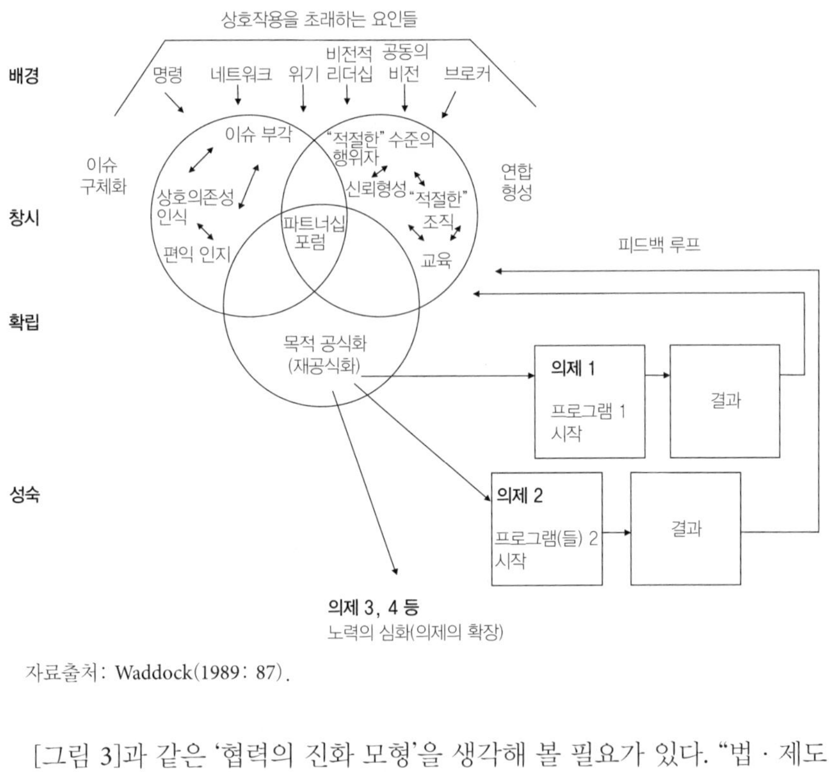


자료출처: Waddock(1989: 87).

[그림 3]과 같은 '협력의 진화 모형'을 생각해 볼 필요가 있다. "법 · 제도

적인 강제사항, 네트워크, 사회 · 경제적 위기, 비전을 제시하는 리더십, 공동의 비전, 브로커 등"에 의해 협력의 상호작용이 시작된다. 일정한 쟁점이 부각되고 상호의존성이 인식된다. 적절한 인물과 조직이 결합되고 신뢰가 형성되며 목적이 공식화된다. 구체적인 의제가 결정되고 이행되면서 작은 성과들이 도출되고 환류되며 협력의 수준은 높아진다.

협력적 거버넌스는 여전히 새로운 거버넌스의 실험이다. 리더십의 변화에 따라 급격히 기반이 붕괴되는 경우도 있지만, 협치의 성공을 위해서는 결국 경험적 실천이 더욱 축적되어야 하고 이에 따라 신뢰도 축적되어 상승효과를 낼 수 있음을 인식해야 한다. 참여자들의 협력은 참여자 스스로 의사결정력과 효능감을 가져야 한다. 그리고 외부에서 주어진 일이 아니라 각자의 생활세계와 중첩되어 함께할 수 있는 일이 기본이 되어야 할 것이다.

협치의 성공과 실패를 들여다보기 위해서는 과정(processes)과 산출(outputs), 결과(outcomes)도 파악해야 한다(Peters, 2007: 554-558). 여기에서 거버넌스 역량의 요소들이 도출될 수 있다. 첫째, 과정 차원에서는 어떤 행위자들이 관여해야 하는지를 보는 것으로, 해당 문제를 가장 잘 해결할 수 있는 자원이 무엇인지 그리고 그 자원을 갖고 있는 주요 행위자는 누구인지를 파악해야 한다. 둘째, 산출 차원에서는 실실적인 법적 · 규제적 역량을 확보하자는 것으로, 문제해결을 위해 기존 방식이 아닌 새로운 방식의 고안과 새로운 실험이 필요하다는 것이다. 셋째, 결과 차원에서는 단기적인 결과를 기대하며 협치의 무용론을 제기하기보다는 성과의 달성이라는 기준을 어떻게 설정할지를 새롭게 모색해 보아야 한다는 것이다.

협치의 성공을 위해 요구되는 핵심적인 관리 역량으로 여덟 가지 요소를 제시한 Goldsmith and Kettle(2009)은 이런 의미에서 참고할 만하다. 첫째, 당사자 간 네트워크를 형성하고 조직 간 경계를 초월할 수 있는 협력을 도출할 파트너링(partnering) 역량, 둘째, 파트너들을 설득하여 win-win 상황을 조성할 수 있는 영향주기와 협상(confluencing and negotiating) 역량,

파트너들의 수요와 감정을 고려하여 적절히 대응하고 파트너들을 존중하고 배려하는 인간관계 기술(interpersonal skills), 넷째, 새로운 통찰력으로 혁신적인 해결책을 제시하고 새로운 문제해결 방법을 찾아내는 창의 및 혁신(creativity and innovation) 역량, 다섯째, 국내외 주요 정책 환경을 파악하고 중장기 계획을 수립할 수 있는 외부환경 인지(external awareness) 역량, 여섯째, 위험을 감수하며 새로운 편익을 창출할 사업을 실행에 옮길 수 있는 기업가정신(entrepreneurship), 일곱째, 문제의 확인과 분석, 논리적 의사결정을 위한 정보의 선별, 구체적인 문제해결 방안 제시를 위한 문제해결(problem solving) 역량, 여덟째, 대립을 초래할 상황을 회피할 수 있는 사전적 조치와 긍정적이고 건설적인 갈등관리 방안을 마련할 갈등관리(conflict resolution) 역량 등이 그것이다.

## 3. 권한부여와 책무의 균형을 잡자

협치에 대한 우려 중에서 가장 중요한 것은 책무(accountability)와 관련되어 있다. 환경의 복잡성을 가중시키고 파편화시킬 수도 있으며, 민주적 책무의 체계를 무너뜨릴 수 있다는 것이다(Jonathan, 2001: 753-755). 여기에는 예산, 규정 또는 선례에 얽매일 수밖에 없는 관료제와 소위 '영혼 없는 공무원'으로서의 의미도 포함될 수 있다.

그러나 Skelcher *et al.*(2005)가 적절히 지적했듯, 권한부여(empowerment)가 중요한 협력적 거버넌스에서 책무의 문제에 대해서는 기존의 헌법공학이 설정해 놓은 전통적인 가정을 느슨하게 할 수밖에 없다. Newman(2001)이 지적한 네트워크, 경계구분의 약화, 원거리 통치, 대응적 정책도구, 방향잡기, 협상에 의한 자치, 대중의 참여, 민주적 실제의 혁신, 제도적 관련성을 넘어선 초점 등 거버넌스의 전환은 기존 함수구조의 틀을 벗어나 있기 때문이다.

민관협력은 공공관리 개혁, 위험분담(risk sharing) 그리고 권력 공유

(power sharing)로서의 성격을 갖는다(오수길, 2006). 협력이라는 운영원리를 핵심으로 하는 협력적 거버넌스가 적절히 작동하기 위해서는 결국 권한부여와 책무의 균형점을 발견해야 한다. 그러나 그 균형점은 고정되어 있는 것이 아니라 새로운 실험 속에서 그리고 새로운 맥락 속에서 기우뚱한 균형이 되어야 할 것이다.

협치서울시민대회는 '참여에서 권한으로'라는 기치를 내세웠다. '서울특별시 민관협치 활성화를 위한 기본조례' 제4조(시민의 권리와 의무)에서도 "시민은 누구나 시의 정책 결정 · 집행 · 평가 과정에 참여할 권리를 가진다. 시민은 정책과정 참여에 대한 책임과 역할을 인식하고, 공익적 가치의 실현을 위해 노력하여야 한다."라고 명기하여, 권리와 의무를 모두 강조하고 있다. 또한 제5조(시장의 책무)에서는 민관협치 환경 조성을 위한 시장의 노력을 강조하고 있고, 민관협치체계 구축과 활성화를 위해 서울협치협의회의 설치와 운영을 명시하고 있다.

이상의 논의를 [그림 4]와 같이 요약할 수 있다. 민관협치는 행정문제 각 영역의 목표체계하에서 문제정의가 이뤄지고, 문제를 해결하는 과정을 통해 사회적 영향(social impact)을 미치게 된다. 행정의 목표체계를 재정립하는 것은 부시와 기능별로 작동하던 기존의 행정 원리를 지속가능발전목표와 같은 목표체계에 각 부서가 기여하는 것으로 재구성하여 소위 '칸막이 행정'을 넘어서자는 것이다. 이러한 목표를 시민들과 함께 세워간다면, 행정 관료제 내에서는 확보하기 어려운 '자기교정력'을 얻을 수 있다. 문제정의는 행정이 자체적인 계획과 목표를 세우고 집행하던 데서 벗어나 시민들의 필요와 요구를 더욱 경청하고 수용하는 과정에서 민주적인 방식으로 행정 수요를 반영하는 단계이다. 문제해결 과정에서는 시민사회의 인적, 물적 자원을 발굴하고 조정하여 공동의 문제해결 과정으로 만들어간다. 그리고 이러한 과정에서 민관협력의 경험이 축적되고 사회적 신뢰가 구축되며 전체적으로 협치의 문제해결 역량이 강화될 수 있다. 이것이 환류되면 민관협치의 목표체계는 더욱 정교하게 다듬어질 수 있을 것이다.

그림 4  민관협치의 전개와 진화

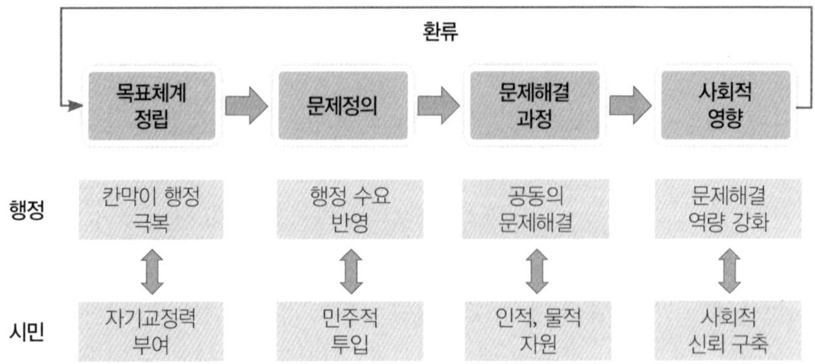


## V. 결론

협력적 거버넌스는 경험적인 차원에서도 규범적인 차원에서도 접근할 수 있다(오수길, 2007). 또한 협력적 거버넌스는 이론적으로도 실천적으로도 현대 사회의 제반 문제를 해결하는 데 유용하게 기여할 수 있다. 국가나 정부의 구성과 운영에 산출 중심의 정통성뿐만 아니라 투입 중심의 정통성을 논의하는 데도 그리고 실현하는 데도 기여할 수 있기 때문이다.

그러나 이러한 과정이 당연하게 주어지거나 진공상태에서 이뤄질 수 있는 것은 아님을 인식하는 것이 중요하다. John *et al.*(1994)이 새로운 거버넌스를 만드는 데 요구된다고 한 네 가지 요소, 즉 참여자(who), 목적(why), 수단(how), 정치(whether) 등은 갑작스럽게 전환될 수 있는 것이 아니다.

따라서 거버넌스와 협력적 거버넌스 등에 관한 이론적 정교함과 지속적인 실천의 축적이 필요하다. 더욱 많은 생활단위의 참여자들이 늘고(who), 효율성뿐만 아니라 민주성도 중요하며 산출물보다는 과정이 더욱 중요할 수 있다는 인식이 확산되고(why), 새로운 실험에 대한 열린 자세가 용인되며(how), 그 가능성과 한계를 지속적으로 논의하는 과정(whether)에서 거버넌스의 전환이 이뤄질 수 있기 때문이다.

# 참고문헌

**김수현 · 박은철**, 2000, "서울시-NGO 간 파트너십의 현황과 과제," 「서울도시연구」, 1(2): 95-101.

**로베르, 안세실**, 2016.10., "거번먼트로 변질된 거버넌스," 「르몽드 디플로마티크」, 97.

**신충식**, 2016, "윤리적 거버넌스의 가능성," 「KIPA 조사포럼」, 18.

**오수길**, 2006, 「민관 협력의 거버넌스: 지방의제21 추진 과정의 경험」, 파주: 한국학술정보.

______, 2007, "협력적 거버넌스의 이론과 실천적 과제," 「행정포커스」, 7/8월호: 29-35.

______, 2011, "절차적 합리주의를 넘어 실질적 공론의 장으로," 김수진 외, 「기후변화의 유혹, 원자력: 원자력 르네상스의 실체와 에너지 정책의 미래」, 277-296, 서울: 도요새.

______, 2016, "SDGs 이행을 위한 지역 거버넌스의 역할," 유엔 지속가능발전목표(SDGs) 이행을 위한 민관협력방안 국회토론회 자료집, 25-40.

**이광석 · 신충식 · 오수길 · 박소담**, 2010, "생활세계 관점으로 본 맞춤형 경찰복지: 경찰업무 특수성에 따른 복지의 차별화," 「한국행정학보」, 44(3): 115-140.

**이근주**, 2000, "NGO 실패와 정부의 지원에 관한 연구: 환경NGO를 중심으로," 「한국행정학보」, 34(1): 291-307.

**홍순목**, 2013, 「조선인 박연」, 서울: RHK.

**Alter, C. and J. Hage**, 1993, *Organizations Working Together*, London: Sage.

**Arnstein, S.**, 1969, "A Ladder of Citizen Participation," *Journal of the American Institute of Planners*, 35(4): 216-224.

**Barber, Benjamin R.**, 2014, 「뜨는 도시 지는 국가」, 조은경 · 최은정 역, 파주: 21세기북스; *If Mayors Ruled the World: Dysfunctional Nations, Rising Cities*, Yale: Yale University Press, 2013.

**Coelho, Paulo**, 2001, 「연금술사」, 최정수 역, 파주: 문학동네; *The Alchemist*, 271-272, Harper One, 1988.

**Coenen, Frans H. J. M., Dave Huitema, and Laurence J. O'Toole, Jr.,** 1998, "Participation and Environment," in Frans H.J.M. Coenen, Dave Huitema, and Laurence J. O'Toole, Jr.(eds.), *Participation and the Quality of Environmental Decision Making*, 1–20, London: Kluwer Academic Publishers.

**Goldsmith, S. and D. Kettle,** 2009, *Unlocking the Power of Networks: Keys to High-Performance Government*, Washington, D.C.: Brookings Institution Press.

**Gray, Barbara,** 1985, "Conditions Facilitating Interorganizational Collaboration," *Human Relations*, 38(10): 911–936.

**Hummel, Ralph P. and Camilla Stivers,** 2001, "정부는 우리가 아니다: 대의제 정부에서 민주적 지식의 가능성," 오수길 외 역, 「반정부 시대의 행정」, 서울: 대영문화사, 52–76; "Government isn't us: the Possibility of Democratic Knowledge in Representative Government," in Cheryl Simrell King and Camilla Stivers(eds.), *Government is Us: Public Administration in an Anti-Government Era*, 28–48, Thousand Oaks: Sage Publications, 1998.

**Huxham, Chris and Siv Vangen,** 1996, "Working Together: Key Themes in the Management of Relationships between Public and Non–Profit Organizations," *International Journal of Public Sector Management*, 9(7): 5–17.

**Jessop, Bob,** 1998, "The Rise of Governance and the Risks of Failure: the Case of Economic Development," *International Social Science Journal*, 155: 29–46.

**John, De Witt, Donald F. Kettl, Barbara Dyer, and W. Robert Lovan,** 1994, "What Will New Governance Mean for the Federal Government?," *Public Administration Review*, 54(2): 170–175.

**Jonathan, Greer,** 2001, "Whither Partnership Governance in Northern Ireland?," *Environment and Planning C: Government and Policy*, 19: 751–770.

**Kernaghan, Kenneth,** 1993, "Partnership and Public Administration: Conceptual and Practical Consideration," *Canadian Public Administration*, 36(1): 57–76.

**Kjær, Anne Mette,** 2007, 「거버넌스」, 이유진 역, 서울: 오름; *Governance*, Cambridge: Polity Press, 2004.

**Kooiman, Jan,** 1993a, "Social–Political Governance: Introduction," in Jan Kooiman(ed.), *Modern Governance: New Government–Society Interactions*, 1–6, London: Sage Publications.

__________, 1993b, "Governance and Governability: Using Complexity, Dynamics and Diversity," in Jan Kooiman(ed.), *Modern Governance: New Government–Society Interactions*, 35–48, London: Sage Publications.

**Langton, Stuart,** 1983, "Public-Private Partnership: Hope or Hoax?," *National Civic Review*, 73(5): 256-262.

**Linder, Stephen H.,** 2000, "Coming to Terms with the Public-Private Partnership: A Grammar of Multiple Meanings," in Pauline Vaillancourt Rosenau(ed.), *Public-Private Policy Partnerships*, 19-35, Cambridge, MA: The MIT Press.

**Lowndes, Vivien and Chris Skelcher,** 1998, "The Dynamics of Multi-Organizational Partnerships: an Analysis of Changing Modes of Governance," *Public Administration*, 76: 313-333.

**Lynn, Laurence E., Jr., Carolyn J. Heinrich, and Carolyn J. Hill,** 2000, "Studying Governance and Public Management: Why? How?," in Carolyn J. Heinrich and Laurence E. Lynn, Jr.(eds.), *Governance and Performance: New Perspectives*, 1-33, Washington, D.C.: Georgetown University Press.

**Moon, Jeremy,** 1999, "The Australian Public Sector and New Governance," *Australian Journal of Public Administration*, 58(2): 112-120.

**Newman, J.,** 2001, *Modernising Governance: New Labour, Policy and Society*, London: Sage Publications.

**Osborne, David and Ted Gaebler,** 1992, *Reinventing Government: How the Entrepreneurial Spirit is Transforming the Public Sector*, Reading, Mass.: Addison-Wesley Publishing Company, Inc.

**Peters, B. Guy,** 1998, "With a Little Help from Our Friends': Public-Private Partnerships as Institutions and Instruments," in Jon Pierre(ed.), *Partnerships in Urban Governance: European and American Experience*, 11-33, London: Macmillan Press Ltd.

__________, 2007, "Measurement of Governance," in Mark Bevir(ed.), *Encyclopedia of Governance*, 554-558, Thousand Oaks: Sage Publications.

**Pierre, Jon and B. Guy Peters,** 2000, *Governance, Politics and the State*, London: Macmillan Press Ltd.

**Rhodes, R. A. W.,** 1997, *Understanding Governance: Policy Networks, Governance, Reflexivity and Accountability*, Buckingham: Open University Press.

**Savas, Emanuel S.,** 1987, *Privatization: The Key to Better Government*, Chatham, NJ: Chatham House.

__________, 2000, *Privatization and Public-Private Partnerships*, NY: Chatham House Publishers.

**Shergold, P.,** 2008, "Geting through Collaboration," in J. O'Flynn and J. Wanna(eds.), *Collaborative Governance: A New Era of Public Policy in Australia*, 13-22,

Canberra: The Australian National University E Press.

**Skelcher, Chris, Navdeep Mathur, and Mike Smith,** 2005, "The Public Governanc of Collaborative Spaces: Discourse, Design and Democracy," *Public Administration*, 83(3): 573–596.

**Taylor, M.,** 1995, *Unleashing the Potential: Bringing Residents to the Centre of Regeneration*, York: Rowntree Foundation.

**Trist, E. L.,** 1983, "Referent Organizations and the Development of Interorganizational Domains," *Human Relations*, 36(3): 247–268.

**Waddock, Sandra A.,** 1989, "Understanding Social Partnerships: An Evolutionary Model of Partnership Organizations," *Administration & Society*, 21(1): 78–100.

**Young, Stephen C.,** 1996, *Promoting Participation and Community-Based Partnerships in the Context of Local Agenda 21: A Report for Practitioners*, Manchester: EPRU Paper, Government Department, Manchester University.

_______________, 2000, "Participation Strategies and Local Environmental Politics: Local Agenda 21," in Gerry Stoker(ed.), *The New Politics of British Local Governance*, 181–197, London: Macmillan Press Ltd.

# chapter 03 촛불시민의 민주주의혁명에 대한 정치사회학적 의미[1]

**정승안**(동명대학교 자율전공학부 교수)

## Ⅰ. 들어가며

"너희는 그 등불을 절대 끌 수 없으리라. 비록 네가 바닷물을 퍼붓거나 태풍을 휘몰아치게 한다 해도 그것을 끌 수 없다. 왜 그런지 알겠느냐? 그 등불을 보시한 여인은 자신의 진 재산과 마음을 모두 바쳐 일체 중생을 구하겠다는 크나큰 발원을 세웠기 때문이다."

– 賢愚經

「현우경」에 나오는 일화이다. 일명 빈자일등(貧者一燈)[2]으로 알려져 있

1 이 논문은 2015년도 정부재원(교육과학기술부 사회과학연구지원사업비)으로 한국연구재단의 지원을 받아 연구되었음(NRF-2015S1A3A2046920).

2 부처님이 사위국(舍衛國)의 정사(精舍)에 머물고 있을 때, 난타(難陀, 마라난타)라는 여인이 찾아왔다. 난타는 매우 가난하여 여기저기를 떠돌다가 "나는 전생에 무슨 죄를 지어 이렇게 가난하고 미천한 신분으로 태어나 공양을 할 수가 없구나."라는 자책을 하다가 하루 종일 구걸해서 얻은 돈 한 푼으로 등불을 밝히려 기름을 사려고 했지만 아무도 기름을 팔려고 하지 않았다. 이에 기름을 사려고 사정하고 또 사정하자 기름장수가 난타의 정성에 감동하여 한 푼보다는 많은 기름을 주었다고 한다. 이

다. JTBC에서 손석희의 앵커브리핑을 통해서 유명해진 우화의 내용이다. 불경에 나오는 내용이지만 이와 거의 유사한 비유는 성경에서도 찾아볼 수 있다. 등불과 촛불에 관한 이야기는 종교적 우화와 관련하여 자주 인용되고 있는 이야깃거리의 하나이다. 마치 이 우화에서의 기도를 들어주기라도 한 것처럼 2016-17년을 뜨겁게 달구었던 1,600만 촛불시민들의 분노와 열망은 마침내 최고 권좌에 있던 대통령을 탄핵시키는 결과를 가져왔다. 1987년 6월 항쟁을 통해 쟁취했던 '직선제' 개헌과 '헌법개정'의 성과를 넘어 30여 년이 지난 2017년의 시대의 촛불시민은 직접민주주의의 위대한 체험을 하고 있는 것이다. 이렇듯 새로운 사회질서에 대한 열망과 헌법질서의 재구조화의 문제를 넘어 촛불시민들의 현직 대통령 탄핵이라는 결과는 직접민주주의에 대한 간절한 열망을 담아 아직도 현재진행형이다.

한국 근현대사에서 대중의 요구와 관심이 직접적으로 표출되었던 대표적인 사례는 3·1운동에서부터라고 할 수 있을 것이다. 이후 4·19와 10·16 부마항쟁 그리고 87년 6월 항쟁의 사례를 대중운동사에서는 주목하고 있다. 물론 이 모든 과정에는 다양한 계층의 시민들의 참여와 동원이 있었지만, 대부분 반혁명과 쿠데타 그리고 미완의 혁명으로 끝나고 말았다. 이에 반해 2016-17년의 촛불혁명은 최고 권력자를 자리에서 끌어내리는 탄핵과 구속이라는 결과를 가져왔다. 여기까지 본다면 촛불시민혁명은 승리한 듯 보인다. 그러나 앞으로의 과제가 혁명이냐 반혁명이냐의 기로는 이후에 치러지는 대통령선거와 앞으로의 정치적 일정과 전개양상에 따라 한 치 앞을 예측하기 힘든 정국이 전개되고 있다.

앞으로의 한반도의 미래를 둘러싼 난제들이 얽혀 있는 이 시기에서 촛불시민들의 민주주의에 대한 평가를 내리기에는 섣부른 느낌이 있다. 그

---

에 난타는 기름을 넣고 불을 붙여 석가모니가 계시는 수많은 등불 속에 넣어 두었다. 먼동이 터오자 다른 등불은 모두 꺼졌지만 난타의 등불만은 꺼지지 않고 홀로 타고 있었다. 난타의 정성을 안 석가는 그녀를 비구니로 받아들였다는 이야기가 이 고사와 관련한 이야기이다.

러나 촛불을 든 시민들의 사회심리적 배경과 몇 가지 사건들의 구조적 동학에 대한 사회학적 분석은 그 나름대로의 의미가 있다 하겠다. 여기서는 몇 가지 두드러지는 특징적인 측면과 양상들에 대한 진단을 통해 앞으로 다가올 난세에 대한 나름대로의 분석을 위한 기초작업을 시도한다. 이를 위해 촛불 민주주의혁명을 촉발한 요인들에 대한 몇 가지 정치사회학적인 요인과, 박근혜 정권이라는 현존하고 있는 구체제에 대한 진단을 통해 촛불시민들에게서 나타나고 있는 '집합의식'과 '의미성' 그리고 나름의 '합리성'들의 의미들을 중심으로 살펴보고자 한다.

## Ⅱ. 시민사회운동의 분화와 박근혜 정권의 대시민사회 전략

이번 촛불시민혁명은 가히 3·1운동 이후 가장 큰 '사건'이라고 할 수 있다. 주권재민을 선포한 3·1운동은 제국주의적인 침달과 봉건수의에 맞선 자주적 독립의지의 선포의 장이었다. 그러한 민초들의 독립을 위한 만세운동의 성과는 '상해임시정부'의 수립으로 이어진다. 봉건제의 왕이 황제와 제국으로 바뀌었으며 그 명칭을 '대한제국'이라 했다. 제국(帝國)에서 민국(民國)으로의 변화와 '대한민국' 수립의 주요한 계기가 여기에서 비롯하였다. 그러한 노력에도 불구하고 분단된 조국의 정부가 수립되고 내우외환의 국제질서의 변천과 그 내실이 채워지는 과정에서 우리는 4·19혁명을 경험했다. 부정부패를 저지른 이승만 정권의 '하야'의 경험을 통해 독재정권을 마무리할 수는 있었지만, 곧 발생한 군사쿠데타는 민주주의의 경험과 행로를 중단시키고 말았다. 그러나 군사정권에 의한 3선개헌으로 장기집권을 꿈꾸던 독재세력에 맞선 반유신운동은 10·16 민주항쟁과 피를 두려워하지 않는 독재자에 대한 저격으로 막을 내리고 말았다. 다시 민주주의를 향한 꿈은 이어지지만 '서울의 봄'을 뒤로 하고 어이없이 맞이한 5·18이라는 또 다른 신군부의 비극적인 군사쿠데타로 좌절되고 말았다. 새로운 군사정권 역시 '호헌조치'를 통해 장기집권의 야욕을 드러냈다. 하지만 1987년 6월 시민의 민주항쟁을 거치며 군정은 막을 내리고 말았다. 길지 않은 시민들의 항쟁사는 '민주주의는 피를 먹고 자라는 나무'라는 말을 실증이라도 하듯 민주주의와 국가의 주인이 민주시민이라는 것을 웅변적으로 설명해 왔다. 이러한 시민과 압도적인 힘의 우위를 자랑하던 독재정권과의 대립과 시대적 타협의 산물이 오늘날까지 이어지고 있는 기점에 '1987년 헌법체제'라는 질서가 자리잡고 있는 것이다.

최첨단 유비쿼터스와 세계화의 시대가 도래했음에도 불구하고 우리의 헌법적 가치와 합의는 여전히 1987년의 합의와 기준을 중심으로 하는 규범적 질서의 테두리에 서 있다. 그러므로 우리가 경험한 촛불 민주주의혁명과 탄핵은 새로운 헌법적 가치를 둘러싸고 앞으로 한반도의 미래를 둘러싼 새로운 쟁점으로 부상하고 있다는 측면에서도 주목되고 있다.

한 사회의 구조와 질서는 규범과 규율의 체계로서의 법의 정신에서 읽어볼 수 있다. 법학자로서의 헌법에 대한 이해가 아니라 법이 시대의식과 시민의 사회적 집합의식의 반영이자 사회적 합의와 계약의 산물이라는 점을 고려한다면 법체계와 규범에는 촛불시민의 시대의식과 일상생활세계의 역동적인 단면과 양태들이 충분히 반영되어야 한다는 것은 당연하다 할 것이다. 우리가 시민사회의 역동적인 변화와 시민들의 일상생활세계의 내면적 흐름과 인식들에 주목해야 하는 이유이다.

## 1. 시민사회운동의 역사적 분화

2016년에서 17년에 걸치는 시기에 촛불을 든 시민, '촛불시민'에 의한 촛불집회는 가히 '평화혁명'이고 '명예혁명'이었다고 일컬을 만하다. 100만을 넘어 260만에 이르는 시민들이 한자리에 모여서 유혈사태 없이 오로지 평화라는 '원칙'만으로 얻어낸 탄핵이라는 결과는 앞으로도 대내외적으로 성숙한 대한민국을 알리는 중요한 계기가 될 것이다. 사실, 이런 역사적 장면을 우리는 세계사에서도 유례를 찾아보기 어렵다. 세계사에서도 이렇게 많은 사람들이, 지속적으로, 한 사람도 다치지 않고, 충돌 없이 평화적으로 정치적 결과를 만들어 낸 사건을 찾아보기 어렵기 때문이다. 가히 21세기의 '세계를 뒤흔든 역사적 장면'의 하나로 촛불혁명은 기억될 것이다. 한국인에 의한, 한국인만 할 수 있는, 한국적인 시위를 통해 '촛불시민'의 혁명적인 저력을 드러낸 것이다. 하지만 이러한 촛불 민주주의혁명을 살펴보기 위해서는 시민운동의 역사적 흐름에 대해서도 살펴볼 필요가 있다.

이를 위해 87년 6월 항쟁과의 비교를 통해서 살펴보는 것도 의미 있을 것이다. 정대화[3]의 논의에서처럼 '6월 민주항쟁 이후 사회운동의 급격한 분화가 진행되면서 노동운동과 시민운동의 비약적 성장, 전국적인 재야운동과 학생운동의 위축이라는 비대칭적 상황이 전개되었다는 지적은 일반적이다. 대부분의 정치적 사회운동을 다루는 연구자들이 공감하듯, 한국사회의 민주주의의 성과가 87년 6월의 시민항쟁과 곧이어 전개된 노동자대투쟁이라 불리는 노동운동의 성과에 힘입었다는 것은 주지의 사실이다. 당시에는 1987년 군부독재정권의 장기집권체제에 대한 정산을 목표로 한 '민주주의 쟁취'라는 시민의 요구를 '대통령직선제'와 '단임제'의 헌법화를 통해 실현하고자 한 것이 주된 목표였다. 이에 반해 오늘날 한국의 정치사회가 직면하고 있는 주된 정치적 과제는 '지역주의 타파'와 '권위주의 철폐', '양극화'와 같은 보다 다원화된 과제들로 분화되고 있다. 한국 정치사에서 지역주의에 기반한 엘리트주의가 가져온 폐해는 기득권을 지닌 재벌과 지역토호세력과의 밀착적 공생관계 속에서 심화되어 왔다. 이러한 기

---

3 정대화, "시민운동의 관점에서 본 진보정당," 「경제와 사회」 겨울호(통권 제64호), 2004, 44-45면.

득권구조와 보수정치세력과의 유착은 수많은 사회적 문제들을 초래해 왔다. 민초들의 사회적 삶의 극단적인 '양극화'와 '일상생활의 파탄'이 그 증명이다. 시민들의 삶의 질과 공화적 공존에도 심대한 장애요소가 되고 있는 것이다.

또 정상호[4]의 논의에서처럼 사회운동의 관점에서 1987년 6월 항쟁 이전과 이후의 시기를 뚜렷이 구분할 수 있는 두 번째 지표의 하나가 '시민운동NGO'의 존재 여부라는 지적에도 주목할 필요가 있다. 이는 1989년에 출범한 경실련(경제정의실천연합)을 필두로 한 참여연대, 환경운동연합을 비롯한 다양한 형태의 시민운동의 등장을 통해 확연히 드러난다. 이는 사회운동의 성격이 반독재민주화와 이의 실현을 위한 민중연합전선을 통한 권력투쟁에 대한 지향에서 국가의 정책과 공공성에 대한 '영향력'의 확대를 위한 운동으로 전환되었다는 것을 의미한다. 이는 물론 사회운동의 양상과 방법의 측면만이 아니라 지지기반과 운동의 주체 및 참여세력들의 광범위한 확산으로 귀결되었다. 단체의 활동가들에 사무-전문직과 더불어 다양한 계층의 참여가 이루어지기 시작했기 때문이다.

그러나 이러한 다양한 계층의 참여와 이념적 다원성, 그리고 관심들의 분화에 따라 시민사회운동의 양상도 수많은 '이념적 분화'와 변화를 거친다. 87년 노동자 대투쟁을 거치며 조직된 주류 노동운동은 노동조합운동의 방향을 노동계급성을 강화하고 실현하는 방향으로 전환하기 시작한다. 이른바 재야의 민중운동영역의 주된 흐름들은 '통일운동'에 대한 관심으로 운동의 방향을 설정하고 다양한 영역에서의 영향력의 확대를 시도한다. 사실상 여기에서부터 시작된 소위 '주체사상'에 대한 관심과 그러한 통일운동 주도세력의 영향력의 증가는 시민사회운동의 분화를 촉진시킨 계기가 되었다고 할 수 있을 것이다. 이러한 이념적 다양성과 활동력의 분화는 '통일'운동영역에 대한 비판적인 논의들에서부터 '환경', '여성', '인권', '생

---

4 정상호, "6월 항쟁과 시민사회운동," 「내일을 여는 역사」 제28호, 2007.6., 42-47면.

활' 등의 다양한 영역으로 활동력과 외연을 확장하기 시작하였다.

이러한 한국의 사회운동의 분화는 정치적인 격돌의 현장에서도 그대로 반영되었다. 한국 사회의 정치개혁을 둘러싼 전략적 관점들의 차이는 선거시기마다 제기되는 비판적 지지, 독자적 참여를 둘러싼 논쟁들[5]과 더불어 한국의 정치질서는 87년 헌법체제의 고착화과정 및 거대여당과 야당이라는 구조화된 틀을 중심으로 진보적 시민사회운동을 더욱 고립시키는 방향으로 전개되었다.

그러나 권영길을 중심으로 하는 최초의 진보정당이었던 민주노동당이 원내에 진입하면서부터 시민사회운동만이 아니라 진보정당운동의 입지강화와 사회정치적 영향력의 측면에서도 엄청난 지각변동을 가져왔다. 이에 자극받은 통일운동을 중심으로 하던 운동진영, 특히 범민주대연합론을 중심으로 선거참여를 해 오던 이른바 '주사파'그룹이 민주노동당에 조직적으로 가입하면서 대대적인 사상논쟁이 촉발되었다. 이후 진보적 시민사회운동과 정치영역에서의 분화는 더욱 심화되고 최초의 민중운동진영의 대표라는 지위를 부여받았던 민주노동당은 분당되고 말았다. 이후 통합진보당이라는 '주사파'그룹이 주류가 된 진보적 정당이 등장하면서 전통적인 구도와 다른 정치질서가 등장하게 되었다. 특히 지난 대통령선거 국면에서 이정희 통합진보당 후보가 박근혜 후보에게 던졌넌 비판은 보수진영에게는 엄청난 충격과 위협요소로 받아들여졌던 것으로 보인다.

위에서 살펴본 것처럼 박근혜 정권이 '통합진보당의 해산'이라는 초유의 사태에 그렇게까지 집착하게 된 이유를 여러 가지 측면에서 조망할 수 있겠지만 시민사회영역의 다양성만큼이나 자유주의의 취약함에 덧붙여지는

---

5 선거시기마다 시민사회운동진영에서는 야당과의 연대 위에 기존 정치질서 안에서의 개혁을 추진해야 한다는 '민주대연합'론, 노동자와 민중진영을 중심으로 하는 정치참여를 해야 한다는 '독자적 진보정당'론, 정치적 질서와는 거리를 두고 중립적인 입장에서의 '비판과 감시'에 초점을 두어야 한다는 '순수한 시민운동'론을 중심으로 한 관점과 시각에 있어서의 차별적인 내용들이 부각되었다.

진보적인 시민사회운동진영의 무기력한 상황과 맞물려 생각할 필요가 있는 대목이다. 결과적으로 통합진보당의 해산의 문제를 이끌었던 박근혜 정권의 판단은 소위 주체사상파만의 문제가 아니라 진보적 시민사회운동진영의 전체적인 무기력함과 무능력함이 관련되어 권력에 대한 비판과 저항을 무력화할 수 있는 핵심고리라고 판단했기 때문이라는 것이다. 물론, 한국 민주주의의 발달사에 비해 박근혜 정부의 사례에서처럼 쉽게 공안정국을 주도할 수 있었다는 것은 한국의 시민사회와 민주주의의 토대가 너무도 취약하다는 것을 의미한다. 현대사회에서의 정치적 입장을 정강정책의 차이에 근거하여 구성한다는 기본적인 정당의 구성이라는 민주주의 기본원리의 측면에서도 이전의 민주당이나 새누리당과의 차이나 구별의 근거를 발견하기 어렵다. 결국 이는 지역토호세력과의 뿌리깊은 연대 위에서 형성된 지역적 보수주의에 기반하고 있다는 것을 의미한다. 또 하나의 세력, 과거의 민주화운동을 경험한 세력이나 소위 '재야' 또는 '진보적'이라고 불리는 자유주의진영은 당내에서 늘 동요하는 소수의 세력들로 부유하고 있을 뿐이다. 보수우익은 반공주의를 '자유'와 '민주주의'의 이름으로 설파한다. 정작 자유주의적 관점을 대변하고 있다는 야당은 '빨갱이'나 '좌파'를 빌미로 하는 비판에는 무기력하기 그지없다. 이렇듯 한국의 시민사회의 정치적 표출이라고 할 수 있는 자유주의세력들이 굳건한 사회적 토대를 형성하지 못했기 때문에 보수적인 정권이 '빨갱이'와 '좌파박멸'을 기치로 하는 공안몰이를 시도할 때마다 무기력하거나 애매한 태도로써 동조하며 여론의 눈치만 살펴왔다. 이러한 시민사회운동과 야당의 자유주의의 취약성과 정체성의 혼란이 선거 때마다 등장하는 '북풍'과 더불어 마녀사냥의 강력한 바탕이자 디딤돌로 기능해 온 것이다.

그렇다 하더라도 통합진보당을 8:1로 위헌심판을 했던 헌법재판소가 강력한 지원군이었던 박근혜 대통령에 대해 8:0으로 탄핵을 인용했다. 우리는 이를 어떻게 바라보아야 할 것인가?

"국정개입사실을 철저히 숨겼고 … 사익 추구에 관여하고 지원하였 … 헌법과 법률 위배행위는 재임기간 전반에 걸쳐 지속적으로 이루어졌고 … 사실을 은폐하고 … 대의민주제 원리와 법치주의 정신을 훼손 … 헌법수호의지가 드러나지 않고 … 이에 … 대통령 박근혜를 파면한다."

– 박근혜 대통령 탄핵심판 헌재 선고 요지 중에서

## 2. 박근혜 권위주의 정권의 정치사회적 토대[6]

박근혜 정권이 공안몰이를 통해 정치적 분위기의 전환을 시도한 가장 중요한 이유는 국정원의 불법 대선개입과 관련되어 제기된 '권력의 정당성'을 둘러싼 논란이었다고 할 수 있을 것이다. 관권 · 불법 선거는 권력의 정당성을 본질적으로 훼손하기 마련이다. 검찰조사와 더불어 발견되는 사실들은 정권에는 치명적인 문세가 될 수밖에 없다고 판단한 것이다. 결국 원세훈 국정원장이 2013년 6월 국가정보원 대선개입 사건으로 기소되자마자, 청와대와 국정원은 남북정상회담 대화록을 공개하며 본격적인 반격에 나섰다. 이후 청와대 비서실장으로 대표적인 공안통이라 평가받던 김기춘씨가 취임하면서 상황은 더욱 격렬해진다. 이석기 통합진보당 의원을 '내란음모죄'로 구속기소한 것이다. 연이어 고용노동부는 전교조에 '노조아님'을 통보했고, 검찰은 '공무원노조'를 압수수색했다. 정부여당은 1988년 헌법재판소가 설치된 이래 단 한 번도 행사된 적이 없었던 정당해산심판권을 제출한다. 합법적인 대중정당인 통합진보당에 대해 헌법재판소에 '정당해산심판'을 청구하며 맞장구를 친 것이다. 정치는 실종되고 국정원, 검찰과 같은 공안기관이 정국의 흐름을 주도하기 시작하였다. 이러한 박근혜 정권의 행태에 대해 '파시즘'체제라고 규정하는 논자들도 등장하였

---

6 Ⅱ절의 2–3항은 정승안 · 남종석, "권위주의 정권으로서의 박근혜 정부,"「현대정치의 이해」, 2014, 192–212면의 내용을 참조하여 재구성하였음.

다. 비판사회학회에서의 박노자,[7] 김동춘[8]의 논의가 대표적이다. 박노자는 손호철의 논의에 동의하면서 "독재의 방식으로 조직돼 조직노동은 배제 · 어용화하고 시민사회를 탄압하거나 끄나풀로 만드는 자본주의 사회의 총동원적 운영방식"을 파시즘으로 규정한다. 박근혜 정부가 민주화 이후의 한국 사회의 변화를 부정하면서 주변부 독재정권으로 회귀하고 있다는 것이다.[9]

지난 대통령선거에서의 불법혐의와 불복종 문제가 대두되는 것을 두려워한 정권에 의해 공안정국을 조성한 것이 직접적인 원인이었지만, 모든 사회적 갈등과 쟁점을 '좌파'이데올로기라는 이념적 대결로 단순화시키려 시도했던 것은 박근혜 정부가 처했던 정치-경제적 상황과도 밀접한 관련이 있음을 알 수 있다. 박근혜 정권은 경제민주화와 맞춤형 복지를 공약하며 권력을 장악했지만 이를 실현할 정책수단이 마땅치 않았다. 2008년 경제위기 이후 정부의 부채규모는 비약적으로 증가하면서 총 1,500조 원에 이르는 정부적자가 누적되고 있었기 때문이다. 박근혜 정부는 소득공제를 세액공제로 전환하면서 6조 원 정도의 추가 세원을 확보하려 시도했지만 증세에 대한 반감으로 증세 논쟁이 붙으면서 원안을 철회한 바 있다. 경기 저하와 법인세 감소와 세수의 부족문제는 심각한 지경이었다. 결국 '노인기초연금공약'을 파기하는 데까지 이르렀다. 복지공약의 철회로 노인세대가 등을 돌릴 수도 있는 위기의 상황에서 '좌파박멸'을 기치로 한 공안정국의 조성은 재정수요 없이 지지층을 결집시킬 수 있는 최고의 정치적 선택

---

7 박노자, "박근혜 스타일: 사회적 파시즘과 정치제도적 자유민주주의," 「경제와 사회」 제101호, 비판사회학회, 2014.3., 12-26면.

8 김동춘, "박근혜 정권의 '국정원 정치': '구조적 파시즘'하에서의 국가주의의 재등장," 「경제와 사회」 제101호, 비판사회학회, 2014.3., 27-52면.

9 박노자(2014)는 "한국 사회의 속살은 지금도 파시스트적이며 그 어떤 본질적 변화도 지난 20년 동안 일어나지 않았다."고 단정한다. 한국은 여전히 국가주의 이데올로기가 넘쳐나고 통치자들은 시민사회와의 소통을 거부하며, 통치스타일은 '유신적'이라는 것이다.

이었다. 복지 축소로 인한 사회적 불만을 완전히 없앨 수는 없어도 '종북주사파' 척결로 사회적 쟁점을 전환시키며 정책적 무능력과 비판을 회피하고자 했던 권위주의적 전략의 귀결이었다.

## 3. 박근혜 정권의 대시민사회 전략

지난 대선까지만 하더라도 박근혜 정부는 경제민주회와 복지 확내를 어떻게 할 것인가를 두고 야당과 경쟁하고 있었다. 그러나 국정원장의 구속과 복지정책의 후퇴를 경험하면서 정권의 정당성에 대한 문제제기와 권력의 정당성의 위기타파의 수단으로서 박근혜 정부와 여당은 통합진보당에 대한 공격을 선택하였다. '통합진보당'과 '종북주사파' 논란을 이용하여, 국정원 대선개입으로 불거진 선거 부정에 대한 여론을 무마하는 동시에 경제민주화, 복지공약 축소, 증세 논쟁, KTX 민영화 등 한국 사회의 미래를 결정할 수많은 사회적 의제들은 주변화되거나 잊혀져 가기 시작했다.[10]

또 다른 측면에서도 고려할 필요가 있다. 박근혜 정권이 '절차적 민주주의'에서 승리하기 위한 수단으로서도 공안정국의 조성이 필요했다는 사실이다. 일반적으로 보수적인 정권들은 '법의 힘'을 활용하는 정치에 능숙한 편이다. 통합진보당이나 전교조, 노무현 재단을 법석 판결에 맡김으로써 그들이 얻고자 하는 것은 보수의 결집과 여론의 전환이었다. 물론 박근혜 정권이 '공안통치'를 통해 '갈등과 적대의 정치'를 일정부분 추구했던 것도 사실이다.[11] 그러나 그것을 '의회주의의 부정'이라거나 '억압적 국가장치의

---

10 박근혜 정부는 정권비판세력 전체를 '종북주사파-좌파'로, 이에 반대하는 세력들은 '북한주적-한미동맹'이라는 쟁점을 중심으로 결집시키며 '종북' 논쟁을 유도하였다. 한국사회의 뿌리깊은 반공주의를 최대한 불러모아 결집한 것이다. 전교조, 공무원노조 그리고 합법적인 정규직노조에 대한 비판과 공격은 박근혜 정권 지지세력을 규합하기 위한 정교한 이데올로기 장치였던 것이다.

11 박근혜 정부의 대중동원양상은 파시즘의 그것과는 일정정도의 차이가 있다. 종북몰이에 앞장서는 보수적 기독교 세력이나 반공을 기치로 한 집단과 세력들은 대중운동

전면화'라고 부르는 데는 한계가 있을 것이다. 오히려 '국정원 대선개입'의 여론 전환과 보수적 '지지층 결집' 그리고 선거의 여왕으로 불리는 위력을 발휘하여 다가오는 '새누리당의 선거' 승리가 주된 목적이었기 때문이다. 결과적으로는 공천학살이라는 평까지 마다하며 친박의원의 대규모 당선과 친박 지지층을 결집할 수 있었다는 데서 결과적으로 확인되었다.

이러한 측면을 고려해 본다면 박근혜 정부를 파시즘 정권이라고 규정했던 박노자(2014) · 김동춘(2014)류의 논의보다는 '권위주의적 인민주의' 정권이라는 명명이 더욱 부합한다는 판단을 하게 된다. '권위주의적 인민주의'란 스튜어트 홀(2007)[12]등이 대처리즘을 분석하기 위해 사용하였던 개념이었다. 홀은 대처리즘이 복지국가의 관료주의 · 국가주의, 거대군단으로 조직된 노동조합, 사회(민주)주의에 대항하기 위해 개인, 가정, 자유주의 가치에 호소함으로써 평범한 개인들을 성공적으로 동원한다고 보았다. 이를 위해 마가렛 대처는 자유, 질서, 규범, 가정과 같은 대중의 상식에 근거하여 전후 영국의 계급타협적 복지국가를 비판하고자 했다는 것이다. 그것은 '인민주의 프로젝트'라고 불리는, 대중의 원한, 증오의 감정을 동원하면서도 위로부터는 '법과 질서'를 강조하는 체제라고 할 수 있다.

결과적으로 권위주의적 인민주의체제에서는 자유민주적 질서라는 대의민주주의 체제를 유지하면서도 법과 질서를 강조한다. 대중들은 법의 강제 속에서 주어진 권리를 수동적으로 향유하는 것을 자연스럽게 받아들이게 되며, 법과 질서라는 대중의 상식이나 통념을 동원하여 기득권 세력을 공격하게 된다는 것이다.

이에 대해 봅 제솝(1996)은 '권위주의적 인민주의'라는 개념의 한계를 지적하며, 이 개념이 보다 정합성을 띠려면 인민주의 프로젝트가 작동하는

---

이라기보다 '풀뿌리 보수주의' 네트워크가 주류이기 때문이다. 엄청난 규모의 군중대회와 기동전을 통해 세력을 과시하고 적대적인 세력을 공공연히 공격했던 파시스트세력과는 구분할 필요가 있는 것이다.

12 스튜어트 홀, 「대처리즘의 문화정치」, 임영호 역, 한나래, 2007.

메커니즘을 더 구체적으로 분석해야 한다고 주장했다.[13] 제솝에 따르면 대처리즘은 전후 복지국가의 위기에 직면하여, 실업과 빈민층을 조직하며 사회를 수직으로 나눴다고 본다. 사회에 생산적이며 기여가 있는 자들과 기생하는 자들로 사회를 양분하였다는 것이다. 다음에는 생산적으로 기여하는 자들을 중심으로 기생하는 자들을 공격하도록 한다는 것이다. 기생하는 자들에 해당하는 사람들을 '복지수혜자', '공기업 노동자', '공무원', '노조관료' 들이라고 보았다. 제솝은 이렇듯 홀을 비판하고 있지만 그가 주장하는 '두 개의 국민전략'은 홀이 주장하는 인민주의 프로젝트와 대립적으로 이해되지는 않는다. 인민주의 전략의 핵심이 민중들의 정념, 열망, 상식에 기대어 기득권 세력을 공격한다는 점에 주목하고 있고, 두 개의 국민전략 역시 열심히 일하는 성실한 사람들과 복지수혜자나 세금을 축내는 기생자들을 구별해서 차별화함으로써, '선량한 영국인'들의 분노를 동원하고자 했다는 사실에 주목하고 있기 때문이다. 특히 대처는 노동조합이라는 거대한 기득권 세력이 '영국병'을 일으키는 주체라고 표상함으로써 노조에 대한 사회적 적대감을 효과적으로 유도해냈다. 이런 사회적 반감을 적극 활용하여 노조에 대한 공격을 시도했던 것이다. 한국의 대기업노조에 '귀족노조'라는 딱지 붙이기와 덧씌움 전략의 행태가 똑같이 진행되고 있다는 것을 고려해 본다면 박근혜 정권의 전략이 이러한 인민주의적 전략에 분명하게 부합하고 있음을 알 수 있는 것이다.

13 봅 제솝, 「풀란차스를 읽자」, 안숙영 · 오덕근 역, 백의, 1996.

## Ⅲ. 일상생활의 위기와 촛불혁명의 사회적 배경

카렐 코지크는 우리의 "일상성은 무엇보다도 사람들의 개별적 삶을 매일매일의 테두리 속에서 조직하는 것(Gliederung)"이라고 언급하고 있다.[14] 그들의 삶의 기능과 반복가능성이 고정되면서, "개인의 삶의 역사의 진행을 지배하는 시간의 조직이며 리듬"이 바로 일상성이라는 것이다. 본능적이며 무의식적인 생활양식이나 리듬이 생활의 메커니즘으로 전화된다는 것이다. 그러므로 "일상성은 그 자신이 붕괴되었을 때에 비로소 문제화되며 자기 자신을 일상성으로서 드러낸다." 이러한 의미에서 촛불시민의 민주주의혁명과 같은 장면에서는 일상성으로부터 현실을 파악한다기보다는 현실로부터 일상성을 파악해야 한다는 일상생활 사회학적 연구방법론의 적합성은 두드러진다. 이를 통해 살펴보면 세월호에서부터 비롯된 위험사회에 대한 인식, 미래에 대한 불확실성, 생활세계에 대한 불안감과 위기에 대한 인식이 촛불 민주주의혁명의 주요한 사회적 동인이 되었다고 볼 수 있는 이유이다. 또한 민초들의 일상의 위기에 대한 인식은 다양한 국면에서 중첩적으로 전개되기 마련이다. 여기서는 경제위기와 사회문제(교육)에 대한 불만감을 시작으로 세대 간 갈등의 양상으로까지 나타나고 있는 일상생활의 재생산의 위기와 인식들에 주목해서 살펴보도록 하겠다.

### 1. 경제위기의 심화와 생활세계의 양극화

한국정치가 6월 민주항쟁을 거치며 반독재민주화라는 부분적 성과를 이루어 냈다고는 하지만 여전히 독점과 차별, 소외의 대명사로서의 기득권적 구조와 지역패권적 질서는 여전히 남아 있다. 그럼에도 불구하고 6월 민주항쟁을 거친 90년대 중반까지는 한국자본주의가 최고도의 성장을 이

14 카렐 코지크, 「구체성의 변증법」, 박정호 역, 거름, 1985, 58–76면.

루며 물질적 풍요를 만끽하던 시기였다. 그러나 신자유주의적인 세계화의 흐름을 비판할 겨를도 없이 받아들이던 한국 사회는 97년 IMF 외환위기에 직면하고 말았다. 이때부터 시작된 '중산층의 와해'와 '양극화'의 시작은 김대중-노무현 정권을 거치며 더욱 심화되었다. 민주정권이라고는 하지만 신자유주의적 질서는 더욱 확대되었기 때문이다. '복지 축소'와 '작은 정부', '기업의 이익' 극대화를 핵심으로 하는 신자유주의적인 정책은 시민들의 삶의 패턴과 구조를 뿌리째 뒤흔들며 삶이 안정성을 무너뜨렸다. 끝없이 올라가는 가계부채와 집값, 생활비 상승 등으로 인한 삶의 불안정성은 비정규직노동자가 전체 노동의 압도적인 다수를 차지하는 상황에까지 이르면서 극에 달했다. 이렇듯 체험하는 경기의 하락과 온몸으로 겪어야 하는 일상의 위기를 감내하고 있었음에도 불구하고 그에 대한 정당한 대가가 도둑질당하는 느낌을 지울 수 없는 사회적 쟁점들의 표출은 시민들로 하여금 상대적 박탈감을 더욱 심화시키는 방향으로 나아갔다. 2000년대 중반 또다시 세계경제위기를 겪으면서 이명박-박근혜 정권의 경제정책이 중산층과 서민들의 기대와는 반대로 부자감세와 재벌친화적인 정책, 국민의 삶과 관련없는 4대강 정책 등을 거치며 국가재정과 수많은 예산이 새어나가는 것을 지켜본 서민들의 상실감과 상대적 박탈감은 더욱 커졌다. 이렇듯 붕괴된 생활경제와 만연화된 경제위기의 심화는 서민들로 하여금 극단적인 양극화와 절대적 빈곤감의 심화를 겪게 만들었다. 이러한 민초들의 일상생활의 재생산에 가장 본질적이며 심각한 위기요인으로 작용하고 있는 경제위기의 심화는 시민들의 위기의식과 광범위한 불만감의 주요한 근거가 되고 있다.

## 2. 입시비리, SNS로 공감하는 청소년세대

촛불시민 민주주의혁명의 진행과정에서 청소년과 청년층의 참여가 두드러지고 있다는 것은 주목할 필요가 있다. 이들은 일반적으로 신문이나 방송뉴스를 보지 않는 세대로 알려져 있다. 젊은 세대들이 사회문제에 관심을 집중하고 있고 시청하고 있다는 사실은 이들이 공감할 수 있는 이슈와 사건들이 피부에 다가올 정도로 자극적인 요소가 있기 때문일 것이다. 그 주된 계기를 우리는 그들이 당면한 문제였던 교육과 관련한, 이화여대 '입시비리'에서부터였다는 것을 확인할 수 있다. 처음에는 '평생교육대학'과 같은 학내의 문제를 시작으로 진행되었던 학생들의 교내 문제제기가 시발이었다. 그러나 비교육적이라고 할 정도의 강경한 학교당국의 조처와 이후 표출되기 시작한 입시부정과 관련한 문제들로 인한 공분은 사회적으로 가장 민감한 쟁점이 공공교육, 입시와 관련한 정당성에 대한 문제제기이자 불만감의 표출이었다는 측면에서 촛불정국의 촉발요인이자 도화선이었다고 할 수 있을 것이다. 승마특혜입학생이던 정유라의 입학취소 조치까지의 과정은 국민들의 공분을 이끌어 내기 시작하며 증폭되기 시작한다. 이후의 촛불정국에서 터져나왔던 여러 가지 갈등과 쟁점들은 이와 유사한 양상으로 분출되기 시작했다.

스마트폰으로 무장한 SNS세대의 가장 빠른 정보망은 청소년들의 자발적 네트워크이다. 주부들에게도 그들의 자녀들을 통해서 정보를 얻게 되는 경우가 더 많을 정도로 SNS로 친숙한 세대들의 정보공유와 공감능력은 오늘날의 세대 전체를 특징지우는 현상 중의 하나이다. 학생들이 학교 교실에서 대자보를 게시하거나, 사회교과 선생님께 도발적인 질문을 하는 경우들과 같은, 학생들의 자연스러운 문제인식과 의견제시가 이루어지고 있었다는 얘기는 촛불 관련 토론회에서 일상적으로 듣고 확인할 수 있었던 이야기들이다. 이렇듯 학생들의 공론의 장에서 가장 큰 쟁점으로 부상한 내용이 바로 입시비리와 관련한 문제의식의 공감이었다. 아무리 노력해도 그림의 떡처럼 가기 어려운, 이름 있는 서울의 명문대학을 "저렇게 쉽게, 편법으로 들어갔다."는 사실에 대한 학생들의 분노는 '흙수저'로 스스로를 위치지우는 것과 더불어 상대적 박탈감을 폭발시키는 도화선이 되었던 것이다. 이들에게는 "뭔가 문제가 있는데, 어떤 비리가 있는 데도 국가가 다 알고 있으면서 감추고 있다."는 논리로 인식의 전환이 진행되었다. 집회에 나간 학생들이 "20대들이 카페에 앉아서 우리를 구경하는 모습을 보면서 싫더라. 나도 급하지만 재들은 더 급한 거 아닌가?" 하고 물어보는 경우도 있었다. 고등학생들이 대학생을 지칭하며 "자기들 일자리가 더 필요하고 중요할 텐데 왜 구경만 하고 있는지?"라는 질문을 하는 중학생의 질문에 자연스럽게 귀기울일 수밖에 없었다. 교복입은 청소년들을 그렇게 많이 거리에서 만날 수 있었던 직접적인 이유를 여기에서 찾아볼 수 있었던 것이다.

## 3. 세대 간 갈등의 전면적 표출

어느 사회에서든 세대 간 갈등은 보편적으로 존재하기 마련이다. 오늘날의 한국 사회의 세대적 특성들도 이러한 측면을 고려한 위에서 진행되어야 할 것이다. 여기서 다루고자 하는, 특히 한국 사회의 노인세대의 특성들도 이와 관련해서 고찰할 필요가 있다. 이는 이른바 '촛불집회'와 '친박집회'의 몇 가지 단면들의 특성을 읽어보는 데에 도움이 될 수 있을 것이기 때문이다. 여기서는 두드러지는 세대별 특성과 촛불집회와의 관련성을 중심으로 살펴보도록 하자

### (1) 국가주의와 민주주의의 대립

한국의 노인세대가 경험한 초기사회화의 장면에서 공감되는 몇 가지 장면들이 있다. '국제시장'이라는 영화를 보며 공감을 표하는 세대들은 '국민교육헌장'을 암기하며 '국기에 대한 경례'와 같은 엄숙한 국가주의적인 의례가 구조화된 시기에 초등학교 과정을 거쳤다. 그러므로 이러한 초기사회화과정에서 거친 교육과 훈육의 체계는 '국가중심주의'와 '반공주의'의 중요한 토대가 되어서 내면에 깊숙이 자리잡은 세대라고 할 수 있다. 이들이 하나의 역사교과서를 기계적으로 암기하며 주입한 역사의식과, 그 표

상으로서 태극기를 상징으로 공감하고 자연스럽게 결집될 수 있는 계기는 여기에서 찾아볼 수 있다.

이에 반해 청장년세대는 한국 사회의 급격한 민주주의를 겪으면서 성장한 세대이다. 80년대의 격동기와 90년대의 혼란기를 뉴스를 통해 있는 그대로 보고 자란 세대들이다. 군사독재정권들에 의한 주입식 논리나 획일적인 이분법으로 세상을 보기에는 경험한 것이 너무나 많은 세대들이다. 이들은 이미 80년대의 풍부한 역사적 민족의식의 경험을 맛보고 자랐다. 그러므로 하나의 역사교과서의 획일적인 논리보다는 정보의 바다라는 인터넷에서 모든 것을 직접 확인하는 것이 더 익숙한 세대이다. 다문화사회, 세계사회를 동시에 느끼며 자랐기에 그 특성을 공유할 수밖에 없는 다원성과 복잡성을 지니면서도 이기적인 자기중심성을 포기할 수 없는 세대라는 것이다.

### (2) 전쟁과 배고픔, IMF와 좌절의 경험

노인세대는 어렸을 때 전쟁의 아픔을 경험한 세대들이다. "너희들이 전쟁과 배고픔을 아느냐?"는 일갈은 생존을 위한 경쟁에서는 살아남는 것보다 우선하는 것은 없다는 논리로 이어진다. 살아남기 위한 생존경쟁과 살아남은 자의 아름다움에 대한 삶의 원리와 신자유주의적인 생활원리는 절묘하게 부합한다. '잘산다는 것'과 '출세', '성공'이라는 키워드가 생활세계의 원리와 인식의 체계에 있어서 너무 압도적이고 우월적인 지위를 차지하고 있다. 그러므로 이들 세대는 성공을 위한 파시즘적인 독재체제나 친일파의 행적도 "살기 위해서는 어쩔 수 없었다."는 논리로 용인한다. 성공신화로서의 박정희체제와의 동일시와 더불어 새마을운동을 통한 가난의 탈출보다 우월한 가치는 찾아보기 어렵다는 것이다. 그러므로 극단적인 가난과 베이비붐세대의 무한 생존경쟁의 경험에서도 "잘살아보세."의 슬로건과 함께 경험한 한국자본주의의 압축적 성장과정에서의 수단적-절차적 정당성에 대한 문제제기에는 함구한다.

이에 비해 청장년세대들은 한국 사회의 물질적 성장과 풍요를 경험하며 자란 세대들이다. 이들 세대의 경험에서는 전쟁과 가난의 경험보다도 더 큰 아픔은 IMF 외환위기와 2000년대를 흔들었던 세계경제의 위기이다. 국가부도사태라는 초유의 사태는 물질적 풍요의 시기에서 경험한 박탈과 궁핍함의 경험이었다. 전쟁과 배고픔을 겪어보지 못한 세대라는 노인세대의 비판은 전쟁보다 더 무서운 것이 경제위기와 실업 그리고 취업을 못해서 생기는 미래의 불안정성과 불안감이라고 생각하는 청년세대들에게는 들리지 않는 내용이다. 이들 세대는 전쟁보다 더 무서운 것이 경제위기와 실업 그리고 가난이다. 취업을 하고 싶어도 할 수 없는 '풍요 속의 절대적 빈곤감'과 '흙수저'의 삶과 같은 상대적 박탈감이 더 큰 문제이다. 부모세대가 전쟁에 대한 공포를 겪었다면 이들 세대는 극단적인 가난과 흙수저의 삶을 더 지긋지긋하게 생각하고 있는 것이다.

### (3) 전형적인 역할모델 만들기

노년세대에게 있어서 가장 훌륭한 역할모델은 단연코 박정희이다. 배고픔의 문제를 해결할 수 있었고, 가난한 나라를 세계 10위의 강대국으로 만든 뛰어난 지도자에 대한 지지는 숭배의 수준으로까지 발달한다. 성공한 사람의 과거 친일행적이나 문란한 사생활이나 인권탄압의 문제들은 전혀 쟁점의 대상이 되지 않는다. 성공신화에만 주목하면서 "과거는 묻지마세요."라는 논리는 탄핵국면에서 수십만의 탄핵반대 촉구를 위한 대중의 조직화로 나타난다. 박근혜를 '고난받는 예수'의 이미지와 겹치게 하면서 십자가의 영웅으로 부상시키는 것도 같은 맥락에서 파악될 수 있다.

이에 반해 청장년세대는 노무현에 대한 관심과 지지가 두드러진다. 지방의 상고출신의 대통령이 기득권과 독재권력에 대해 거침없는 반대의 소리를 뿜어내는 사자후를 그리며 추모하고 그들의 영웅으로 만들어 간다. 더군다나 이들 세대는 한 사람에게 그의 역할모델 전부를 부여하지 않는다. 이들은 또한 수많은 스포츠와 연예계의 '스타'들을 자신들의 영웅으로 동일시한다. 개그맨인 유재석을 '유느님'이라고 부른다. 하느님의 지위까지 부여한다. 웃기고 재미있는 것이 전부라는 것이다. 야구스타나 수영의 박태환, 피겨스케이팅의 여왕 김연아와 같은 세계적인 승리의 경험을 가진 뛰어난 스타들을 그들의 영웅으로 동일시하며 기억하고 있는 세대이다. 더구나 이들은 2002년의 월드컵과 붉은 악마를 경험한 세대들이다. 붉은색 티셔츠와 더불어 민주화시위를 벌이던 광장에서 가족, 남녀노소가 함께 어우러졌던 경험을 가진 세대들에게 있어서 이들은 자기 스스로를 즐기며 스스로가 주인이자 영웅으로 만들어 가는 세대들이다.

여기서는 탄핵을 찬성하는 집단의 '촛불집회'와 탄핵을 반대하는 집단의 '친박집회'의 정체성에 초점을 두고 두드러지게 나타나고 있는 집합의식의 대립과 갈등의 양상들이 표출적으로 분출되고 있는 점을 몇 가지 정리해 보았다. 중요한 사실은 이러한 세대적 특징들이 집회의 성격과 진행과정, 방법 및 방향에도 지속적인 영향을 미치고 있다는 사실이다.

이렇듯 오늘날의 한국 사회에서 나타나고 있는 세대적 특성의 차이들은 촛불집회와 친박집회라는 운동의 양상과 표출 그리고 전개과정에서 두드러지는 차이를 설명하는 차별화된 집합의식으로 작용하고 있는 것으로 보인다. 이는 종교성의 문제와도 두드러지게 연결되는 측면이라고 할 수 있다. 그러나 이들 세대 간 차이를 기계적으로 나누기에는 실증적인 자료로 제시되지 않는 이상 분명한 한계가 있다. 더구나 이들의 집합의식의 고리들은 대립적이면서도 뒤섞여서 상호 연계되고 있는 특징들도 분명히 드러나고 있기 때문이다. 그러므로 세대를 기준으로 하는 일방적인 구별짓기나 무리한 일반화의 시도는 어불성설이라고 할 수밖에 없을 것이다. 문제는 이러한 집합의식의 특징적인 양상들이 촛불 민주주의의 흐름과 양상에도 지속적으로 영향을 미치고 있다는 사실에 주목해서 살펴보아야 할 것이다.

## Ⅳ. 촛불시민의 민주주의혁명의 특징과 촉발요인

### 1. 촛불시민 민주주의혁명의 몇 가지 특징적 양상들

일반적인 사회운동의 전개과정에 대한 기술에서라면 촛불시민혁명의 촉발요인과 전개과정 그리고 시간과 공간의 변화에 따른 양상에 주목해서 기술하는 것이 사회운동론적 관점에서의 일반적인 연구일 것이다. 그러나 촛불시민의 민주주의혁명은 사건발발의 계기를 어디에서부터 주목해야 할 것인가?라는 단 하나의 원인에 따른 결과라는 방식의 논지를 전개하는 것은 무리가 많다고 본다. 프랑스대혁명이나 러시아혁명의 과정에서 구체제 몰락의 징후를 단일한 하나의 요인만을 중심으로 설명할 수 없는 것과 마찬가지이다.

촛불 민주주의혁명의 과정에는 이렇듯 30년의 거대한 변화, 수많은 사건과 일상들의 중첩과 시민들의 성숙과 지배체제의 광범위한 이반이라는 양상들이 복합적으로 결합된 가운데 앞서 언급한 배경적 요소들과 더불어 그 촉발요인으로 '최순실 국정개입'이라는 사건이 등장한 것일 뿐이다. 물론 그 이전의 직접적인 사회적 불안감과 위협요인으로 작용한 것은 '세월호' 침몰과 농민 '백남기 사망사건'이 있었음은 분명하다. 여기서는 이러한 운동사적인 분석에 주안점을 두기보다는 다른 운동이나 정치사회적 사건들에 비해 두드러지는 특징적인 측면과 양상들에 대해 주목해서 살펴보도록 하겠다.

먼저, 이른바 촛불시민의 민주주의혁명이라고 불리고 있는 이 국면에서의 가장 중요한 특징은 '참여인원'과 '규모'이다. 연인원 2천만 명에 달하는 참가인원은 기네스북에 등재하자고 할 정도로 대단하다. 세계사에서도 이러한 대규모적인 군중의 참가는 찾아보기 힘들다. '21세기의 세계를 뒤흔든 가장 큰 사건'이 촛불 민주주의혁명이라고 평가받게 될 것이다. 이에 대해 현장에서 실무를 총괄했던 대표들과의 면접내용을 통해서도 확인해 보았다.

"처음에는 서울에서 뭔가 해야 되는 거 아닌가 하는 논의가 있었다. 부산에서는 전국논의는 민중연대나 민주노총이 중심이 되고 이에 시민단체가 참여하는 형태로 진행되었다. 민중총궐기대회가 11월 초에 있던 것을 앞두고 민중연대나 민주노총이 정리를 못하고 있었다. 백남기 농민 사망사건도 있고 그래서 뭔가 크게 준비를 해야겠다는 와중에 이 사건이 터지는 바람에 처음에는 민중총궐기대회를 마치고 이 대회를 준비하려고 했는데, 서울에서의 첫 집회 이후에 부산에서도 해야 된다는 의견들이 많아서 진행했는데, 첫 집회에서 경찰추산 1만 명이나 되는 정도로 갑자기 터져버린 사건이 되었다. 그래서 지역에서도 꾸려서 준비해야 된다는 생각에서 그 다음 주에 바로 시작을 하게 되었다. 하지만 집회의 진행이 예측이 안되는 상황으로 전개되어버렸다. 참가 숫자에서부터 예측과 감당을 할 수가 없는 규모가 되었다. 특히 부산은 대규모집회를 하기에 힘든 공간적 조건을 가지고 있다. 부산역이 좋았는데 지금은 힘들다. 태화쇼핑사거리에서도 하고 있는데, 골목길마다 다 가득차고, 위험하다는 느낌도 많이 가진다. 예측을 불허하는 정도로 폭발적으로 인원이 증가하고, 그래도 또 예측을 해 보면 그 보다 훨씬 많은 인원이 모여드니까 준비하는 측에서는 집회를 준비하기가 매우 힘들었다."

– **부산탄핵공대위 공동본부장**, 류○○, 2016.12.20.

둘째, '지속성'이다. 일반적으로 급격한 사회운동이나 혁명적인 상황은 내전에 준하는 상황이 아니라면 오래 지속하기가 어렵다. 그러나 이번 촛불 민주주의혁명의 과정은 다른 운동에 비해 지속성에서 두드러지고 있다. 4·19혁명의 과정에서는 4월 18일을 기점으로 이승만 하야에 이르는 26일까지 사실상 9일간의 항쟁이었다고 할 수 있다. 1987년 6월 항쟁의 경우에는 6·10부터 6·29선언의 시기까지가 최고치였지만 이후에는 참여인원과 동력이 급격하게 떨어지고 말았다. 길게 계산하더라도 이한열의 장례식까지 한 달 정도의 기간으로 설정해 볼 수 있을 것이다. 그러나 이번 촛불혁명은 세계사에 유례가 없을 정도로, 거의 매일 집회를 개최하고 있다. 이러한 지속성은 새삼 주목할 필요가 있는 대목이다.

> "크리스마스이브에 하는 행사가 8차이다. 서울은 9차이다. 10월 29일에 1차대회를 했다. 서울에 집중을 했는데도 그렇게 많지를 않았다. 연원으로 보면 한국진보연대와 민주노총이 이 싸움을 주도해 오고, 전농이 결합했다. 2015년 민중총궐기에 백남기 농민의 물대포 사망사건이 6월 항쟁의 박종철의 사례와 유사하다고 본다. 2016년 민중총궐기를 준비 중에 11월 1일에 준비모임을 하고 부산역에서 11월 6일에 운동본부를 출범하고 시작하게 되었다."
>
> – 부산탄핵공대위 공동본부장, 김○○, 2016.12.20.

셋째, '자발성'이다. 87년 6월 항쟁의 경우에는 민주항쟁국민운동본부가 주도하고 야당의 대선후보가 결합하는 방식이었다. 그러나 촛불혁명의 과정에서는 야당의 행태를 공개적으로 비판[15]하고 압박하며 시민들이 주도해 왔다는 점이 눈길을 끈다. 이들은 탄핵을 압박하며, 탄핵인용과 이후과정까지도 지속적으로 이어지고 있는 주된 동력이 되고 있는 것이다. 행사참여 주체들도 단일한 조직에 의해 주도되지 않고 있다. 수도권에 집중되는 형태도 아니고 전국적으로 다양한 형태의 다양한 공간에서 진행되고 있다는 점이다. 이는 세계시민사회가 주목하는 지점이라고 할 수 있을 것이다.

> "탄핵소추 이전에는 '즉각퇴진'을 요구했다. 야당이 이를 받았다. 탄핵소추 이후에 동력이 떨어질 거라 예상을 했는데, 그 이후에 약간 줄기는

---

15 대표적으로 추미애 더불어민주당 대표가 독자적으로 박근혜 대통령 면담을 시도한 경우이다.

했지만 부산에서의 집회규모를 고려하면 엄청난 규모이다. 공식적으로 5만이다. 천 명 집회도 힘들고 버거운데, 만 명도 아니고 5만 명, 추위를 무릅쓰고 남녀노소가 참여한 흐름은 탄핵소추 이후에도 쉽게 꺼지지 않는 상황이 증명이 되고 있다. 시민들의 이러한 에너지가 어디서 나오는 것일까? 궁금하다."

– **부산탄핵공대위 공동본부장**, 류○○, 2016.12.20.

"지금 박근혜퇴진본부는 공동대표단이 6명, 공동집행위원장이 7명, 참가단체가 110개 정도가 된다. 그 참가단체의 한 분씩이 나와서 집행위원회를 구성한다. 매주 월요일 공동대표단, 집행위원회 회의와 집행위회의가 열려서 그 주의 일과 경과를 보고 결정을 한다. 조직체계는 그렇다."

– **부산탄핵공대위 공동본부장**, 김○○, 2016.12.20.

이른바 촛불집회는 전통적인 집회에서와는 달리 리더와 정당 및 조직들이 무기력한 대응을 보이고 있다. 이로 인해 자발적인 시민들의 조직양상은 최초의 촛불집회라고 할 수 있는 미선–효순이 사건에서 시작된 이래 자발적으로 진행되어 왔다. 조직적인 동원전략을 통한 집회가 아니라 SNS와 자발성을 중심으로 하는 조직과 참가는 오늘날의 정보사회의 주요한 특징들이 그대로 반영되고 있다. 탄핵을 반대하는 정치적인 인사들과 박근혜 변호인단을 중심으로 조직적인 동원을 통해 진행되고 있는 '친박집회'[16]와 뚜렷이 대비되는 지점이다.

넷째, 정치적 주장과 편향적인 주장들이 있음에도 불구하고 비폭력적이면서도 '문화'적 특성들과 '즐김'의 문화들이 두드러지고 있다는 점이다. 촛불집회의 과정에서는 일상과 생활세계의 다양성에 비추어 다양한 깃발과

---

16 이들 집회를 '태극기집회'가 아니라 '친박집회'라고 명명해야 되는 이유도 여기에 있다.

'개와 고양이 연대'와 같은 슬로건을 제시하며 스스로를 즐기는 양상들이 나타나고 있다. 곳곳에서 진행되는 공연과 놀이, 작은 토론회와 번개모임, 다양한 슬로건과 퍼포먼스, 마술시범 들은 시민성의 자발적인 표출과 분출의 장이 되고 있음을 보여준다. 기존의 시민사회운동이 전혀 생각하지 못했던 혁명적인 변화상을 보여주고 있는 것이다. 이에 반해 친박집회의 경우, 조직적인 동원과 일당, 폭력적인 언사와 사망사건에 이르기까지의 면모는 이때까지의 한국보수정권을 지탱해 온 보수직 시민난제늘로서의 '엄마부대'와 지시에 의한 '동원'조직의 실상을 그대로 드러내며 극단적으로 대비되고 있다.

## 2. 촛불시민 민주주의혁명의 정치사회학적 함의

보편적인 사회현상이 그러한 것처럼 사회적 사실이나 사건에 대한 평가는 관점에 따라 달라질 수밖에 없다. 다양한 사회정치적 입장과 태도들에 따라 촛불 민주주의혁명의 과정에 대한 상이한 평가들이 가능할 것이다. 여기서는 위에서의 논의들과 집회과정에서 드러난 특징들을 고려한 위에서 촛불 민주주의혁명을 초래한 구조적 동인들과 요건들에 대한 시민들의 일상과 삶 속에서 부각되고 있는 사회심리적 상황에 대한 정치사회학적 조망을 시도해 보겠다.

첫째, '권력의 정당성'에 대한 심각한 문제제기가 진행되고 있다는 점이다.

박근혜 정권의 등장 초기부터 수많은 사회적 문제제기와 갈등과 더불어 합법적인 권위의 제도화과정에 따른 문제제기가 지속적으로 있었다. 압도적인 지지율로 합법적인 권위를 부여받은 정당한 권력에 비해 정당성을 획득하지 못한 권력은 반대자들로부터 심각한 비판과 공격의 대상이 되는 것은 당연하다 할 것이다. 지난 대통령선거의 과정에서는 부정선거의 많은 사례와 증거가 제시되었고 180일 안에 끝나야 하는 법적인 다툼이 아직도 진행 중에 있다. 이에 대해서는 사실 여부는 차치하더라도, 최종적으로 법적인 판결을 받거나 해명과 정당성을 부여받는 과정이 있어야 한다는 것이다. 이에 대해 박근혜 정권은 회피하거나 거꾸로 문제제기하는 이들을 처벌함으로써 재판을 무력화시키려는 시도로 비춰지는 장면들이 많이 나타났다. 이러한 태도는 '백남기 농민 사망사건'에 이르기까지 권력행사 측면에서의 정당성까지도 훼손하는 지경에 이르고 있다. 이러한 정당성의 훼손이 촛불시민들의 박근혜 정권에 대한 '정당성 및 지지 철회'의 주요한 이유가 되고 있다.

둘째, 국가의 위기대응능력의 부재에 대한 비판이다.

한국 사회의 많은 구조적 문제들은 오랜 기간 진행된 군사독재정권의 파시즘적인 체제에 대한 청산과정 없이 제도적으로 안정화한 관료적 권위주의 체제에서부터 비롯된다. 시민들은 이미 5·18민주화운동의 사례를 비롯하여 독재정권이 정권유지를 위한 국가기관의 조직적 은폐와 동원전략을 목도한 바 있다. 한국 사회에서 일어났던 사건과 사고들에서 수많은 자료와 기록들이 조작되고 은폐되었기에 남아 있는 자료들은 그 자체가 지니는 이중적 의미를 고려하지 않을 수 없는 실정이다. 일반적으로 사회적 사실을 대하는 데 있어서, 증거의 실체성이나 객관성 등과 같은 자료의 중요성과 함께 반증될 수 있어야 한다는 실증적 엄밀성은 더욱 중요하다. 그러나 세월호 사건에서 수많은 은폐를 시도하는 과정에서 시민들은 제도화된 관료적 권위주의의 모든 병폐와 치부가 다 드러나는 것을 생생하게 지켜보았다.

이러한 와중에 또 다른 일상적인 위기에 대처하는 국가의 존재가치와 능력을 보여주는 사건들이 잇따라 일어났다. 원전 밀집지역인 '경주지진' 사건이다. 익숙하지 않은 지진의 발생으로 동남부 일대의 주민들은 패닉상태에 달했지만 대통령은 1주일이나 지나서야 방문했다. '메르스 사태' 때도 마찬가지였다. 국가가 주어진 재난과 사건에 대해 대응하지 못하고 언론의 보도제한을 시민들이 직접 경험하는 데까지 이르렀다. 여기서부터 시민들은 묻기 시작한다. "이게 나라냐?"는 질문이 그것이다. 촛불의 광장에서 시민들이 스스로 체득하며 요구하기 시작한 것이다. 고전적인 국가론의 주된 관심에서도 국가를 사회적 관계나 의미의 확장이라는 측면에서 이해하더라도 국민의 안전보장이라는 국가의 존재의 의미와 기능에 대한 본질적인 성찰을 요구하게 되었다는 것이다.

셋째, 선거의 여왕을 둘러싼 '상징투쟁'의 장이 전개되고 있다.

한국 사회에서는 여전히 사회적 사건이나 선거의 과정에서는 아직도 정치적 의제와 쟁점, 내용을 둘러싼 투쟁이 본질적인 상황으로 부상하지 못해 왔다고 해도 과언이 아닐 것이다. 이러한 과정에는 언론의 독점과 여론조작 그리고 관료제적 권위주의의 카르텔이 충실하게 작동하기 있었기 때문에 가능했다. 박근혜를 지지하는 전통적 지지층이 국모로서의 육영수에 대한 동일시와 '올림머리'를 최대한 활용했던 것도 주요한 상징전략의 하나였다. 박근혜의 탄핵과 구속으로 '불쌍한', '잘못 없는', '배신당한' 박근혜의 이미지는 또 하나의 적대적인 선거전략으로 활용된다. 그러나 오늘날과 같이 소셜네트워크서비스를 중심으로 연결된 사회에서는 사회적 사건이나 사실에 있어서는 사실과 실체의 은폐를 시도하는 과정에서 유연한 액체와도 같은 군중들의 참여와 관심이 SNS와 다양한 연결망을 통해서 대립하고 있다. 1인 미디어로 무장한 대중들은 수많은 실체적 사건들의 이면을 들춰내고 감시한다. 사건들을 구성하는 선정적인 장면들과 루머에까지, 단편적인 사건들을 모으고 재구성하며 증거를 제시한다. SNS의 대중들은 세월호 침몰 당시의 '잃어버린 시간'을 쟁점으로 부각시켰다. '피부시술'과 '헤어손질' 그리고 '7시간의 행적'을 둘러싼 내용들이 탄핵의 핵심 쟁점과 내용으로까지 부상하게 된 것이다. 시민들의 이러한 문제제기는 촛불집회에서 빠질 수 없는 '세월호'에 대한 공감과 '진실은 침몰하지 않는다.'라는 내용으로의 상징통합이 이루어진 것이다.

넷째, 사회문제로 등장한 '교육과 입시비리'의 문제이다.

처음에는 학내비리 정도의 문제였던 것이 최순실, 박근혜와 밀접한 관련을 지닌 정유라라는 인물이 승마와 특혜에 힘입어 부정입학했다는 내용으로 밝혀졌다는 사실은 한국 사회에서 교육을 둘러싼 가장 민감한 이해 당사자였던 중고생들의 공분과 동참을 이끌어 내며 확산시키는 촉발요인이 된다. 대학행정과 수많은 구조적인 문제들이 있음에도 불구하고 교육을 둘러싼 절차적 합리성에 대한 문제제기는 청소년 대중들과 학부모까지 결집시키는 주요한 계기가 되었음이 분명하다.

다섯째, 언론의 본연적인 기능과 역할에 대한 비판이다.

세월호와 시민사회나 사회운동진영에 대한 언론의 보도태도는 극히 제한적이며 부정적인 태도를 견지해 왔다. MB정권 이래 언론의 자유에 대한 제한과 제약에 대한 우려는 끊이지 않았다. 전통적으로 한국 사회의 민주화나 사회운동에 우호적이었던 방송사는 MBC였다. 그러나 언론환경의 변화와 종합편성채널회사들의 활성화, MBC나 KBS, 연합통신 등의 권력에 의한 사장임명과 이후의 권력에 편향된 보도태도 등과 더불어 메이저 방송사가 지닌 방송에서의 영향력과 신뢰도는 현저히 줄어들었다. 이러한 가운데 4개나 되는 종합편성채널회사들이 살아남기 위한 경쟁의 과정에서 JTBC가 차별화전략으로 채택한 것이 손석희 사장의 영입이었을 뿐이었다. 그러나 2010년대의 파업과 해직의 아픔을 겪으면서 만들어진 방송사의 존재감 약화, 정권의 나팔수 역할을 하며 떨어진 언론의 신뢰감은 역설적으로 JTBC와 손석희에 대한 신뢰와 지지로 나타났다. 더군다나 최순실 사건과 관련한 보도와 이에 대처하는 손석희 앵커의 진행은 많은 공감을 받을 수밖에 없었다. 권력으로부터의 해직의 위협과 압력에도 굴하지 않고 진실을 보도하는 언론의 등장은 뉴스보도 시청률 1위라는, 새로운 영향력 있는 언론의 등장을 가져왔다. 친박집회에서 손석희를 정면 비판하는 것처럼 사실의 왜곡과 편향적인 전달이 아닌 공정한 언론의 역할이라는 시민들의 평가는 SNS의 활용과 더불어 시민들의 언로로 '손석희'의 뉴스를 선택한 것이다. 시민들에 의한 직접민주주의의 시대에서도 언론의 중요성과 역할에 다시 한 번 주목해야 하는 이유이다.

여섯째, 소통의 부재로 인한 지배층의 광범위한 이반이 일어났다.

소통부재의 리더십에 대한 논의가 집권여당 내부에서부터 제기되었다는 사실은 시사하는 바가 매우 크다. 지배권력 내부에서도 '소통'이 제일 큰 문제로 부상했다는 사실은 권위주의적 정권이 내부로부터 붕괴하기 시작했다는 것을 의미하는 가장 중요한 증거이기 때문이다.[17] 이렇듯 광범위한 소통에 대한 불만감은 권력 내부의 분열을 초래하였다. 일반적으로 보수적인 집권세력은 이익의 분배를 중심으로 질서와 배분을 통해 만들어진 집단 내 의식이 야당에 비해서 강한 편이었다. 그러나 공천과정에서의 문제표출과 최순실과 같은 이익의 독점적인 수혜영역이 소수화되면서 소외받는 보수들의 강력한 불만감이 통제되기 힘들게 되었다는 점에서 내부의 균열이 시작되었을 것으로 짐작해 볼 수 있는 대목이기도 하다.

그 이외에도 수많은 사건과 장면들을 연관지어 생각해 볼 수 있을 것이다. '역사교과서' 문제만 하더라도 파급력이 대단히 컸다. 더 큰 문제는 아버지 박정희의 우상화를 위한 무리한 정당성 부여과정에서 생겨난 많은 문제점들이 있다는 점이다. 전교조와 역사교과서의 연계는 이데올로기적 차원에서 쟁점화되는 것은 이해가 된다지만 문제는 '정신대 할머니 문제에 대한 보상'의 문제에서는 의문을 가지게 된다. 기계적으로 친일경력을 지닌 박정희에 대한 부정적 관념을 제거하기 위해서라기에는 너무도 급작스럽다. 이에 대한 대중적인 반감들은 용인하기 어려운 점이 있었다고 보아야 한다.

그러면 수많은 대중과 여론의 저항에도 불구하고 강하게 밀어붙이는 이유는 무엇일까? 탄핵의 논란이 가중되고 있는 가운데 이루어진 '한미일 군

---

17 장관재임 1년이 지나도록 대통령과 면담도 하지 않았다는 극단적인 소통의 부재에 대한 논의는 치명적이었다. 이는 전통적인 지지층 내부에서도 "잘못 뽑았다." "소통이 안 되는 사람이다."라는 논의로 확산되기 시작한 것이다. 이는 고위직 '장관임명의 면면에서 수족처럼 부리는 사람을 뽑았지, 행정을 책임지고 나가는 사람이 아니'었다는 평가로도 이어진다.

사협정'과 '사드배치' 문제에서 답을 얻을 수 있다. 박근혜 정권의 가장 강력한 전략은 굳건한 한미동맹 위에서의 통일대박을 실현하기 위해 종북좌파세력의 무력화와 이데올로기적 통합, 이를 통한 보수대연합이 필요하다고 판단했기 때문으로 보인다. 앞으로 사드배치와 관련한 문제가 한반도에서만의 문제가 아니라 한국-미국-일본을 잇는 군사동맹에 의해 전개되게 될 전쟁위협에서 자유롭지 못하다는 측면에서 심각하게 고려해야 되는 지점이다.

이렇듯 2016-17년의 촛불시민들의 의미와 결과를 사회학적으로 분석해 보았다. 이를 매우 기능적이거나 행태적인 측면에만 주목하는 논의도 가능하겠지만 우리가 촛불시민의 사회운동과 그 구조적 동인에 초점을 맞춤으로써 촛불시민의 민주주의운동의 주된 특성을 살펴본 것은 촛불시민들이 "파시즘적으로 제도화된 관료적 권위주의 체제인 국가권력, 제도화된 공권력에 맞선 시민들의 투쟁"이었으며, "탄핵으로 새로운 권력구조와 상황을 만들어 냈기에 '촛불 민주주의혁명'으로 불리어져야 한다."고 보았기 때문이다. 이는 촛불을 든 시민들이 단순하게 '탄핵촉구'를 위한 집회를 했다라는 좁은 의미의 제한된 시위나 집회로 바라보게 됨으로써 '그 의미와 사회적 결과를 의도치 않게 축소'하게 되는 논리적 귀결을 넘어서야 한다는 것을 의미한다.

결론적으로 한 정권의 몰락과 국가체계의 기본 틀을 바꾸었던 역사적 사건의 현장에서 누구의 눈으로 바라보는가에 따른 관점의 차이는 필연적으로 도출될 수밖에 없을 것이다. 그러나 어떤 사회정치적 맥락성에 대한 고려와 더불어 최소한의 사회과학적 사실이 현실과 분리되어 사유될 수 없는 이유가 여기에 있다.

## Ⅴ. 나가며

위에서 박근혜 정권의 정치사회적 토대와 정치적 성격 그리고 대시민사회 전략을 중심으로 살펴보고, 2016-17년의 촛불 민주주의혁명의 정치사회학적 의미에 대해서도 살펴보았다. 이를 통해 수천만의 촛불민심이 우연적인 사건이거나 단 하나의 촉발요인에 의해서 발생하지 않았으며, 다양한 사회구조적 동인이 작용하고 있었고, 관료적 권위주의의 내재된 문제점들에 대한 누적된 구조적인 문제들과 불만, 갈등들이 표출되면서 박근혜 정권의 몰락이라는 필연적 결과를 가져왔다는 사실을 살펴보았다. 이로써 촛불시민 민주주의혁명은 기존체제와 저항에 대한 대안적 성격을 지니는 변혁이자 민주주의혁명이라는 의미를 부여할 수 있다고 보았다.

그렇다면 촛불혁명의 파급효과에 대해서도 고려하지 않을 수 없다. 탄핵이 가결되는 순간에도 박근혜 정권은 '한미일 군사동맹'과 '사드배치'를 강력하게 밀어붙이며 실행하고 있다. 그렇다면 지금 이 순간 심각하게 이 문제를 생각하고 있는 또 하나의 전선은 미국의 동아시아전략에 맞서는 중국이 위협요인으로 부각될 수밖에 없을 것이다. 촛불혁명의 파급력도 이와 마찬가지이다. 최고통치자를 권좌에서 끌어내려 구속시킬 수 있는 시민민주주의의 힘을 지켜보는 중국이나 북한의 최고 존엄들은 바로 자신이 당면한 문제라고 생각하며 두려움을 느낄 수밖에 없을 것이다. 중국과 북한을 둘러싼 긴장감이 증폭되는 이면에는 이러한 촛불혁명의 후과가 있다고 봐야 할 것이다.

위임된 권력, 대의제 민주주의 사회에서 직접민주주의의 힘을 실체로서 보여주었다는 사실은 우리 사회에서 수직적-은폐된 권력이 행사해 온 권력의 내용, 헌법적 가치에 대한 새로운 자각을 가져왔다는 점은 분명한 사실이다. 앞으로도 헌법적 가치를 자각한 시민들이 직접민주주의에 대한 주체로서 등장하고 힘을 행사해 나갈 것이다. 이러한 직접민주주의와 간접민주주의의 충돌의 문제를 해결할 수 있는 장치를 헌법의 틀과 내용 안에 포함시킬 수 있도록 강제하는 것이 시민의 힘이어야 할 것이다.

곧이어 촛불 민주주의혁명의 결과 탄핵 후 대통령선거가 실시된다. 이 투표의 행태와 양상에 따라 한반도의 미래와 한국 정치의 새로운 전기가 마련될 것이다. 민의의 승리가 새로운 민주정부를 수립하지 못한다면, 이를 통해 새로운 공화국을 출범시키지 못한다면, 한국 사회에서는 언제든 보수주의, 반공주의와 결합한 과거로의 회귀가 가능하다. 또 다른 권위주의적 권력이나 대중추수적 인기영합주의를 넘어선 시민민주주의를 실현할 수 있기를 기대해 본다.

# 참고문헌


**김동춘**, 2014, "박근혜 정권의 '국정원 정치': '구조적 파시즘'하에서의 국가주의의 재등장," 「경제와 사회」, 101.

**데이비스, 마이크**(Mike Davis), 1994, 「미국의 꿈에 갇힌 사람들」, 김영희 역, 창비.

**박노자**, 2014, "박근혜 스타일: 사회적 파시즘과 정치제도적 자유민주주의," 「경제와 사회」, 101.

**아리기, 조반니**(Giovanni Arrighi), 2008, 「장기 20세기」, 백승욱 역, 그린비.

**정대화**, 2004, "시민운동의 관점에서 본 진보정당," 「경제와 사회」, 겨울호(통권 제64호).

**정상호**, 2007, "6월 항쟁과 시민사회운동," 「내일을 여는 역사」, 28.

**정승안 · 남종석**, 2014, 「현대정치의 이해」, 문장21.

**정인경 외**, 2005, 「인민주의 비판」, 공감.

**제솝, 봅**(Bob Jessob), 1996, 「풀란차스를 읽자」, 안숙영 · 오덕근 역, 백의.

**제솝, 봅 외**(Bob Jessob *et al.*), 2000, 「포스트 포드주의와 신보수주의의 미래」, 김호기 · 김정훈 · 김영범 편역, 한울.

**코지크, 카렐**(karel Kosik), 1985, 「구체성의 변증법」, 박정호 역, 거름.

**홀, 스튜어트**(Stuart Hall), 2007, 「대처리즘의 문화정치」, 임영호 역, 한나래.

chapter **04** 

# 정치발전과 종교의 공적 역할: 종교기반 시민사회단체의 정치참여를 중심으로[1]

**전명수**(고려대학교 공공사회 · 통일외교학부 조교수)

## Ⅰ. 문제제기

본 연구는 정치발전에서의 종교의 역할을 종교기반 시민사회단체(이하 종교시민단체)의 활동을 통해서 고찰하는 것을 목적으로 한다. 이 논의에는 일반적으로 개인의 사적 영역으로 치부되는 종교가 과연 얼마나 공적인 역할을 할 수 있는가라는 문제와 정치발전의 한 중요한 요인으로 간주되어 온 시민사회운동과의 연계가능성에 대한 문제가 포함된다. 전자는 최근 본격적인 연구가 수행되고 있는 기독교의 공공신학이 보여주는 문제의식과 궤를 같이 하지만 이 글에서는 공적인 논쟁들을 신학과의 관계 속에서 해석하는 공공신학(최경석, 2012: 275 재인용)과 달리 종교를 사회적 맥락에서 다루는 종교사회학적 입장을 취한다. 후자의 경우 종교가 시민사회와 연합하는 구체적인 방식을 종교시민단체로 보고 이들의 활동에서 드러나는 '종교'의 역할, 특성과 과제들을 추출하는 것을 목표로 한다.

종교는 인간의 삶에서 배제할 수 없는 매우 중요한 요소라는 점에서 종

1 이 논문은 「한국학연구」 제56집(2016)에 게재된 내용을 수정 보완한 것이다.

교국가는 말할 것도 없고 정교분리의 국가에서도 정치적 역할이 작지 않다는 점이 드러난다. 일반적으로 정치발전은 시대배경에 따라, 국가의 특성에 따라 그 초점이 달라지고, 마찬가지로 정치발전과 관련된 핵심 요인들 역시 교육, 정보통신기술, 인종, 이민, 정치문화, 정당 등 다양하게 드러난다. 정치발전은 1960년대에 가장 활발히 연구된 주제였고, 1970년대를 거치면서 국가별 정치발전 연구가 지속되었으나 1980년대를 지나면서 점차 쇠퇴해지기 시작했다. 1990년대에는 정치발전 이론 연구에서 자칭 '난제들'이 부분적으로 좀 더 과학적인 비교 정치를 위해 사실판단들로부터 가치판단들을 떼어버리려는 초기 시도의 산물이라고 주장하는 논문이 등장한다. 그 요점은 정치 고유의 세계들로부터 모든 종교적 관심을 제거하거나, 무시하고 소홀히 하는 경향이 결국 정치발전 연구의 쇠락을 가져왔다는 것이다(Bartlett, 1996: 269).

그렇다면 무엇보다 종교는 과연 정치발전에 어떤 역할을 하는지, 만약 역할이 있다면 어느 정도, 어떻게 그 역할을 수행하는지가 관심의 대상이 된다. 로버트 벨라(Robert N. Bellah)(외)는 역사적으로 미국의 성직자들, 종교기관들과 종교협회가 미 대륙으로 이주해 온 초기부터 공적 이슈에 관심을 가져왔고, 미공화국의 건국자들은 종교 신앙이 민주공화국을 유지할 수 있는 책임 있는 시민의 형성에 본질적으로 기여할 것으로 믿었다고 기술했다(Bellah *et al.*, 1991: 180). 이로 보면 공적 이슈의 해결에 대한 종교의 역할은 확실히 정치발전에 의미 있는 요인으로 평가될 수 있지만 더 나아가 종교가 정치의 주 대상인 시민의 책임의식을 강화했다면 이 역시 종교의 기여로 간주될 수 있는 것이다. 이것은 종교국가로 볼 수 있는 미국의 경우여서, 정교분리의 국가에서도 동일하게 종교를 정치발전의 맥락에서 볼 수 있을지는 좀 더 세밀한 고찰을 요한다.

우리나라는 종교와 정치의 분리가 헌법에 명시된 국가이지만 양자 간의 관계는 매우 긴밀하게, 대체로 과거에는 어느 정도 '정치'의 우위하에, 최근에는 정치와 종교 간의 팽팽한 긴장관계하에 전개되어 왔다. 개별 종교의 입장에서는 종교조직의 영향력 유지와 확대라는 자신들의 이익을 관철시키기 위해 국가권력에 접근하거나, 정책 결정에 영향력을 행사하기 위해 선거를 활용하려는 숨겨진 의도가 보인다. 이것은 정치시장에서 '종교의 효용가치'가 점차 증가하고 있다는 의미로, 특히 선거정치의 활성화에 따라 정치엘리트들에 대한 종교의 영향력은 크게 증대되었다(강인철, 2010: 194-195). 이러한 점에서 종교변수는 정치 변동을 이해하는 데에 중요한 비중을 차지하고 있거니와, 특히 종교 신자가 50% 안팎을 넘나들고 있는 우리나라의 정치에서 종교를 무시하거나 소홀히 하기는 어려울 것으로 생각된다.

그동안 건국 이후 역대 정권의 종교와 정치의 관계에 대한 자료와 연구논문은 적지 않게 축적되었다. 그러나 이제는 이들 자료와 연구 성과를 기반으로 종교가 정치발전에 어느 정도 어떻게 긍정적 또는 부정적 영향을 미쳤는지, 그 과정에서 어떤 문제가 있고 그 해결을 위해서는 종교가 어떤 역할을 해야 하며 그 전망은 어떠한지를 조사할 차례이다. 본 연구는 종교와 정치의 관계에 대한 그간의 연구사에 대한 검토를 통해 문제가 종교의 역할을 국가에 초점을 두고 찾으려 한 데에서 나왔다고 보고, 이제 방향을 전환해서 정치발전이 종교와 시민사회와의 긴밀한 관계 구축에서 이루어질 수 있다는 관점에서 수행된다. 종교는 주로 개신교와 가톨릭이 중심 대상이다.

## Ⅱ. 연구사를 통해 살펴본 한국의 종교와 정치의 관계

그간 한국의 종교와 정치의 관계는 크게 종교의 정치참여라는 틀 안에서 고찰되었다. 버바(외)는 정치참여를 직접적으로 정책 제정이나 실행에 영향을 주든지, 간접적으로 그러한 정책들을 만드는 사람들의 선택에 영향을 주든지 함으로써 정부 조치에 영향을 주려는 의도나 효과를 갖는 활동으로 정의한다(Verba *et al.*, 1995: 38). 여기서는 실제 영향의 성과와는 상관없이 정권에 직접 참여하거나, 지지 또는 반대를 표명하는 모든 정치적 활동을 가리킨다. 시기적으로 먼저 민주화 이전은 다시 미군정 시기, 이승만·박정희·전두환 대통령 시기의 정권별 종교정책과 정교유착, 그리고 종교 측의 반체제운동으로 분류된다. 이 시기는 모두 정권의 조종으로 종교계의 지지를 이끌어 낸 사실들이 부각되었고,[2] 특히 국가조찬기도회는 정교유착의 산물로 비판을 받았으나(정종훈, 2004: 372), 종교지도자들의 기도회참여가 개인의 종교이념에 근거한 것일 수도 있고 그들과 정권과의 유착이 그렇게 분명한 것은 아니라는 점에서 정교유착의 이면에 대한 고찰이 시도되기도 했다(전명수, 2015: 61-67). 그럼에도 종교인들의 국가조찬기도회 참석이 오히려 정통성을 결여한 집권자들에게 통치의 명분을 주는 부정적인 기여를 했다면 이것은 정치발전에 역행하는 것으로 판단된다.

민주화운동은 크게 1970년대 민주화운동, 1980년대 초 광주민주화운동, 1987년 6월 항쟁으로 나누어 고찰되었다. 종교계는 처음 그 중심이 개별 종교지도자들이었으나 점차 그들은 대부분 정계 재야인사들과 연합한 민주화인사의 일원으로 운동에 참여하게 되어 특별히 '종교'사회운동으로서의 민주화운동의 성격은 약화되었다. 이 시기 종교단체로 도시산업선교회, 정의구현사제단 등이 있었으나 아직 운동의 구심점이 되지 못했다. 말할 것도 없이 민주화운동은 한국 정치발전의 큰 획을 긋는 성취로, 비록 '종교'사회운동의 성격이 민주화운동이라는 큰 틀에 가려져 있기는 하지만 종교의 역할이 작지 않았다는 점은 부인하기 어렵다. 민주화의 첫 번째 결

2 한국의 종교와 정치 간의 관계에 대한 연구는 강인철(2010: 163-203)과 노길명(2002: 1-23), 그리고 전명수(2013: 75-101)에 의해 어느 정도 자료정리가 이루어졌다. 이 연구들은 몇 편의 일반론을 배제하면 종교적 측면에 더 초점을 둔 것과 국가의 행태를 주목하는 것으로 이분해 볼 수 있다.

실이 선거이고, 특히 종교단체가 부정선거 무효화투쟁의 일환으로 선거무효소송을 제기하면서 시민사회단체로 향하는 길을 닦았다는 점도 주목된다.[3]

민주화 이후에는 주로 종교의 정치참여, 종교의 세력화 또는 권력화의 문제가 중심 논제로 등장했고, 이와 관련해서 대통령의 종교와 선거가 주목을 받았다. 종교의 세력화에 대해서는 2008년 6월 「종교문화연구」가 "한국종교의 정치세력화, 그 현황과 전망"을, 2009년 3월 「종교문화비평」이 "최근 한국사회의 종교 · 정치 · 권력"을 다루었다.[4] 강원돈은 종교의 정치세력화를 종교계 안에 권력집단이 나타나 종교권력이 확립되는 측면과 종교권력이 종교계 바깥의 세속권력과 동맹을 맺으며 특권구조를 만들어 내는 측면으로 이분한다. 전자는 극복의 대상으로 종교 내부에서 종교권력을 해체시키는 작업이 필요하고, 특히 정치와의 관계를 다루는 후자의 경우 문민정부 출현 이후 기독교의 진보적 인사들이 정치권력으로 진입하면서 점차 정권에 대한 소극적인 비판으로 지도력 부재를 보여주게 되었다고 본다(강원돈, 2008: 49, 67-69).

한국종교사회학회와 한국사회역사학회는 2011년 11월 "한국사회의 갈등과 대통령의 종교"를, 2012년 11월에는 "리더십 전환기의 대통령 선거와 종교"를 주제로 공동학술심포지엄을 개최했다. 대통령과 일치하는 종교는 국가와 유착 및 협력관계를 형성할 가능성이 높지만 그렇지 않은 종교는 국가와 갈등관계에 놓일 개연성이 더 높다(유승무, 2011: 3-13). 천주교의 경우 정권과의 순응 내지 지지나 갈등 관계 배경에는 종교 측의 이해관계

---

3 천주교 정의구현사제단은 중앙선거관리위원장을 상대로 "1987년 12월 16일 실시한 대통령선거는 무효임을 확인한다."는 취지의 소송을 제기했다(월간말 편집부, 1988: 77).

4 「종교문화연구」 10(2008)에는 이진구, 2008: 1-30; 박희택, 2008: 31-47; 강원돈, 2008: 49-75; 박준영, 2008: 77-98의 논문이 수록되었고, 「종교문화비평」 15(2009)에는 윤승용, 2009: 13-42; 류대영, 2009: 43-71; 이진구, 2009: 72-99; 강인철, 2009: 100-132의 논문이 수록되었다.

가 내재했고, 그 후 인권과 민주화를 위한 적극적인 활동에도 불구하고 평신도의 주체적 참여를 강조한 바티칸 공의회의 정신을 적극적으로 살려나가지 못했다(윤용복, 2011: 17-28). 개신교 신자가 대통령이 된 경우 종교적 배타성이 사회정치적 차원으로 확대되어 개신교와의 밀착관계를 형성했고, 여타 종교와는 관계의 악화를 조성하면서 스스로 구원귀족의 역할을 담당했다(정태식, 2012: 181-211). 대통령선거에서 입후보자들은 그들의 가치와 이념을 종교적이거나 정치사회적인 이슈에 반영하려 하지 않는다는 점(전명수, 2013: 75-101), 대선에서 종교는 변수가 될 수 있으나 종교인들의 정치 관여에 대한 부정적인 시각으로 종교 관련 이슈들이 현재의 상관성을 바꾸는 데 유의미한 영향을 미치지는 못한다는 점(최현종, 2013: 121-147), 선거를 앞두고 미디어에서 각 후보들은 종교 편향성을 보이지 않는 대신 각 종교들은 미디어를 통해 지지성향을 드러내고 있고, 종교적 수사의 사용으로 지지자를 확보하는 경향을 보여준다는 점(정재영 · 장형철, 2012: 57-68) 등이 고찰되었다.

종합해서 살펴보면 한국 사회에서의 종교의 위치는 사적인 영역을 넘어 늘 공적 영역에 머물러 있었음을 보여준다. 문제는 정치적 측면에서나 종교적 측면 모두 자기 이익을 중시하고 있다는 것으로, 이러한 점에서 종교 조종이나 정교유착에 대한 부정적 시각이 크지만, 그러나 정교분리 역시 종교세력에게 혜택이 전혀 없는 것은 아니다. 분열된 종교는 세속의 정치권력에 의해 공인과 보호를 받으며, 안정적으로 국민의 신앙 세계에서 군림할 수 있도록 제도적 보장을 받게 된다(윤승용, 2014: 209). 반면 정교분리 역시 정권에 의해 이용당할 수 있다는 점도 드러난다. 이 점은 제5공화국 정권이 종교계의 저항운동을 정교분리 원칙에 위배되는 것으로, 보수적 종교진영에서는 이를 종교의 본령을 벗어난 정치개입이라고 비판한 데에서 잘 드러나고 있다(이진구, 2008: 16). 정교분리는 종교가 국가활동에 대해 무관심해도 좋다거나 정치에 아무 책임이 없다는 뜻이 아니다. 기독교 측 지도자들이 민주화운동에 참여하면서 신의 뜻에 따라 민중이 듣기

원치 않는 심판을 경고했던 예언자로 자임한 것은 바로 그 책임의식을 표현한 것이다.

그러나 문제는 종교와 정치 간의 본질적인 관계가 갈등적이라는 것이다. 정책과 전략 중심의 정치와 정직과 도덕성 중심의 종교는 기본적으로 대립적인 것인데, 종교가 정치와 결합하게 되면 개별주의적이고 특수 이익을 지향하는 정책과 전략을 택할 수밖에 없게 되면서 정치는 절대화되고 종교는 상대화된다는 것이다(정태식, 2012: 181, 195). 갈등은 종교계 내부에서도 일어난다. 그럼에도 종교계의 정치참여는 대체로 긍정적으로 간주된다. 종교는 우리 인간의 삶의 현장에 존재하는 것이고, 우리 삶은 정치, 경제, 사회, 문화 등과 긴밀하게 연관되어 있어 온전히 사적 영역으로만 남을 수는 없기 때문이다. 이진구는 시민운동의 정치세력화가 '약'이 될 수도 있고 '독'이 될 수도 있는 것과 마찬가지로 종교의 정치참여 혹은 정치세력화는 그 자체로는 선도 악도 아님을 강조한다. 현대사회의 종교를 시민사회의 일부로 이해한다면, 종교가 정치영역에 관심을 갖고 정치권으로 진출하는 것 자체는 '악'이 될 수 없다는 주장이다(이진구, 2008: 28).

중요한 것은 정치참여 혹은 정치세력화의 목표나 방향에 따라 그 평가가 달라질 수 있다는 것이다. 종교가 정치에 참여하는 것은 불가피하지만 그 참여의 목적이 권력 장악이나 정치적 이익 노보를 위해서가 아니라 보편적인 종교적 가치로서 도덕성과 공동체성의 고양을 위해서(이원규, 2013: 54), 사회공익과 공동선 실현에 우선적 관심을 두는 것이 되어야 한다는 것이다. 정태식은 종교의 정치적 역할을 무시할 수만은 없는 현실을 일부 수용하면서도 "종교의 정치적 행위는 종교가 내세우는 보편적 가치의 빛 아래에서 인간의 정치적 삶과 경제적 삶을 비추어 보는 것이 되어야 할 것"으로 보았다(정태식, 2012: 206-207). 1974년 천주교정의구현전국사제단의 창립 이래 본격적으로 사제 중심의 정치적 개입이 진행되었는데 교회는 교회 안팎의 비난에 대해 "정치참여가 아니라 사회에 대한 윤리적 판단"이라고 방어함으로써 종교의 정치참여를 정당화했다(박준영, 2008: 89-

90). 이것은 정치적 활동 역시 종교의 책임임을 주장한 것이다.

이와 같이 그간의 연구들은 종교가 정치권력을 장악하고 정치적 이익을 얻으려는 목적이 아니라, 보편적인 종교적 가치로서 도덕성과 공동체성을 고양시킬 수 있는 구체적인 방법이라는 점에서 종교의 정치참여에 대한 시각은 대체로 긍정적이다. 그렇다면 한국 종교는 어떻게 정치참여를 할 것인가? 이원규는 두 가지 길을 제시한다. 하나는 종교의 예언자적 역할로, 우리의 정치가 바로 설 수 있도록, 바르게 역할을 감당할 수 있도록 비판하고 촉구하는 일이고, 다른 하나는 종교의 사제적 역할로, 바른 세상, 좋은 세상을 만들려는 자구적 노력이 모든 종교인들에 의해 이루어지도록 하는 것이다(이원규, 2013: 54). 이 두 가지 역할은 서로 긴밀히 연관되면서 상호보완적 관계를 갖고 있는 것으로, 이 글에서는 정치발전을 위한 종교의 예언자적 역할과 시민 스스로 좋은 세상을 위한 길을 찾는 사제적 역할 모두를 담당해야 하는 주체로 종교시민단체를 설정하고, 이들 단체가 한국의 정치발전에 어떻게 기여할 수 있으며, 종교의 공적 역할이 지향해야 할 방향과 과제를 어떻게 보여주고 있는지를 고찰한다.

## Ⅲ. 정치발전 이론에서 드러난 종교의 의의와 시민사회와의 관계

이제 정치발전에서 종교의 역할은 어떠한 것이며, 시민사회와의 관계는 어떠한지를 고찰할 차례이다. 서구의 경우 정치발전에 관한 연구논문들은 정치발전의 개념과 사상, 정치발전과 국가통합, 다양성, 부패와의 관계 등을 다루면서 1960년대에 집중적으로 출간되었다. 이것은 근대화 논쟁이 치열했던 1960년대 정치학계의 상황과 관련이 있겠지만, 이 시기는 종교적 측면에서도 종교의 사사화와 세속화 논의가 출현했던 때여서 결과적으로 종교는 이 시기 정치발전을 다룬 논문들에서 배제되었다. 루시앙 파이(Lucian W. Pye)는 그동안 거론된 정치발전의 개념을 다음 10가지로 요약했다(Pye, 1965: 5-11).

1. 경제발전의 정치적 필요조건으로서의 정치발전
2. 산업사회에서 전형적인 정치로서의 정치발전
3. 정치근대화로서의 정치발전
4. 민족국가 운영으로서의 정치발전
5. 행정적 · 법적 발전으로서의 정치발전
6. 대중 동원과 참여로서의 정치발전
7. 민주주의 건설로서의 정치발전
8. 안정과 질서정연한 변동으로서의 정치발전
9. 동원과 권력으로서의 정치발전
10. 사회변동의 다차원적 과정의 한 양상으로서의 정치발전

파이는 이 10가지 개념에서 광범위하게 공유된 정치발전의 특성을 평등에 대한 관심, 정치체계의 능력에 대한 관심, 그리고 정부조직들의 분화와 전문화에 대한 관심으로 제시한다. 이 세 특성들은 일반적으로 정치문화의 평등, 권위적인 정부구조들에 대한 능력의 문제들, 그리고 비권위적인 구조들에 대한 분화의 문제와 연결되는 것으로 분석하면서 이를 시민[5]의 참여, 사회와 경제에 영향을 미치는 정치체계, 정치제도와 구조의 분화와 전문화로 요약한다(Pye, 1965: 1-13).

---

5 파이는 대중(mass)과 시민(citizen)을 엄격하게 구분하고 있지는 않다. 벤자민 바버(Benjamin Barber)에 의하면 대중은 소란을 일으키면서 충돌하고 대립하지만, 시민은 숙고하고, 행동하며, 관여하고, 공유하며, 기여하는 이들이다(Barber, 1984: 154-155). 이러한 정의에 근거하면 파이가 거론한 정치발전에서의 대중은 곧 시민으로 간주될 수 있다.

따라서 파이의 분류는 다시 그 핵심 키워드인 경제발전, 근대화, 시민, 민주주의를 중심으로 살펴볼 수 있거니와, 이들은 1960년대 정치발전과 긴밀한 상관성을 갖고 있는 요인들임을 보여준다. 여기서 근대화나 민주주의처럼 그 논의가 최근까지 여전히 이어지고 있는 것도 있으나, 적어도 경제발전, 근대화, 민주주의의 상호관계는 최근의 연구 성과에 의하면 다음과 같이 요약될 수 있다. 근대화는 산업화와 연계된 사회변동의 한 징후로서, 그것은 직업 전문화, 도시화, 교육수준의 제고와 급속한 경제성장을 가져오고, 삶의 모든 면에 침투하면서 정치의 대중참여를 가져오고, 사회생활과 정치제도들을 변형시킨다는 것으로(Inglehart and Welzel, 2009: 34), 결국은 근대화가 민주주의를 가져온다는 것이다. 그러나 다른 한편 민주주의의 출현은 경제발전의 부산물이 아니며, 민주주의는 그들의 목적을 추구하는 정치적 행위자들에 의해 수립되거나 수립되지 않으나, 일단 수립된 민주주의가 살아남는 것은 부유한 국가에서라고 보는 시각도 있다(Przeworski and Limongi, 1997: 155-183).

다음은 정치발전의 핵심어 중 시민사회의 활동에 관한 것으로, 시민사회는 21세기 현 시점에서 더욱 그 중요성이 인식되는 요인이다. 이것은 근대화가 정치의 대중참여를 가져오고, 대중의 정치참여가 결국 '민주'의 이상이기 때문으로, 시민 개개인의 정치참여는 이미 투표행위에서 이루어지고 있으나 보다 근원적인 힘은 시민사회의 형성과 집단적 활동을 통해 나온다. 우리나라의 경우 시민사회단체의 조직과 활동이 본격적으로 나타난 것은 1980년대 후반 이후이지만 기독교 도시산업선교회나 YMCA의 '시민논단'처럼 이미 이러한 활동은 1960년대부터 시민단체로서의 기반을 조금씩 축적하고 있었다. 주목되는 것은 이러한 종교기관 내지는 종교기반 단체가 시민단체의 형성과 활동에 중요한 역할을 했다는 것으로, 시민사회단체의 활동은 민주주의를 지키고 확장하는 하나의 방식이 될 수 있는 것이다. 1960년대 시민의 활동은 미국에서도 이미 정치발전에서 중요한 요인 중 하나로 간주되었거니와, 마틴 루터 킹(Martin Luther King)이 몽고메리 버스 보이콧 운동을 이끌고, 다른 흑인 및 양심적인 백인들에게도 동참을 호소하여 5만 명의 시민들이 미국 연방 최고 재판소에서 버스 내 인종분리법의 위헌판결을 얻어내면서 흑인해방운동에 참여했다. 킹이 워싱턴 대행진에서 "나에게는 꿈이 있습니다."라는 명연설을 남긴 때가 1963년이었고, 인종차별 철폐를 위한 비폭력 저항운동으로 노벨평화상을 받은 것이 1964년이었다(엄재현, 2006: 38-67).

그렇기 때문에 파이의 정치발전 개념에는 이러한 시민사회운동의 성과가 용해되어 있는 것으로, 그것은 주로 시민의 역할과 새로운 표준의 충성과 개입을 중심으로 한다. 여기서 중요한 것은 정치발전의 주체인 시민의 적극적이고 헌신적인 시민으로서의 정치적 각성이다. 그러나 파이는 이러한 관점이 극단적으로 수행되는 경우 영향력 있는 대규모 대중의 시위 양상은 그 자체로 목적이 될 수 있다는 문제점을 제시한다. 그것은 지도자들과 시민들이 대중의 정치적 열정의 시위 상도와 빈도에 의해 국가발전이 진전되고 있다고 느끼게 되고, 역으로 질서정연하고 효과적인 과정을 만들고 있는 나라들은 오히려 불만족스러울 수 있기 때문이다. 정치발전은 어느 정도의 확산된 대중의 참여와 관계가 있고, 말할 것도 없이 대중참여의 과정이 정치발전의 합법적 부분이지만 그것은 또한 이성보다는 열정 없는 감성에 기반한 '메마른 감성주의(sterile emotionalism)'나 아니면 부패하고 있는 선동의 위험이 따른다는 점을 경고한 것이다(Pye, 1965: 8-9). 이 감성주의와 선동은 둘 다 사회의 힘을 빼앗을 수 있다는 점에서 소홀히 할 수 없는 부분으로, 혹시 여기서 종교의 역할이 있을지도 고찰해 볼 만하다.

이와 같이 파이가 제시한 정치발전의 개념들에는 종교가 포함되지 않았으나 도널드 스미스(Donald E. Smith)의 「종교와 정치발전」처럼 이 시기 정치발전과 종교의 관계를 다룬 논저가 전혀 없는 것은 아니다. 스미스는 현대 탈신성화된 정치계의 발전과 관련해서 제3세계 힌두교, 불교, 이슬람과 가톨릭의 네 가지 중요 종교체제를 중심으로 세속화과정 동안 종교와 정치의 상호작용을 고찰하면서 저자는 이들 종교가 긍정적인 이념적 지지와 합법성을 근대화 과제에 제공할 수 있는지를 질문한다. 그는 이것이 종교의 조직상의 질에 의존한다고 보았으나 종교계의 선거참여 결과가 보여준 대로 실제로는 종교의 정치적 참여가 별로 성공적이지 못했음을 인식한다. 무엇보다 이 연구는 종교는 근대화에 대한 장애이고, 모든 사회들은 신속한 세속화를 겪고 있으나 "휴머니스트의 가치가 단지 타당한 목적을 구성하고 알맞은 수단은 실증적으로 발견되어야만 한다."는 관점에서 쓰여졌다는 점에서(Hunt, 1972: 250)[6] 이 역시 정치발전에서 종교의 역할에 대한 긍정적인 확신을 보여주지 못한다.

정치발전 연구에서 종교의 중요성에 대한 인식은 1990년대에 들어와서야 나타난다. 로버트 바틀레트(Robert C. Bartlett)는 정치발전 연구가 1970년대를 지나면서 특히 1990년대에 이르러 쇠락한 것은 종교를 정치학에서 배제하면서 정치 고유의 세계들로부터 모든 종교적 관심을 제거한 데에 기인한다고 주장한다.

> 정치학자들에 의해 그렇게 소홀히 된 가치들 중 중요한 것은 하나님 또는 신들에 관한 가치들이다. 그러나 서구 정치생활의 주요 설계자들에 의하면 근대를 전근대와, 합리성을 비합리성과, 그리고 참으로 좋은 정치를 나쁜 정치와 구분하는 중요한 사실은 근대 정치공동체가 종교에 할당한 종속적인 역할이다. 교회와 국가의 분리에 대해 정치와 신성 간의 자연스러운 관계로서 너무 익숙해졌기 때문에 우리들 서구 진보주의자들은 해외에서 정치생활의 중요 관심 영역으로서의 종교를 간과하고, 그래서 우리는 또한 종교를 우리의 정치학으로부터 배제하는 경향이 있었다.
>
> – Bartlett(1996: 295)

6 이 책은 우리나라 국립중앙도서관 및 각 대학 도서관 목록에 나와 있지 않다. 본고에서는 이 책에 대한 서평을 중심으로 그 내용을 개관했다.

이러한 점에서 오늘날 발전 연구가 비서구 공동체들을 연구할 때 종교 또는 신에 대한 신앙에 보통 행해지는 것 이상 훨씬 더 많이 주목해야만 한다는 것이다. 그것은 적어도 종교가 이들 지역에서는 삶의 총체이고, 정치생활에 생명을 주는 가능성을 좀 더 민감하게 보여주고 있기 때문으로, 따라서 종교가 정치학이나 정치의 관심 대상이 아닌 사적 문제로 강요되어서는 안 된다는 것이다(Bartlett, 1996: 297-298).

이러한 논리에 근거하면 한국 역시 그 대상이 될 수 있어 보이거니와, 한국의 정치발전에서 시민사회와 종교가 결합된 종교시민단체에 대한 고찰은 종교의 역할을 이해하는 유효한 방식이 될 것이다.

## Ⅳ. 시민사회운동으로서의 종교활동과 정치발전 : 종교시민단체의 의미와 과제

### 1. 종교와 시민사회의 관계와 문제점: 종교사회적 자본 관련 쟁점과 윤리적 판단

이상의 논의에 근거하건대 정치발전에서의 시민사회의 동력이 중요성을 더해 가고 있으나 시민사회운동에는 메마른 감성주의나 부패한 선동이 있다는 문제점도 제시되었다. 반면 종교는 세속화, 근대화 과정에서 그 위상이 약화되었으나 정치발전에서의 종교의 역할을 소홀히 해서는 안 된다는 점이 드러난 것이다.

이것은 종교와 시민사회의 결합이 바람직하기는 하지만 그 결합이 단순하지는 않음을 의미하는 것이다. 몇몇 종교사회학자들이 양자 간의 관계를 주목하기 전에는 과거 연구들 중 많은 것들이 종교 신자 간 도움을 주고 자원해서 봉사하는 공공의 가치와 유익한 습관을 일으킴으로써 시민참여를 키우는 능력은 종교기관들의 덕분으로 간주하였다. 특히 '자선기관의 선택(charitable choice)'으로 알려진 복지정책을 통해 사회서비스의 공급자로서의 조직종교는 복지정책에서 점점 더 중요한 역할을 수행한다는 대중의 인식을 제고시켰고 교회, 회당, 사원들의 복지서비스 참여는 시민사회에 대한 강력한 영향을 갖고 있는 것으로 논의되었다는 것이다(Wagner, 2008: 627).[7] 그러나 1990년대 말 이후 종교가 시민사회와 결합해야 한다는 강력한 주장이 나오기 시작한 것은 종교사회학자들의 이러한 과거 연구사에 대한 반성에 근거한 것으로 볼 수 있다. 좋은 사회를 위한 종교공동체 중심의 활동에 관심을 가졌던 로버트 벨라와 같은 학자까지도 사회적 자본은 그것이 종교적 그리고 '시민 그룹'에서 필사적으로 일할 때, 또한 시민참여에 의존해야 살아남는다고 했고(Bellah, 2006a: 331; Bellah, 2006b: 343), 강인철 역시 "교회가 시민사회에서 고립된다는 것은 교회의 중장기적 생존과 성장에도 파괴적인 결과를 초래할 가능성이 높다."(김성건, 2010: 28-29 재인용)라고 추단한 바 있다.

종교와 시민사회의 결합에서 나타나는 쟁점은 윤리적 치료제로서의 종교와 사회적 자본으로서의 종교에 관한 것이다. 전자는 종교의 본질과 관련되고, 후자는 종교의 역할과 관련된다. 종교와 시민사회의 결합을 적극적으로 주장하는 학자들은 한결같이 종교와 정치의 관계에서 종교를 부패에 대한 도덕적 치료제로, 그리고 신앙공동체 내의 형제애라는 사회적 자본으로서의 역할로 규정지을 수 없다고 주장한다. 먼저 전자에 관한 것인데, 우드노우(Robert Wuthnow)는 쇠퇴하고 있는 시민사회의 부활은 특히 풀뿌리수준에서 개혁운동을 통해서 그리고 개인과 가족의 도덕적 회복에 초점을 둘 때 가능하다고 본 기존논의에 대해 제도주의적 관점으로의 방

---

7 자선기관의 선택은 1996년 미국에서 종교관련 단체들이 그 종교의 정체성을 유지하면서 다른 일반 비종교 복지기관들과 동일한 기준 위에서 공적 기금을 받을 수 있도록 한 정책이다.

향 전환을 요구했다. 제도로서의 종교는 단지 도덕적 회복에만 초점을 두기보다는 다른 제도들과의 조직화된 그리고 일상의 관련을 포함하여 강조되는 것을 필요로 한다는 것이다(Wuthnow, 2003: 203-204). 그러나 이것은 종교가 단지 사회부패를 치료하는 도덕적 회복에만 관심을 두어서는 안 된다는 것이지 이를 배제하라는 의미는 아니라는 점도 분명히 할 필요가 있다. 말하자면 시민사회와의 관계에서 종교 본연의 역할을 소홀히 하면 안 될 것으로, 종교와 정치의 관계가 공동선에 초점을 두어야 한다는 수장에서도 종교의 윤리적 역할의 중요성이 함축되어 있는 것이다.

그러나 이보다 더 큰 쟁점으로 부상한 것은 사회적 자본으로서의 종교의 역할에 관한 것이다. 퍼트넘(Robert D. Putnam)에 의하면 사회적 자본이란 개인의 생산성을 강화하는 훈련과 도구인 물적 자본 및 인적 자본의 개념에서 유추하여 개인들 사이의 연결, 즉 사회적 연계망과 그것들로부터 일어나는 상호관계와 신뢰성을 가리키는 것이어서(Putnam, 2000: 18-21), 이러한 정의에 근거하건대 종교는 이 사회적 자본의 대상 범주에서 핵심이 될 수 있다. 그것은 사회적 자본에는 종교적 또는 비종교적 개인들 사이의 공식적 또는 비공식적인 모든 개별 관계나 사회적 결합관계가 포함되고, 이러한 관계에 기반한 활동이 가장 적극적으로 이루어지고 있는 곳이 교회와 같은 종교기관이기 때문이다. 콜만(John A. Coleman)은 종교사회적 자본에서 신뢰성보다 평등의 정신에 더 초점을 둔다. 종교의 사회적 자본이 다른 형태의 그것보다 우리 사회에서 취약계층에게 좀 더 열려 있다는 것으로, 이익그룹들이 미국의 대중을 대표하는 것이 아니어서 그들의 로비가 평등을 증진시키지 않는 반면 '종교적 로비들'은 많은 비엘리트 시민들의 가치들을 말하는 유일한 대표자적 역할을 수행하면서 신학적 그리고 성서적 가치, 특히 사회정의에 대한 성서의 관심을 대변한다고 본다(Coleman, 2003: 41).

퍼트넘의 사회적 자본 논의는 그 이후 점차 시민사회에서의 종교의 역할을 고찰하는 중요한 주제로 부상했다. 로버트 벨라는 퍼트넘이 제시한 사회적 자본은 사회가 점차 자기 이익에 기반한 개인주의로 변화하고 있기 때문에 상당히 감소하고 있다고 본다(Bellah, 2006c: 499-500). 반면 우드노우는 사회적 자본의 감소현상을 장거리 전화, 컴퓨터에 의한 상호작용 증가와 같은 사회적 변화에 그 이유를 둔다(Wuthnow, 2003: 200). 그러나 더 큰 문제는 종교사회적 자본의 시민사회에서의 역할에 대한 회의와 비판이 점차 증대하고 있다는 것이다. 먼저 종교적 관점에서는 종교가 사적 관심과 영성에 뿌리박혀 있다고 보면서 기껏해야 종교사회적 자본은 다른 시민조직들의 사회적 노력들에 대한 강한 원천이 될 뿐이라는 회의적인 관점이 나타난다. 심지어 종교공동체에서도 많은 사람들은 종교적 개인주의자로서 집회를 사회로부터의 단순한 피난처로 삼고 있다고 간주한다. 특히 종교기관의 경제 상황의 악화도 사회적 자본의 한계를 제고시키고 있다고 본다(Coleman, 2003: 45-46).

그러나 좀 더 본질적인 비판은 이 시대의 민주주의가 종교사회적 자본으로 감당하기에는 충분하지 않다는 점에서 나온다. 스카치폴(Theda Skocpol)은 시민사회의 회복 처방을 종교에 맡기는 것을 '유해한 처방'으로 본다. 지역제일주의자(localists)와 사회자본론자, 신앙에 기초하는 개혁론자들이 이해하지 못하고 있는 것은 민주주의가 사교성이나 신뢰 그 이상의 것이며, 아마 특권계급과 그 밖의 시민 사이의 자선적인 관계보다도 훨씬 많은 것을 요구한다는 것이다(스카치폴, 2010: 258-268). 와그너(Antonin Wagner) 역시 종교의 사회적 기여가 상호신뢰, 공동의 가치와 조직적인 상호연결된 네트워크와 같은 사회적 자본의 관점에서 틀지어져서는 안 된다는 점에 대해서 매우 단호한 견해를 표명한다. 제도주의의 렌즈를 통해 볼 때 사회의 활성화는 대부분 개인관계나 사회적 연대보다는 자본, 지식과 다른 기관의 자원에 의지하며, 특히 종교적이건 아니건 자원봉사연합은 단지 개인참여의 촉진과 사회적 신뢰의 발전기로서가 아니라 정치과정에서의 대중의 힘의 원천으로서 관계한다는 것이다. 빈곤, 권력 불균형, 정치적 탈동원(political demobilization)과 같은 우리 사회에 영향을 주는 많은 문제들은 친절한 이웃 같은 상호작용과 교회 회중들이나 비영리 에이전시와 함께 때로 하는 자원봉사에 의해 해결될 수 없다고 본다. 효율적 민주주의(effective democracy)는 친목과 신뢰 이상의 것에 관한 것이고, 그것은 확실히 자선에 의해 연결되는 것보다 훨씬 더 많은 것을 요구하는 것으로, 전국적인 연대에 의해 다수를 위한 집중적 지레장치가 될 수 있는 강력한 포괄적인 조직들을 필요로 한다는 주장이다(Wagner, 2008 : 631).

그러나 이러한 비판에도 불구하고 사회적 자본에 관한 긍정적 신호를 찾아볼 수 있다. 하나는 위 학자들이 시민사회와의 연합에서 마치 종교가 시민사회의 '모든' 문제들을 떠맡는 것처럼 보고 있다는 점에서이다. 시민사회가 부패하거나 그 안에 가지고 있는 많은 복잡한 문제들은 종교 홀로 담당할 수는 없는 것으로, 시민사회의 회복을 위한 처방을 종교에 맡기는 것이 '유해한 처방'이라고 한 것은 '전적으로' 종교의 책임하에 둘 경우 그러하다는 것이고 종교 역시 회복을 위한 처방 중 매우 중요한 하나일 것이다. 또 하나는 위 학자들의 주장처럼 제도에 기반한 민주주의를 개인 간의 친목과 사교로서 강화시킬 수는 없으나 사회제도나 정치 역시 개인의 문제, 그리고 지역 또는 종교 공동체로부터 출발하여 확장된다는 점에서이다. 최근 시민운동의 위기를 극복하기 위한 방안으로 YMCA 시민운동의 특성을 살펴본 조철민은 단체의 운동이 '시민단체의 운동'에서 '시민들이 하는 운동'으로, 운동참여의 중심이 '회원'에서 '자원봉사자'로, 그리고 외부의 '주민'으로 이동하면서 최근 시민의 역량강화에 힘을 기울이는 방향을 제시해 주는 것으로 분석했다(조철민, 2013 : 257-258). 시민운동의 지향이 단체보다 시민 개인들을 중시하는 방향으로 전환된다면 종교의 사회적 자본 역시 매우 중요한 기능을 담당할 수 있게 될 것이다.

콜만은 종교와 사회적 자본 연구가 너무 좁게 집회상의 멤버십과 실천에 초점을 두고 있어 그들의 사회적 자본을 더 큰 사회에 투자하거나 다양화해서 증식하는 방식을 모른다고 지적했거니와, 이것은 사회적 자본을 활용하면 좀 더 그 능력을 효과적으로 증진시킬 수 있다는 희망을 보여준다. 이러한 점에서 파라처치 그룹들이 종교집회와 공존해서 종교사회적 자본의 매우 효과적인 증식자가 될 수 있다고 한 콜만의 결론은 매우 의미 있어 보인다(Coleman, 2003: 46). 와그너는 종교적 제휴가 투표행위를 포함해서 직간접적으로 가장 크게 관련된 정치참여의 형태라고 본 바이트만(P. J. Weithman)과 버바 외(S. Verba *et al.*)의 논의에 동의한다(Wagner, 2008: 639). 바이트만은 법적인 '공식 시민권(formal citizenship)' 외에 민주정치의 충분한 참여로서 '실현된 시민권(realized citizenship)'의 개념을 제시하고 종교와 종교기관들이 특히 가난한 사람들과 소수자들에 의해, 그리고 정치참여에 대한 논쟁에서 시민권의 실현에 공헌했음을 주장했으며(Weithman, 2002: 36), 버바(외)는 교회 참석이 투표에 의미 있는 긍정적 힘이라는 자료를 제시했다(Verba *et al.*, 1995: 358-359). 이러한 관점에 근거하면 사회적 자본으로서의 종교의 역할을 좀 더 긍정적으로 검토할 수 있게 될 것이다.

## 2. 정치발전의 측면에서 본 한국 종교시민단체의 활동과 과제

이상의 논의를 통해 정치발전에서 시민사회의 역할과 함께 종교의 중요성을 확인했거니와, 그것은 정치발전이 '사실' 중심에서 벗어나 사실과 '가치'의 균형에 기반한다는 점을 보여주는 것이다. 종교적 측면에서는 종교가 부패에 대한 도덕적 치료제로, 그리고 신앙공동체 내의 형제애라는 사회적 자본으로서의 종교 고유의 역할을 일단 긍정적으로 접근해 볼 필요가 있다는 것으로, 이에 대한 회의와 비판이 있는 것은 사실이지만 위에서 논한 것처럼 이 점은 특히 종교시민단체의 장점이 될 수 있을 것으로 판단된다.

구체적으로 이 점을 「2012 한국민간단체총람」에서 정치/행정 유형에 귀속시킨 종교시민단체 중 '기독교사회책임', '실천불교전국승가회', '천주교정의구현전국연합', '서울YMCA시민정치실천운동본부', '한국YMCA시민정치운동본부'의 설립목적과 주요 사업을 통해서 살펴본다. '기독교사회책임'은 설립목적이 예수 그리스도의 가르침을 실천함은 물론 평화적 시민운동을 통해 우리 사회의 성숙한 발전과 정의실현을 이루어 선진민주사회의 기틀을 마련하는 데 이바지하는 것이고, '실천불교전국승가회'는 부처님의 근본정신을 받들어 불교 내 제반 모순과 한국 사회의 다양한 문제들을 해결하여 이 땅에 정토사회를 구현하는 것이다. '천주교정의구현전국연합'은 교회 내 자주적 평신도 단체로 "사회도덕성 회복을 통해 민주화 실현 및 경제정의 실현을 위함"이 설립목적이고, 그간 용산 미군기지 반환과 활용방안에 대한 토론회, 국보법 폐지투쟁 등을 수행했다. '서울YMCA시민정치실천운동본부'는 사회진출을 앞두고 있거나, 사회에 갓 진출한 남녀 청년들을 대상으로 한 참여식 시민정치교육 프로그램을 운영하고 있고, '한국YMCA시민정치운동본부'는 전국적인 차원의 시민정치운동을 집중적 · 본질적 · 장기적으로 전개하고자 할 목적으로 설립되었으며 주요 사업은 시민정치 능력 개발, 강한 시민 만들기, 주민공동체 형성, 주권자로서 정치사회와 지역개혁이다(시민운동정보센터 편, 2012 : 1041-1091).

비록 이들 단체들은 그 설립목적이나 사업에서 종교의 역할이 강조되기도 하고 그렇지 않은 것이 있기는 하나 대체로 '종교'시민단체로서의 정체성은 유지된다. 이들 단체들은 개별적으로는 종교이념에 충실하면서 시민사회운동 역시 그 활동 목표의 하나로 설정하고 있으나 대부분의 경우 종교시민단체의 활동은 일반 시민단체들과의 연대의 한 축으로 이루어진다. 특히 YMCA, YWCA는 전국지부들이 독립적으로 활동하면서 연대에 참여하는 종교시민단체들의 수적 확대에 기여하고 있다. 2015정치개혁시민연대, 세월호참사국민대책회의(2014), 운하백지화국민행동(2008)과 2004총선시민연대를 중심으로 살펴보면 위의 네 시민연대 모두에 이름을 올린 종교시민단체는 청주YWCA이고, 천주교정의구현목포연합, 대전 · 마산 · 김해 · 진주 · 창원YMCA 등 많은 단체가 네 연대 중 적어도 세 연대에 이름을 올리고 있다.

여기서 청주YWCA를 중심으로 종교시민단체들의 특성을 살펴보면 첫째, 이 단체들은 연대활동에서 종교별 차이를 드러내지 않을 뿐더러 특히 연대의 목표가 무엇이든 역시 가리지 않고 참여하고 있다는 것이다. 위의 연대는 각각 정치개혁, 국가 재난, 환경, 선거와 관련된 것들이어서 그 성격은 다르지만 각 종교시민단체의 설립목적과는 무관하게 모든 사회적 이슈에 동일하게 동참하고 있다. 청주YWCA의 경우 이 단체의 중점운동은 생명사랑공동체운동인 민들레 운동으로, 이것은 생명사랑의 가치를 함께 실천하며, 나눔 · 섬김 · 살림의 생활자치 공동체를 만드는 운동이다. 이 단체의 조직기구 중 하나인 사회개발위원회는 건강하고 안전한 세상을 만들기 위해 사회문제와 지역현안을 해결하고, 성평등사회 조성을 위한 다양한 활동과 운동을 전개한다고 규정해서 시민운동연대에 참여하는 여지를 만들어 놓았으나 이 단체의 활동 중심이 여성과 먹거리의 가치에 있는 것은 분명해 보인다(청주YWCA 홈페이지). 이것은 연대의 참여에 전문성의 고려가 부족하다는 점을 보여주거니와, 연대의 목표와 관련된 전문적인 지식이 결여된 채 참여하는 것은 그 참여 단체의 수적 과시를 도와주는 것 외에 어떤 목소리를 낼 수 있을지 회의적이다. 앞에서 거론한 대로 서울YMCA와 한국YMCA가 각각 시민정치의 실천을 위한 운동본부라는 독립기구를 설치한 것은 그간 이 단체들이 수행해 온 다양한 영역의 시민운동에도 불구하고 좀 더 전문성이 있는 실천기구의 필요성이 제기되었기 때문일 것이다.

둘째, 어떤 유형의 사회문제든지 가리지 않고 모든 시민운동연대에 참여하면서도 이 단체들 안에서는 어떤 외부 시민사회운동이나 활동에 참여한다는 공지가 보이지 않는다는 것이다. 이것은 그 참여를 위한 회원들 간의 논의가 없었음을 의미하는 것으로, 더 구체적으로 말하면 공론장이 형성되지 않은 채 참여를 결정했음을 보여주는 것이다. 청주YWCA 홈페이지에는 세월호참사국민대책회의 참여와 관련된 공지나 이에 대한 회원의 글도 없으며, 단지 세월호충북대책위에서 주관하는 세월호 1주기 추모문화제 광고와 역사교과서 국정화에 대한 한국YWCA의 입장을 밝힌 글이 보도자료에 나와 있을 뿐이다. YWCA의 활동은 기독교에 기반한 회원들 간의 신뢰와 통합된 힘이 사회적 자산이다. YWCA는 전국에 있는 회원이 주체가 되어 움직이는 민주적인 공동체이고, 공동의 목적을 위해 함께 일하고 있는 조직체이며, 회원은 각 조직의 '생명'으로 회원 한 사람 한 사람이 조직 안에서 서로에 대한 책임감과 동료애를 느끼며 이 사회 '변혁의 힘'이 되어야 한다고 규정하고 있다(한국YWCA연합회 홈페이지). 그러나 이러한 연대활동에서 회원들의 다양한 목소리가 들리지 않는다는 것은 사회적 자본으로서의 종교가 본질적으로 갖고 있는 한계는 물론 그 본연의 역할 역시 충분히 이루어지지 않고 있음을 보여준다.

셋째, 신교의 근본주의자 경향과 다원론적 사회에서 종교가 직면한 근대성의 도전에 대한 대항으로 하버마스(J. Habermas)는 공론장에서의 종교적 논쟁들을 위한 타종교, 과학, 세속적 도덕성과의 관계와 갈등이란 측면에서 세 가지 인식론적 규범을 제시한다(Wagner, 2008: 641 재인용). 특히 공동선이라는 종교적 가치는 세속적 가이드라인과 중복될 수 있음을 보여주거니와, 이러한 점에 비추어 종교시민단체는 일반시민단체와의 연대에 참여하게 된 것이나 목표가 종교적 교리와 이념, 추구하는 가치와 어떻게 연결되는지를 깊이 있게 설명해 주어야 할 것이다. 만약 종교시민단체의 활동에서 '종교'가 실종되고 시민운동만 남는다면 그들의 연대활동은 단지 연대의 수적인 과시를 도와주는 역할 밖에는 할 수 없는 것이다.

넷째, 이와 관련해서 연대 내에서 어떤 목소리를 낼 것인지, 이 모임이 올바른 방향으로 갈 수 있도록 '종교' 기반 단체로서의 역할과 기여를 할 수 있는지를 성찰해야 할 것이다. 일반시민단체의 비전과 가치가 종교시민단체의 그것과 중복될 수 있거니와, 예로 정치개혁의 경우 종교시민단체 역시 정치개혁 시민단체가 주장하는 내용과 그 가치를 공유해서 함께 참여했을 것이다. 따라서 단체 회원 간의 상호신뢰, 애정을 중시하는 종교시민단체로서 회원들의 공론 없이 단지 이름만 빌려줄 수는 없고, 오히려 그 구체적 행동에서 평화, 사랑, 자비, 화해, 용서와 같은 좀 더 종교적인 가치의 목소리를 낼 수 있어야 할 것이다. 종교보다는 시민사회단체로서의 특성이 두드러진 천주교정의구현전국연합은 'MB 수사, 박 대통령 사퇴 촉구'라는 천주교정의구현전국사제단의 주장을 '복음적 결단'으로 지지한 바 있거니와(한겨레커뮤니티, 2013.12.16.), 그렇다면 종교시민단체는 연대활동의 참여에서 윤리적 판단을 하거나 윤리적 측면을 보강하는 목소리를 내는 역할을 해야 할 것으로 보인다. 종교는 도덕적 치료약이 될 수 있는 것이다.

끝으로 파이는 정치발전의 개념 중 하나로 대중 동원 등의 시민운동을 제시하면서 이것이 메마른 감성주의나 선동의 위험성을 갖고 있다고 보았는데, 이러한 편향된 행동의 균형을 잡아주는 것도 종교가 충분히 담당할 수 있는 역할과 책임으로 간주된다. 정치발전에서의 종교의 기여가 보편적인 종교적 가치로서 도덕성과 공동체성을 고양시킬 수 있는 구체적인 방법이라는 점에서 보면 종교의 정치참여 역시 이러한 측면에서 접근해야 할 것이다.

## Ⅴ. 결론

본 연구는 정치발전에서 종교가 수행할 수 있는 공적 역할에 초점을 두고 이를 종교시민단체의 활동을 통해서 그 특성과 과제를 고찰하기 위해 수행되었다. 이것은 그동안 종교와 정치의 관계에서 정치를 국가[정권]라는 관점에서 보던 시각에서 벗어나 이제는 시민사회로 방향을 전환해야 한다는 점에서 출발했다. 정치발전에서의 시민사회운동에 대한 관심은 1960년대부터 그 실마리를 드러냈으나 현대에 그 중요성이 더욱 강조되고 있는 것은 우리나라에서 1980년대 후반 그 조직과 활동이 본격적으로 나타난 시민사회단체들에게서 이미 분명하게 보여지고 있다.

이러한 점에서 종교의 시민사회에서의 역할은 바로 정치발전과 종교의 관계를 살펴보는 한 가지 방식이 될 수 있는 것으로 본고에서 양자의 결합 형태인 종교시민단체들을 대상으로 고찰한 것은 이 때문이다. 문제는 그 결합에서의 종교의 역할에 있는 것으로 몇 종교사회학자들은 결합의 필요성을 강조하면서도 종교의 도덕적 역할과 사회적 자본으로서의 역할에는 부정적인 시선을 보여주고 있다. 단지 종교가 도덕성 회복이나 형제애와 신뢰에 기반한 종교공동체의 특성에 미물러서는 안 된다는 것이다. 그러나 본고는 종교의 공적 역할이 오히려 도덕성과 사회적 자본에서부터 출발해야 하고, 종교시민단체의 활동 역시 이 점들이 강화되고 확장되어야 한다는 관점에서 기술되었다.

그러나 본고에서 대상으로 한 몇 단체들을 살펴보면 기본적으로 종교적 지향을 보여주고 있으나 사회적 자본으로서의 역할은 기대에 미치지 못한다는 점이 드러난다. 이것은 연대에서 회원의 목소리가 들리지 않을 뿐더러 연대에 앞서 종교 공론장이 형성되지 못하고 있다는 데에 근거한 것이기는 하지만 이와 관련해서 종교사회적 자본의 구체적 활용과 확장에 관한 보다 심도 있는 고찰이 필요해 보인다. 시민사회운동이 시민단체 중심에서 탈피해서 '회원'에서 '자원봉사자'로, 그리고 외부 '주민'들로 바꾸어지고 있다면 종교시민단체의 운동도 마찬가지로 변화되어야 할 것으로, 종교는 정치발전에 기여할 수 있는 중요한 요인임이 인정되기 때문이다. 종교사회적 자본에 관한 고찰은 후고로 미룬다.

# 참고문헌


**강원돈**, 2008, "한국 개신교 정치세력화의 현실과 과제," 「종교문화연구」, 10: 49-75.

**강인철**, 2009, "종교의 권력화와 그에 대한 도전들," 「종교문화비평」, 15: 100-132.

_____, 2010, "해방 후 한국 종교-정치 상황의 특성과 변동: 분석틀 구성을 위한 시론," 「종교문화비평」, 18: 163-203.

**김성건**, 2010, "한국교회의 정치참여: 사회학적 관찰," 「종교와 사회」, 1: 7-36.

**노길명**, 2002, "광복 이후 한국 종교와 정치 간의 관계: 해방공간부터 유신시기까지를 중심으로," 「종교연구」, 27: 1-23.

**류대영**, 2009, "한국 기독교 뉴라이트의 이념과 세계관," 「종교문화비평」, 15: 43-71.

**박준영**, 2008, "가톨릭 교회 정치세력화의 문제점: 정교분리 담론을 중심으로," 「종교문화연구」, 10: 77-98.

**박희택**, 2008, "불교의 정치세력화와 정치의 불교세력화에 관한 성찰," 「종교문화연구」, 10: 31-47.

**스카치폴, 테다**(Theda Skocpol), 2010, 「민주주의의 쇠퇴: 미국 시민생활의 변모」, 강승훈 옮김, 파주: 한울아카데미.

**시민운동정보센터 편**, 2012, 「2012 한국민간단체총람」, 서울: 시민운동정보센터.

**엄재현**, 2006, "마틴 루터 킹(Martin Luther King, Jr)의 비폭력사상 연구," 감리교신학대학교 대학원 석사학위논문.

**월간말 편집부**, 1988, "정의구현사제단, 대통령선거 무효소송청구," 「월간말」, 2월호(통권 20호): 77.

**유승무**, 2011, "해방 이후 국가와 불교의 갈등: 대통령의 종교와 연관하여," 「한국사회의 갈등과 대통령의 종교」(2011 한국사회역사학회 · 한국종교사회학회 공동학술심포지엄 자료집), 3-13, 이화여자대학교(2011.11.25.).

**윤승용**, 2009, "한국종교의 사회세력화 형태와 전망: 민주화 이후를 중심으로," 「종교문화비평」, 15: 13-42.

_____, 2014, "한국의 정교분리와 종교정책," 「종교문화비평」, 25: 195-241.

**윤용복**, 2011, "한국 천주교와 대통령의 종교," 「한국사회의 갈등과 대통령의 종교」(2011 한국사회역사학회 · 한국종교사회학회 공동학술심포지엄 자료집), 17-28, 이화여자대학교(2011.11.25.).

**이원규**, 2013, "종교와 정치, 그리고 사회통합," 「한국의 종교사회학」, 한국종교사회학회 엮음, 29-56, 서울: 늘봄.

**이진구**, 2008, "현대 한국 종교의 정치참여 형태와 그 특성," 「종교문화연구」, 10: 1-30.

______, 2009, "최근 한국사회의 종교정당 출현과 그 의미," 「종교문화비평」, 15: 72-99.

**전명수**, 2013, "한국 종교와 정치의 관계: 대통령 선거를 중심으로," 「담론201」, 16(2): 75-101.

______, 2015, "한국의 종교와 정치참여," 송재룡 외, 「종교와 사회진보」, 55-82, 서울: 다산출판사.

**정재영 · 장형철**, 2012, "미디어 속의 18대 대통령선거와 종교," 「리더십 전환기의 대통령 선거와 종교」(한국종교사회학회 · 한국사회역사학회 2012년도 공동 주최 학술대회 자료집), 57-68, 이화여자대학교(2012.11.16.).

**정종훈**, 2004, "기독교 사회운동과 한국 기독교의 과제," 「신학논단」, 37: 353-384.

**정태식**, 2012, "종교와 정치의 긴장과 타협: 한국 개신교 대통령의 구원귀족 역할," 「신학사상」, 156: 181-211.

**조철민**, 2013, "기독교청년회(YMCA)의 시민참여적 시민운동의 흐름: 시민감시와 캠페인 활동을 중심으로," 「기억과 전망」, 29: 225-262.

**청주YWCA 홈페이지**(http://cjywca.or.kr/)

**최경석**, 2012, "공공신학으로 한국 시민운동 읽기," 「기독교사회윤리」, 24: 273-302.

**최현종**, 2013, "선거의 독립변수로서의 종교적 요인," 「종교와 문화」, 24: 121-147.

**한겨레커뮤니티**(http://c.hani.co.kr/hantoma/2330045), 2013.12.16. 검색.

**한국YWCA연합회 홈페이지**(http://www.ywca.or.kr/)

**Barber, Benjamin,** 1984, *Strong Democracy: Participatory Politics for a New Age*, Berkeley: University of California Press.

**Bartlett, Robert C.,** 1996, "On The Decline of Contemporary Political Development Studies," *The Review of Politics*, 58(2): 269-298.

**Bellah, Robert N.,** 2006a, "Is There a Common American Culture?," in Robert N. Bellah and Steven M. Tipton(eds.), *The Robert Bellah Reader*, 319-332, Durham and London: Duke University Press.

________________, 2006b, "Flaws in the Protestant Code: Theological Roots of American Individualism," in Robert N. Bellah and Steven M. Tipton(eds.), *The Robert Bellah Reader*, 333–349, Durham and London: Duke University Press.

________________, 2006c, "Texts, Sacred and Profane," in Robert N. Bellah and Steven M. Tipton(eds.), *The Robert Bellah Reader*, 490–503, Durham and London: Duke University Press.

**Bellah, Robert N. *et al.*,** 1991, *The Good Society*, New York: Alfred A. Knopf.

**Coleman, John A. S. J.,** 2003, "Religious Social Capital: Its Nature, Social Location, and Limits," in Corwin Smidt(ed.), *Religion as Social Capital: Producing the Common Good*, 33–47, Waco, Texas: Baylor University Press.

**Hunt, James D.,** 1972, "Review: Religion and Political Development by Donald Eugene Smith," *Journal of the American Academy of Religion*, 40(2): 248–250.

**Inglehart, Ronald and Christian Welzel,** 2009, "How Development Leads to Democracy: What We Know About Modernization," *Foreign Affairs*, 88(2): 33–48.

**Przeworski, Adam and Fernando Limongi,** 1997, "Modernization: Theories and Facts," *World Politics*, 49(2): 155–183.

**Putnam, Robert D.,** 2000, *Bowling Alone: The Collapse and Revival of American Community*, New York: Simon & Schuster.

**Pye, Lucian W.,** 1965, "The Concept of Political Development," *The Annals of the American Academy of Political and Social Science*, 358: 1–13.

**Verba, Sidney *et al.*,** 1995, *Voice and Equality: Civic Voluntarism in American Politics*, Cambridge, Mass.: Harvard University Press.

**Wagner, Antonin,** 2008, "Religion and Civil Society: A Critical Reappraisal of America's Civic Engagement Debate," *Nonprofit and Voluntary Sector Quarterly*, 37(4): 626–645.

**Weithman, P. J.,** 2002, *Religion and the Obligations of Citizenship*, New York: Cambridge University Press.

**Wuthnow, Robert,** 2003, "Can Religion Revitalize Civil Society?: An Institutional Perspective," in Corwin Smidt(ed.), *Religion as Social Capital: Producing the Common Good*, 191–209, Waco, Texas: Baylor University Press.

# 2 PART

# 종교성과 참여민주주의

# chapter 05 종교와 민주주의 : 또끄빌과 미국의 시민종교[1]

김성건(서원대학교 사회교육과 교수)

## Ⅰ. 문제의식

이 글의 주제("종교와 민주주의: 또끄빌과 미국의 시민종교")는 다음과 같은 기본적 인식을 바탕으로 선택되었다. 역사비교사회학적 관점에서 볼 때, 1830년대 미국의 민주주의를 분석한 프랑스 사회사상가 또끄빌(Alexis de Tocqueville, 1805-1859)의 통찰력은 단순히 1830년대 미국의 사회상황에만 국한되는 것이 아니라 이를 뛰어넘어 다른 시대와 상황에도 한층 폭넓게 적용될 수 있는 가치를 지닌 것으로 볼 수 있다. 미국 사회를 분석한 결과를 바탕으로 하여 공동체적 사회를 이루기 위해서 '종교와 도덕과 정치' 사이의 연관성의 중요성, 곧 종교의 사회통합 효과를 강조한 그의 안목은 '압축적 근대화'로 인해 무너진 공동체를 도덕성 회복을 통하여 재건하려는 오늘의 우리 한국 사회 현실에도 많은 것을 시사해 준다고 볼 수 있다.

한편, 룻소가 「사회계약론」(Rousseau, 1762)에서 최초로 만들었고 이후 뒤

1 이 글은 본래 「한국사회학」(제28집 가을호, 1994: 163-186)에 발표된 것을 수정 및 보완한 것임.

르켐이 「종교생활의 원초적 형태」(Durkheim, 1912)에서 발전시킨 '시민종교(civil religion)'의 개념은 일반적으로 한 사회체제를 정당화하고, 사회적 결속을 창조하며 그리고 한 공동체를 공통의 정치적 목표를 성취하도록 동원하는 믿음, 상징, 제의 및 제도를 지칭한다(Abercrombie, Hill and Turner, 1988 : 33). 오늘날 현대 사회학계에서 미국의 통합적인 시민종교에 대해서 가장 먼저 개념화했다고 볼 수 있는 학자는 로버트 벨라이다(Bellah, 1967). 그렇지만 여기서 또끄빌로부터 영감을 받은 벨라가 미국의 시민종교를 처음으로 분석한 것은 1967년으로서 그 당시는 그 같은 사회통합적인 시민종교가 존재한다는 것에 대한 미국인들의 믿음에 이미 실질적 위기감이 상당히 나타났던 때였음을 주목할 필요가 있다(Dalton *et al.*, 1992 : 402). 그리하여 그 이후 벨라가 다른 학자와 공동으로 펴낸 두 권의 저서(Bellah *et al.*, 1985 ; Bellah *et al.*, 1991)에는 시민종교 개념의 유용성을 완전히 포기하여 이 개념을 쓰지 않고 있다. 그 대신 벨라는 또끄빌이 이미 경고하였던 평등지향적 민주주의의 부정적 결과, 곧 통합적인 시민종교가 부재한 가운데 출현할 수 있는 '과도한 개인주의(radical individualism)'에 대해서 초점을 모으고 있다.

그런데 이 같이 최근 몇 년 전부터 시민종교 개념의 유용성을 포기한 벨라는 그가 입장을 전환하기 이전인 1974년에 발표한 "1970년대 미국의 시민종교"라는 논문을 통해 시민종교가 국가적 정책을 위한 '판단의 기준'을 제공한다고 주장한 바 있다.

> 종교와 도덕과 정치는 똑같은 것이 아니다. 이것들을 혼동하는 것은 가공할 왜곡을 가져다줄 수 있다. 그러나 이것들 사이의 모든 관련을 잘라 없애는 것은 한층 더 잘못된 왜곡을 초래할 수 있다. 시민종교의 개념은 모든 사회에서 이것들 사이에 상당한 연관이 존재한다는 사실을 단순히 가르친다. 시민종교가 최선의 상태로 존재하는 상황은 정치가 일련의 도덕적 기준 내에서 운용되며, 또한 도덕성이 초월적 판단에 열려 있

는 경우이다.

– Bellah(1974: 271)

미국의 국민생활과 관련하여 종교의 역할에 대한 이론이라 볼 수 있는 벨라의 시민종교론이 성립되는 데 영향을 준 것은 종교와 사회통합에 대한 이전 연구들로서 허버그(Herberg, 1955)와 파슨스(Parsons, 1951, 1967) 외에 무엇보다도 일찍이 1830년대에 발표된 「미국의 민주주의」[2]에 나타난 또끄빌의 관점이라 할 수 있다(Abercrombie, Hill and Turner, 1988: 33). 구체적으로 또끄빌을 따라 벨라는 시민종교의 개념은 종교, 도덕, 정치 3자 간의 연관 사실을 보여주는 것이라고 주장하였다. 이런 점에서 종교사회학자로서 또끄빌이 그동안 종교사회학계, 특히 미국의 종교사회학계에서 거의 주목받지 못한 것은 이상한 일이다. 그렇지만 최근 미국의 일부 종교사회학자들이 또끄빌의 동찰력을 새롭게 중시하는 움직임이 나타나고 있는데(예: Dalton *et al.*, 1992) 이 글은 이 같은 새로운 경향과 궤를 같이 하는 것이다.

보다 구체적으로, 이 글에서 필자는 사회학이 근대적 형성과정에서 이론적·방법론적으로 중대한 기여를 했으면서도 그에 합당한 주목을 받지 못했던 또끄빌의 역자 「미국의 민주주의」에서 개진된 정치와 종교의 관계론('시민종교')과 그것을 발전시켰던 벨라와 미국의 여타 종교사회학자들의 논의를 체계적으로 정리해 보고자 한다. 이 같은 또끄빌의 종교사회학적 기여에 대한 발굴작업은 또끄빌의 사회학적 위상이 정치학적 위상만큼 제대로 다루어져 오지 못했다는 문제의식의 산물이다. 따라서 이 글이 특히 국내에서의 그러한 불균형을 해소하는 데 긍정적인 역할을 하게 되길 기대한다.

---

2 Alexis de Tocqueville(1835 and 1840), *Democracy in America*, Glasgow: Collins, 1968. 한글판으로는 A. 또끄빌, 「미국의 민주주의」, 박지동 역, 서울: 한길사, 1983. 이하 본 논문에서는 이 한글판을 「민주주의」로 지칭할 것임.

## Ⅱ. 종교와 도덕과 정치 : 또끄빌의 「미국의 민주주의」와 「구체제와 프랑스 혁명」[3] 에 나타난 견해

이데올로기가 사회변동에서 역할을 한다는 것을 중시하는 또끄빌은 미국과 자신의 조국 프랑스를 비교해 볼 때 '종교와 자유' 또는 '교회와 민주주의' 사이의 관계가 반대라는 점을 주목한다. 그에 따르면, 영미 문명에 있어서 '종교와 민주주의' 사이에는 우호관계의 전통이 존재한다.

> … 그 문명(영국계 미국인들의 문명)은 두 가지 뚜렷한 요소들의 결과인데 … 그 두 가지 요소들은 다른 곳에서는 자주 마찰을 일으켜 왔다. 그렇지만 미국인들은 이 두 가지를 어느 정도 섞어서 훌륭히 결합하는 데 성공을 거뒀다. 나는 그 두 가지를 '종교정신'과 '자유정신'으로 본다.
>
> 뉴잉글랜드의 정착자들은 또한 열렬한 분리파 종교인들인 동시에 과감한 개혁자들이었다. 비록 그들의 일부 종교적 견해는 편협했을지라도 그들에게는 정치적 편견이 전혀 없었다. … 종교는 시민적 자유가 인간의 능력을 고귀하게 펼쳐준다는 사실과, 정치세계가 인간정신의 수련을 위해서 창조주께서 준비하신 분야라는 사실을 깨닫게 한다.
>
> … 자유는 모든 싸움과 승리의 동반자로서, … 또한 자유가 주장하는 바의 신적인 근원으로서 종교를 바라보는 것이다. 자유는 종교를 도덕성의 수호자로, 도덕성을 최선의 법 보상자로, 또한 자유가 지속되기 위한 가장 확실한 약속으로 간주한다.
>
> – 「**민주주의**」(1983 : 52–53, 강조는 필자의 것임)

---

3 Alexis de Tocqueville(1856), *The Old Regime and the French Revolution*, New York: Doubleday, 1955. 한글판으로는 A. 또끄빌, 「구체제와 프랑스 혁명」, 이용재 옮김, 서울: 일월서각, 1989. 이하 본 논문에서는 이 한글판을 「구체제」로 지칭할 것임.

이렇듯 미국에서 '종교의 정신'과 '자유의 정신' 양자의 결합을 주목하는 또끄빌은 「구체제와 프랑스 혁명」에서도 이 점을 다음과 같이 다시 강조하고 있다.

> 미국이든 어디에서든 미국인을 만나게 될 때마다 나는 그 사람에게 종교가 법률의 안정과 사회의 질서에 유용하느냐 아니면 그렇지 않다고 생각하느냐를 묻곤 했다. 그러면 미국인들은 문명화된 사회 특히 자유로운 사회는 종교 없이 존속될 수 없다고 주저 없이 내게 대답하였다. 그들이 보기에는 종교에 대한 존중심이야말로 국가의 안정과 개인의 안녕을 위한 가장 확실한 보장책이었다.
>
> –「구체제」(1989 : 197)

또끄빌은 이 같은 종교와 자유 사이의 우호적 관계는 프랑스 내 가톨릭 교회와 근대정신 간의 갈등 전통과 대비된다고 보았다. 일반적으로 기독교는 17세기에 들어 유럽 전역에서 세력의 태반을 상실했는데, 또끄빌이 주목하는 것은 실로 반(反)종교적 감정이 일반적이고 강렬하며 심지어 독선적인 열정이 되어버린 곳은 프랑스를 제외한 그 어디에도 없었다는 사실이다(「구체제」, 1989 : 193). 기독교의 진리를 부정한 볼테르(F. M. A. de Voltaire, 1694–1778)의 사상은 오래전부터 유럽 전역에 널리 퍼져 있었지만, 볼테르의 사상이 성공적으로 수용된 것은 단지 18세기 프랑스에서 뿐이었다. 그런데 여기서 중요한 것은 당시 교회가 다른 지역보다 유독 프랑스에서 더 심하게 공격의 대상이 되었던 것은 아님을 유의할 필요가 있다. 프랑스의 경우 교회와 연루된 여러 가지 악덕과 폐단들은 그 당시 대다수 가톨릭 국가들에 비하면 보잘것없었다. 따라서 또끄빌은 프랑스에서 반종교적 감정이 가장 강렬하게 나타나게 된 현상의 주된 원인을 종교 상태가 아닌 사회 상태에서 찾아야 한다고 주장한다.

곧, 또끄빌은 프랑스에서 종교제도로서의 교회가 당시에 어떠한 과오를 범했는가가 문제시되는 것이 아니라, 교회가 다가오는 정치혁명에 어떠한 장애를 초래했으며 혁명의 주창자인 작가들에게는 어떠한 부담을 안겨주었는가를 문제시한다.

> 교회의 토대를 이루고 있는 기본원리들은 작가들이 구상한 시민정부의 기본원리들과 상충되었다. 교회가 주로 전통에 기반을 둔 반면, 작가들은 과거에 대한 존중에 토대를 둔 모든 제도들에 대해 경멸감을 표시했다. … 상호 공존하기 위해서는, 정치사회와 종교사회가 본질상 상이하기 때문에 동일한 원리에 의해 규정될 수 없다는 사실을 양측 모두가 인정했어야만 했다. 그러나 이 당시에 사람들은 결코 이러한 사실을 용인하려 하지 않았으며, 국가제도를 공격하기 위해서는 국가에 토대와 모델을 제공하고 있는 교회제도를 파괴하는 것이 필요하다고 여겼다.
>
> – 「구체제」(1989 : 195).

또끄빌은 이렇듯 프랑스의 경우 교회가 정치혁명의 장애물이 되었던 사실에 주목한다. 그런데 여기서 그는 프랑스의 반종교철학은 볼테르 같은 프랑스의 철학자들이 세상에 태어나기 훨씬 전에 이미 영국에서 볼링브로크(H. J. Bolingbroke, 1678-1751) 같은 기성종교를 공격한 작가이자 정치인에 의해서 설파된 점을 강조하고 있다. 그러나 또끄빌에 따르면, 영국에서는 혁명에 대해 두려움을 느끼고 있던 사람들이 서둘러서 기존 신앙을 구원하려고 몰려들었기 때문에 프랑스의 경우만큼 무신론이 성공적으로 득세할 수 없었다. 또끄빌은 말한다.

> 당시 프랑스 사회와 가장 밀집한 접촉을 유지하던 (영국의) 사상가들조차도 프랑스 철학자들의 주장이 틀린 것은 아닐지라도 적어도 국가에 유해한 것으로 배척하였다. 자유스런 나라에서 대개 그러하듯이, 당시 거물 정치인들은 교회와 이해관계를 같이 하는 것이 자신에게 유리함을

> 알고 있었다. 볼링브로크조차도 주교들의 동조자였다. … 그리하여 영국 교회는 그 구성상의 결함과 내부의 잡다한 악습에도 불구하고 외부의 충격에 성공적으로 저항할 수 있었다. … 그리하여 기독교에 적대적인 이론들은 토론과 논박을 거친 끝에 정부가 개입할 필요도 없이 사회 자체의 내구력에 의해 거부되어 버렸다.
>
> –「구체제」(1989: 198).

이 같은 상황은 프랑스의 국왕들이 여전히 교회의 장자(長子)임을 자처하면서도 교회에 대한 자신의 임무를 아주 게을리했고, 그들은 교회를 보호하는 데 보다는 자신의 통치를 유지하는 데 더 많은 열의를 보여준 것과 대조된다(「구체제」, 1989: 196). 그들이 교회에 대한 정면 공격을 허용하지 않은 것은 사실이지만 멀리 떨어져서 교회를 비난하는 것은 그냥 방관해 버렸다.

반종교적 감정이 프랑스에 가져다준 여러 가지 효과를 검토한 결과, 또끄빌은 당시 프랑스인들이 그렇게 극단적인 행동을 하게 된 것은 바로 반종교적인 감정이 사람들의 '정신(esprits)'을 혼란시켰기 때문이라기보다는 '심성(coeurs)'을 저하시키고 '습속(moeurs)'을 타락시켰기 때문이라고 결론 짓고 있다. 또끄빌에 따르면, 종교가 사람들의 영혼을 떠났다고 해서 영혼이 무기력한 공백 상태로 남는 것은 아니다. 그것은 즉시 새로운 감정과 사상으로 메워지기 마련이다(「구체제」, 1989: 200). 주지하듯이, 프랑스의 경우 이 공백은 인간을 찬미하는 인본주의, 즉 '인간성의 종교(religion of humanity)'로 채워졌다고 볼 수 있다.

한편, 프랑스와는 달리 미국의 경우 정치와 종교가 동맹의 관계를 맺고 있는 것에 주목한 또끄빌은 여기서 특히 기독교 신앙의 영향을 중시하고 있는데, 이 점을 주목할 필요가 있다. 구체적으로 또끄빌은 정치에 미치는 종교의 '직접적'인 영향에 대해서 다음과 같이 말한다.

> 어느 종교의 곁에든지 그 종교와 유사하게 결부되어 있는 정치적 견해가 있게 마련이다. … 영국계 미국인의 대부분은 로마 교황의 권위를 떨쳐 버린 뒤 어떤 다른 종교적 우월성도 인정해 보지 않은 사람들로 채워졌다. 그들은 민주적이고 공화적인 종교라고 정의할 도리밖에 없는 기독교 형태를 신세계에 들여왔다. 이런 종교형태는 공공분야에서 민주정치와 공화국을 수립하는 데 크게 기여했다. 그리고 시초에서부터 정치와 종교는 동맹을 체결했는데 그것은 이때까지 한 번도 무너진 일이 없었다.
>
> – 「민주주의」(1983 : 287).

이처럼 또끄빌은 미합중국에서는 어떤 종교적 교리도 민주공화제도에 대해서 조금도 적의(敵意)를 보이지 않는다고 주장하였다. 그런데 그는 이에 더하여 다른 한편으로는 정치에 미치는 종교의 '간접적' 영향이 훨씬 대단한 것처럼 보인다고 보았다.

> 일정한 수의 미국인들은 신앙심보다는 습관에 따라서 특정한 예배 형식을 좇는다고 볼 수 있을 것이다. 미합중국에서 가장 중요한 권위는 종교적인 것이며 결과적으로 위선이 흔할 것임에 틀림없다. 그러나 미국에서보다도 기독교 신앙이 더 강력한 영향을 미치는 곳도 이 세상에는 없다.
>
> – 「민주주의」(1983 : 289).

그로부터 또끄빌은 "모든 미국인들이 진지한 신앙심을 가지고 있는지 나는 모르지만 그들이 종교가 공화제도의 유지에 필수적인 것으로 간주한다는 점만은 확실하다."(「민주주의」, 1983 : 292-293)라고 단정하고 있다. 그래서 그는 미국의 경우 종교가 자아내는 윤리적 연대가 정치적 연대에 중요한 역할을 하고 있다고 보았다.

> 전제정치는 신앙이 없이 통치할 수 있지만 자유정치는 그럴 수 없다. … 어느 다른 정체(政體)보다도 종교는 민주공화국에서 더 필요하다. 정치적 연대가 이완되어 가는 것에 비례해서 윤리적 연대가 강화되지 않는다면 사회가 어떻게 파멸을 피할 수 있을 것인가?
>
> –「민주주의」(1983: 292–293)

프랑스에서는 '종교의 정신'과 '자유의 정신'이 동맹이 아닌 정반대로 나아가는 것을 보아왔던 또끄빌에게 미국에서는 이 두 가지 정신이 긴밀하게 결합하여 함께 나라를 다스려 가는 것은 분명 주목할 만한 일이었다. 그래서 또끄빌은 미국을 여행하면서 날이 갈수록 이런 현상의 원인을 밝혀 보려는 욕망이 커졌다. 이 작업을 위해서 또끄빌은 미국 내의 모든 종파의 교도들, 특히 성직자들에게 그 원인을 물었다. 그들은 작은 문제들에 대해서는 의견을 달리했지만 미국의 종교계가 평온을 누리는 것은 주로 정치와 종교가 분리되어 있는 것에 기인한다는 데는 절대적으로 의견이 일치하였다. 이 같은 경험적 증거에 기초하여 또끄빌은 국교(國敎)에 반대한 비(非)국교도의 전통을 갖는 청교도주의는 미국에서 하나의 종교적 교리(교의)일 뿐 아니라 여러 가지 점에서 가장 절대적인 민주공화이론과 일치했다고 보면서, 이들 초창기 청교도 이민자들이 1630년대에 황량한 아메리카 해안에 상륙하자마자 맨 먼저 한 일은 '사회규약'을 만드는 일이었음을 주목하였다(「민주주의」, 1983: 46).[4]

이런 맥락에서 또끄빌은 미국 문명의 독창적 성격을 가장 분명하게 드러내는 것은 사회계약의 한 전형적 보기인 미국의 공공교육에 관한 법령들이라고 보면서 이 법률의 전문에서 종교와 자유에 대하여 다음과 같은

---

4 이런 측면에서 미국 정치의 이념적 기반을 공화주의와 자유주의 그리고 여기에다 프로테스탄티즘(특히 캘빈주의)이 첨가되어 형성된 것으로 보는 최근의 국내 연구로서 권용립(2003)을 참조할 것.

사실을 깨달을 수 있게 된다고 결론 맺고 있다: "아메리카에서는 종교가 지식에 이르는 길이고 신의 계율을 지키는 일은 인간에게 시민적 자유에 이르는 길로 인도한다" (『민주주의』, 1983 : 51).

앞에서 살펴보았듯이 종교와 정치 사이의 결합에 커다란 관심을 보인 또끄빌은 미국의 경우 모든 사람들이 자유롭게 자신의 종교적 선택을 할 수 있다는 점이 바로 이 사회의 공화주의적 정치와 친화성을 갖는다는 사실에 주목하였다.

> 미합중국에서는 대다수 시민들의 종교까지도 공화적인 성격을 띠고 있다. 왜냐하면 내세에 관한 진실들을 개인이 판단하도록 맡기고 있기 때문이다. 그것은 마치 정치에 있어서 현세적인 이해관계를 돌보는 일을 국민들의 상식에 맡겨 놓는 일과 마찬가지다. 그러므로 모든 시민이 법률이 허용하는 바에 따라서 자신의 정부를 택할 권리를 가지는 것과 마찬가지로 모든 사람은 자신을 천당으로 인도해 주리라고 생각하는 길을 자유로이 택할 수 있다.
>
> – 「민주주의」(1983 : 395).

이렇듯 또끄빌은 자기 나름의 종교를 믿는 미국인들은 동시에 타종교를 믿는 다른 미국인들의 권리를 인정하고 그 종교적 신념에 대해서는 간섭하지 않는 열린 자세를 취하는 것을 주목하였다. 곧, 또끄빌은 그 같은 자세는 종교영역에 공화주의가 반영된 것이며 동시에 정치적인 영역의 공화주의를 뒷받침해 주는 종교행태라고 보았다.

## Ⅲ. 종교와 사회통합 : 미국과 영국의 시민종교 비교

로마 가톨릭 교회라는 단일의 지배적 종교제도가 존재했던 프랑스 사회의 경험에만 익숙했던 또끄빌에게 미국의 종교적 '다양성'은 그 의미가 상당하였다. 그런데 또끄빌 이후 활동한 프랑스인 사회학자들은 대체로 또끄빌과는 달리 미국에서 다양한 종교가 혼재하는 현상에 대하여 커다란 관심을 보이지 않았다. 구체적으로, 뒤르켐의 경우 종교의 일반이론을 만들어내는 데 너무 관심을 가졌던 나머지 그는 종교의 '원초적 형태'에 대해서 주로 집중했다(Durkheim, 1916). 그 결과 뒤르켐은 당시 자본주의 사회에서 종교 또는 이데올로기에 영향을 주었던 '특정한' 구조적 요인들을 분석하는 일에 대해서는 무관심했다는 비판을 받고 있다(Thompson, 1986: 34).

한편, 종교와 이네올로기에 대한 일반이론을 발전시키는 데 관심을 가졌던 알뛰세르(Louis Althusser)의 경우도 뒤르켐과 비슷하게 프랑스와는 매우 다른 경우로서 미국에서 이데올로기적 공동체를 생산하는 데 종교적 '다양성'이 갖는 의미를 제대로 인식하지 못하였다(Thompson, 1986: 34). 이로써 뒤르켐과 알뛰세르 양자 모두 이데올로기적 지형에 대한 종교의 변화하는 위치를 설명함에 있어서 '다양한' 자본주의 사회 속에 존재하는 '특수한' 차이를 고려하는 데 실패했다고 말할 수 있을 것이다.

그러나 뒤르켐과 알뛰세르 등과는 달리 본래 일반 이데올로기 이론에 대해서 부정적 견해를 가졌던 독일의 베버는 기독교(개신교)의 전통 위에 설립된 신생국 미국이 유럽의 국가들과는 대조적으로 다양한 종교를 승인하는 것에 대하여 종교사회학적 견지에서 진지한 관심을 나타냈다(Gerth and Mills, 1958: 307). 이런 맥락에서 국민생활과 관련되는 종교의 역할에 대한 이론이라 볼 수 있는 '시민종교론(Civil Religion Thesis)'을 미국과 영국의 경우를 중심으로 비교해 보는 것은 동일한 생산양식을 갖는 사회들 사이에도 이데올로기에 있어 중요한 차이가 존재한다는 것을 보여준다는 점에서 의미가 있을 것으로 생각된다.

'시민종교'의 개념이 처음 등장하게 된 것은 룻소가 1762년에 출판한 그의 책 「사회계약론」(*The Social Contract*) 제4권의 제8장에서였다. 주지하듯이, 「사회계약론」의 마지막 두 장은 '공공도덕 또는 시민들의 가슴(hearts)에 대하여 쓴 법'에 관한 것이다. 그런데 기독교를 좋은 정체(政體)와 시민정신에 분명히 파괴적인 것으로 생각했던 룻소는 이 책의 결론 장에서 좋은 사회가 되기 위해서는 이른바 '시민종교'를 소유할 필요가 있다는 것을 길게 논하였다. 룻소는 다음과 같이 '시민종교'의 간단한 세 가지 교리를 개괄하였다: "(1)전능하며 섭리를 베푸는 신(God)의 존재에 대한 믿음, (2)선(善, 정의)에 대한 보상과 악에 대한 처벌이 있는 죽음 뒤의 세계에 대한 믿음, (3)사회계약과 법률의 신성함에 대한 믿음"(Bellah, 1970: 172).

그런데 여기서 룻소는 이 세 가지 '적극적' 교의(敎義)들에 대해서 한 가지 '소극적' 교의가 반드시 부가되어야 한다고 보았다. 이는 "시민(사람)들이 신학적 불관용(편협)에 기초하여 종교적 믿음을 갖는 것은 금지된다."는 것이었다(Germino, 1972: 211). 다른 말로 시민종교의 이 마지막 교의는 "(자신의) 교회 '외부'에는 구원은 존재하지 않는다."라고 주장하는 종교는 그 어떤 것도 승인할 수 없다는 것을 의미한다. 또한 이 교의에 따르면, 모든 다른 종교적 견해들은 국가의 관할 밖에 있어서 모든 시민들은 자유롭게 자신의 종교적 견해를 가질 수 있다(Bellah, 1970: 173). 룻소는 근대사회에서는 고대사회와 달리 '유일한 배타적인 국가종교'를 갖는 것이 더 이상 가능하지 않다고 설명하면서 그 대신 '시민종교'의 필요성을 주장하였다. 이것은 그 자체가 다른 종교에 대해서 관용적인 자세를 갖는 것과 동시에 그 종교의 가르침이 시민종교와 시민의 의무에 대하여 반대하지 않는 모든 종교를 사회는 승인하여야만 한다는 것을 의미한다.

오늘날 '시민종교'는 "한 국가의 과거, 현재 그리고 미래와 관련되며 어느 정도 초월적 성격을 지니는 것으로 인정되는 일련의 믿음과 의식(제의, rituals)"(Hammond, 1976: 171)을 말한다. 간단히 말해서 시민종교는 한 국가의 통합(결속)의 표현이다. 여기서 시민종교론이 중요한 이유는 앞에서 룻소도 강조하였듯이 현대같이 고도로 분화된 이질적 사회의 통합에서도 여전히 '종교적 기초'가 존재한다는 것을 제안하기 때문이다(McGuire, 1981: 151).

일반적으로 미국은 영국보다 더 '종교성(religiosity)'이 높다고 일컬어진다. 그런데 이것의 이유로는 미국의 인종적 (민족적) 다양성과 종교적 다양성 그리고 제3세대 미국인들의 다양한 민족종교 집단과 자신들을 동일시하는 경향 등을 거론할 수 있다(Thompson, 1986: 32). 그래서 미국의 경우 종교적 종파주의, 종족성(ethnicity), 민족주의 그리고 반공주의 따위의 언어(담론, discourses)의 형성을 중시할 수 있다. 반면에 영국의 경우는 성공회(the Church of England) 같은 종교, 민족주의와 반(反)혁명적 정서, 왕권(royalty)과 제국주의 사이에 존재하는 언어를 주목하게 된다(Thompson, 1986: 35).

미국에서 종교적 언어를 구성하는 종교적 표상(믿음과 관습)과 관련하여 반드시 고려되어야 할 첫 번째 사회적 사실은 그것의 '다양성'이다. 이런 점에서 종교적 관습과 믿음 그리고 여타의 사회문화적 구조의 요소들 사이에 존재하는 복합적인 관계에서 종교적 '분화(分化)의 정도'는 중요한 역할을 한다. 한 예로서, 로마 가톨릭 교회는 프랑스에서처럼 그것이 유일하거나 또는 지배적 종교였을 때와 다른 한편으로 그것이 미국에서처럼 여러 종교들 중 단지 하나였을 때 각기 다른 길을 따라갔다. 곧, 19세기 이래 미국의 가톨릭 교회는 신학적으로는 그렇지 않을 망정 일반적 경향과 스타일에 있어서는 19세기 복음주의적 프로테스탄트 종파에 필적할 수 있는 근본주의적이며 정통파적인 신앙의 색채를 띠게 되었다(립셋, 1982: 173).

미국에서 1936년 종교조직에 대한 센서스에서는 250개의 다양한 종파와 교파가 존재했다. 그런데 그 뒤에 조사한 한 결과를 보면 대부분의 사람들은 20여 개의 주류(主流) 종교조직에 소속되어 있지만, 전체적으로는 무려 1,187개나 구별되는 교파, 종파, 그리고 사이비 분파(cults)가 존재하고 있다(Thompson, 1986). 이로써 일찍이 또끄빌이 미국의 기독교는 다수의 종파로 나뉘어져 있지만 그 종파들은 자신들의 종교를 같은 빛 안에서 본다고 평하였듯이(『민주주의』, 1983: 436), 오늘날 많은 학자들은 대부분의 다른 서구사회와 비교해 볼 때 시민종교의 중요한 독트린(교의)인 '종교 일반에 대한 극도의 관용'의 역사가 특히 미국에서 훨씬 더 지속되었던 것은 이 같은 종교적 '다양성'의 한 결과였다는 데 인식을 같이하고 있다(립셋, 1982: 175-178).

그러나 대부분의 인간사회의 경우 모든 이데올로기적 복합체의 역사에 관해서 볼 때, 일련의 종교적 표상과 공동체들 사이에 그리고 종교적 언어와 여타의 언어들 사이에 경쟁과 투쟁이 없었던 때는 실제로 거의 존재하지 않았다. 이 점에서 종교적 '다양성'에 대한 '미국적' 관용도 무제한적인 것은 아니다(Thompson, 1986: 36). 즉, 미국에서 국민 여론과 법은 만일 어떤 종교적 믿음이 이데올로기적 세력들 사이에 존재하는 '균형'을 뒤엎는 일종의 '위협'으로 여겨질 경우 그런 종교적 믿음을 거부하는 반응을 보여주고 있다. 따라서 여기서 중요한 것은 이 같은 '긴장'이 신학적 믿음 그 자체가 갖는 비정통적 성격으로부터 기인하는 것이 아니라 그것은 '국가적 수준에서' 이데올로기적 공동체의 주요한 요소들을 위협하는 것으로 생각될 때 일어난다는 사실이다. 그 대표적 예로서, 일부일처적 가족 전통을 위협한 '몰몬교'와 국기(國旗)에 대한 존경을 나타내지 않기 때문에 국가적 안정에 위협을 준다고 여겨졌던 '여호와의 증인' 그리고 최근 교주의 탈세 등으로 상당한 사회적 물의를 빚은 바 있는 문선명의 '통일교' 같은 종파들을 거론할 수 있다(Beckford, 1985; Kim, 1993).

미국의 사회체제를 해석함에 있어서 미국인들에게 아이덴티티(identity)를 제공하는 '전체적인' 미국의 종교, 즉 '시민종교'가 지배하는 이데올로기적 공동체로 잘 통합된 것으로서 설명하는 '기능주의적' 해석은 역사적으로 한국전쟁이 끝난 1950년대와 1960년대 초에는 상당히 그럴듯한 것으로 보였다. 그래서 당시 학자들은 전몰장병 추도의 날(Memorial Day) 같은 때 미국의 거룩한 통합을 재강조하는 국가적 의식(rituals)의 기능을 특별히 강조하였다(Warner, 1961). 그리고 이 주제는 이후 종교사회학자인 허버그에 의해 깊이 있게 다루어졌다(Herberg, 1955). 허버그는 종교를 사람들로 하여금 다양한 원초적 공동체에 속하도록 해 주는 것으로 보았다. 그러나 그는 미국의 경우 개신교, 가톨릭, 유대교 같은 세 가지 주요 종교 사이에 분열적인 측면이 거의 보이지 않는 것에 주목하면서 이것의 이유로 세 종교 공동체 사이에 근본적인 이데올로기적 차이가 없는 것을 강조하였다. 다른 말로 이것들은 세 가지의 다양한 종교지만 전체적인 미국의 종교에 대한 똑같은 '미국적' 표현으로서 본질적으로 동일한 '도덕적 이상'과 '영적인 가치'를 대표한다고 보았다(Herberg, 1955 : 87, 247). 구체적으로 허버그가 '미국적 삶의 방식'으로 지칭했던 것은 종교 그 자체에 대한 긍정적 평가, 민주적 체제에 대한 신앙, 진보에 대한 믿음 그리고 미국의 사명감 등을 포함하였다.

허버그의 뒤를 이어 이 주제를 가장 체계적으로 규명한 이는 벨라이다. 파슨스를 따라 '가치체계'를 중시하는 벨라는 미국의 시민종교를 국가에 대한 자체숭배형태가 아닌 "초월성의 차원에서 해석되는 미국의 역사적 경험으로부터 자라난 일련의 종교적 믿음, 상징 및 의식(rituals)"(Bellah, 1967 : 389)으로 정의하였다. 이로부터 벨라는 미국의 시민종교에 대해 다음과 같이 결론 맺었다.

> 시민종교 뒤에는 모든 점에서 다음과 같은 성서적 원형(archetypes)이 자리잡고 있다: 이스라엘 사람의 퇴거, 즉 출애굽(Exodus), 선민(Chosen People), 새로운 예루살렘(New Jerusalem), 그리고 희생적 죽음과 부활.
>
> – Bellah(1970 : 186)

그로부터 1975년에 출판된 유명한 책인 「깨어진 성약」(*The Broken Covenant*)에서 벨라는 지금까지는 미국의 시민종교가 미국에서 민주주의적 권위가 행사되기 위해서 없어서는 아니 될 중요한 초월적이면서도 비판적인 근거가 된 것이 사실이지만, 이제는 여러 가지 이유로 인해서 미국 국민들에게 '성약(聖約)'이 더 이상 명예로운 것이 아니라고 주장하였다.

그런데 벨라와는 달리 한때 일부 학자들은 미국에서 시민종교가 법률과 교육 같은 공공제도 속에 오히려 점점 더 구체적으로 실현되고 있다고 주장한 바 있다. 이 같은 입장을 대표한 예로서 하몬드(Phillip Hammond)에 따르면, 미국에서 "공립학교는 시민종교의 새로운 주일학교이며 반면에 법원은 새로운 설교 강단이다"(Hammond, 1976: 161). 이로써 시민종교의 확대를 주장한 하몬드 같은 학자의 입장은 미국의 문화와 사회가 점차 개인주의와 이기주의 추세로 변모해 가고 있으며 또한 미국의 시민종교는 미국의 근본적 가치를 실제로 존중하는 제도들만을 '정당화'한다는 벨라의 날카로운 견해와 뚜렷이 대립되었다(Beckford, 1989: 70).

한편, 영국의 경우는 이데올로기적으로 통합된 민족주의를 가져다준 것은 주지하듯이 '종교적 언어'와 '정치적 언어'의 '결합'을 통해서였다. 그 구체적 보기로서, 산업혁명과 함께 나타난 내부적 격변과 계급갈등의 시기에 종교적 설교와 정치적 강연 양자 간에 결합이 이루어졌는데, 이것은 혁명을 겪은 이웃 프랑스가 영국에 가져다준 엄청난 위협에 대한 지각 및 그에 대한 반응으로 나타났다(Thompson, 1986: 50). 국가에 대한 새로운 정치적 보수주의 이론이 통합의 근원으로서 '문화적 관습'을 강조한 버크(Edmund Burke)에 의해서 발전되었다(Burke, 1968). 그로부터 국민의 여론은 외세의 위협에 저항하는 쪽으로 동원되었고 영국의 국민적 특성이 재발견 또는 창조되었다. 이로써 그 당시 종교적 언어는 국가적 통합을 강조하게 하고 동시에 어떤 분열적 경향에 대해서도 이를 제거하는 투쟁이 있는 곳에서 하나의 중요한 장(場)을 차지하였다.

이것이 다른 어떤 것보다 가장 뚜렷하게 나타난 것은 당시 영국 감리교에서 일어난 괄목할 만한 변화였다. 프랑스 혁명 이전에는 혁명적 집단으로 부정시되었던 감리교가 프랑스 혁명 이후 왕과 국가를 지지하는 중요한 기둥이 되었다(Andrews, 1970: 75; 김성건, 1990: 164-173). 주지하듯이 감리교의 창시자인 요한 웨슬리(John Wesley)는 처음에는 당국으로부터 적(敵)의 두목으로까지 생각되었다. 웨슬리는 그가 영국 국교의 성직자였던 35세 때인 1738년에 종교적 '회심(回心)'을 하게 되었고, 그 이후 그는 영국 국교의 인습적인 교구제도를 깨뜨렸다. 그렇지만 여기서 주목할 것은 웨슬리 자신이 본래부터 '보수적' 성향을 갖고 있었다는 점이다(Johnson, 1976: 367-368). 그래서 이런 맥락에서 또끄빌은 「구체제와 프랑스 혁명」에서 영국에서 종교(특히 감리교)가 사회의 안정에 기여한 결과 영국이 전통적 사회로부터 산업사회로 상대적으로 평화롭게 전이될 수 있었다고 보았다(「구체제」, 1989: 198). 아울러 프랑스와는 달리 커다란 유혈혁명을 겪지 않은 영국 근대사에 주목하였던 프랑스 학자인 알레비(Elie Halevy)는 그것의 중요한 원인을 감리교의 역할에서 찾으면서 당시 감리교가 계급갈등의 시기에 하층계급과 상층계급 사이에 일종의 '교량' 역할을 하였다는 것을 강조하였다(Halevy, 1938: 379; 김성건, 1990: 163, 165).

이렇듯 영국 근대사는 다른 어떤 유럽국가들보다 '종교와 정치 그리고 문화전통' 사이에 복합적인 상호관계가 있었음을 보여준다. 곧, 영국적 정체성(British identity)을 강조하는 이데올로기의 매개는 상당할 정도로 '영국 국교'에 의존하였다. 그러나 여기에는 문제가 있었는데, 그 이유는 다름 아니라 기독교가 나뉘어졌고 어떤 교회도 영국 제도(諸島)의 전역에서 대다수의 사람들을 신도로 확보할 수 없었기 때문이다. 그 결과, 영국에서 종교는 미국과 달리 민족적 아이덴티티와 관련하여 '통합'보다는 오히려 '분열'의 주요한 근원 중 하나였다. 다른 말로, 기독교회는 부분적으로는 문화적으로나 정치적으로 모두 '영국적' 주체성과 구별되고 갈등하는 잉글랜드, 아일랜드, 스코틀랜드 및 웨일즈적 주체성을 영속시켰고 재창조하는데 도구적 역할을 해 왔고 지금도 그렇다(Robbins, 1982: 465-466).

여기서 앞에서 논의한 것을 기초로 하여 미국과 영국에서 종교적 언어와 정치적 언어 사이의 상호작용을 비교의 관점에서 살펴보면 두 경우 사이에는 공통점과 차이점이 존재한다고 말할 수 있다(Thompson, 1986: 55). 우선 프랑스와 비교해 보면, 미국과 영국 모두 프랑스보다 훨씬 종교적 '다양성'을 경험해 오고 있다고 말할 수 있다. 미국의 경우는 앞에서 이미 검토하였기 때문에 다시 거론할 필요가 없으나, 영국의 경우는 스코틀랜드에는 장로교회, 웨일즈에는 감리교회, 북아일랜드에는 프로테스탄트 교회, 남아일랜드에는 로마 가톨릭 교회 그리고 잉글랜드에는 성공회 같은 주요한 교회들을 각기 갖고 있다. 이 같은 영국의 상황은 바로 그 사실로 인해서 민족적 정체감(正體感)과 공동체를 통합하는 이데올로기를 전달하는 데 문제를 가져다주었다. 이 점에 있어서 영국은 미국의 경우와 대조된다. 다시 말해, 미국에서는 시민종교가 제도적 종교(특히 개신교)와 밀접하게 연관되어 있지 않다. 오히려 미국의 시민종교는 전(全) 국가에 걸쳐서 존재하는 높은 수준의 종교성으로부터 이득을 보고 있다. 교회와 국가가 공식적으로 분리된 나라에 적합한 것으로서 미국의 시민종교의 주요한 상징과 의식(儀式)이 치러지는 이벤트들은 대통령직, 국가기념일 그리고 영웅적 과거가 기억되는 특정 장소에 관심을 갖는다. 반면에, 영국에서는 '영국 국교'와 그리고 국가를 통합하는 '군주제'가 존재함으로써 미국보다 훨씬 낮은 종교성의 정도를 메우어 준다. 다른 말로, 왕권을 포함하는 제의(祭儀)와 축전(祝典)들이 민족적 공동체감을 증진시키기 위해서 종교와 정치의 언어들을 결합시키고 있다고 볼 수 있다.

한편, 이상의 논의를 배경으로 하여 이제 우리는 여기서 또끄빌이 "왜 미국인들의 국민적 허영심이 영국인의 그것보다 더 들떠 있고 완고한가" 라는 제목하에 영국인과 미국인을 상대로 '국민적 긍지'를 각기 표현하는 방식에 있어서 나타나는 차이를 비교해 본 것을 잠시 검토해 볼 필요가 있다고 본다. 또끄빌에 따르면, 자유국가의 국민은 모두 자부심이 강하지만 '국민적 긍지'를 모든 사람이 동일한 방식으로 나타내는 것은 아니다(『민주주의』, 1983: 605). 또끄빌은 영국과 미국 두 나라를 비교하면서 귀족국가의 전통이 여전히 존재했던 영국과 달리 미국은 사회적인 조건이 별로 차이나는 것이 없게 된 민주사회의 전형으로 보았다. 그에 따르면, 미국 같은 "민주사회에 사는 사람들은 자기 나라를 자기 자신과 똑같이 사랑한다. 그래서 개인적인 자부심에서 나오는 습관을 국민으로서의 자부심에 그대로 옮긴다"(「민주주의」, 1983: 607). 이로써, 또끄빌은 그가 비록 국민적 긍지나 자부심과 관련되는 '시민종교'란 개념을 구체적으로 사용하지는 않았지만, 본래 같은 줄기에서 그 당시로서는 아주 최근에 분리된 두 국가(영국과 미국)가 그들의 감정이나 대화의 방식에서 정반대의 현상을 나타내는 것을 단편적이지만 나름대로 주목하였다고 평가할 수 있다.[5]

## Ⅳ. 미국 종교의 특성에 관한 또끄빌의 통찰

오늘날 미국 종교의 일관된 특성으로서 '세속성(secularity, worldliness)'은 많은 학자들로부터 인정받고 있다(립셋, 1982: 171-180; Dalton *et al.*, 1992: 400). 이런 측면에서 볼 때, 미국의 프로테스탄티즘은 '민주적인 신앙'이라는 교의를 수용하였고 또한 그것의 자주성을 잃어버린 것도 사실이다. 그리하여 더욱 미국이 개신교는 사회적 신앙에 도전하는 것이 아니라 그 문화의 수동적 상속인이 되어 있다고 비판을 받기도 한다(Niebuhr, 1961: 57-67). 그런데 이 같은 미국 종교의 세속적 성격과 관련하여 영국인 미국학자 브로간(Denis W. Brogan)은 19세기 후기 미국인의 신앙생활에 대하여 일찍이 아래와 같이 결론 맺은 바 있다.

---

5 한편, 정치사회학의 중요한 연구주제를 일찍이 또끄빌이 「미국의 민주주의」에서 제기한 '민주주의의 사회적 조건과 결과'라고 보는 S. M. 립셋은 미국과 유럽 사회를 비교하는 관점에서 불변의 미국인의 가치관과 그들의 성격과의 관계를 흥미있게 규명한 바 있다. 립셋(1982: 128-141)을 참조할 것.

> (미국의) 종교란 행위의 문제, 즉 선행의 문제이며 … 그것은 고도로 기능적이고 실용적인 것이 되었다. 미국의 종교는 도덕적으로나 물질적으로 성공을 보증하는 것이 되었다. … 신학의 제 학파는 신학으로부터 인간학의 한 형태로 바뀌어졌다.
>
> – Brogan(1944: 102); 립셋(1982: 177)에서 재인용

19세기 중엽까지 교파의 유형은 성숙되어져서 미국의 사회생활의 윤곽에 꼭 일치하였다. 그래서 퍼슨스(Stow Persons)는 "중간계급은 전통적인 교의가 부(富)의 복음이라고 하는 개인주의적 윤리와 결합된 더 차분하고 형식적인 신앙을 일반적으로 좋아했다. 세속세계에서 여론의 대세에 민감한 전문직의 사람들이나 지식인들은 새로운 현상인 대도시의 교구에 빈번히 끌려들어 갔으며 해롭지 않은 신학의 요소와 시사적 관심에 관한 논의를 혼합하여 로맨틱한 개인주의를 산출하는 목사의 공감적인 인격의 주변에 모였다."(Persons, 1961: 370-372)라고 말하였다. 그 뒤 1900년 베버도 미국을 방문하고 종교의 세속화가 사회 전면에 퍼져 있는 것을 보고 강한 인상을 받았다. 그래서 베버는 "일반적으로 종교적 집회에서는 '교리'에 관한 설교나 신앙고백상의 특질에 귀를 기울이는 것을 완전히 거부하고 있었다. 그들에게 주는 것은 윤리뿐이었다."(Gerth and Mills, 1958: 307)라고 말하였다.

이런 맥락에서 맑스와 동시대인이었던 또끄빌은 미국 종교의 '세속적' 특성을 민주주의와의 관련성 속에서 분석한 최초의 학자로 볼 수 있을 것이다(립셋, 1982: 179). 기독교 윤리보다 초월적 신조를 미국 종교의 특성으로 강조한 벨라(Bellah, 1975)와 달리, 또끄빌은 미국의 종교에서 초월적인 신조보다도 윤리성이 강조되는 것을 주목하였다. 그로부터 그는 이것은 미국에서 많은 종파나 종교가 법과 사람들의 눈 앞에 평등한 지위가 부여되고 있는 결과라고 생각했다.

미합중국에는 수없이 많은 종파들이 있다. 그들은 하느님에게 드리는 예배에 관해서는 다른 견해를 가지고 있다. 그러나 그들은 모두 인간이 다른 인간에게 해야 하는 의무에 관해서는 견해의 일치를 보고 있다. 각 종파는 독자적인 방식으로 하느님을 섬기고 있지만, 모든 종파들은 하느님의 이름으로 동일한 윤리법칙을 설교한다. 어느 개인의 종교가 진실이어야 한다는 것은 개인으로서 어느 인간에게나 가장 중요한 일이겠지만 사회에게는 그렇지 않다. 사회 전체로서는 희구하거나 두려워할 내세가 없다. 시민들이 어떤 종교를 믿는다고 해도 그 종교의 특이한 교의는 사회의 이익에 별로 중요하지 않다. 더욱이 미합중국의 모든 종파들은 기독교의 거대한 테두리 속에 포용되고 있으며 기독교적인 윤리는 어디서나 마찬가지이다.

– 「민주주의」(1983: 289)

이에 더하여 또한 또끄빌은 미합중국에서는 종교의 영향력이 생활태도에만 한정되는 것이 아니라 국민의 지혜에까지 미쳐서 영국계 미국인들 가운데 적지 않은 사람들은 자신들이 비신앙인으로 의심받을까 두려워서 기독교를 '위선적'으로 믿는 척하고 있다고 관찰하였다(「민주주의」, 1983: 290).

한편, 미국의 프로테스탄티즘은 발생적으로는 칼빈파였지만, 그 역사의 초기인 독립혁명 후 아르메니우스파(Arninian)가 되었다는 사실을 여기서 중시할 필요가 있다고 본다(립셋, 1982, 183; Marsden, 1980: 37, 98–100; Staples, 1991: 63–66).[6] 세속적 가치체계가 '기회의 평등'을 강조하였던 초기 미국 사회 속에 자리잡았던 칼빈주의 제 교파의 대다수는 비칼빈주의 제 교파와 마찬가지로 아르메니우스파의 '자유의지, 자유기도, 모든 사람의 개종에 대한 무한한 기대'라는 제 교의를 받아들이게 되었다. 국교(國

---

6 한편, 칼빈파에 대해서는 미이터(Meeter, 1967)를 참조할 것.

敎)의 폐지 이후 사실상 모든 개신교 집단들은 자기유지를 위하여 개종을 추진하는 역할을 담당하는 교회가 되지 않을 수 없었다. 이 같은 상황에서 아르메니우스파의 '은총의 개인적 달성'에 대한 강조는 칼빈파의 '신의 선민(選民)의 존재'에 관한 강조 이상으로 세속에서 기회의 평등을 강조하는 것에 대한 종교적 대응물로 기능하였을 것으로 볼 수 있다(립셋, 1982: 185). 그 같은 맥락에서 또끄빌은 미국의 설교자들은 '천국'에 관해서만 설교했던 중세의 성직자들과는 달리 끊임없이 '지상의 일'에 관해 관심을 갖고 언급하고 있다고 보면서, 미국에서는 "종교의 중요한 목적이 저세상에서의 영원한 행복을 얻는 데 있는지, 아니면 이 세상에서의 번영을 얻는 데 있는지를 분간하기가 어려울 때가 종종 있다."(『민주주의』, 1983: 524)라고 말하였다.

그리하여 역사적으로 미국에서 개신교도의 대부분을 차지했던 2대 종파, 즉 메소디스트파(the Methodists, 감리교)와 뱁티스트파(the Baptists, 침례교)는 반(反) 귀족주의적 경향을 강조하는 종교적 교의를 강조함으로써 다른 종파들보다 미국 민주주의와 한층 더 조화될 수 있었다(Spence, 1960: chap. 1 & 2). 이로써 미국에서 종교의 성격과 힘을 제대로 이해하기 위해서는 또끄빌이 일찍이 뛰어난 안목을 갖고 주목하였듯이 미국 종교가 지배적인 세속적 가치와 연관되는 근본적 요소를 생각해 보는 것이 중요하다고 말할 수 있다.

다음으로 또끄빌이 일찍이 주목한 미국 종교의 다른 일관된 특징은 그것의 '전면적 침투성'이다(립셋, 1982: 162-171). 미국 사회가 유별나게 종교의식(宗敎意識)을 가지고 있는 것에 대하여 또끄빌은 1830년 미국 방문 후 다음과 같이 '관습(생활태도, 마음의 습속)('the habits of the heart')'을 강조하면서 논평했다: "일정한 수의 미국인들은 신앙심보다는 습관에 따라서 특정한 예배형식을 좇는다고 볼 수 있을 것이다. 미합중국에서 가장 중요한 권위는 종교적인 것이며 결과적으로 위선이 흔할 것임에 틀림없다. 그러나 아메리카에서보다도 기독교 신앙이 인간 정신에 더 강력한 영향을 미치는 곳은 이 세상에 없다"(『민주주의』, 1983: 289).[7] 미국은 기본적으로 특별히 종교적인 나라로서 그 역사의 초기 시대부터 현재에 이르기까지 종교적 귀의와 신조에 있어서 계속적인 붐을 경험해 왔다(립셋, 1982: 165). 이로부터 미국의 종교에 관하여 정당화될 수 있다고 생각되는 하나의 경험적 일반화는 19세기 초부터 현재에 이르기까지 미국은 기독교 세계에서 교회 출석률 같은 지표에서 가장 종교적인 나라라는 것이다(Hunter, 1987: 3-15).

그런데 또끄빌은 미국 종교가 전면적으로 사회에 침투한 현상 그 자체만을 단지 주목하는 데 그친 것이 아니었다. 그는 후대의 학자들이 미국 종교의 전면적 침투성의 원인을 밝히는 데 출발점이 되었다고 볼 수 있는 몇 가지 중요한 관찰을 하였다고 말할 수 있다. 그중 대표적인 것으로서 두 가지만 거론한다면 첫째, 또끄빌은 종교의 중요한 '정치적' 성격 중 하나로서 종교가 "저세상에서의 완전한 행복에 도움이 되는 것 못지않게 이 세상에서의 행복에도 도움이 된다."(『민주주의』, 1983: 541)는 것을 강조하였다. 또끄빌에 따르면, 이것이 가능한 이유는 왜냐하면 종교적인 국민은 "저세상에 대해서만 생각하는 동안에도 이 세상에서 성공의 큰 비밀을 발견해 냈기 때문이다"(『민주주의』, 1983: 541).

둘째, 또끄빌은 '평등주의'가 사회의 구성원 간에 '지위를 얻기 위한 경쟁'을 극대화한다는 점을 다음과 같이 분명히 주목하였다.[8]

> 미국에서는 물질적 안락에 대한 열정이 상당히 일반화되어 있다 하겠다. 그래서 설사 모든 사람이 똑같은 방법으로 그것을 느끼지는 않는다 하더라도 어쨌든 모든 사람이 그것을 느끼고 있는 것은 사실이다. …
>
> 부가 세습적으로 가문에 고정되어 있을 때에는 많은 사람들이 그 즐

---

7 그리고 '관습'의 영향에 대해서는 「민주주의」(1983: 286-287)를 참조할 것.

8 아래의 인용은 「민주주의」(1983: 524-526, 541-542)에서 발췌하여 인용한 것임.

거움을 독점적으로 추구한다고 느끼지 않으면서도 생활의 즐거움을 누릴 수 있다. …

이와는 반대로 계급의 차이가 없어지고 특권이 폐지되었을 때나, 상속재산이 세분되고 교육과 자유가 광범위하게 확산되었을 때는 세속적인 안락을 얻으려는 욕망이 가난한 사람들의 머리를 채우고 그것을 잃지 않을까 하는 두려움이 부자들의 머릿속을 짓누른다. …

사회가 민주화되면 내가 여기서 지적한 위험은 증가할 것이다. 모든 사람이 자기의 위치를 변경시키기 위해 끊임없이 노력할 때, 모든 사람에게 경쟁의 기회가 주어질 때, 그리고 민주주의의 와중에서 짧은 시간에 재산이 축적되기도 하고 일소되기도 할 때, 이런 때에는 재산을 갑자기 그리고 쉽게 얻는 생각이나 큰 재산을 쉽게 얻었다가 또 쉽게 잃어버리는 생각 등 갖가지 형태의 환영(幻影)이 사람의 마음속에 떠오른다.

역사적으로 계승된 계급적 지위가 결여된 미국에서 '평등'과 '업적'(기회, 성공)이라는 두 가치의 결합은 개개인의 사회적 지위가 불확정적이며 유동적인 사회구조를 낳았다. 그리고 이로부터 미국인은, 이미 1900년대 초에 베버가 잘 지적했듯이(Gerth and Mills, 1958: 188), 귀족주의적인 유럽사회에서 사는 사람들보다 한층 더 사회적 '지위'를 의식하였고 '유행의 추종'이 극심하였다.

그런데 이 같은 또끄빌과 베버의 시각과 궤를 같이 하는 일부 학자들은 물질적인 번영에 대한 열정과 애착이 전 사회계층, 특히 '중산층'에게 상당히 일반화되어 있는 미국에서 '타인 지향적 특성', 곧 '동조성'(동조주의)은 성공의 전제 조건이며 이런 동조에 대한 미국인들의 강한 경향이 미국에서 교회의 회원 수가 언제나 높은 수준에 있는 이유라고 주장하였다.[9] 이는 다른 말로, 교회에 참석하는 사람들이 계속 증가하는 중요한 이유는 미

9 벡커(Becker, 1935: 1-28); 립셋(Lipset, 1982: 135의 각주 35)에서 재인용.

국 사회에서 교회참석이 기대되고 있는 일이기 때문이다(립셋, 1982: 159).

실제로 이런 관점을 수용할 경우 주목하게 되는 측면은 미국의 개신교 제(諸) 교파가 '집단적 상승이동'을 경험했다는 사실이다.

> 공화국의 초기에 장로교회파의 사람들은 경제적으로나 사회적으로 억압된 계층에 속해 있었으며 그들의 종교적, 정치적 행동은 이 사실을 반영하고 있었다. 그러나 그들은 이윽고 자기들의 교회를 소합교회, 퀘이커교회, 유니태리안 교회 및 감독교회와 비견되는 유복한 도시 중간계급의 교회와 동일시하게 되었다. 메소디스트파와 벱티스트파는 부단히 증대하는 변경인구와 도시 노동계급 사이에서 지배적인 종교가 되었다.
>
> 더 오래된 프로테스탄트 제 교파의 회원의 상승적 이동은 대부분 가톨릭과 루터파의 배경을 가졌던 유럽으로부터의 이민과 그 뒤를 이은 유대인과 희랍 정교도의 증대에 의하여 촉진되었다.
>
> – **립셋**(1982: 172–173)

평등과 업적이 주요한 사회적 가치인 미국의 중간계급은 일반적으로 개인주의적 윤리에 기초한 '부(富)의 복음'을 좋아했다. 여기에 더하여 미국사의 특징인 '인구의 대이동'에 동반하여 개개 교회건 또는 전국적 교파건 자기유지에만 안주하고 있을 수 없었고 그들은 거의 예외 없이 개종자 획득 경쟁에 적극성을 띠게 된 결과 미국에서 종교가 전면적으로 침투할 수 있었다고 볼 수 있다.

이상과 같이 미국 종교의 전면적 침투 현상을 밝힘에 있어서 여러 가지 요인을 종합적으로 고려해야 할 것이지만, 종교의 '정치적' 성격에 관한 또끄빌의 주장과 그리고 특히 사회의 '평등화'와 '지위경쟁' 사이의 관계에 대한 또끄빌의 통찰은 현재도 일정한 의미를 갖는다고 말할 수 있을 것이다.[10]

---

**10** 이런 맥락에서 프랑스에서 권위가 몰락한 것에 대한 또끄빌의 고전적 분석을 따라

## Ⅴ. 맺음말

마지막으로, 미국의 종교사회학계에서 최근 나타나고 있는 새로운 흐름으로서 미국적 종교체계의 제반 결정요인을 구체화시키려는 시도와 관련하여 또끄빌의 공헌을 검토해 보기로 하자. 이런 측면에서 우선 밝힐 필요가 있다고 생각되는 것은, 1991년 캘리포니아 대학에서 하몬드(Phillip Hammond) 교수가 가르친 세미나를 통해 지도를 받은 대학원생 7명이 당시 하몬드가 가지고 있던 23종의 종교사회학 교과서 중에서 오디아(Thomas F. O'Dea)의 책[11] 단 한 권을 제외하고는 모두가 또끄빌을 인용 또는 언급하지 않고 있는 사실을 비판하면서 종교사회학의 이론에 대한 또끄빌의 지속적인 공헌을 발견하는 작업을 하여 마침내 완성된 논문으로 내놓은 바 있다(Dalton *et al.*, 1992). 그들에 따르면, 종교와 정치적 영역에 관한 간결하면서도 명확한 또끄빌의 관찰을 발견하게 되는 부분은 바로 또끄빌이 '제(諸) 교회의 밖에 있는 종교(religion outside of churches)', 곧 '시민종교'에 대해 분석한 부분이다(Dalton *et al.*, 1992: 400). 그런데 앞에서 이미 살펴보았듯이, 미국을 중심으로 시민종교를 분석하면서 또끄빌이 강하게 주장한 것은 사람들의 관습(mores, 마음의 습관)을 창조하는 '여론(public opinion)'이 이제는 모든 교회의 '안과 밖' 양쪽에서 환영될 수 있는 '새로운 종교'가 되어야 한다는 것이었다.

한편, 미국 일리노이 대학의 스테픈 워너(R. Stephen Warner)는 최근 몇몇 학자들에 의하여 괄목할 만하게 부상하고 있는 종교사회학의 새로운 패러다임으로서 미국 종교체계의 특징적인 제도상의 지표를 특히 그것의 국교제 폐지(disestablishment)와 종교제도의 활력에 초점을 맞추어 연구하

---

미국의 사회학자 볼젤(Baltzell, 1963)은 프로테스탄트 기득권층의 문제를 파헤쳤다.

11 Thomas F. O'Dea, *Sociology and the Study of Religion*, New York: Basic Books, 1970. 이 책에는 또끄빌에 대한 간단한 언급이 네 곳에 나타나 있다.

는 경향에 대하여 깊이 있게 주목한 바 있다(Warner, 1993). 종래의 미국 종교사회학계의 업적에 비판적인 눈을 갖고서 새로운 패러다임을 추구하는 이들 학자들은 아직 모든 면에서 합의를 형성하지는 못했지만, 대체로 '미국의 기독교화'는 퓨리탄(청교도) 헤게모니(Hegemony)의 잉여나 또는 유럽의 '거룩한 하늘('sacred canopy')'의 이식 때문이 아니라 19세기 행동(실천) 주의자들의 성취라는 점을 강조한다(Warner, 1993: 1054-1055).

그런데 이 새로운 연구경향의 써클에 들어가는 카프로우(Theodore Caplow)는 미국 종교의 활력(vitality)에 대한 열쇠를 대부분의 미국 종교집단이 역사적으로 '비정치적' 입장을 보였던 것, 즉 미국 종교는 대체로 정치로부터 떨어져 왔다는 것에 대한 또끄빌의 분석에서 찾고 있다(Caplow, 1985: 10H08). 또끄빌은 미국에서 종교를 강력하게 만드는 주요 원인에 대해서 '정치와 종교의 분리'를 주목하면서 다음과 같이 주장하였다.

> 세속권력과 긴밀하게 연결된 종교는 공포와 신앙에 기초한 최고 권력을 행사한 것으로 알려져 왔다. 그러나 종교가 이런 성격의 동맹을 맺을 경우, 그 종교는 현세의 행복을 위해서 내세를 희생하는 인간과 마찬가지의 실수를 저지른다는 사실을 나는 서슴없이 확언한다. 또한 그 종교로서는 주장할 근거가 없는 세속권력을 얻음으로써 마땅히 자신에게 돌아올 권위를 위태롭게 만드는 것이다.
>
> -「민주주의」(1983: 295-296)

아울러 이에 더하여 또끄빌은 모든 사회는 일정한 권위에 복종해야 한다고 보면서 미국에서 지식을 제공하고, 믿음을 요구하며, 그리고 법률에 따르도록 하는 것은 '여론'이라고 인식하였다(「민주주의」, 1983: 75-79, 303-309). 이로부터 또끄빌은 '마음의 습속'이라 말할 수 있는 '원규(原規, mores)를 창조하는 것은 다름 아닌 '여론'이라고 보았다. 그런데 보통 말하는 종교, 즉 교회가 이 같은 권위 있는 여론의 중요한 전달자가 되는데, 또끄빌은 여기서 종교가 그 자체로서 세속적 권력과 결합하는 것은 위험하다고 평가했다.

한편, 오늘날 미국의 종교가 유럽과 비교해서 상대적으로 강력한 원인에 대해서는 또끄빌이 강조한 '종교와 정치의 분리' 외에 '종교적 다양성'을 주장하는 입장, 즉 풍부하고 다양한 종교적 선택이 존재한 결과 종교의 활력이 나타났다는 입장이 있다(Finke and Stark, 1988). 그리고 또한 일부 학자들은 종교 조직에 대한 국가의 지원이나 지나친 간섭이 없는 것을 미국 종교의 활력의 원인이라고 보기도 한다(예: Iannaccone, 1991).

결론적으로, 또끄빌이 「미국의 민주주의」에서 고찰한 '종교와 정치의 결합' 즉 '시민종교'는 기본적으로 '제도적 종교'와 밀접하게 연관된 것이 아니었다. 그러나 대통령직, 독립기념일 등과 관련된 미국의 시민종교는 전 국가에 걸쳐 나타나는 높은 수준의 '종교성'으로부터 혜택을 받은 것이 사실이다. 이것의 주요 원인에 대해 현재 미국의 종교사회학계를 새롭게 주도한다고 볼 수 있는 로드니 스탁(Rodney Stalk) 같은 뛰어난 학자가 내국인의 입장에서 미국의 '종교적 다양성'을 강조한 것과는 대조적으로, 프랑스인 가톨릭 신자였던 또끄빌은 '외국인의 입장'에서 미국 종교의 '비정치적 입장'을 무엇보다도 강조하였다고 정리할 수 있을 것이다.

이제 이 글의 마무리로서 이른바 새로운 '국가형성(Nation Building)'과 실질적 '민주주의'를 이룩하고자 하는 오늘의 한국 사회 현실에서 또끄빌의 미국 시민종교론이 갖는 함축을 간략히 검토해 보기로 하자. 21세기 초의 현 시점에서 미국인들이 여전히 공동체(community)와 국가의 번영을 희구하는 것처럼 오늘의 우리 국민 대다수도 사회제도 개혁, 국민의식 개혁, 도덕성 회복 등을 통해 국가 공동체의 밝은 미래를 소유하게 되길 간절히 바라고 있다. 이 같은 맥락에서 또끄빌의 미국 시민종교론으로부터 재인식하게 되는 것은 첫째로, 한국 사회에서 종교와 정치의 진정한 '조화(harmony)'의 필요성이며 둘째로, 종교 그 자체에 대한 긍정적 평가의 전통을 갖는 미국의 대표적 종교(개신교)의 영향을 크게 받은 한국 교회지만 그것의 강조점에서 미국과 중요한 차이가 존재한다는 것이다.

주지하듯이, 전 인구의 5분의 1 이상의 신자를 확보하고 있는 한국의 개신교는 샤머니즘화되어서 이 세상적 가치를 개인적, 기복적으로 추구하는 실천에 너무 몰두하고 있다(이원규, 1994). 즉, 한국의 개신교는 미국의 교회와 달리 전반적으로 '종교적 관용'의 자세가 결여되어 있고, 최근에 각종 사회문제를 일으키기도 한 일부 개신교의 근본주의적 종파들은 '배타적' 성격을 보이는 등 대체로 이 세상에서의 윤리적, 집단적 실천을 중시하지 않고 있다.[12] 이런 맥락에서 한국에서 개신교에 대해서 일반의 의견을 조사(「한국종합사회조사」, 2008)한 결과를 보면, 긍정적이라는 답이 전체의 36.3퍼센트에 불과한 것을 주목하게 된다. 반면에 같은 조사에서 천주교에 대해서는 전체 응답자의 51.8퍼센트가 긍정적이라 답했고, 불교에 대해서는 50.7퍼센트가 긍정적이라고 답을 함으로써 현재 한국의 3대 종교 중에서 개신교에 대한 일반의 의견이 상대적으로 가장 부정적인 것이 부인할 수 없는 사실이다.

이로부터 이 땅의 종교 엘리트 집단인 신학자나 성직자들뿐만 아니라 특히 뜻 있는 사회과학자들의 주도 아래 참된 민주주의 사회를 이룩하기 위해서는 과연 어떤 종교가 필요한지를 적극적으로 탐색하는 과세가 우리 모두에게 놓여 있다고 판단된다. 그런데 이 같은 결코 쉽지 않은 과제 달성의 성패는 룻소가 이른바 '좋은 사회(good society)'의 필요조건으로 본 '시민종교'를 미국의 상황에서 체계화시킨 벨라의 주장의 요체, 곧 "혁명의 열쇠는 문화이며, 문화의 열쇠는 종교다."(Bellah, 1975 : 162)라는 말의 깊은 의미를 오늘의 문제적 상황에 대입하여 재대로 평가할 수 있는 우리들의 안목과 역량에 달려 있다고 생각된다.

---

12 이런 측면에서 한국 종교의 반(反)사회적 성격을 밝히고 있는 글로서, 필자의 졸고 "한국 종교문화의 특성에 대한 일 고찰"(1992)과 개신교 내 시한부 종말론 사건에 대해서 논구한 필자의 졸고 "종말론 대두에 관한 사회학적 분석(1991)을 참조할 것. 그리고 아울러 필자가 한국교회의 현실과 쟁점에 초점을 모은 "고도성장 이후의 한국교회: 종교사회학적 고찰"(2013)을 참조할 것.

# 참고문헌

**권용립**, 2003, 「미국의 정치문명」, 역사비평사.

**김성건**, 1990, "종교와 이데올로기: 산업혁명기 감리교의 이데올로기적 영향을 중심으로," 「현상과인식」, 51: 158-182.

______, 1991, "종말론 대두에 관한 사회학적 분석: 최근 한국에 등장한 시한부 종말론을 중심으로," 「신학사상」, 74: 744-765.

______, 1992, "한국 종교문화의 특성에 대한 일 고찰," 한국사회사연구회 편, 「현대 한국의 종교와 사회」, 35: 223-243, 문학과지성사.

______, 2013, "고도성장 이후의 한국교회: 종교사회학적 고찰," 「한국기독교와 역사」, 38: 5-45.

**뒤르켐, 에밀**(Emile Durkheim), 1992, 「종교 생활의 원초적 형태」, 노치준 · 민혜숙 옮김, 민영사.

**또끄빌**(Alexis de Tocqueville), 1983, 「미국의 민주주의」, 박지동 역, 한길사.

______________________, 1989, 「구체제와 프랑스 혁명」, 이용재 역, 일월서각.

**립셋**, S. M.(Seymour Martin Lipset), 1982, 「미국사의 구조」, 이종수 역, 한길사.

**성균관대학교 동아시아학술원 서베이리서치센터**, 2009, 「한국종합사회조사 2008」, 성균관대학교출판부.

**이원규**, 1994, 「한국교회의 현실과 전망」, 성서연구사.

**Abercrombie, Nicholas, Stephen Hill, and Bryan S. Turner,** 1988, *The Penguin Dictionary Sociology*, Harmondsworth: Penguin Books.

**Andrews, Stuart,** 1970, *Methodism and Society*, London : Longman.

**Baltzell, E. Digby,** 1963, *The Protestant Establishment : Aristocracy Caste in America*, New York: Vintage Books.

**Beckford, James A.,** 1985, *Cult Controversies: The Societal Response to the New Religious Movements*, London: Tasvistock Publications.

______________, 1989, *Religion and Advanced Industrial Society*, London: Unwin Hyma.

**Bellah, Robert N.,** 1967, "Civil Religion in America," *Daedalus*, 96: 1–21.

______________, 1970, *Beyond Belief*, New York: Harper & Row Publishers.

______________, 1974, "American Civil Religion in the 1970s," in R. Richey *et al.*(eds.), *American Civil Religion*, New York: Harper & Row.

______________, 1975, *Broken Covenant: American Civil Religion in time of Trial*, New York : The Seabury Press.

**Bellah, Robert N. and P. E. Hammond(eds.),** 1980, *Varieties of Civil Religion*, San Francisco: Harper & Row.

**Bellah, Robert N. *et al*.,** 1985, *Habits of the Heart: Individualism and Commitment in American Life*, Berkeley and Los Angeles: University of California Press.

________________, 1991, *The Good Society*, New York: Alfred A. Knopf.

**Burke, Edmund.,** 1968, *Reflections on the Revolution in France*, Harmondsworth: Penguin.

**Caplow, Theodore,** 1985, "Contrasting Trends in European and American Religion," *Sociological Analysis*, 46(summer): 101–108.

**Cutler, Donald(ed.),** 1968, *The Religious Situation*, Boston: Beacon Press.

**Dalton, Lisle *et al*.,** 1992, "Bringing Tocqueville In: Remedying a Neglect in the Sociology of Religion," *Journal for the Scientific Study of Religion*, 31(4): 395–407.

**Durkheim, Emile,** 1965, *Elementary Forms of the Religious Life*, New York: Free Press.

**Finke, Roger and Rodney Stark,** 1988, "Religious Economies and Sacred Canopies: Religious Mobilization in American Cities," *American Sociological Review*, 53(February): 11–49.

**Germino, Dante,** 1972, *Machiavelli to Marx: Modern Western Political Thought*, Chicago: The University of Chicago Press.

**Gerth, H. H. and C. Wright Mills(eds.),** 1958, *From Max Weber*, New York: Oxford University Press.

**Halevy, Elie,** 1938, *A History of the English People in the Nineteenth Century*, 3 Vols, Harmondsworth: Penguin Books.

**Hammond, Phillip,** 1976, "The Sociology of American Civil Religion: A Bibliographical Essay," *Sociological Analysis*, 37(2): 169–182.

**Herberg, Will,** 1955, *Protestant, Catholic, Jew*, New York: Doubleday.

**Hunter, James Davison,** 1987, *Evangelicalism*, Chicago: The University of Chicago Press.

**Iannaccone, Laurence R,** 1991, "The Consequences of Religious Market Structure," *Rationality and Society,* 3(April): 156–177.

**Johnson, Paul,** 1976, *A History of Christianity*, Harmondsworth: Penguin Books.

**Kim, Heung Soo,** 1993, "The Unification Church and Politics in the United States," 「목원대학교 논문집」, 23: 37–61.

**Lipset, Seymour Martin,** 1963, *The First New Nation: The United States in Historical and Comparative Perspective*, New York: Basic Books.

**Marsden, George H.,** 1980, *Fundamentalism and American Culture*, Oxford University Press.

**McGuire, Meredith B.,** 1981, *Religion :The Social Context*, Belmont, California: Wadsworth Publishing Company.

**Meeter, H, Henry,** 1967, *The Basic Ideas of Calvinism*, Grand Rapids, Michigan: Kregel Publications, revised second edition.

**Mews, S. (ed.),** 1982, *Religion and National Identity*, Oxford: Blackwell.

**Needleman, J. *et al.*, (eds.),** 1978, *Understanding the New Religions*, New York: Seabury Press.

**Niebuhr, H, Richard,** 1961, "The Protestant Movement and Democracy in the United States," in J. W. Smith and L. Jamison(eds.), *The Shaping of American Religion*, Princeton, NJ: Princeton University Press.

**O'Dea, Thomas F.,** 1970, *Sociology and the Study of Religion*, New York: Basic Books.

**Parsons, Talcott,** 1951, *The Social System*, New York: Free Press,

____________, 1967, *Sociological Theory and Modern Society*. New York: Free Press.

**Persons, Stow,** 1961, "Religion and Modernity, 1865–1914," in J. W. Smith and L. Jamison(eds.), *The Shaping of American Religion*, Princeton, NJ: Princeton University Press.

**Robbins, Keith,** 1982, "Religion and Identity in Modern British History," *Studies in Church History*, 18: 465–487.

**Spence, Hartzell,** 1960, *The Story of America's Religions*, New York: Abingdon Press.

**Staples, Russell,** 1991, "Adventism," in Donald W. Dayton *et al*.(eds.), *The Variety of American Evangelicalism*, Downers Grove, Illinois: InterVasity Press.

**Thompson, Kenneth,** 1986, *Beliefs and Ideology*, London: Tavistock Publications Limited.

**Tocqueville, Alexis de,** 1955, *The Old Regime and the French Revolution*, New York: Doubleday.

__________________, 1968, *Democracy in America*, Glasgow: Collins.

**Warner, R. Stephen,** 1993, "Work in Progress toward a New Paradigm for the Sociological Study of Religion in the United States," *American Journal of Sociology*, 98(5): 1044–1093.

**Warner, W. L.,** 1961, *Family of God: A Symbolic Study of Christian Life in America*, New Haven: Yale University Press.

# chapter 06 종교는 사회정치적 참여에 영향을 미치는가?[1]

송재룡(경희대학교 사회학과 교수)
조광덕(경희대학교 사회학과 강사)

## Ⅰ. 종교, 사회자본, 사회정치적 참여

종교는 종교를 믿는 사람들의 생각과 태도에 영향을 미쳐 특정 유형의 가치평가의 틀 구조를 가지게 한다. 그리고 그 가치평가의 틀을 통해 자기 자신뿐만 아니라 타자(세상)에 대한 판단과 신택을 하게 된다. 그 행위가 사회적 행위가 되면 사회변동을 추동하거나 또는 윤리 · 도덕적 차원의 억제력을 통해 사회를 통제하기도 한다. 이 점은 베버가 개신교 윤리 테제를 통해 주목한 바이다. 여하튼 종교는 사회적 수준에서 강력한 힘을 발휘한다. 물론 그 힘은 양면적이다. 한편으로는 통합의 힘으로도 작용하지만, 다른 한편으로는 특정 집단의 규범이나 이념과 연결되어 갈등이나 분열을 조장하기도 한다.

종교가 정치에 미치는 영향의 측면 또한 마찬가지다. 적극적이든 소극적이든 종교가 정치영역에 미친 영향의 예는 역사적으로 부지기수다. 이 점은 오랫동안 소극적 현실참여 종교로서의 이미지로 각인되었던 불교영

1 이 글은「종교연구」(제75집 2호, 2015)에 실렸던 것으로, 수정 · 보완해 다시 싣는다.

역에서도 포착된다. 예컨대 조선시대 임진왜란 당시 서산대사 휴정과 사명대사 유정이 펼친 승병활동이라든지, 티베트의 달라이 라마가 이끌어오고 있는 독립운동, 인도에서 불가촉천민의 지위를 개선하고자 했던 암베드카르의 불교사회개혁운동, 태국에서 붓다다사가 이끌어 온 바 있는 공익적 사회주의운동 등이 있다. 베트남 태생의 틱낫한이 최근 프랑스와 미국에서 펼쳐오고 있는 내성적 참여불교운동도 불교의 정치참여의 현대적 유형의 한 예다. 힌두교영역에서는 인도 독립을 성취한 마하트마 간디의 거국적 독립운동이 있다(이병욱, 2010: 40-41).

무엇보다도 이슬람교와 기독교의 사회정치적 영향력에 대한 논의는 아주 많다. 베버주의 테제 이후, 종교의 사회변혁 기능에 대한 이해는 지난 1962-5년 제2차 바티칸공의회 이후 1970,80년대를 거치며 라틴아메리카를 중심으로 전개되었던 해방신학 논쟁을 통해 더욱 광범위하게 펴져나갔으며(뢰비, [1996]2012; 마두로, 1988), 이후 그 영향으로 종교사회주의, 생태신학, 여성신학, 민중신학 등과 같은 영역이 출현하게 되었다

특히 종교와 정치에 대한 사회과학적 관심은 종교의 탈세속화 또는 탈사사화 테제가 등장하기 시작한 1990년대를 거치면서 더욱 글로벌하게 전개되었다(Berger, 1999; Casanova, 1994; Juergensmeyer, 2006; Miller and Tetsunao, [2007]2008). 이러한 전환은 20세기 중반 이후 유럽과 북미 이외의 지역에서 증가 확산되고 있는 다양한 종교부흥현상에 대한 인식과 통찰에서 기인되었다. 그에 따라 종교세속화론의 개념, 가정 및 방법론의 한계와 문제를 지적하는 종교사회학적 이론들이 등장하게 되었으며, 뒤이어 종교현상에 대한 대안적 해석들이 다양하게 제시되었다.

그 한 예가 버거의 종교사회학적 전환이다. 그는 한때 종교세속화론의 대변자이기도 했으나, 글로벌하게 전개되는 종교의 부흥현상을 목도하면서 자신의 입장을 일종의 탈세속화론자로 전환한다(Berger, 1999). 그는 종교가 개인 차원의 종교적 필요와 욕구를 충족시켜 주는 기능과 역할뿐만 아니라, 더 나아가 국제정치, 전쟁과 평화, 경제개발, 인권과 사회정의영역

모두에서 중요한 영향력을 발휘하고 있다고 주장한다(Berger, 1999, 2006). 한마디로 전 지구적 차원에서 종교의 공적 의미와 역할이 점점 더 중요해지고 있다는 것이다.

이 글로벌한 추세는 아이러니하게도 유럽지역에도 영향을 미치고 있다. 아직도 통계수치로서의 종교신앙인은 낮은 수준에 머물러 있지만, 유럽 사회의 심층구조에는 에르비에 레제가 말하는 "기독교적 기억의 사슬(religious chains of memory)"이나 또는 토크빌과 벨라가 말하는 "기독교적 마음의 습속(Christian habits of the heart)"이 작동하고 있다. 특히 유럽 사회의 시민 민주주의적 가치와 참여의 전통과 역사를 고려할 때, 이러한 기독교적 사회자본의 중첩적 영향력의 측면을 고려하지 않을 수 없다. 최근 이 차원의 중요성, 곧 '종교와 시민사회'의 관계를 새롭게 주목하는 국제학술대회가 헤이그와 스톡홀름에서 2008년과 2009년에 개최되기도 하였다.[2]

또한 이 추세와 관련해 주목할 만한 현상은 종교와 정치의 관계에 대한 기존의 가정들이 설득력을 잃고 있다는 사실이다. 그중의 한 예가 오순절 성령운동에 낙인처럼 따라 붙었던 '비정치적(apolitical)'이라는 특성에 대한 것이다. 전통적으로 오순절 교인들은 그 열정적 신앙심과는 다르게 사회정치적 현실에 무관하다는 것이 지배적 견해였다. 하지만 지난 2006년 퓨포럼(Pew Forum)이 전 세계 10개 국가의 오순절 교인들을 대상으로 한 조사 분석에 의하면 공통적으로 오순절 교회 신자들이 상당히 높은 정치적 관심을 보이고 있는 것으로 나타난다. 다른 기독교 교파와 비교해서도 높은 것으로 나타난다(Pew Forum, 2006: 62; 정종현, 2010: 69-71). 이 분석은 실제로 라틴아메리카 국가들에서 오순절성령운동 신앙인들이 정치영역에서 활발하게 활동하고 있는 사실을 잘 반영한다.

여러 면에서, 오늘날 종교는 점점 더 공공영역으로 복귀하는 양상을 보

---

2 이 두 차례의 국제학술대회에 다뤄진 논의와 쟁점은 「유럽에서의 종교와 시민사회」라는 제목의 단행본으로 2013년 출간되었다(Hart, Dekker and Halman(eds.), 2013).

여준다. 종교의 공적 영향력의 증대에 대한 최초의 논의는 카사노바에 의해 이뤄졌다. 이 현상의 대표적인 사례로 미국의 '신기독교 우익(New Christian Right)'을 중심으로 하는 '기독교 근본주의', 브라질과 중남미의 '해방신학', 폴란드의 '가톨릭 연대(Catholic Solidarity)', '미국가톨릭주교회의(United States Conference of Catholic Bishops)' 등이 있으며, 비기독교권의 대표적 사례로 호메이니가 주도한 이란의 '시아파 이슬람(Shi'ite Islam)'이 있다(Casanova, 1994; 정태식, 2008: 162-163 재인용).[3]

종교가 영향을 미치는 공공영역은 주로 국가(정부), 정치적 공동체, 시민사회의 세 영역이다. 이 중에서 국가와 정치 공동체영역에서의 종교의 영향력은 쉽게 거부감을 불러일으키거나 저항에 직면하게 되는 경우가 많다. 이 이유는 주로 이들 공공영역에서는 근대 이후의 공리인 정교분리원칙에 반하는 종교와 정치의 유착이 발생하기 때문이다. 일반적으로 현대사회에서 시민사회영역에서의 종교와 정치 양자 간의 관계는 국가와 정치 공동체영역에 비해 큰 거부감이나 저항을 야기하지 않는 경향을 보인다.

일반적으로 종교와 정치 사이의 관계는 크게 긴장과 타협의 유형을 보인다. 그리고 현실 속에서는 그 양쪽을 오가며 유착, 분리, 긴장의 패턴을 보인다(김성건, 2010; 정태식, 2013). 이러한 양자 간의 유형적 패턴의 변화는 사회정치적 맥락에 따라 달라진다. 일찍이 토크빌은 종교와 정치는 태생적으로 긴장관계를 가진다고 보았다(Tocqueville, 1969). 그리고 벨라는 양자 간의 관계가 완전한 결합이나 완전한 분리 상태에 있기보다는 일종의 '창조적 긴장'의 관계 상태를 유지하는 것이 사회발전에 유익하다고 보았다(Bellah, 1967). 그 주된 이유는 종교의 '초월적 지평'이 사회정치적 이상

---

3 카사노바의 논의 이후, 종교의 공적 영향력에 대한 논의는 종교의 기능과 역할에 대한 새로운 관심을 불러일으켰다. 예컨대 오랫동안 종교비판론적 입장을 견지해 왔던 하버마스 또한 최근 종교의 공적 역할을 새롭게 주목한다. 하버마스는 종교가 현대사회의 시민공간인 '공적 영역(public sphere)'을 활성화할 수 있는 기능과 역할을 수행할 수 있다고 보고 있다(Habermas, 2010, 2011; Habermas and Ratzinger, 2005).

에 대한 비전을 제시하고 따라서 현실 세계의 무제한적인 정치적 세속의지를 억제하고 견제하는 기능을 수행할 수 있기 때문이다.

하지만 현실 세계에서 그 '창조적 긴장'의 균형관계는 불가피하게 흔들리거나 깨지게 되고 따라서 타협, 곧 유착이나 분리의 상태에 빠지게도 된다. 종교와 정치의 관계가 긴장 또는 타협의 양단을 오가는 양상을 보이게 되는 생태적 이유가 여기에 있다. 실제로 역사는 양자 간의 관계가 부단하게 긴장과 타협을 오가는 모습뿐만 아니라 논의의 범주 또한 다양하게 전개되는 것을 보여준다. 이는 정교분리가 보편적 공리의 위상을 가지는 근대 또는 탈근대 사회에서도 마찬가지다.

한국 사회의 종교와 정치 관계 또한 긴장과 타협의 양단을 오가는 양상을 잘 보여준다. 다라서 양자 간의 관계에 대한 논의의 범주 또한 다양하다. 특히 종교의 역할에 대한 이중적 또는 양가적 가치평가 태도가 두드러진다. 그 주된 이유는 종교(인)의 정치참여에 대한 부정적 견해가 우세하면서도 동시에 종교가 정치인이나 사회 일반의 도덕성 회복에 기여함으로써 사회정화나 정치발전을 도모할 것이라는 기대가 양가적으로 공존하기 때문이다.[4]

이와 같은 종교-정치 관계의 이중적 생태학은 한국 종교의 역할과 과제가 무엇인지에 대한 깊이 있는 연구 관심을 촉발한다. 문화체계로서의 종교 또는 윤리도덕체계로서의 종교에 대한 이해를 전제할 때, 종교의 정치적 참여의 목적은 권력 장악이나 정치적 이익을 도모하기 위한 의지를 억제하는 것이 되어야 할 것이며, 이에 따라 보편적 가치와 덕목의 원천으로서 종교는 도덕성과 공동체성을 고양하는 것이 되어야 한다.

---

4 2013년 기독교윤리실천운동본부에서 전 국민을 대상으로 실시한 '종교인의 정치참여 활동'에 대한 조사에서 종교의 정치참여 반대가 74.6%였으며, 찬성은 23.1%였다. 하지만 그럼에도 종교가 사회 일반의 건전함과 도덕성을 고양하거나 회복시킬 수 있다는 일반적 기대는 높은 수준을 유지한다(기독교윤리실천운동, 2014; 한국갤럽, 2015; 대한불교조계종 불교사회연구소, 2012; 전명수 2014: 48-49).

이 연구의 목적은 바로 이와 같은 종교와 사회정치적 참여의 가능성의 여부와 정도를 탐색하기 위한 것이다. 연구의 가설은 기본적으로 종교 또는 종교성이 사회적 신뢰와 호혜성 규범의 연결망을 증진함으로써 사회자본이 만들어지고, 나아가 사회정치적 참여의 동기가 부여된다는 이해에 기초한다. 따라서 이와 같은 이념형적 가설이 한국 사회의 종교와 정치 현실에 얼마만큼 적합성을 갖는지를 탐구하는 것이 될 것이다.

이 연구 목적을 달성하기 위해, 먼저 선행 연구 검토와 이론적 논의를 통해 관련 주제들이 어떻게 접근되고 분석되고 있는지를 파악할 것이다. 다음으로 한국의 종교가 과연 사회적 신뢰와 호혜의 연결망을 증진함으로써 사회정치적 참여에 영향을 미치는 효과를 나타내는지를 살펴볼 것이다. 이를 위해 가톨릭, 개신교, 불교 등의 3대 종교 집단별로 각각의 종교가 삶에 미치는 영향과 믿음의 정도, 참여 정도 등을 분석할 것이다. 따라서 기존 연구 결과들을 토대로 종교성이 가진 의미들을 다각적으로 파악하고 정리하여 사회신뢰와 사회정치활동 참여에 통계적 효과를 주는지를 분석할 것이다. 이를 위해 2009년 한국종합사회조사(Korean General Social Survey, 이하 KGSS) 자료를 활용할 것이다.

## Ⅱ. 종교와 정치의 관계성 : 지속과 변화

종교와 정치의 관계는 해당 사회정치적 맥락에 따라 그 유형적 패턴과 세기가 달라진다. 먼저 종교와 정치 양자 간의 관계에 대한 역사적 전개 경로를 간략히 살펴보자. 우선 가톨릭이 지지해 왔던 종교-정치의 타협적 대립관계 패턴은 종교개혁 이후 루터파에 의해 종교의 정치권력에의 예속관계의 패턴으로 그 경로가 크게 전환되었다. 하지만 재침례파에 의해 종교와 정치는 결별과 대립의 양상을 보였으며, 칼뱅파 개신교는 양자 간의 배타성을 전제하는 신정정치의 패턴을 그려냈다. 칼뱅파의 신정정치의 개념에는 성화된 선별된 신앙인이라는 베버적 의미의 구원귀족의 개념적 씨앗이 자리잡고 있었는데, 이 씨앗은 영국의 청교도혁명의 시기에 싹을 틔우게 된다. 실제로 청교도혁명을 치러 낸 영국 사회는 크롬웰과 같은 청교도적 정치귀족—베버의 구원귀족—의 통치 지도력에 이끌려 종교와 정치를 결합하려는 무리한 시도를 계속했던 것이다(정태식, 2013: 148-157).

영국의 청교도주의는 미국 사회에서의 종교-정치의 관계 양식에도 영향을 미쳤다. 하지만, 영국과는 다르게 미국의 청교도주의자들은 구원귀족의 역할을 취하려고 하지 않았다. 독특한 것은 정교분리원칙의 채택에도 불구하고 국가 수준의 의례나 관습에서 종교는 공적 역할을 적극적 또는 소극적으로 수행함으로써 벨라가 말하는 시민종교의 기능을 수행했다는 점이다(정태식, 2013: 158-159).

미국에서 종교와 정치의 관계는 미국의 정치사회적 변화 과정과 맞물리며 전개되었다. 그 대표적인 예 중의 하나가 마틴 루터 킹 목사의 흑인인권운동이다. 루터 킹 목사의 인권운동은 마하트마 간디의 독립운동과 마찬가지로 순수한 종교 신앙—묵상, 기도, 체험—에서 분출되어 나오는 종교지도자의 정치적 영향력이 얼마나 강력한지를 대표한다. 도덕적 책임감과 거룩한 분노에 대한 루터 킹 목사의 호소는 흑백을 초월하는 시민적 호응을 낳았으며, 자유와 평등이라는 보편 가치의 실현을 위한 정치사회적 운동으로 발전하여 결국은 미국 사회의 인종차별을 완화시키는 결과를 낳았다(King Jr, 2010; Stanczak, 2006: 17).

하지만 미국 사회의 근대화 및 국력의 전 세계적 확산과정과 연관해 적극적으로 정치에 개입한 종교세력은 (신)기독교 근본주의이다. 이들은 타락해 간다고 믿는 근대적 세속문화와 대결하기 위해 공생적으로 정치적 보수세력과 직간접적으로 연결되었으며, 2차 세계대전 이후 더욱 가속화되는 세속화 물결에 대결하는 과정에서는 '도덕적 다수'와 '종교원탁회의' 등과 같은 신기독교 우익과 정치적 우익 간에 동맹 결성이 이뤄지기도 하였다. 이후 9·11 사태를 치르며 등장한 미국 보수 정치권의 패권주의 이념이 기독교우익 세력과 연결되면서 일종의 종교적 신성화의 모습을 취하기도 하였다(정태식, 2008: 165-173, 2009: 45-64, 2013: 157-166).

한국의 종교와 정치 관계도 유사한 현상을 보인다. 특히 해방 이후 한국 사회의 근대화과정에 큰 영향을 미친 개신교의 경우, 다양한 기구들을 통해 교육, 언론, 의료, 복지 등의 영역에서 사회적 위치와 영향력을 확장하게 됨으로써 정치적 이념 및 세력과 직간접적인 결합관계를 형성하게 되었다(강인철, 1996: 198-210). 불교 또한 기독교와 마찬가지로 정치영역과의 공생적 관계를 통해 불교영역의 기반 확충을 할 수 있었다(전명수, 2013).

특히 1980년대 후반 이후 교회의 양적 성장을 성공적으로 이룩함으로써 종교적 헤게모니를 획득한 한국 개신교 보수파는 미국의 기독교 우파의 정치적 개입의 경로를 모방하며 정치영역에 적극적으로 개입하는 모습을 드러내기 시작했다(강인철, 2004; 이수인, 2004). 그 한 예가 2005년 출범한 뉴라이트전국연합이다. 여기에는 초대 의장이었던 김진홍 목사를 위시해 다수의 보수진영 개신교 지도자들이 직간접적으로 참여했다. 이 단체는 2007년 대선에 적극적으로 개입해 이명박 정부가 태동하는 데에 영향을 미친 것으로 알려졌다.

물론 사회정치적 쟁점에 대한 종교진영의 입장은 양면적이다. 예컨대, 촛불집회라든지 4대강사업 반대 또는 제주강정마을 해군기지의 건립 반대 등과 같은 쟁점의 촉발은 진보적이고 개혁적인 종교진영에 의해 이뤄졌다. 국가가 주도해 가는 정책이나 사업에 의해 침해된다고 여겨지는 자유와 인권, 사회정의를 수호한다는 것이 종교의 순수한 사명이자 역할이지만, 이 또한 불가피하게 집단적 정치운동의 형세를 취하게 되면서 종교의 정치적 개입의 모습을 보인다. 그리고 이에 대해 반대 입장을 표명하며 관련 집회를 개최하는 등의 모습을 보이는 보수적 종교진영 또한 불가피하게 정부와 직간접적 형태의 연대를 지지한다는 점에서 정치적일 수밖에 없다.

최근 한국의 정치와 종교의 관계에 대한 연구 접근은 크게 두 가지 방향에서 이뤄진다. 하나는 종교신앙을 가진 지도자의 직접적 정치참여의 측면에 초점을 맞춘다. 즉 종교인으로서의 정치인이나 성직자가 정치영역에 영향을 미치는 측면을 다룬다. 다른 하나는 종교인 일반의 간접적인 정치참여의 측면을 다루는 것이다. 여기에는 선거를 통한 정치적 참여와 이른바 민주화운동의 범주에 포함되는 다양한 정치적 참여 유형들이 포함된다.[5]

유승무는 해방 이후 대통령의 종교가 어떻게 국가와 종교 간의 관계에 영향을 미치는지를 주목한다(유승무, 2011). 즉 대통령의 종교와 일치하는 종교는 국가와 공생적 유착이나 협력의 관계를 가지지만, 그렇지 않을 경우에는 갈등관계가 형성된다는 것이다. 그는 특히 역대 대통령의 종교가 '국가와 불교 간의 갈등관계'를 형성하는 요인이 되었던 역사적 사실에 초점을 맞춘다. 예컨대 개신교와 가톨릭 신앙을 가졌던 이승만, 김영삼, 김대중, 이명박 대통령의 정권은 개신교 또는 가톨릭 영역과는 유착과 협력의 관계를 보이는 반면에 불교영역과는 갈등관계를 형성했다고 주장한다.

특정 종교신앙을 소유한 국가지도자의 행대로 인해 나타나는 종교와 정치의 결합관계는 베버의 구원귀족 개념이 함의하는 바를 반영한다고 볼 수도 있다. 정대식에 따르면, 이러한 구원귀족의 행태는 개신교 신자가 대통령이 될 경우 두드러지게 나타난다(정태식, 2012; 2013: 172-173). 예컨대, 개신교 신자인 이승만 대통령은 스스로가 개신교신앙을 통한 사회정치적 구원을 지향하고자 하였으며, 김영삼과 이명박 또한 직간접적으로 그들이 신봉하는 종교정치적 행태를 드러냈다는 것이다. 정태식은 이들 개신교 대통령들의 정치적 행태에는 그 수단과 방법은 다르지만 영국 청교도 정치지도자들의 구원귀족적 행태와 마찬가지로 그들 자신의 종교적 신앙을

5 민주화운동은 예컨대, 인권운동, 시국집회, 정당결성, 빈민선교, 산업선교, 전쟁지원 등과 같이 그 유형적 스펙트럼이 아주 광범위하다.

통해 사회를 변화시키려는 열망에 기초한 종교-정치 결합적 성향이 강하게 드러나 있다고 주장한다.

정치지도자들과는 그 성격과 행태 경로가 다르지만, 이러한 구원귀족적 열망은 당연히 종교지도자들에게도 나타난다. 전명수는 최근 한 연구를 통해(전명수, 2014), '종교지도자들의 직접적인 정치참여'의 행태를 군사정권 시절의 국가조찬기도회와 민주화운동과 연관해 분석한다. 그는 국가조찬기도회라는 현상의 이면에 담겨진 종교사회학적 사실에 함의된 의미 분석이 중요한다는 입장을 가진다. 즉 조찬기도회에 참석하는 성직자들의 교단 소속, 신학사상, 기도회 메시지, 그리고 그들이 정권으로부터 받았다는 혜택 등과 같은 측면들이 그것이다.

종교 민주화운동은 종교의 기본사상과 교리적 가르침에 따라 역사 · 정치적 또는 사회적 문제에 적극 참여한다는 논리에 기초한다. 무엇보다도 한국의 민주화운동은 군사정권의 불의와 독재에 저항한 의의가 높이 평가된다. 근대 한국의 정치적 민주화과정을 개괄할 때, 다양한 민주화운동이 진보파 종교진영의 정치적 참여 경로였다면, 위에서 언급한 조찬기도회는 보수파 종교진영의 정치참여 경로였다(이진구, 2008).

민주화운동에 참여한 대표적인 기독교 종교지도자로 박형규 목사, 지학순 주교, 김재준 목사 등이 거론된다. 이 종교지도자들의 사회정치적 참여는 기독교적 가치를 현세에 구현하려는 종교 동기에 기초한 것이다. 하지만, 전명수는 이들이 전면에 부각한 '민주화'나 '정의'라는 가치가 지도자와 일반 국민 모두가 공유하던 가치인지 그리고 민주화운동이 사회정치운동인지 아니면 종교사회운동인지에 대해서는 깊은 논의가 뒤따라야 한다고 주장한다. 그리고 민주화운동에서 종교지도자들이 자임한 예언자적 역할이 민중과 '함께한다.'는 협력의 의미보다는 오히려 그들을 계몽의 대상으로 보고 있는 것은 아닌지의 문제가 제기된다는 점에서 보다 더욱 심도 있는 검토가 필요하다고 강조한다(전명수, 2014: 42-45).

불교의 민주화운동 참여의 경우에 기독교영역과 비교될 만한 불교지도자가 등장하지 않는다. 하지만 불교의 사회운동사를 개괄할 때, 불교 교리인 '연기법'과 '보살행'에 따라 중생의 고통을 현실에서 제거한다는 정신과 사상이 조선시대의 휴정과 유정의 전통을 잇고 있는 사회정치적 참여운동으로 이어지고 있음을 볼 수 있다. 예컨대, 대한민국 정부수립 이전에 사회정치적 참여활동을 한 대표적 불교지도자로는 용성, 운허, 종욱, 만해 스님 등이 있다(박수호, 2010, 109-110). 특히 만해 한용운은 독립운동, 농민운동, 여성운동 등 다양한 영역에 걸쳐 사회정치적 참여활동을 이끌어 나갔다. 하지만 만해 한용운의 서거이후 한용운 계열의 사회정치적 참여 전통은 해방이후 좌우익간의 이념적 충돌이 첨예하게 이어지는 환경에서 소멸하게 되었다(이병욱, 2010). 그 이후 상당기간 동안 불교계에서는 변변한 사회정치적 참여활동이 나타나지 않았다.

하지만 70년대 이후 불교 민주화운동이 재등장하게 되었다. 하지만 이 시기에도 앞에서 언급한 대로 기독교영역과 비교되는 주목할 만한 불교지도자가 드러나고 있지 않은데, 그 주된 이유는 그 당시 이후 불교운동이 일종의 사회운동의 형태로 전환하면서 간접적 정치 영향력을 미치는 패턴을 가지게 된 데에 있다(박수호, 2010). 박수호와 정승안은 1970-80년대의 민주화운동에 반향하면서 전개되었던 불교사회운동에 대한 역사사회학적 검토를 통해 당시의 불교적 정치참여를 '민중불교운동'으로 규정하고, 이 유형의 정치참여는 이후 90년대를 거치며 신사회운동의 성격을 드러내는 '참여불교운동'으로 전개되었다고 규정한다(박수호, 2010: 112-120; 박수호 · 정승안, 2014).

다른 한편, 현실 세계에서 종교와 정치 간의 관계가 극명하게 드러나는 것은 대통령선거다. 이 주제는 2012년 12월 대선을 앞두고 "리더십 전환기의 대통령 선거와 종교"라는 제목으로 개최된 학술대회에서 폭넓게 논의되었다.[6] 전명수는 인간 본성에 대한 대표적 수사학인 '정치적 인간'이나

---

6 한국종교사회학회 · 한국사회역사학회 공동학술대회(2012.11.16., 이화여자대학교).

'종교적 인간'이 시사하고 있듯이, 종교와 정치가 분리되기 어렵고 분리될 수도 없는 운명을 가지고 있으며, 그것은 현대사회에서도 불변이라고 본다(전명수, 2013). 이 토양에서 종교와 정치의 공생적 관계, 곧 정치에서는 종교의 힘이 필요하고 종교 또한 기반 확충을 위해 정치의 도움이 필요한 관계가 형성된다.

최현종과 정재영 · 장형철의 연구도 각각 당시 대통령선거에서 종교적 요인이 정치영역에 어떤 영향을 미치고 있는지를 분석한다. 먼저 최현종은 종교적 요인이 독립변수로 작용하는지에 대한 검토를 통해 불교-보수, 개신교-중도보수, 가톨릭 · 무종교층-진보로 분석했다(최현종, 2012). 정재영 · 장형철은 미디어 메시지 분석을 통해 대통령후보자들의 종교적 성향을 분석해, 여권후보자인 박근혜에 대해 개신교 보수진영이 지지를 보이고 있는 반면에 가톨릭과 개신교 진보진영은 비판적 입장을, 야권후보자인 안철수에 대해 정의사제구현단을 중심으로 하는 가톨릭 진영의 지지가 표명되고 있는 것으로 관찰했다. 그리고 불교계는 박근혜 후보에 대해 거리를 두면서 지지와 비판을 병행하고 있다고 분석했다(정재영 · 장형철, 2012). 이들 모두 2012 대선에서 특정 입후보자나 정당에 대한 종교의 영향력은 극명하게 나타나지 않았지만, 종교 자체의 정치적 위상이나 영향력을 상존하고 있으며 앞으로도 지속될 것이라고 예측한다.

## Ⅲ. 종교 및 종교성의 변인과 사회 · 정치적 참여

종교가 현실 사회에 미치는 영향력은 그 종교를 믿는 사람들의 생각과 신념 및 태도 등과 같은 가치 평가적 단위를 통해 나타난다. 즉 특정 종교를 믿는 신앙인이 가지게 되는 일종의 가치 평가적 틀 구조를 통해 자기 자신과 타자를 판단하고, 사회정치적 쟁점이나 의사결정과정에 특정 입장을 옹호하거나 선택하는 방법을 통해 사회에 영향을 미친다. 따라서 종교의 사회정치적 영향력과 관련해 중요하게 고려해야 할 것은, 어떤 종교의 현상을 비춰 주는 어떤 요인들에 대한 기술 차원이 아니라, 그 종교를 믿는 신앙인들의 사고방식, 신념, 열성 및 가치 평가적 태도의 차원, 곧 종교성(religiosity)이다. 종교성을 구성하는 것은, 예컨대 종교적 신념, 의례(예배)에의 참여, 기도빈도, 은사와 같은 종교체험 등의 종교적 성향이 단위들이다. 이 종교성의 차이는 사회정치적 참여의 태도와 연결되어 나타난다.

때문에 어떤 사람이 자신의 정체를 불교인이나 기독교인 또는 이슬람교인 등과 같은 특정 종교인으로 천명하는 종교가입 여부라든지, 또는 한 달(주)에 몇 번씩이나 의례에 참석하는지에 대한 양적 정보는 그렇게 중요하지 않을 수도 있다. 왜냐하면 그러한 종교적 사실들이 그 사람의 종교성의 정도를 직접적으로 나타내고 있지 않기 때문이다. 이 점에서, 총인구에서 종교인이 차지하는 구성비의 크기라든지 주기적 예배참석 빈도를 나타내는 항목들이 종교와 정치의 관계에 직접적으로 영향을 미치는 주요 변인으로 작용하지 않을 수도 있음을 알 수 있다. 물론 그렇다고 해서 신앙의 소유 여부나 종교집단 소속 등이 변인이 항상 무의미한 것은 아니다. 종교의 집단적 정체성이 강력하게 작용하는 종교집단에 소속된 신앙인의 경우에는, 그 종교집단이 선호하거나 지향하는 정치적 입장이나 태도가 그 신앙인에게 반영되어 표명되는 경향을 보이기도 할 것이다.

이렇게 볼 때, 종교적 신념이나 의례참여의 정도, 기도의 빈도, 은사와 같은 종교적 체험의 유무 등과 같은 종교성의 변인뿐만 아니라 특정 종교(집단)에의 소속 변인 또한 사회정치적 태도에 영향을 미친다고 할 수 있다. 실제로 이수인이 최근에 수행한 불교 · 개신교 · 천주교 인의 정치적 태도에 대한 연구에 의하면(이수인, 2013), 종교에 소속된 사람들이 무종교인보다 보수적인 정치 태도를 갖고 있는 것으로 나타난다(가톨릭은 온건 보수, 개신교는 보수, 불교는 강한 보수). 그리고 동일한 종교집단에서의 종교활동참여, 비의례적 종교활동참여, 종교적 신념, 종교적 몰입 등과 같은 다차원적 종교성 변인들이 정치적 태도에 미치는 영향을 측정한 결과, 개신교와 가톨릭에서 효과가 뚜렷하게 나타났으며 불교는 아주 미약한 영향을 미치는 것으로 확인된다. 그리고 종교집단별 종교성 변인들 각각의 차이가 정치적 태도에 상이하게 영향을 미치는 것이 확인되었다.

종교 또는 종교성이 사회정치적 참여에 영향을 미친다는 이해는 사회자본론의 가정과 개념을 통해서 폭넓게 다뤄졌다. 기본 가정은 종교가 사회적 자본의 형성을 촉진하고 조장하며, 차례로 그 사회자본이 공동체 구성원들로 하여금 사회정치적 참여의 동기를 형성케 한다는 것이다. 콜맨(Coleman, 1988, 1990)과 퍼트남(Putnam, 1993, 2000) 이후, 한국에서도 사회자본이 시민 사회에 미치는 영향에 대한 논의가 활발하게 전개되었다(김상준, 2004; 김승현, 2008; 박찬웅, 2006; 유석춘 편, 2004; 송경재, 2013; 이숙종 · 유희정, 2010; 장형철, 2013; 한준, 2006).

종교집단이 수행하는 사회적 기능과 역할을 이 '사회자본'의 증대와 연관해 설명할 수도 있다. 미국의 경우이기는 하지만, 퍼트남은 교회와 같은 신앙공동체가 사회적 자본의 형성을 증대하는 중요한 요인이라고 본다(Putnam, 2000: 65). 사회자본을 개인들 간의 연결을 통해 형성되는 '사회연결망과 호혜 및 신뢰성의 규범'이라고 볼 때, 신앙공동체를 통해 증대되는 사회자본은 '구조적 현상'과 '문화적 현상'으로 구성된다. 전자는 이를테면, 신앙공동체를 통해 만들어지는 친구, 이웃, 동료들 간의 연결망으로 구성된 현상을 말하며, 후자는 그 연결된 구성원들 간의 상호협력을 촉진시키는 가치와 규범체계의 작동현상을 말한다.

이 점에서 우쓰노우는 현대사회의 시민사회의 이상을 실현하는 데에 '초월적 지평'의 원천으로서의 종교가 공공적(communal) 차원의 사회참여의 가치를 증가시키고 도덕적 헌신과 정향을 이루는 데 핵심적으로 기여할 수 있다고 주장한다(Wuthnow, 1996).[7]

---

7 우쓰노우는 종교의 문화 · 언어적 차원을 중시함으로써, 종교는 단순한 의미의 신앙

최근 세계가치관조사(WVS) 자료에 기초해 노리스가 수행한 연구는 '종교–사회자본–사회정치적 참여 촉진'의 작동의 가능성을 확인해 준다. 즉 미국뿐만 아니라 유럽 사회들 모두 유사하게 종교집단에 소속된 신앙인들의 활동이 해당 사회의 사회자본을 촉진조장하고, 차례로 그 사회자본이 시민들의 사회정치적 참여의 동기를 유발한다는 사실이다(Norris, 2013). 노리스의 분석은 종교신앙심의 여부가 해당 종교집단의 다양한 사회정치적 활동과 연계된 조직구성원으로 참여하는 정도에 영향을 미치고, 그들의 종교적 참여가 종교적 활동의 경계를 넘어 지역사회의 비종교적 자원봉사나 시민단체 조직에 소속되어 활동하는 것에 영향을 미치며, 더 나아가 특정 사안에 대한 정치적 태도와 행위의 구성에도 영향을 미친다는 것을 확인하고 있다(Norris, 2013: 302–303).

최근 장형철이 수행한 연구에서도 종교가 촉진하고 조장하는 사회자본의 가능성을 확인하고 있다(장형철, 2013). 그는 기독교윤리실천운동기관의 조사자료(2008–10년간 매년 조사)를 활용해 한국 개신교 집단에서도 신자들 간에 사회적 연결망이 형성되고 상호 간의 호혜 및 신뢰성의 규범이 형성되는 것을 확인하고 있다. 하지만 한국의 문화·정서적 전통과 습속의 부정성을 초월하고 있지 못한 한국 개신교 자체의 낮은 공적 신뢰도와 배타적 내집단주의 신앙규범으로 인해, 사회적 자본을 구성하는 상호 호혜성과 신뢰성의 규범이 취약하게 나타나고 연결망 또한 닫힌 연결망의 특성을 드러내고 있다고 진단한다.[8]

---

공동체이기보다는 문화와 언어의 맥락을 갖는 역사적 기억의 공동체로서 끊임없이 세속에 저항하는 초월적 및 공공적 지평의 원천으로 작동하고 있다고 본다. 미국적 시민사회의 형성과 지속에 대한 기독교의 역할에 대한 그의 입장은 이 이해에 기초한다.

8 장형철은 이 때문에 한국 개신교의 사회적 자본이 사회정치적 참여를 조장하고 촉진할 수 있는 동기부여의 추동력을 발휘하지 못한다고 보면서, 한국 교회가 공적 신뢰를 회복하여 호혜적 신뢰성의 규범을 강화하고 약한 연대의 특장점을 활용하는 연결망의 형성이 필요함을 제시한다(장형철, 2013: 95–99).

일반적으로 국내외 이론적 및 경험적 연구들은 종교성 변인과 사회정치적 참여 간에 일정한 정도의 유의미한 함수관계가 작용한다는 것을 확인한다. 미국의 경우, 크난(Cnaan)이나 우쓰노우(Wuthnow) 등이 각각 수행한 일련의 현장 연구들은 종교적 체험을 한 사람들이 그렇지 않은 사람들보다 더 많이 지역공동체의 현안에 자발적으로 참여한다는 사실을 주목하고 있다.

크난은 미국 여러 지역사회에서 자발적으로 활동하고 있는 수많은 소그룹 교회공동체(congregations, 회중)에 대한 현장 연구를 통해 회중에 소속된 신앙인들이 나눔의 책임과 실천 의식을 동기화하여 다양하게 자원봉사활동에 참여함으로써 지역사회의 복지와 안전을 증진시킬 뿐만 아니라 결국은 지역경제의 활성화에도 영향을 미치고 있음을 밝히고 있다(Cnaan, 1999, 2009; Cnaan and Boddie, 2001; Cnaan, Boddie, McGrew, and Kang, 2006; Cnaan, Boddie, Handy, Yancey, and Schneider, 2002; Cnaan and Curtis, 2013; Cnaan, Wineburg, and Boddie, 1999). 크난은 최근 미국 동부지역 필라델피아(Philadelphia)와 웰밍턴(Wilmington)의 도심 지역에 산재해 있는 수많은 소규모 교회공동체(회중)의 사회참여를 상세하게 관찰 분석하였다(Cnaan, 2009). 그는 이들 종교 회중의 사명이나 역할이 단지 종교적 욕구를 충족시키는 데서 끝나는 것이 아니라, 더 나아가 비영리적 · 자발적으로 지역사회 참여활동을 통하여 미국식 제도복지의 공백을 메워 주고 있음을 주목한다. 크난은 각각의 회중이 지역사회에 참여하여 제공하고 있는 사회 · 정치 · 경제적 및 인간복지 서비스의 총가치를 추정해 화폐가치로 환산하기도 하였다.[9]

9 크난은 종교적 회중이 지역사회에 참여하여 제공하는 인적 및 사회적 서비스(human and social services)의 예로 범죄예방, 지역사회의 역사적 자산가치 보존, 교육서비스 제공, 관광수요 촉발, 교육프로그램 제공, 교외거주 중산층의 도심방문 유인 효과, 지역사회개발 및 주택사업 수요 촉발 등을 꼽는다. 이들 서비스 총량의 가치는 연 약 $476,000로 추정 환산되었다(Cnaan, 2009: 656-657).

우쓰노우는 미국인의 자원봉사에 대한 전국 단위의 연구를 통해 종교성과 다양한 사회참여활동 간에 상관관계가 있음을 주목한다. 즉, 사회 · 인구학적 변수와 다른 종교적 변수를 통제했을 때, 성경읽기, 기도, 명상, 영적 성장을 위한 노력 등과 같은 종교성 변수가 자발적 사회참여 활동을 증가시킨다는 사실을 밝혔다(Wuthnow, 1993, 1994, 1996, 2004; Wuthnow and Hodgkinson, 1990). 다른 한편, 종교성과 사회정치적 참여의 관계에 대한 글로벌한 수준의 연구는 도날드 밀러에 의해서도 이뤄졌다. 특히 그는 성령체험을 한 오순절교회의 신자들이 일반적 예상과는 다르게 사람들의 영적, 육체적 문제뿐만 아니라 사회적 문제와 필요를 채워 주는 등 개인적 및 사회적 영역에서 '전인적 사역(holistic ministry)' 활동에 직간접적으로 참여하고 있다는 사실을 밝히고 있다(밀러 · 테쓰나오, 2008: 54-86).

다른 한편, 종교성 구성 요인 중의 하나인 기도가 정치영역에 영향을 미친다고 보는 연구도 있다(Harris, 1999: 82; Poloma and Gallup Jr., 1991: 78; 김성건 · 정종현, 2009 재인용). 해리스는 정치참여가 사람들의 심리적인 자신감에 의해 증폭된다는 가정에 기초해, 기도와 같은 종교체험이 신앙인들에게 심리적 효과를 일으켜 정치참여의 동기를 부여하게 된다고 주장한다. 즉 기도는 사람들에게 신으로부터 권능을 부여받은 능력 있는 사람이라는 자신감을 부여함으로써, 정부의 정책이나 정치 현안에 대해 목소리를 높이고 참여할 수 있게 한다는 것이다.

종교성과 자발적 사회참여 간의 관계를 분석한 국내의 연구 분석도 유사한 결과를 보여준다. 종교를 가지고 있는 대학생들이 그렇지 않은 대학생들에 비해 자원봉사의 주요 동기유발 요인인 '사회적 책임감'과 '경험추구의 동기'가 높게 나타난다는 연구(이형탁 · 김문섭 · 이호택, 2013), 종교와 종교성이 자원봉사 참여수준에 영향을 미치는 변위 정도를 인구사회학적 및 비종교적 요인과 연관해 분석한 연구(강철희 · 정상원 · 이지혜, 2009) 등이 있다. 그리고 비신앙인에 비해 개신교와 가톨릭 신앙인이 상대적으로 더 큰 규모의 기부를 행하는 경향이 있으며, 동시에 개신교와 가톨릭의 종교적 배경과 종교성이 기부의 절대적 규모에 정적인 방향에서 결합적 효과를 갖는다는 것을 분석한 연구도 있다(강철희 · 허영혜 · 최영훈, 2013).

하지만 이상의 연구 분석들과는 다르게 한국의 종교성 변인과 사회정치적 태도 간에 유의미한 관계가 검증되지 않는다고 보는 분석도 있다. 한내창의 일련의 경험적 연구들이 이 입장을 잘 대변한다. 그는 한국 사회에서 종교성 변인에 대한 사회정치적 참여의 수준이 왜 미미하게 나타나는지에 대한 문제의식을 갖고 그 이유와 원인을 분석해 왔다(한내창, 2000, 2001, 2012, 2013).

초기에 그는 알포트와 로스의 비본질적(extrinsic) 및 본질적(intrinsic) 종교성 개념의 가정에 따라,[10] 통계적으로 과반수에 달하는 인구계층이 있음에도 불구하고 그 규모에 상응하는 사회정치적 영향력이 나타나지 않는 원인을 규명하고자 하였다. 가설적으로 그 이유나 배경으로 한국 사회의 '세속화 경향'과 '문화적 특수성' 등의 두 가지 요인이 거론되었다(한내창, 2012: 116). 전자의 요인인 세속화 경향은 전 세계적으로 글로벌하게 확대되고 있는 보편적 현상이라는 점에서 한국 사회도 예외가 없을 것이라는 추론이 가능하다. 후자, 곧 문화적 특수성 가설은 전통적으로 한국인들이 종교를 이른바 도구주의적으로 이해한다는 기능주의적 관점에 기초한다. 즉, 종교적으로 매우 엄숙하고 열성적인 것은 사실이지만, 그 종교를 개인과 가족의 현세적 성공과 출세를 위한 수단과 방법으로 여긴다는 것이다. 이 때문에 엄숙하고 열성적인 종교적 신앙에도 불구하고, 한국 종교인들

---

10 알포트와 로스의 (비)본질적 종교성 개념을 요약하면 다음과 같다(Allport, 1950; Allport and Ross, 1967). 본질적 종교성은 종교를 '목적'으로 보는 신앙인에게서 나타난다. 이들은 종교 고유의 목적인 신의 영광을 위하고 신의 인도를 받기 위해 생활한다는 신념에 기초하기 때문에 현세적 삶에서도 헌신적이고 높은 윤리적 행동의 특성을 보인다. 반면에 비본질적 종교성은 종교를 '수단'으로 보는 신앙인들에게서 나타난다. 이들은 종교를 이기적이고 세속적인 목적을 위해 이용하는 경향이 높으며, 따라서 낮은 윤리적 행동의 경향을 보인다(Vitell, 2009: 157-158; 한내창, 2013: 160-161).

은 현실적으로 세속주의적 가치와 태도에 맞추어 삶을 살아간다는 이해가 가능해진다. 즉 종교성과 실제적 삶이 일치되기보다는 독립적인 형세를 보인다는 것이다.

한내창은 최근 전 세계 36개국의 사회총조사(General Social Survey) 자료를 토대로 종교인들의 다차원적 종교성에 상응하는 종속변수로서의 사회적 태도 간의 관계를 상관분석과 다중회귀분석을 통하여 측정하였다. 종교적 행동과 태도를 측정하기 위한 다차원적 종교성 변인은, '종교활동참여빈도', '기타종교활동참여빈도', '기도빈도', '스스로평가한종교성', '본질적종교성', '비본질적종교성' 등 6개였다. 이에 대한 사회적 태도 변인 또한 6개로서, '생활만족도', '혼전성수용도', '혼외성수용도', '기형아낙태허용도', '빈곤낙태허용도', '종교간결혼수용도' 등이었다. 분석 결과 자신의 가설적 명제의 하나인 '세속화 경향'의 영향에 대한 설득력이 떨어진다는 것을 확인하게 되었다. 따라서 그의 다른 한 가지 가설 명제인 '문화적 특수성' 요인은 미해결 과제로 남게 되었다(한내창, 2012).[11]

여하튼 한내창의 일련의 연구가 본 연구와 관련해 함의하는 것은 한국사회의 배경에서 종교(성) 변인과 사회정치적 참여에 대한 객관적 검증이 용이하지 않을 뿐만 아니라, 검증의 결과도 기존 이론의 개념이나 가정과 크게 일치하지 않는 변수적 관계가 도출될 수 있다는 점이다.

---

11 한내창은 동일한 사회총조사(GSS) 자료를 토대로 알포트와 로스의 본질적(I) 및 비본질적(E) 종교성 개념에 대한 이론적 및 방법론적 타당성을 검증하고자 하였다. 그 결과, 이 개념에 가정되어 있었던 I&E 간의 배타적 관계성보다는 상보적 관계성이 작동하는 것으로 나타났으며, 또한 본래 가정과는 다르게 강한 종교성이 강한 배타성을 나타내는 것으로 측정되었다. 따라서 전반적으로 종교성 척도로서의 I&E 종교성 개념의 유효성은 아직도 인정되어야 하겠지만, 이 개념에 내재화된 가치판단의 일부가 수정되어야 할 필요성이 있음을 주장한다(한내창, 2013).

## Ⅳ. 연구 방법 : 변수와 분석

### 1. 표본 추출 및 분석방법

본 연구의 분석자료는 2009년 한국종합사회조사(Korean General Social Survey, 이하 KGSS)이다. "KGSS는 전국의 18세 이상의 남녀를 대상으로 매년 실시하는 조사로 다단계지역확률표집(multi-stage area probability) 방법으로 인터뷰 대상을 추출한다. 현지조사는 대면심층면접(in-depth interviews)의 방법을 사용한다. KGSS는 성균관대학교 서베이리서치센터(http://src.skku.edu)가 한국 사회과학 연구를 위한 계량적 원자료 생산을 확대 · 축적하기 위해 매년 전국을 표본으로 조사하는 연구 사업이다. KGSS의 설문은 매년 반복하여 조사하는 핵심설문, ISSP(International Social Survey Programme) 회원국과 공동 조사하는 연차 주제모듈, 동아시아 4개국이 2년에 한 번 공동 조사하는 주제모듈과 특별 주제모듈을 매년 필요에 따라 유기적으로 결합시켜 조사를 시행하고 있다(김상욱 외, 2010).

KGSS 자료에는 종교성에 포함된 참석 빈도, 신앙심의 정도, 삶에 미치는 영향, 종교 유형이 제시되어 있으며, 종속변수로 사용된 사회에 대한 신뢰, 지도자에 대한 신뢰와 함께 사회정치참여가 조사되어 있어 본 연구를 수행하는 데에 적합하다.

수집된 데이터의 분석은 STATA 12를 이용하여 통계분석을 실시하였다. 본 연구 목적에 맞게 기술통계와 상관분석 및 회귀분석을 실시하였다. 회귀분석의 점진적 보정(progressive adjustment)을 활용하여 각 매개변수들이 종교성과 사회정치참여 활동을 얼마나 설명하며 매개효과를 가져오는지 살펴보았다. 종교성 변수들이 사회 신뢰와 지도자층 신뢰에 얼마나 설명하는지 살펴본 후 매개효과를 보기 위해 다시 종속변수로 활용된 변수들을 다음 분석에서는 매개변수로 투입하여 분석하였다. 많은 기존연구에서 종교성 변인이 배경변수나 미미한 영향력을 가진다는 점을 감안하여 통계적 유의미함을 넓게 범위를 두었다.

## 2. 분석대상의 특성

〈표 1〉은 분석대상자들의 사회경제학적 특성과 신뢰, 사회정치참여 활동, 종교성에 대한 기술통계를 제시한다. 독립변수인 종교성은 '종교가 삶에 미치는 영향 정도', '종교 참석 빈도', '종교 유형', '종교 믿음 정도'로 구성되어 있다. '종교가 삶에 미치는 정도'는 '매우 큰 영향을 줌~전혀 영향을 주지 않음'으로 4점 척도로 구성되어 있다. 해석의 용이함을 위해 역코딩을 하였다. '종교 참석 빈도'는 '일주일에 여러 번~전혀 안 감'으로 8점 척도로 구성되었다. 이 변수 또한 해석의 용이함을 위해 역코딩하였다. '종교 유형'은 불교, 개신교, 가톨릭으로 구성되어 있다. KGSS 자료에서는 기타 종교와 무교가 포함되어 있었으나 본 연구에는 종교인만을 대상으로 실시하였다. '종교 믿음 정도'는 신앙심으로 '강함~강하지 않음'으로 3점 척도로 구성되어 있으며 해석에 용이함을 위해 역코딩하였다.

종속변수인 사회정치적 활동 참여는 1)진정서에 서명하기, 2) 상품 구매 혹은 불매, 3) 시위 참가, 4) 정치 모임이나 집회 참가, 5) 정치인 공무원 접촉, 6) 기부 또는 모금 7) 언론기관 접촉 8) 인터넷 정치공개토론으로 구성되어 있다. 따라서 8가지 요인을 합한 후 나누어 하나의 변수, 즉 사회정치적 활동 참여라는 변수로 활용하였다. 이 8개 항목의 신뢰도(Cronbach -$\alpha$)는 .797로 높은 수준이다. 신뢰항목은 사회 신뢰, 지도자층 신뢰로 구성되어 있다. 사회에 대한 신뢰는 0점에서 10점으로 구성되어 있다. 지도자 신뢰는 1) 대기업 지도층에 대한 신뢰도, 2) 종교계 지도층에 대한 신뢰도, 3) 교육계 지도층에 대한 신뢰도, 4) 노동조합 지도층에 대한 신뢰도, 5) 신문사 지도층에 대한 신뢰도, 6) TV 방송국 지도층에 대한 신뢰도, 7) 의료계 지도층에 대한 신뢰도, 8) 중앙정부부처 지도층에 대한 신뢰도, 9)

지방자치정부 지도층에 대한 신뢰도, 10) 국회 지도층에 대한 신뢰도, 11) 대법원 지도층에 대한 신뢰도, 12) 학계 지도층에 대한 신뢰도, 13) 군대 지도층에 대한 신뢰도, 14) 금융기관 지도층에 대한 신뢰도, 15) 청와대 지도층에 대한 신뢰도, 16) 시민운동단체 지도층에 대한 신뢰도로 구성되어 있다. 이 변수 역시 하나로 합한 후 나누어 지도층에 대한 신뢰로 사용하였다. 이 16개 항목의 신뢰도(Cronbach−$\alpha$)는 .825로 매우 높은 수준이다.

**표 1** 기술통계

| Variable | | Obs | Mean | SD | Min | Max | cronbach − α |
|---|---|---|---|---|---|---|---|
| 종교성 | 삶에 미치는 영향 | 938 | 3.038 | .794 | 1 | 4 | − |
| | 종교 참석 빈도 | 823 | 4.767 | 1.825 | 1 | 7 | − |
| | 종교 유형 | 929 | 1.735 | .721 | 1 | 3 | − |
| | 종교 믿음 정도 | 929 | 2.661 | .763 | 1 | 3 | − |
| 사회정치 활동 참여 | 정치활동 참여 | 911 | 1.702 | .552 | 1 | 3.75 | .797 |
| 신뢰 | 사회 신뢰 | 937 | 5.398 | 1.794 | 0 | 10 | − |
| | 지도자 신뢰 | 813 | 1.836 | .310 | 1 | 3 | .825 |
| 정치성 | 정치 성향 | 906 | 2.990 | .985 | 1 | 5 | − |
| | 정치 만족도 | 933 | 2.174 | .969 | 1 | 5 | − |
| SES | 성별 | 941 | .582 | .493 | 0 | 1 | − |
| | 연령 | 939 | 45.491 | 15.581 | 18 | 89 | − |
| | 거주지 | 938 | 2.247 | 1.014 | 1 | 5 | − |
| | 결혼 상태 | 941 | 1.524 | .809 | 1 | 3 | − |
| | 교육 수준 | 940 | 3.557 | 1.580 | 0 | 7 | − |
| | (log)수입 | 901 | 5.642 | .898 | 1.946 | 8.294 | |

통제변수로 사용된 정치성은 '정치 성향'과 '정치 만족도'로 종속변수에 영향을 미칠 것으로 사료된 변수들로 구성되어 있다. '정치 성향'은 '매우 진보적~매우 보수적'으로 5점 척도로 구성되어 있다. '정치 만족도'는 '매우 만족~매우 불만족'으로 이 역시 5점 척도이다. 정치 만족도는 해석의

용이성을 위해 역코딩을 실시하였다.

성별, 연령, 결혼 상태, 교육 수준, 수입의 인구사회학적 변수를 투입하여 종교성과 종속변수의 허위관계를 통제하기 위한 선행변인으로 사용하였다. 성별은 남성을 준거집단으로 '0'으로 코딩하였으며, 여성은 '1'이다. 연령은 평균 45.49세이다. 결혼 상태는 준거집단을 기혼으로 나머지 두 범주는 결혼 후에 발생한 사건으로 비결혼상태로 사별, 이혼, 별거를 하나로 나머지 하나는 아직 결혼을 하지 않은 집단으로 구분하여 사용하였다. 교육 정도는 무학에서 대학원(박사과정)으로 높을수록 학력이 높은 서열변수의 형태를 가지지만 본 연구에서는 연속변수로 해석하였다. 수입은 '소득 없음'에서 '1,000만 원 이상'으로 월평균 가구 총소득을 사용하였다.

## V. 분석 결과

### 1. 주요 변수들의 상관분석

본 연구에서 사용된 종교성, 정치성, 사회인구학적 변수, 사회 신뢰, 지도자층 신뢰, 사회정치참여의 모든 측정변수에 대한 상관관계를 〈표 2〉에 제시하였다. 각 변수들 간의 관계를 살펴보면, 종교가 삶에 미치는 정도와 종교의 참석 빈도($r$=.781, $p$<.001), 종교 믿음 정도($r$=.872, $p$<.001), 사회 신뢰($r$=.073, $p$<.05), 지도층 신뢰($r$=.136, $p$<.001), 나이($r$=.174, $p$<.001)가 정적인 상관관계를 가졌다. 또한 정치 만족도($r$=−.109, $p$<.001)와는 부적인 상관관계를 가진다. 종교의 참석빈도는 종교의 믿음 정도($r$=.727, $p$<.001), 사회 신뢰($r$=.059, $p$<.05), 지도층 신뢰($r$=.095, $p$<.001), 나이($r$=.169, $p$<.001)가 정적인 상관관계를 가지며 정치 만족도($r$=−.108, $p$<.001)와는

부적인 상관관계를 가진다. 종교 믿음 정도는 사회 신뢰($r=.085$, $p<.001$), 지도층 신뢰($r=.162$, $p<.001$), 나이($r=.203$, $p<.001$)가 정적인 상관관계를 가지며 정치 만족도($r=-.143$, $p<.001$), 교육 정도($r=-.077$, $p<.05$), 가계수입($r=-.070$, $p<.05$)과는 부적인 상관관계를 가진다. 하지만 종교 참석 빈도와 종교 믿음 정도, 종교 중요도를 하나의 모델 안에 투입할 경우 다중공선성(multicollinearity)을 배제할 수 없다. 따라서 다중회귀분석에서는 모형 해

**표 2** 변인들의 상관관계

| | a | b | c | d | e | f | g | h | i | j | k |
|---|---|---|---|---|---|---|---|---|---|---|---|
| a | 1.00 | | | | | | | | | | |
| b | .781*** | 1.00 | | | | | | | | | |
| c | .872*** | .727*** | 1.00 | | | | | | | | |
| d | .028 | .047 | −.014 | 1.00 | | | | | | | |
| e | .073** | .059** | .085*** | −.009 | 1.00 | | | | | | |
| f | .136*** | .095*** | .162*** | −.074** | .356*** | 1.00 | | | | | |
| g | −.006 | −.010 | −.028 | .239*** | −.014 | −.042 | 1.00 | | | | |
| h | −.109*** | −.108*** | −.143*** | .228*** | −.222*** | −.302*** | .057** | 1.00 | | | |
| i | .174*** | .169*** | .203*** | −.252*** | .044 | .140*** | −.126*** | −.175*** | 1.00 | | |
| j | −.033 | −.034 | −.077** | .336*** | .048** | −.090*** | .100*** | .212*** | −.563*** | 1.00 | |
| k | −.038 | −.024 | −.070** | .250*** | .052** | −.031 | .023 | .156*** | −.384*** | .501*** | 1.00 |

a: 종교가 삶에 미치는 정도, b: 종교 참석 빈도, c: 종교 믿음 정도, d: 사회정치참여 활동, e: 사회 신뢰, f: 지도층 신뢰, g: 정치 성향, h: 정치 만족도, i: 나이, j: 교육 정도, k: 가계수입

석에 앞서 분석모형에서는 다중공선성을 확인하기 위해 분산팽창계수(VIF: variance inflation factor)값을 제시하였다.

## 2. 다중회귀분석 결과

〈표 3〉은 선행연구를 통해 사회정치활동 참여에 매개변수 역할을 할 가능성이 높은 사회 신뢰와 지도층 신뢰를 각각 종속변수로 하는 회귀분석표이다. 분석에 앞서 다중공선성(multicollinearity) 결과를 확인하기 위해 VIF값을 제시할 필요가 있다. 모델 1은 범위가 최소 1.06에서 최대 2.72이며 평균(mean VIF)은 1.66이다. 모델 2는 최소 1.06에서 최대 2.72이며 평균(mean VIF)은 1.59이다. 모델 3의 경우는 최소 1.06에서 최대 2.72로 평균(mean VIF)은 1.66이다. 모델 4는 1.06에서 최대 2.72로 평균(mean VIF)은 1.59이다. 통상 VIF값은 10 이상이면 다중공선성을 의심할 수 있다. 즉 〈표 3〉의 다중회귀분석은 다중공선성 문제가 해소되었다.

모델 1과 모델 2는 종속변수가 사회 신뢰이며 모델 3, 모델 4는 지도층 신뢰를 종속변수로 하였다. 모델 1은 통제변수로 사회인구학적 변수를 투입한 모델로 종교성이 사회인구학적 변수를 통제한 상태에서 사회 신뢰에 미치는 영향을 분석하였으며, 모델 2는 모델 1에 사회 신뢰에 영향을 줄 것으로 판단되는 정치적 성향과 정치 만족도를 투입하였다. 모델 3은 종교성이 사회인구학적 변수를 통제한 상태에서 지도층 신뢰에 미치는 영향을 분석하였다. 모델 4는 모델 2와 마찬가지로 정치적 성향과 정치 만족도를 통제변수로 투입하였다.

모델 1의 결과를 보면, 종교성은 사회 신뢰에 영향을 미치지 못하였다. 모델 2의 경우 정치적 성향과 정치 만족도를 통제하면 종교가 삶에 영향을 미치는 정도가 높을수록 사회를 신뢰하는 정도가 높아진다. 통제변수 중 정치 만족도는 그 만족도가 높을수록 사회 신뢰가 높아진다. 모델 3에서는 종속변수가 지도층에 대한 신뢰이다. 종교성 요인 중에서는 종교에 대한 믿음이 높을수록 지도층에 대한 신뢰가 높았다.

마지막으로 모델 4의 결과는 참석 빈도가 높을수록 지도층에 대한 신뢰는 오히려 낮아짐을 볼 수 있다. 또한 믿음 정도는 믿음이 높을수록 지도층에 대한 신뢰는 높다.

요약하면 사회 신뢰에 대한 종교성은 통계적으로 유의미하지 않았다. 사회 신뢰에 대한 기존의 많은 연구들에서 종교성 변인의 설명력이 낮다는 것을 감안하여 통제변수로 정치적 요인을 투입하여도 모델 1과 모델 2는 설명력이 낮았다. 종속변수를 지도층 신뢰로 분석한 모델 3, 모델 4에서는 낮은 통계적 유의미함($p<.10$)을 보여준 참석 빈도와 믿음 정도만이 지도층 신뢰에 통계적으로 유의미함을 가졌다.

**표 3** 사회 신뢰, 지도층 신뢰를 종속변수로 하는 회귀분석

| variable | | model 1 | model 2 | model 3 | model 4 |
|---|---|---|---|---|---|
| | | 사회 신뢰 | | 지도층 신뢰 | |
| 종교 요인 | 삶의 영향 정도 | .115<br>(.110) | .166<br>(.109) | −.009<br>(.020) | −.005<br>(.020) |
| | 참석 빈도 | −.066<br>(.050) | −.072<br>(.050) | −.015<br>(.009) | −.017+<br>(.009) |
| | 응답자 종교(기준: 불교) | | | | |
| | 개신교 | .231<br>(.182) | .168<br>(.179) | .053<br>(.033) | .047<br>(.032) |
| | 가톨릭 | .006<br>(.211) | .077<br>(.210) | −.005<br>(.038) | .005<br>(.037) |
| | 믿음 정도 | .141<br>(.103) | .115<br>(.102) | .056**<br>(.019) | .039*<br>(.018) |
| SES | 성(기준: 남) | −.297*<br>(.141) | −.332*<br>(.138) | .013<br>(.026) | .011<br>(.025) |
| | 나이 | .011<br>(.007) | .004<br>(.007) | .004**<br>(.001) | .003***<br>(.001) |
| | 도시화 수준(기준: 큰 도시) | | | | |
| | 큰 도시 주변 | −.024<br>(.170) | −.050<br>(.167) | .029<br>(.031) | .028<br>(.030) |

| | | | | | |
|---|---|---|---|---|---|
| | 작은 도시 | −.282+<br>(.165) | −.326*<br>(.161) | .006<br>(.030) | .010<br>(.029) |
| | 시골마을 | −.374<br>(.246) | −.462+<br>(.244) | .053<br>(.046) | .041<br>(.044) |
| | 외딴 곳 | −.814<br>(.737) | −.894<br>(.780) | .001<br>(.153) | .045<br>(.146) |
| | 혼인 상태(기준: 기혼) | | | | |
| | 사별, 이혼, 별거 | −.036<br>(.231) | −.092<br>(.234) | .144**<br>(.044) | .100*<br>(.043) |
| | 미혼, 동거 | .176<br>(.210) | .020<br>(.207) | .076*<br>(.038) | .050<br>(.037) |
| | 교육 정도 | .037<br>(.058) | .042<br>(.058) | −.003<br>(.011) | .003<br>(.010) |
| | 수입 | .109<br>(.086) | .101<br>(.087) | .038*<br>(.016) | .039*<br>(.015) |
| 정치 요인 | 정치적 성향 | | .077<br>(.066) | | .003<br>(.012) |
| | 정치 만족도 | | 388***<br>(.064) | | .099***<br>(.012) |
| | 상수 | 4.083***<br>(.733) | 3.406***<br>(.781) | 1.376***<br>(.135) | 1.206***<br>(.139) |
| | *N* | 764 | 735 | 666 | 652 |
| | $R^2$ | .034 | .082 | .078 | .162 |
| | $Adj\text{-}R^2$ | .015 | .060 | .056 | .139 |

+$p$ < .10 *$p$ < .05, ** < .01, *** < .001

〈표 4〉는 종교성이 사회 신뢰, 지도층 신뢰로 이어져 사회정치적 활동 참여에 영향을 미칠 것으로 판단되어 사회인구학적 변수와 사회 신뢰, 지도층 신뢰를 통제한 상태에서 분석한 결과이다. 본 분석을 통해 종교성이 사회정치활동 참여에 미치는 영향이 통계적으로 유의미한지 확인하고 사회 신뢰와 지도층 신뢰가 매개변수로 유의미한 역할을 하는지 검증한다. 〈표 4〉의 본격적인 분석에 앞서 다중공선성을 확인하였다. 모델 1은 최소 1.06에서 최대 2.72로 구성되어 있으며 평균(mean VIF)값은 1.66이다. 모델

2는 최소 1.07에서 최대 2.72이며 평균(mean VIF)값은 1.59이다. 모델 3은 최소 1.06에서 최대 2.74이며 평균(mean VIF)값은 1.57이다. 모델 4는 최소 1.07에서 최대 2.70이며 평균(mean VIF)값은 1.58이다. 마지막 모델 5는 최소 1.07에서 최대 2.70이며 평균(mean VIF)값은 1.57이다. 종합적으로 보면 다중공선성 문제는 해소되었다.

분석 결과를 살펴보면, 모델 1은 나이가 낮을수록 사회정치활동 참여성이 높았으며 미혼 동거에 비해 기혼이 유의미하게 높았다. 또한 교육과 수입이 높을수록 사회정치활동 참여를 한다. 본격적인 종교성에 대한 분석 결과는 종교가 삶에 미치는 영향 정도가 높을수록 사회정치활동 참여에 정적인 방향으로 통계적으로 유의미했다. 또한 참석 빈도와 응답자 종교 유형은 통계적으로 유의미하지 않았다. 하지만 종교에 대한 믿음 정도는 종교가 삶에 영향을 미치는 정도와는 반대로 부적인 방향으로 유의미했다.

모델 2는 사회정치활동 참여에 직접적인 영향을 줄 것으로 판단되는 정치요인을 투입하였다. 그 결과 삶의 영향 정도가 통계적 유의미함이 낮아졌다($p<.10$). 또한 종교에 대한 믿음 정도는 유의미함이 사라졌다. 즉 정치적 요인들이 사회정치활동 참여에 많은 부분 설명력을 가지고 있다는 것을 의미한다. 설명력 역시 16.8%에서 22.2%로 상승하였다. 모델 3은 매개변수로 사회 신뢰를 투입하였다. 설명력 상승은 1%에 불과했으며 회귀계수들 역시 미미한 수준에서만 변동이 있었다. 모델 4는 매개변수로 지도층에 대한 신뢰를 투입하였다. 분석 결과 종교가 삶에 미치는 영향 정도가 높을수록 사회정치활동 참여가 통계적으로 유의미한 정적인 모습을 보였다. 모델 5는 매개변수들을 모두 투입한 상태에서 종교성과 관련된 변수들의 계수를 살펴보고자 했으나 회귀계수의 변화는 미미한 수준에 그쳤다.

본 분석에 기초해 요약하면, 사회 신뢰와 지도층에 대한 매개효과는 발견되지 않았다. 이러한 결과로 추론을 하면 종교성이 주는 영향력은 사회정치활동 참여와 사회 신뢰, 지도층에 대한 신뢰가 각각 다르게 나타나며 매개해서 나타나지 않음을 확인할 수 있었다. 이는 〈표 3〉의 결과에서 종교성이 사회 신뢰에는 아무런 통계적 유의미함이 없으며, 지도층에 대한 신뢰는 종교에 대한 믿음 정도가 영향을 미치며 〈표 4〉에서와 같이 종교가 삶의 영향 정도에 미치는 정도가 사회정치활동 참여에 정적인 영향을 준다는 것으로 확인할 수 있었다. 따라서 종교성 안에서 이 두 변수는 각각 다른 효과를 가진다는 것을 확인할 수 있었다.

**표 4** 사회정치활동 참여가 종속변수인 회귀분석표

| variable | | model 1 | model 2 | model 3 | model 4 | model 5 |
|---|---|---|---|---|---|---|
| | | 종속변수: 사회정치활동 참여 | | | | |
| 종교 요인 | 삶의 영향 정도 | .088**<br>(.033) | .058+<br>(.032) | .059+<br>(.032) | .084*<br>(.035) | .083*<br>(.035) |
| | 참석 빈도 | .004<br>(.015) | .013<br>(.015) | .012<br>(.015) | .007<br>(.016) | .007<br>(.010) |
| | 응답자 종교(기준: 불교) | | | | | |
| | 개신교 | −.007<br>(.054) | −.023<br>(.053) | −.022<br>(.053) | −.008<br>(.057) | −.007<br>(.057) |
| | 가톨릭 | .055<br>(.062) | .049<br>(.062) | .050<br>(.062) | .057<br>(.066) | .058<br>(.066) |
| | 믿음 성도 | −.060*<br>(.031) | −.034<br>(.030) | −.034<br>(.030) | −.053<br>(.033) | −.053<br>(.033) |
| | 성(기준: 남) | −.067<br>(.042) | −.061<br>(.041) | −.066<br>(.041) | .067<br>(.044) | −.067<br>(.044) |
| | 나이 | −.008***<br>(.002) | −.007***<br>(.002) | −.007***<br>(.002) | −.008***<br>(.002) | −.008***<br>(.002) |
| | 도시화 수준(기준: 큰 도시) | | | | | |
| | 큰 도시 주변 | .023<br>(.050) | .049<br>(.050) | .051<br>(.050) | .063<br>(.053) | .063<br>(.053) |
| | 작은 도시 | −.023<br>(.046) | −.049<br>(.048) | −.051<br>(.048) | −.042<br>(.051) | −.041<br>(.052) |
| | 시골마을 | −.002<br>(.073) | .033<br>(.072) | .031<br>(.072) | .044<br>(.079) | .044<br>(.079) |
| | 외딴 곳 | −.048<br>(.216) | .055<br>(.229) | .049<br>(.229) | .255<br>(.259) | .256<br>(.260) |
| | 혼인 상태(기준: 기혼) | | | | | |

| | | | | | | |
|---|---|---|---|---|---|---|
| | 사별, 이혼, 별거 | .043<br>(.069) | .052<br>(.070) | .052<br>(.070) | .093<br>(.077) | .093<br>(.077) |
| | 미혼, 동거 | −.127*<br>(.062) | −.145*<br>(.061) | −.149*<br>(.061) | −.173**<br>(.065) | −.172**<br>(.065) |
| | 교육 정도 | .067***<br>(.017) | .065***<br>(.017) | .064***<br>(.017) | .062***<br>(.018) | .062***<br>(.018) |
| | 수입 | .071**<br>(.025) | .056*<br>(.026) | .056*<br>(.026) | .067*<br>(.028) | .067*<br>(.028) |
| 정치 요인 | 정치적 성향 | | .099***<br>(.019) | .100***<br>(.019) | .109***<br>(.021) | .108***<br>(.021) |
| | 정치 만족도 | | −.098***<br>(.020) | −.097***<br>(.021) | −.093***<br>(.022) | −.093***<br>(.022) |
| 매개 변수 | 사회 신뢰도 | | | −.005<br>(.011) | | .001<br>(.013) |
| | 지도층 신뢰도 | | | | −.042<br>(.071) | −.043<br>(.074) |
| | 상수 | 1.314***<br>(.217) | 1.311**<br>(.231) | 1.347***<br>(.235) | 1.299**<br>(.262) | 1.298**<br>(.263) |
| | *N* | 745 | 718 | 717 | 641 | 641 |
| | $R^2$ | .185 | .241 | .242 | .248 | .248 |
| | $Adj\text{-}R^2$ | .168 | .222 | .223 | .226 | .225 |

$+p < .10$ $^{*}p < .05$, $^{**}p < .01$, $^{***}p < .001$

## Ⅵ. 맺음말

본 연구는 종교성이 신뢰 규범과 같은 사회적 자본을 증진하고, 그 사회적 자본이 사회정치적 활동 참여를 촉진하게 된다는 '종교성과 사회정치적 참여'의 일반 가설에 기초한 것이다. 이를 검증하기 위해 종교성을 대표하는 변인으로 참석 빈도, 신앙심의 정도, 삶에 미치는 영향, 종교 유형 등의 요인을 설정하고, 종속변인으로 사회에 대한 신뢰, 지도자에 대한 신뢰와 함께 사회정치적 참여의 요인들을 포함하여 양 변인들 간의 상관성을 상관분석과 회귀분석을 통하여 검토해 보았다. 분석 결과, 전체적으로 종교성 변인이 사회정치적 활동 참여에 어느 정도 통계적으로 유의미한 영향을 미치고 있지만, 그 정도는 아주 미약한 것으로 나타났다.

분석 결과를 요약하면 다음과 같다. 첫째, 종교성의 변인이 '사회 신뢰 증진에 미치는 영향'은 통계적 유의미성을 가지지 않는 것으로 나타났다. 설명력 또한 사회정치적 요인들을 투입한 조건에서도 낮은 것으로 나타난다. 기존의 다른 연구들에서 종교 관련 변인들에 대한 설명력이 낮게 분석되었다는 점을 고려하더라도, 사회 신뢰에 대한 종교성의 영향은 거의 나타나지 않았다. 이 점에서 한국 사회에 종교(성) 변인이 아닌 또 다른 배경적 변수요인이 신뢰의 구성에 영향을 미치는 것은 아닌가 하는 추측을 갖게 한다. 한 가지 가능성이 한국 사회 전반의 낮은 신뢰성 수준이다. 한국의 신뢰 수준은 예컨대, OECD 회원국 29개 국가 중 24위의 수준으로 현저히 낮다(이동원 외, 2009). 이러한 낮은 사회 신뢰의 배경에서는 종교성 변인이 호혜적 신뢰 규범을 증진하고 사회정치적 참여의 동기를 추동하는 힘을 미치게 하는 데에는 한계가 있을 가능성이 크다.

하지만 이와 관련한 또 다른 해석도 가능하다. 즉 초월적 존재를 믿는 종교인들이 일반적으로 신뢰 규범의 가치를 중시하기 때문에 비종교인들에 비해 정부에 대한 높은 신뢰 수준을 나타낸다는 분석이다(이승종, 2010). 이 점은 종교성 변인의 효과에 대한 이중적 해석이 가능하다는 것을 의미한다. 하지만 이승종의 연구와는 다르게, 본 연구에서는 종교신앙인만을 대상으로 신뢰 증진의 여부를 분석하였기 때문에 그 결과가 다르게 나타난 것이라고 볼 수 있다. 즉 정부라는 구체적 대상에 대한 신뢰보다는 사회라는 추상적 대상에 대한 신뢰가 낮게 나타날 가능성이 크기 때문이다.

이 점은 두 번째 연구 결과, 즉 종교성 변인이 '지도층에 대한 신뢰에 미치는 영향'의 측면을 보면 이해가 가능해진다. 본 연구 결과에서는 종교적 믿음 정도가 지도층에 대한 신뢰에 정적인 영향을 미치는 것으로 나타났다. 즉, 종교적 믿음의 정도가 높을수록 지도층에 대한 신뢰가 증가하는 결과가 나타났다. 여기서 '높은 종교적 믿음'과 '지도층에 대한 높은 신뢰'의 상관성을 어떻게 이해해야 할까? 이에 대한 설명은 한국 사회 전반의 낮은 신뢰수준의 현상과 더불어 (비)본질적 종교 개념을 필요로 한다. 즉 여기서 종교적 믿음의 정도가 높다는 것은 세속적 · 이기적 성취를 위한 수단으로서의 비본질적 종교성이 높은 것을 의미하는 것으로 이해될 수 있다. 비본질적 종교성을 가진 사람들은 자신의 세속적 · 이기적 목적을 실현하기 위해 종교적 신앙을 수단화하는 경향이 있다(Allport and Ross, 1967; 한내창, 2001, 2012, 2013). 이 유형의 신앙인은 대인적 친목과 사교를 증진하고자 하는 도구적 목적의식이 강하고 사회적 지위를 획득하고자 하는 권위지향적 성향이 두드러진다. 실제로 많은 선행연구들은 높은 종교적 믿음이 종종 우월주의나 권위주의를 지향하는 사회적 태도로 연결되어 표출된다고 분석한다(Roberts, 1984; 오경환, 1990; 이원규, 2006; 윤인진 · 양대영, 2013).

이렇게 볼 때, 종교적 믿음의 강도가 강한 신앙인은 권위주의에 대한 긍정적 입장을 갖게 되어 지도자 계층에 대한 신뢰의 태도를 증대시키게 될 가능성이 커진다. 그리고 종교적 믿음이 강하다는 것이 종교적 몰입이 높다는 것으로 이해한다면, 이수인(2004)의 연구 결과에서와 같이 보수적 태도로 연결될 가능성이 크다고 해석할 수도 있다. 즉, 높은 종교적 믿음과 종교적 몰입은 비본질적 종교성을 나타내는 하위변수로 작동할 수 있는 가능성이 있다는 말이다. 물론 종교적 믿음의 정도가 반드시 직접적으로 비본질적 종교성을 대표할 수는 없지만, 믿음의 정도가 강해지면 권위주의에 대한 긍정적인 태도를 나타내는 경우가 상당하게 관찰된다는 점에서 비본질적 종교성의 특성 범주에 포함될 수 있을 것이다.

다른 한편 이러한 현상은 한국 사회의 문화 · 정서적 특수성과 밀접한 관련을 갖는다. 이 차원의 '문화 · 정서적 특수성'의 문제는 개신교와 사회자본의 관계성 분석을 통해 호혜적 신뢰의 문제를 주목한 장형철의 연구에서도 지적되었다. 장형철(2013)은 한국 개신교 자체의 낮은 공적 신뢰도와 배타적 내집단주의 신앙규범이 사회적 자본을 구성하는 상호 호혜적 신뢰성이 취약하게 나타나도록 조건화하고 있다고 주장한다. 하지만 앞에서 살펴봤듯이, 신뢰의 종류에 따라 그 문화 · 정서적 특수성의 영향력은 다르게 나타날 수 있다.

셋째, 종교성 변인이 사회정치활동 참여에 미치는 영향과 관련해서는 '종교가 삶에 미치는 정도' 변수가 통계적으로 유의미한 관계를 갖는 것으로 나타났다. 즉 종교가 삶에 미치는 정도가 높을수록 사회정치적 참여 활동은 높게 나타난다. 그럼 '종교가 삶에 미치는 정도가 높다.'는 것은 무슨 의미일까? 이 질문은 종교성의 측면 중 컴튼이 말하는 긍정적 종교성 또는 알포트와 로스가 말하는 본질적(intrinsic) 종교성을 가지는 신앙인의 삶의 특성과 연관된다(Allport and Ross, 1967; 컴튼, 2007). 본질적 의미의 종교 성향을 가진 사람들은 종교를 통해 삶의 목적과 의미를 확인하며, 교의와 같은 규율을 충실히 실행하는 경향이 강하다. 때문에 이들은 지역사회의 쟁점이나 의사결정에 대한 도덕적 판단과 선택에 적극 참여하며 이 과정은 자연스럽게 자원봉사활동과 같은 사회정치적 참여 활동으로 이어지게 된다(Cnaan, 2009; Cnaan and Curtis, 2013; 한도현 외, 2006). 또한 종교성이 높은 성숙한 신앙심의 핵심이 자신과 신과의 관계에 대한 믿음을 통해 신이 부여한 세상적 사명을 실현해 가는 과정에서 타인에 대한 봉사와 배려의 동기를 갖게 됨으로(김동기, 2008; 이수인, 2013), 사회적 약자와 정치사회적 문제에 적극적으로 참여하는 태도를 나타내게 된다.

특이한 점은 상관분석에서 '종교가 삶에 미치는 정도'와 '믿음의 정도'가 정적인 상관관계에 있다는 것이다. 종교가 삶에 미치는 정도가 높으면 믿음의 정도도 높다. 이는 역의 방향도 마찬가지다. 하지만 다중회귀분석 결과를 종합해 볼 때, 이러한 종교성 변수들이 종속변수인 '지도층에 대한 신뢰'와 '사회정치활동 참여'에는 각각 상이한 영향을 미친다. 즉 '종교가 삶에 미치는 정도'가 높다는 말은 종교를 자신의 삶에 적극 받아들여 만족감을 얻고, 이러한 만족감이 사회정치활동 참여의 증진으로 이어진다. 하지만 '믿음의 정도'가 높다는 것은 곧 종교에 대한 신뢰가 높다는 것을 의미한다. 바로 이 점에서 앞에서 검토한 대로, 이러한 높은 수준의 신뢰는 친권위주의적 성향으로 이어지게 되면서 사회정치활동 참여보다는 지도층에 대한 신뢰로 이어지게 된다고 해석할 수 있다.

물론 '종교가 삶에 미치는 정도'와 '믿음의 정도'라는 변수는 종교에 의해 영향을 받으며 개인에 의해 높은 정적 상관성을 보이게 되지만 그것이 추동하는 방향은 각각 상이하다. 종교가 삶에 미치는 정도가 높다는 것은 종교가 가진 긍정적 측면을 내면화하고 다시 그것을 타인과의 상호 호혜성으로 연결될 수 있는 힘을 가지지만, 강한 종교적 믿음은 권위지향적 성향의 측면을 받아들여 보수적인 태도를 형성하게 되고 더 나아가 지도층에 대한 신뢰로 이어질 수 있다는 점에서는 차이를 보인다. 즉 이 두 가지 종교성의 변수는 똑같이 공통적으로 종교의 영향을 받아 내면화되지만, 이 두 변수가 보여주는 효과는 다르게 나타날 수 있다는 것을 함의한다.

넷째, 사회정치참여의 효과와 관련하여 신뢰가 가지는 매개효과는 나타나지 않았다. 어쩌면 서구사회의 경우처럼 사회정치적 참여가 사회적 신뢰의 증진으로 이어지는 것은 해당 사회의 역사 · 문화적 환경의 영향을 받는다. 한국 사회의 경우, 기본적으로 낮은 사회적 신뢰성을 보이며 지도층에 대한 불신도 다른 국가에 비해 높다. 그럼 앞으로도 계속해서 한국 사회에서는 사회정치적 참여의 증가가능성은 낮은 수준에 머물 것인가? 관련된 해외연구들이 지속적으로 보여주고 있듯이, 이론적으로는 그렇지 않을 것이라는 예측이 가능하다. 하지만 앞에서 되풀이해서 지적하듯이, 그 이론적 가능성은 낮은 수준의 사회적 신뢰성과 같은 한국 사회의 문화 · 정서적 특수성의 영향력을 어떻게 극복할 것이냐의 문제와 불가분하게 연결된다고 본다.

종합해 보면, 한국 사회에서 종교성 변인이 호혜적 신뢰 증진과 사회정치적 참여에 미치는 영향력의 정도는 종교성을 구성하는 변인 항목에 따라 상이한 효과를 보인다는 것을 확인할 수 있었다. 그리고 사회 신뢰가 사회정치적 활동 참여를 추동하는 인과적 또는 매개적 효과를 직접적으로 나타낸다고 보기보다는, 그 이외의 배경적 요인들에 의해서도 추동되고 있다는 해석을 추론할 수 있었다. 하지만 그럼에도 불구하고, 높은 수준의 본질적 종교성을 형성하게 된다면 사회정치적 활동 참여가 증진될 수 있을 것으로 예측한다. 물론 이 가능성을 실현하기 위한 전제는 바로 앞에서 얘기한 한국의 특수한 문화 · 정서적 영향력을 이떻게 극복할 것이냐의 문제와 연관된다.

마지막으로 본 연구의 한계나 제한점은 다음과 같다. 첫째, 종교성에 대한 폭넓은 개념들을 사용함으로써 본질적/비본질적 종교성을 명확하게 제시하지 못했다. 국내에서 알포트와 로스의 종교성 개념의 유효성에 대하여 아직까지 정확하게 규정되어 있지 못한 상황에서(한내창, 2012, 2013), 단지 추론을 통해서만 그 변수적 영향력을 확인할 수 있었다. 따라서 해외연구 분석에서 사용된 종교성 개념과 국내에서 사용되는 개념을 비교 분석해야 할 필요성이 요구된다. 둘째, 사회 신뢰와 지도층에 대한 신뢰를 검증하는 데에 있어서 신뢰의 개념에 대한 깊이 있는 논의가 부족했다. 사회 신뢰는 보편적인 신뢰로 정의할 수 있지만, 지도층에 대한 신뢰를 종교성과 연관해 경험적인 연구를 진행힌 분석들이 부족한 실정이다. 따라서 국내외 연구들에 대한 분석을 좀 더 보충하여 종교성과 신뢰의 관계를 다시 고찰해 볼 필요가 있다. 셋째, 호혜적 신뢰와 사회정치적 참여에 대한 문제이다. 본 연구에서는 종교성이 신뢰를 형성하고 그 신뢰가 사회정치 참여의 증진으로 이어질 것이라는 가정하에 연구 모형을 설정하였으나 그 역의 경우도 발생할 수 있다. 이에 후속 연구에서는 한국의 문화 · 정서적 특수성의 문제를 깊이 있게 고려하면서 종교성 변인의 사회정치적 참여의 효과를 검토할 것이 요청된다.

# 참고문헌

**강인철**, 1996, 「한국기독교회와 국가시민사회: 1945-1960」, 서울: 한국기독교연사연구소.

______, 2004, "수렴 혹은 헤게모니? 1990년대 이후 개신교 지형의 변화," 「경제와 사회」, 62: 18-53.

______, 2014, "정교분리 이후의 종교와 정치: 의미와 동학," 「민주사회와 정책연구」, 26: 139-167.

**강철희 · 정상원 · 이지혜**, 2009, "종교인구의 사회봉사 참여수준에 관한 연구: 종교적 요인 및 비종교적 요인의 영향력에 관한 분석," 「사회복지정책」, 36(1): 5-34.

**강철희 · 허영혜 · 최영훈**, 2013, "종교와 기부행동의 관계에 대한 연구: 종교성의 조절효과," 「한국사회복지학」, 65(4): 341-365.

**기독교윤리실천운동**, 2014, 「2013년 한국 교회의 사회적 신뢰도 여론조사 결과발표 세미나 자료집」, 서울: 기독교윤리실천운동본부.

**김동기**, 2008, "천주교인의 집단 성경공부 참여에 의한 신앙성숙과 종교적 태도변화에 대한 고찰," 「종교교육학연구」, 27: 141-157.

**김상욱 · 김석호 · 김소임 · 김종수 · 박병진**, 2010, 「KGSS 한국종합사회 조사 2009」, 서울: 성균관대학출판부.

**김상준**, 2004, "부르디외, 콜만, 푸트남의 사회적 자본 개념 비판," 「한국사회학」, 38(6): 63-95.

**김성건**, 2010, "한국교회의 정치참여: 사회학적 관찰," 「종교와사회」, 창간호: 7-36.

**김성건 · 정종현**, 2009, "종교 체험의 사회적 영향력: 성령체험을 중심으로," 「후기사회학대회 발표논문집」, 한국사회학회, 2009.12.18./19.(고려대학교): 1023-1034.

**김승현**, 2008, "사회적 자본의 구성요소와 상관관계에 관한 연구," 「한국정치학회보」, 42(2): 67-89.

**대한불교조계종 불교사회연구소**, 2012, "한국의 사회 · 정치 및 종교에 관한 대국민여론조사 결과보고서(2012.11.15.)." http://www.jsbs.kr/board/fsboard.asp?

id=activity_02&mode=view&idx=3&page=3
**마두로, 오토**(Otto Maduro), 1988, 「사회적 갈등과 종교」, 강인철 옮김, 서울: 한국신학연구소.
**박수호**, 2010, "한국불교사회운동의 이해: 교리적 근거와 역사적 전개과정을 중심으로," 「종교와사회」, 창간호: 95-135.
**박수호 · 정승안**, 2014, "1980년대 불교청년운동의 전개와 특성: 정치사회적 발전의 맥락에서," 「사회와이론」, 24: 339-367.
**박찬웅**, 2006, 「시장과 사회적 자본」, 서울: 그린.
**송경재**, 2013, "사회적 자본과 한국의 시민참여. 관습적 · 비관습적 참여와 사회적 자본," 「한국정당학회보」, 12(2): 221-244.
**송재룡**, 2013, "영성 사회학 테제의 가능성: 쟁점과 전망," 「사회이론」, 44: 257-289.
**오경환**, 1990, 「종교사회학」, 서울: 서광사.
**유석춘(엮음)**, 2004, 「한국의 시민사회, 연고집단, 사회자본」, 서울: 자유기업원.
**유승무**, 2011, "해방 이후 국가와 불교의 갈등: 대통령의 종교와 연관하여," 한국종교사회학회 · 한국사회역사학회 공동학술세미나, 「한국사회의 갈등과 대통령의 종교」, 이화여자대학교, 2011.11.25.
**윤인진 · 양대영**, 2013, "한국인의 종교성과 종교적 배타성: 대인관계와 정치 후보자 지지를 중심으로," 「아세아연구」, 56(2): 226-369.
**이동원 · 정갑영 · 박준 · 채승병 · 한준**, 2009, 「제3의 자본: 사회적 자본은 어떻게 증진되는가?」, 서울: 삼성경제연구소.
**이병욱**, 2010, "근현대 한국불교의 사회참여 사상의 변화," 「종교와사회」, 창간호: 37-65.
**이수인**, 2004, "개신교 보수분파의 정치적 행위: 사회학적 고찰," 「경제와사회」, 64: 265-299.
**이수인**, 2013, "종교와 종교성 그리고 정치적 태도," 「동향과 전망」, 88: 290-335.
**이숙종 · 유희정**, 2010, "개인의 사회자본이 정치참여에 미치는 영향," 「한국정치학회보」, 44(4): 287-313.
**이승종**, 2010, "정부 신뢰에 대한 종교의 영향," 「한국행정학보」, 44(1): 99-119.
**이원규**, 2006, 「종교사회학의 이해」, 서울: 나남.
**이진구**, 2008, "현대 한국 종교의 정치참여 형태와 그 특성," 「종교문화연구」, 10: 1-30.
**이형탁 · 김문섭 · 이호택**, 2013, "종교성이 자원봉사 참여 동기 형성에 미치는 영향," 「로고스경영연구」, 11(2): 121-140.
**장형철**, 2013, "종교와 사회적 자본: 한국 개신교회를 중심으로," 「현상과인식」,

37(1/2): 79-101.

**전명수**, 2013, "한국 종교와 정치의 관계: 대통령 선거를 중심으로,"「담론201」, 16(2): 75-101.

______, 2014, "종교의 정치 참여에 대한 일고찰: 한국의 종교와 정치 발전 연구의 일환으로,"「담론201」, 17(3): 31-56.

**정재영 · 장형철**, 2012, "미디어 속의 18대 대통령 선거와 종교," 한국종교사회학회 · 한국사회역사학회 공동학술세미나, 「리더십 전환기의 대통령 선거와 종교」, 이화여자대학교, 2012.11.16.

**정종현**, 2010, "오순절 교회에서 나타나는 정치 참여의 특징,"「종교와사회」, 창간호: 67-92.

**정태식**, 2008, "종교의 바람직한 정치 참여에 대한 사회학적 응답," 한국사회학회, 「한국사회학대회논문집」, 2008.12., 158-175.

**정태식**, 2009, "공적 종교로서의 미국 개신교 근본주의의 정치적 역할과 한계,"「현상과인식」, 33(1 · 2): 40-67.

______, 2012, "종교와 정치의 긴장과 타협: 한국 개신교 대통령의 구원귀족 역할," 「신학 사장」, 156.

______, 2013, "종교와 정치,"「21세기 종교사회학」, 김성건 외, 146-179, 서울: 다산출판사.

**최현종**, 2012, "선거의 독립변수로서의 종교적 요인," 한국종교사회학회 · 한국사회역사학회 공동학술세미나, 「리더십 전환기의 대통령 선거와 종교」, 이화여자대학교, 2012.11.16.

**한내창**, 2000, I/E 종교성의 타당성 검증: 세계 36개국 자료 비교, 「종교연구」, 70: 157-185.

______, 2001, "우리문화에서 I/E 및 기타 종교성 척도,"「한국사회학」, 35(6): 193-216.

______, 2012, "종교성이 사회적 태도에 미치는 영향에 대한 국제 비교,"「종교교육학연구」, 40: 115-148.

______, 2013, "Allport & Ross의 I/E 종교성 척도 평가,"「원불교학」, 5: 257-288.

**한국갤럽**, 2015, 「한국인의 종교 1984-2014」, 서울: 한국갤럽조사연구소.

**한도현 · 서우석 · 노연희 · 이진구**, 2006, 「종교와 시민공동체: 자원봉사, 참여, 신앙」, 서울: 백산서당.

**한목협 글로벌리서치**, 2014, 「한국기독교 분석리포트: 2013 한국인의 종교생활과 의식조사 보고서(개정증보판)」, 서울: URD.

**한준**, 2006, "사회적 자본과 가버넌스,"「국정관리연구」, 1(1): 83-102.

**Allport, Gordon W.,** 1950, *The Individual and His Religion*, New York: MacMillan.

**Allport, Gordon W. and J. Michael Ross,** 1967, "Personal Religious Orientation and Prejudice," *Journal of Personality and Social Psychology*, 5: 447-457.

**Bellah, Robert N.,** 1967, "Civil Religion in America," *Daedalus*, 96: 1-21.

**Berger, Peter L.,** 2002[1999], *The Desecularization of the World: Resurgent Religion and World Politics*, Michigan: William B. Eerdmans, 「세속화냐? 탈세속화냐?」, 김덕영 · 송재룡(역), 서울: 대한기독교서회.

______________, 2006, "Religion and Global Civil Society," in Mark Juergensmeyer (ed.), *Religion in Global Civil Society*, 11-22, Oxford: Oxford University.

**Casanova, Jose,** 1994, *Public Religion in the Modern World*, Chicago: University of Chicago Press.

**Cnaan, Ram A.,** 1999, "Our Hidden Safety Net," *The Brookings Review*, 17(2): 50-53.

______________, 2009, Valuing the Contribution of Urban Religious Congregations, *Public Management Review*, 11(5): 641-662.

**Cnaan, Ram A. and Daniel W. Curtis,** 2013, "Religious Congregations as Voluntary Associations: An Overview," *Nonprofit & Voluntary Sector Quarterly*, 42(1): 7-33.

**Cnaan, Ram A. and Stephanie C. Boddie,** 2001, "Philadelphia Census of Congregations and Their Involvement in Social Service Delivery," *Social Service Review*, 75(4): 559-580.

**Cnaan, Ram A, Robert J. Wineburg, and Stephanie C. Boddie,** 1999, *The Newer Deal: Social Work and Religion in Partnership*, New York: Columbia University Press.

**Cnaan, Ram A., Stephanie C. Boddie, C. C. McGrew, and J. Kang,** 2006, *The Other Philadelphia Story: How Local Congregations Support Quality of Life in Urban America*, Philadelphia, PA: University of Pennsylvania Press.

**Cnaan, Ram A., Stephanie C. Boddie, Femida Handy, G. Yancey, and R. Schneider,** 2002, *The Invisible Caring Hand: American Congregations and the Provision of Welfare*, New York: New York University Press.

**Coleman, James,** 1988, "Social Capital in the Creation of Human Capital," *American Journal of Sociology*, 94: 95-121.

______________, 1990, *Foundation of Social Theory*, Cambridge, MA: Harvard University Press.

**Compton, William C,** 2007[2004], *(An) Introduction to Positive Psychology,* Belmont:

Wadsworth Publishing, 「긍정심리학입문」, 서은국 역, 서울: 박학사.

**Habermas, Jürgen,** 2010, *Awareness of What is Missing: Faith and Reason in a Post-Secular Age*, trans. by Ciaran Cronin, Cambridge: Polity.

________________, 2011, "The Political': The Rational Meaning of a Questionable Inheritance of Political Theology," in Eduardo Mendieta and Jonathan Vanantwerpen(eds.), *The Power of Religion in the Public Sphere,* afterword by Craig Calhoun, 115–133, New York: Columbia University Press.

**Habermas, Jürgen and Joseph Ratzinger,** 2005, *The Dialectics of Secularization : On Reason and Religion*, San Francisco: Ignatius.

**Harris, Frederick,** 1999, *Something within: Religion in African-American Political Activism*, New York: Oxford University Press.

**Hart, Joep de and Paul Dekker,** 2013, "Religion, Spirituality and Civil Participation," in Joep de Hart, Paul Dekker, and Loek Halman(eds.), *Religion and Civil Society in Europe*, 169–188, London.

**Hart, Joep de, Paul Dekker, and Loek Halman (eds.),** 2013, *Religion and Civil Society in Europe*, London: Springer.

**Herbert, David,** 2013, "Religion and Civil Society: Theoretical Reflections," in Joep de Hart, Paul Dekker, and Loek Halman(eds.), *Religion and Civil Society in Europe*, 13–45, London: Springer.

**Juergensmeyer, Mark,** 2006, *Religion in Global Civil Society*, Oxford: Oxford University.

**King Jr, Martin Luther,** 2010,. *Where Do We Go from Here: Chaos or Community?*, Boston: Beacon Press.

**Lowy, Michael,** 2012[1996], *The War of Gods: Religion and Politics in Latin America*, New York: Verso, 「신들의 전쟁: 라틴아메리카의 종교와 정치」, 김항섭 역, 서울: 그린비.

**Miller, Donald E. and Tetsunao Yamamori,** [2007] 2008, *Global Pentecostalism: The New Face of Christian Social Engagement*, California: University of California, 「왜 섬기는 교회에 세계가 열광하는가?」, 김성건 · 정종현 역, 서울: 교회성장연구소.

**Norris, Pippa,** 2013, "Does Praying Together Mean Staying Together? Religion and Civic Engagement in Europe and the United States," in Joep de Hart, Paul Dekker, and Loek Halman(eds.), *Religion and Civil Society in Europe*, 285–305, London: Springer.

**O'Connell, Brian,** 1999, *Civil Society: The Understandings of American Democracy*,

Hanover: University Press of New England.

**Pew Forum,** 2006, *Spirit and Power: A Ten Country Survey Pentecostals*, Washington: Pew Form on Religion and Public Life.

**Poloma, Margaret and G. H. Gallup Jr.,** 1991, *Varieties of Prayer*, Philadelphia: Trinity International Press.

**Putnam, Robert D.,** 1993, *Making Democracy Work: Civic Tradition in Modern Italy*, Princeton: Princeton University Press.

________________, 2000, *Bowling Alone: The Collapse and revival of American Community*, New York: Simon & Schuster.

**Roberts, Keith A.,** 1984, *Religion in Sociological Perspective*, Illinois: The Dorsey Press.

**Stanczak, Gregory C.,** 2006, *Engaged Spirituality: Social Change and American Religion*, New Jersey: Rutgers University Press.

**Tocqueville, Alexis De,** 1969, *Democracy in America*, New York: Haper & Row.

**Vitell, Scott J.,** 2009, "The Role of Religiosity in Business and Consumer Ethics: A Review of the Literature," *Journal of Business Ethics*, 90: 155-167.

**Weber, Max,** 1968[1930], *The Protestant Ethic and the Spirit of Capitalism,* trans. T. Parsons, London: Unwin University Books.

**Wuthnow, Robert,** 1993, "Altruism and Sociological Theory," *Social Service Review*, 67: 344-357.

________________, 1994, *Sharing the Journey: Support Groups and America's New Quest for Community*, New York: Free Press.

________________, 2004, *Saving America?: Faith Based Services and the Future of Civil Society*, New Jersey: Princeton University Press.

________________, 2014[1996], *Christianity and Civil Society: The Contemporary Debate*, PA. Valley Forge: Trinity Press, 「기독교와 시민사회」, 정재영 · 이승훈 역, 서울: CLC.

**Wuthnow, Robert and V. Hodgkinson(eds.),** 1990, *Faith and Philanthropy in America: Exploring the Role of Religion in America's Voluntary Sector*, San Francisco: Jossey-Bass.

chapter **07**

# 종교와 사회적 자본 그리고 시민사회 발전[1] : 한국 개신교회의 경우를 중심으로

**장형철**(인덕대학교 교목)

## Ⅰ. 들어가는 말

사회적 자본(social capital)이라는 개념은 1916년 미국의 사회개혁가 리다 하니판(Lyda J. Hanifan, 1879-1932)이 고안하였다. 그 후 사회학 · 정치학 · 경제학 등의 광범위한 영역에서 폭넓게 사용되고 있다. 의무와 기대를 수반하는 신뢰, 규범과 그에 따르는 효과적인 제재, 그리고 정보유통의 네트워크를 기반으로 하는 사회적 자본에 대한 연구는 사회 전반에 대한 연구들로 확산되어 있다. 이러한 연구들은 한 사회의 신뢰(trust)의 정도와 상호적(또는 호혜적) 규범(norm)의 기능 그리고 어떠한 네트워크(network)를 가졌는지에 따라 사회적 자본의 형성과 그 특징을 논의하고 있다. 그리고 나아가서 이러한 사회적 자본이 정치적 · 경제적 발전 그리고 사회의 진보에 어떻게 기여하는지에 대한 연구들이 활발히 진행되고 있다.

---

1 이 글은 2013년 「현상과 인식」 37권 1/2호 "종교와 사회적 자본 : 한국 개신교를 중심으로"의 내용을 수정 가필하였다. 그리고 이전 글은 2010년 기독교윤리실천운동에서 실시한 「한국교회의 사회적 신뢰도 여론 조사」 결과를 분석하였으나 이 글에서는 같은 조사의 2013년 결과를 새로 분석하였다.

사회적 자본은 사람들 사이의 관계에 내재한 것이므로 한 개인의 능력이 아니다. 물적 자본과 인적 자본이 한 개인의 능력으로 환원될 수 있는 것과는 대조적으로 사회적 자본은 개인들 간의 관계에 내재한다는 점에서 한 개인의 능력으로 환원 불가능한 성격이 특징이다. 물적 자본과 인적 자본은 개인의 속성인 것에 반해 사회적 자본은 개인들 간의 관계이다(박길성, 2002: 113). 그렇다면 사회적 자본은 사회의 전 영역에서 포괄적으로 관찰될 수 있다. 그리고 사회적 자본에 관한 논의는 사회와 문화 전반과 관련된 논의로 발전할 수 있다. 푸트남(Putnam)에 의하면 사회적 자본은 시민적 품성(civic virtue)과 밀접한 관계를 가지고 있다. 이 시민적 품성은 호혜적 사회관계의 촘촘한 네트워크 안에 있을 때 가장 강하다. 다시 말해 품성이 높은 개인들이라 할지라도 고립되어 있다면 사회적 자본은 필연적으로 풍부하지 않다(Putnam, 2000:19). 나아가서 스미트(Smidt)는 사회적 자본을 개인 간의 협력을 증대시키는 일종의 도덕 자원으로 인식하고 종교는 이러한 사회적 자본을 창출한다고 보았다(Smidt, 2000:4,11).

그러므로 이 연구는 사회적 실체로서의 종교를 이러한 사회적 자본을 형성하는 하나의 기제로 보고 종교적인 사회적 자본의 특성과 기능을 연구하려는 것이다. 구체적으로 이 연구는 "사회적 자본은 무엇인가?", "한국 사회 안에서 종교는 어떠한 사회적 자본을 창출하는가?", 좀 더 구체적으로 "한국 개신교 사회적 자본의 특징은 무엇이며 이는 시민사회의 발전에 기여하는가?"라는 질문들에 답하려 한다.

## Ⅱ. 사회적 자본이란?

사회적 자본은 두 가지 관점에서 접근할 수 있다. 하나는 행위자인 개인이 집단 속에 있는 사회적 자원에 접근하여 얻을 수 있는 자산(Lin, 2001:

19)이나 한 사회나 집단의 구성원이 됨으로써 얻게 되는 능력(Portes, 1998: 6)에 관심하는 것이다. 다른 하나는 문화, 전통 등 한 사회의 조직적 특성이 그 사회구성원들의 신뢰와 협동을 포함한 시민적 참여(civil engagement)를 얼마나 지원(Putnam, 1995: 67)하는지 파악하는 것이다. 전자는 개인에 집중하는 관점이고 후자는 사회에 집중하는 관점이다. 필자는 주로 후자의 관점을 가지고 이 연구를 진행하려 한다. 이러한 관점에서 보면 사회적 자본은 서로 협동하는 집단구성원들 간의 실용적인 가치와 규범이라고 볼 수 있다(Fukuyama, 2001: 98). 그러므로 사회적 자본은 개인들이 사회 안에서 교류와 상호협력함을 통해 창출되는 일종의 무형의 자본이다. 그리고 이러한 사회적 자본은 개인에게 연대감을 얻고 실제적인 이익을 줄 뿐만 아니라, 사회 전체에 이득을 주며 사회의 발전에 기여할 수 있다.

콜만(Coleman)은 이러한 사회적 자본에 대해 좀 더 구체적이고 실제적인 이해를 제시한다. 그는 1980년대 미국을 휩쓸었던 보수적 관심, 즉 가족의 가치나 준법질서 그리고 공동체 정신을 회복하는 데 사회적 자본이 핵심적 고리의 역할을 할 수 있다고 보았다(김상준, 2004: 76). 콜만에 의하면 사회적 자본은 크게 세 가지의 사회적 요소, 즉 개인들이 사회 안에서 타인들과 갖게 되는 신뢰(trust), 공유하는 규범(norm), 네트워크(network)에 의해 형성이 된다(Coleman, 1990). 그리고 또한 그것들이 사회구조적으로 어떠한 특성을 갖느냐에 따라 한 사회의 사회적 자본이 규정될 수 있다. 이것들을 하나씩 살펴보자.

콜만은 신뢰를 위험조건에서 '효용의 극대화'로 이해한다(Coleman, 1990: 99-104). 박찬웅은 신뢰는 한 행위자가 위험에도 불구하고 다른 행위자가 자신의 기대 혹은 이해에 맞도록 행동할 것이라는 '주관적 기대'로 정의한다(박찬웅, 2006: 236). 즉 추구하는 이익보다 가능한 손실이 더 클 수 있는 상황에서 갖게 되는 믿음을 의미한다. 서로 신뢰가 있기 때문에 행위자들은 위험이 존재함에도 불구하고 협동을 할 수 있는 반면 서로 신뢰하지 못하는 사람들은 기회비용을 생각하며 서로 머뭇거릴 수밖에 없는데 이런 경우 사회적 자본은 감소한다. 즉 신뢰는 사회적 자본형성을 가능하게 하는 토대라고 볼 수 있다. 그래서 콜만은 신뢰성을 명백히 드러내는 구성원의 집단은 신뢰성이 없는 집단과는 비교할 수 없는 성취를 할 수 있다고 본다(Coleman, 1990: 302-304). 이것이 콜만이 사회적 자본에 관심하는 이유이기도 하다. 이러한 신뢰는 개인이 집단 안에서 책임과 기대를 갖게 한다(Coleman, 1990: 309). 말하자면 내가 다른 사람이 자신에게 필요해서 하는 부탁을 들어 주어야 하는 책임을 가지는 것은 나에게 이익이 되고 또한 합리적이다. 왜냐하면 그 사람이 언젠가 내가 필요할 때 하는 부탁을 들어주는 보답을 할 것이라는 기대를 하기 때문이다.

다음으로 콜만은 규범을 상호구속적인 관계에 있는 개인들 간의 합리적 타산에 기초한 '포괄적인 신용과 부채'로 본다(Coleman, 1988: 103). 김상준은 신용과 부채는 합리적 선택론에서 보는 제재의 특징을 극명하게 보여준다고 본다. 경제적 대여와 상환처럼 엄격한 등가성과 규범적 강제성이 있다는 것이다. 이 포괄적인 대여와 상환의 관계는 여러 사람들 속에서 순환할 수도 있지만 반드시 대여한 쪽에 상환되어야 한다는 것이 확인되어야만 한다(김상준, 2004: 78). 예를 들어 내 집 정원의 낙엽이 옆집 정원으로 날아갈 수 있기 때문에 나는 정원을 자주 쓸어야 한다. 그리고 새로 이사온 이웃 사람에게도 이것을 자주 언급하고 따르게 한다. 그러면 정원을 쓰는 이 규범은 결국 상호 이득이 된다. 이것은 사회적 관계 안에서는 상호 호혜성의 규범이라고도 볼 수 있다. 특히 '내가 베푼 혜택이 언젠가 미래에 보상 받으리라.'는 상호 기대를 가지고 지속적인 교환의 관계를 갖는 것을 포괄적 호혜성의 규범이라고 하는데 이러한 포괄적 호혜성의 규범이 사회적 자본의 생산적 요소이다(푸트남, 2000: 288).

이러한 호혜성의 규범은 사회적 지지, 지위, 명예 그리고 각종 보상들로 인해 강화될 수 있다(Coleman, 1990: 311). 이 규범이 통용되는 공동체에서는 기회주의를 보다 효율적으로 억제할 수 있고 집단행동의 문제도 해결할 수 있다. 콜만은 학교를 예로 들어 설명한다. 학교 내의 규범으로서의 규정을 집단 전체가 지킬 때 학생 개인과 전체 학교 모두에게 이득을 가져오고 학교의 과업을 보다 손쉽게 성취하게 한다. 반대로 학교 규정을 지키지 않을 경우 규범에 의한 제재가 가해진다. 효과적인 제재는 일탈행위를 억제할 수 있기 때문이다(Coleman, 1990: 311).

마지막으로 콜만에게 네트워크는 개인들 간의 정보소통의 통로로서의 관계망을 말한다. 불특정인보다는 지속적인 관계를 하는 사람에 대한 신뢰가 수반하는 위험이 적으므로, 이러한 네트워그 안에 있는 사람에 대한 신뢰도가 더 높은 것이다. 즉 네트워크는 신용을 부여하여 보증을 사회 구성원들(개인들)에게 제공한다. 이러한 네트워크 안에서는 중요한 정보를 빨리 얻을 수 있다. 그리고 개인이 속해 있는 사회적 네트워크의 구조적 특징에 따라서 그 개인은 주위의 사람들을 작은 노력으로 효과적으로 통제할 수 있다. 또한 사람들 간에 가치관, 규범, 목적의 공유를 통해서 결속감을 만들어 낼 수도 있다(박찬웅, 2006: 50-1).

## Ⅲ. 종교와 사회적 자본 그리고 시민사회

푸트남(Putnam)은 콜만의 이론과 토크빌 시민사회 개념을 연결(김상준, 2004: 81)하여 미국 사회의 사회적 자본과 종교의 관계를 이해한다. 그에 의하면 미국의 교회를 비롯한 여러 종교단체들은 시민사회에 기여한다(Putnam, 2000: 65). 푸트남과 캠벨(Putnam and Campbell)에 의하면 종교인이 비종교인보다 더 시민적이며 공동체적 삶에 좀 더 적극적이고 돈과 시간을 좀 더 관대하게 쓴다(Putnam and Campbell, 2010: 461).[2] 종교인은 자

2 푸트남은 미국의 시민사회와 사회적 자본을 논의할 때 주로 GSS(General Social Survey) 결과를 분석한다.

선행사에 적극적으로 참여하고, 보다 많은 사람들을 교회와 다른 장소에서 활동하며 만난다(Putnam, 2000: 67). 나아가서 종교와 이타주의는 연결이 되어 있고 종교는 사회복지를 제공하는 중요한 사회적 기관으로서 존재해 왔다(Putnam, 2000: 67-68). 우스노우(Wuthnow)에 의하면 이렇게 종교(기독교)와 시민사회가 서로 잘 연결되는 것은 중요한 세 가지 요건이 충족되었기 때문이다. 그것은 공동 관심에 대해 함께 토의하려는 의지, 그리고 그러한 토론이 분명히 가치 있다는 공통된 의식, 그리고 공유하고 있는 가치에 대한 구체적인 확인이다(Wuthnow, 1996: 68). 실제로 미국에서 종교는 특히 개신교는 노예제도 폐지, 금주운동, 20세기 민권운동 그리고 낙태를 반대하는 생명권보호운동에 이르기까지 사회적으로 강력한 영향을 미쳤던 광범위한 사회운동에 조직적 · 철학적 토대를 제공했다(Putnam, 2000: 68).

일반화할 수는 없지만 미국의 경우를 좀 더 살펴보자. 미국 사회는 역사적으로 다양한 인종과 문화의 유입으로 이질적인 성격을 가지고 있다. 크난, 보디와 얀시(Cnaan, Boddie, and Yancey)는 이러한 상황에서 미국 정부는 각 문화와 민족들의 선호도에 따르는 사회적 서비스를 제공하기가 어려웠으며 그리하여 사회의 구성원들은 자기 문화와 정체성을 놓고 타 문화와 경쟁하고 정부를 불신하게 되었다고 주장한다. 그래서 결국 정부에 대한 문화적 불신, 그리고 차별이 있다는 믿음은 공공복지체계를 약하게 만들었다(Cnaan, Boddie, and Yancey, 2003: 28). 그래서 그들은 이와 같은 사회적 서비스의 부족을 메운 것이 종교라고 보았다. 같은 가치와 이익을 공유하는 종교적인 공동체는 복지 그리고 빈자에 대한 옹호 등에 함께 관여하기 때문에 사회적 기여가 가능하다는 것이다(Cnaan, Boddie, and Yancey, 2003: 29).

특히 미국 교회의 회중은 사회적 자본을 만들고 그것은 시민사회 발전에 기여한다. 우드(Wood)는 교회들의 네트워크에 기반을 둔 PICO(Pacific Institute for Community Organization)에서 3년 그리고 다인종에 기반을 둔

CTWO(Center for Third World Organization)에서 2년간 참여 관찰하고 비교하였다. 그에 의하면 PICO는 연계형 기관으로서 국가와 시민사회를 연결해 주어서 정치와 시민사회가 상호영향을 줄 수 있게 한다. 그리고 CTWO는 정치적 시민 연합으로 인종차별의 역사와 시민사회의 발전 그리고 민주주의 발전에 기여한다고 보았다(Wood, 2003: 78, 84). 그에 의하면 미국 내에서 종교적 기관들이 사회적 자본을 만드는 중요한 동력의 역할을 하며, 전반적으로 이러한 종교적인 사회적 자본은 민주주의의 잠재력을 내포하고 있다(Wood, 2003: 85-86).

그러나 1960대 이후 미국 사회의 세속화로 종교는 점점 개인화되거나 혹은 개인적 영역으로 고정되었다(Putnam, 2000: 74-75). 즉 사사화(privatization)되었다. 실제로 미국 북부에서 종교적 이탈의 증가가 일어났다. 말로만 가톨릭교인이거나, 유대교인이거나, 개신교인이라고 하던 백인들에게 그리고 흑인들에게까지도 이런 경향이 나타났다(Putnam, 2000: 76-77). 그런데 이러한 조류 속에서 나타난 20세기 복음주의 교회의 등장은 주목할 만하다. 개인적으로나 교회 전체로나 이러한 복음주의 교회 신도들은 자기 종교공동체 안에서의 활동에 보다 더 많이 참여한다. 그러나 반면에 교회 밖의 넓은 공동체에는 보다 덜 관여하는 것 같다. 그들은 주류 개신교 신도에 비해 교회에 규칙적으로 잘 참여하며 자선활동에 훨씬 관대하고, 주일학교와 성경학교에도 더 규칙적으로 참석하며, 같은 교회 안에서 친한 친구들을 더 많이 사귄다(Putnam, 2000: 77). 그러므로 복음주의교회 신도들의 사회적 자본은 교회 밖의 넓은 공동체보다는 교회 내부에 투자된다. 이들의 경우 교회 참석은 지역공동체 단체의 회원가입과 상관관계가 없다(Putnam, 2000: 78). 그러므로 푸트남에 의하면 복음주의 교회가 성장을 하고 주류 기독교 종파가 쇠퇴하고 있다는 사실은 시민적 참여와 타 영역과 연계하는 사회적 자본의 형성을 위한 토대로서의 종교가 가진 효율성이 떨어지고 있다는 것을 의미한다. 복음주의적 종교가 현재 미국 사회에서 아직 행사하지 못하고 있는 부분은 바로 이와 같은 광범위한 시민적 역할이다(Putnam, 2000: 178).

여기에 더하여 개신교 근본주의자들은 사회적 신뢰가 부정적으로 연관되어 있기(Putnam, 2010: 468) 때문에 또 하나의 양상을 보인다. 근본주의적 신앙은 낮은 사회적 신뢰를 가지고 있다. 물론 근본주의자라 할지라도 교회 출석률이 높으면 사회적 참여도가 높다(Putnam and Campbell, 2010: 468). 그러나 문제는 근본주의자는 종교 참여도가 높을수록 비관용적이라는 것이다(Putnam, 2000: 355). 가장 관용적인 공동체는 가장 높은 시민참여를 하는 공동체이다(Putnam, 2000: 356). 시민참여가 높을수록 좀 더 관용적이다. 공동체에 관여를 많이 할수록 더 관용적인 태도를 취한다. 특히 성평등(gender equality)과 인종통합(racial integration) 등의 문제에 있어 그러하다. 그러나 근본주의자들은 다르다. 그들은 이러한 관용적이고 통합적인 태도를 취하지 않는다. 그래서 푸트남은 미국에서 사회적 자본이 감소함을 염려하고 그 원인 중에 하나로 이상에서 논의한 개신교의 변화를 꼽고 있다.

## Ⅳ. 한국 개신교와 사회적 자본

### 1. 한국 사회와 사회적 자본

한국 개신교의 사회적 자본을 논의하기 위해서 한국 사회의 사회적 자본을 콜만이 언급한 사회적 자본의 세 가지 요소를 중심으로 먼저 언급하여 보자. 먼저 한국 사회의 신뢰 수준은 낮게 나타난다. 세계가치관 조사(World Values Survey 2005-2006)의 결과에 따르면 한국은 "대부분의 사람을 믿을 수 있는가?"라는 질문에 10명 중 3명만이 그렇다고 대답해 선진국(스웨덴 6.8명) 그리고 중국(5.2명)보다 낮다(이동원 · 정갑영, 2009: 90). 그러면 왜 우리 사회는 저신뢰사회가 되었는가? 박찬웅(2006: 27)은 우리 사회가 현대산업사회로 가는 과정에서 사회적 · 지리적 이동의 증가, 익명성의 증가, 성취적 지위와 귀속적 지위의 대치 등은 신뢰를 약화 및 감소시켰다고 본다. 그리고 우리 사회가 경험한 일제 식민지 시대와 1960년대 이후 권위주의체제와 군부독재는 신뢰에 필요한 시민사회의 발전을 저해했다. 그리하여 박찬웅은 한국 사회는 신뢰이 범주를 가족 내로 제한하고 가족 밖의 사람들에 대해서는 불신을 조장하는 가족주의[3] 때문에 사적 신뢰가 높다고 분석한다. 그런데 사적 신뢰는 일차적 조직과 연계되어 있고 사회적 신뢰는 이차적 조직과 연계되어 있다. 그리고 사적 신뢰가 높을수록 공적 불신의 정도 또한 상승하기 때문에 결과적으로 사회적 신뢰는 낮은 수준에 머무르게 된다(박찬웅, 2006: 28−29). 그러므로 일차적 조직의 사적 신뢰는 사회적 자본 형성에 긍정적 역할을 미치지 않는다. 사회적 자본에 긍정적 영향을 미치는 집단은 가족이나 권위적 정치집단 등과 같은 개인적 비공식 집단보다는 회사, 학교와 같은 공식적인 이차적 집단과 구성원들의 실용적 이익을 위해 효과적 · 효율적 협동을 하는 시민단체와 같은 자발적 사회단체 조직이다(박희봉, 2009: 417−418)

사회적 규범과 네트워크의 측면도 이러한 한국 사회의 신뢰 수준과 맥락을 같이한다. 한국은 폐쇄형 네트워크(친목회, 동창회 등)가 발달한 사회이다. 높은 사적 신뢰는 낮은 공적 제도화와 연관되어 있다. 한국의 현대사를 보면 시민사회의 발달이 매우 미약했고 규범의 발달이나 공식적 규칙의 제도화가 이루어지지 않았다. 그리고 동시에 공공자원과 규칙을 거의 배타적으로 독점한 강한 국가권력이 존재했기 때문에 개인들 간의 신뢰관계는 닫힌 관계망을 통해 배타적인 파당으로 전환되어 왔다(이재열,

---

3 가족주의(또는 유사 가족주의)의 문제는 정상근 · 송재룡, "한국의 '가족주의 습속'이 시민의 '시민적 참여'에 미치는 영향: N 시민단체의 사례를 중심으로," 「현상과 인식」 115호(2011)를 참조하라.

1998: 79). 한국 사회의 사적 네트워크의 발전은 공적 관계에 대한 낮은 신뢰와 결부되어 있다. 다시 말해 한국인은 공적 영역에 대한 신뢰가 대단히 낮은 반면 사람들 사이의 사적 관계에 대해서는 상대적으로 높은 신뢰를 보이고 있다. 그리고 그만큼 사적 네트워크(가족, 학연, 지연과 같은)의 폐쇄성은 증대된다(박길성, 2002: 136). 1999년부터 2004년간 세계가치관 조사에 따르면 한국은 다수의 사회기관(국회, 정부, 정당, 경찰, 기업 및 종교기관)에 대해 외국에 비해 전반적으로 낮은 신뢰도를 보였다(이동원 · 정갑영, 2009: 92). 나아가서 이재열(1998: 84)은 한국 사회에서 정치적 · 경제적으로 위계적이고 비대칭적인 관계의 형성 그리고 그에 따른 강한 내집단 회귀경향은 각 조직과 집단들 내부로의 구심력을 매우 강하게 발휘했지만 동시에 다른 집단이나 조직과의 균열을 강화시키는 방향으로 작동하였다고 본다. 그에 의하면 이러한 분절과 균열의 가장 큰 원인은 짧은 기간 동안에 이루어진 졸속성장의 부산물이다. 일반적으로 서구사회의 역사적 경험은 공적 신뢰가 사적 신뢰를 대체해 가는 과정이며 또한 동시에 폐쇄적인 사적 네트워크가 와해되는 과정으로 평가할 수 있다. 반면에 한국 사회는 이와 다르게 공적 신뢰가 낮고 사적 신뢰는 높은 이른바 연줄사회가 만들어져 있다(박길성, 2002: 118).

## 2. 한국 개신교의 사회적 자본

그렇다면 한국 개신교의 경우는 어떠한가? 기독교윤리실천이 2013년 조사 발표한 자료를 사회적 자본의 주요 구성요인인 신뢰와 규범 그리고 네트워크를 중심으로 분석하여 보자.

### (1) 신뢰

아래의 〈표 1〉에서 보는 바와 같이 개신교가 가진 사회적 신뢰도는 2008년, 2009년, 2010년, 2013년에 실시한 한국기독교윤리실천운동(이하기윤실)의 조사결과에 의하면 전체적으로 낮은 수준이다. 그리고 큰 변화를 보이지도 않고 있다.

**표 1**[4] 한국 교회의 사회적 신뢰도 (단위 : %)

| 대답 | 2008년 | 2009년 | 2010년 | 2013년 |
|---|---|---|---|---|
| 신뢰한다(매우+약간) | 18.4 | 19.1 | 17.6 | 19.4 |
| 보통이다 | 33.3 | 47.4 | 33.8 | 36.0 |
| 신뢰하지 않는다(별로+전혀) | 48.3 | 33.5 | 48.4 | 44.6 |
| 모름/무응답 | 0.0 | 0.0 | 0.2 | 0.0 |

그러나 개신교회 자체 내에서는 다른 양상이 나타난다. 〈표 2〉에 나타난 기윤실의 2013년 조사 결과를 보면 개신교인의 자신의 종교, 즉 개신교회에 대한 신뢰도는 사회 전체의 신뢰도보다 높다. 그리고 긍정적인 대답인 '신뢰한다' 47.5%와 '보통이다' 31.4%를 합한다면 78.9%로 높은 편이다. 개신교 자체 내의 신도들 간의 신뢰는 기독교 신앙과 윤리적 가치를 바탕으로 하기 때문에 높은 책임감과 기대를 가질 수 있다. 그러나 이러한 개

**표 2**[5] 2013년 한국 개신교회 신뢰도 (단위 : %)

| 구분 | | 신뢰한다(매우+약간) | 보통이다 | 신뢰하지 않는다(별로+전혀) | 계 |
|---|---|---|---|---|---|
| | 전체 | 19.4 | 36.0 | 44.6 | 100.0 |
| 종교 | 개신교 | 47.5 | 31.4 | 21.1 | 100.0 |
| | 가톨릭 | 21.7 | 23.6 | 54.6 | 100.0 |
| | 불교 | 12.3 | 47.4 | 40.3 | 100.0 |
| | 기타 | 9.6 | 19.1 | 21.3 | 100.0 |
| | 종교 없음 | 8.4 | 35.6 | 56.0 | 100.0 |

---

4 기윤실의 2008, 2009, 2010, 2013년 「한국교회의 사회적 신뢰도 여론 조사」 발표 내용을 필자가 재구성하였음.

5 〈표 2〉, 〈표 3〉, 〈표 4〉, 〈표 5〉, 〈표 6〉은 기윤실의 2013년 「한국교회의 사회적 신뢰도 여론 조사」 발표 내용을 필자가 재구성하였음.

신교 자체 내에서의 높은 신뢰도는 '우리들 안에서만'이라는 일종의 사적인 신뢰에 머무를 수 있다는 문제가 있다. 사회 전체로 확산되어 공적인 신뢰성을 얻기 어렵다는 것이다. 특히 비종교인들이 긍정적으로 답한 '신뢰한다' 8.4%와 '보통이다' 35.6%를 합한 44%와 개신교인들이 긍정적으로 답한 '신뢰한다' 47.5%와 '보통이다' 31.4%를 합한 78.9%는 매우 대조적이다.

또한 〈표 3〉에서 보는 바와 같이 같은 조사에서 나타난 개신교에 대한 속성별 신뢰도도 개신교인일 경우와 그렇지 않을 경우에 큰 차이가 나타나고 있다. 개신교인은 '기독교인의 말과 행동에 믿음이 간다'에 46.5%가, 그리고 '기독교 목사님의 설교와 행동에 믿음이 간다'에 53%가 '그렇다'고 답했지만 타 종교인이나 비종교인의 경우는 20% 미만이 '그렇다'라고 답했다. 특히 무종교인 경우 두 항목에서 각각 4.4%와 11.5%로써 매우 낮다.

**표 3** 2013년 한국 개신교회 신뢰도 – 속성별 (단위 : %)

| 구분 | | 사례 수 | 기독교인의 말과 행동에 믿음이 간다 | 기독교 목사님의 설교와 행동에 믿음이 간다 |
|---|---|---|---|---|
| | 전체 | 1,000 | 14.1 | 21.1 |
| 종교 | 개신교 | 225 | 46.5 | 53.0 |
| | 가톨릭 | 101 | 11.7 | 18.8 |
| | 불교 | 221 | 2.3 | 9.2 |
| | 기타 | 5 | 9.6 | 19.1 |
| | 종교 없음 | 448 | 4.4 | 11.5 |

앞에서 언급하였듯이 높은 사적 신뢰도는 한국 사회의 특성이다. 한국 개신교회는 이러한 사회적 맥락에서 벗어나지 않는다. 그런데 공적 영역과 사적 영역의 분리가 분명해진 현대사회에서 이러한 사적인 신뢰가 사회 전반의 신뢰를 의미하지 않는다. 결국 이러한 사적 신뢰에 기반을 둔 사회적 자본은 신뢰관계의 토대가 되는 소속집단의 범위 내에 국한될 수 있다(이재열, 1998: 71). 즉 일종의 사적 신뢰에 기반하고 있는 한국 개신교

회의 사회적 자본은 개신교 안으로 국한될 수 있다.

### (2) 규범

한국 개신교회 내에서 호혜성 자체는 사회 내 다른 집단보다 상대적으로 높다(정병은 · 장미혜, 2008: 232). 즉 교회 안에서는 신앙 규범이 회중 구성원들에게 호혜적으로 작동하고 결속력을 강화시키고 있다고 볼 수 있다. 사랑 등과 같은 기독교의 종교적 규범이 내면화되어 이타적 관계가 교회 내에서 가능하기 때문이다(정재영 · 장정호, 2008: 311). 호혜성을 내포하는 이러한 신앙 규범이 작동하면 개신교 내에서는 공동체에 반하는 행동을 하는 구성원에게 어떤 제재를 하는 것을 가능하게 하여 공동체성을 강하게 하는 기능을 할 수 있다. 특히 이러한 신앙 규범은 사적인 관계와 신뢰가 가능한 영역에서 더욱 유효하게 작동한다.

그러나 개신교인들은 자신들의 신앙 규범에 대한 책임을 느끼고 호혜성을 갖지만 타 종교인들과 비종교인들은 그렇지 않다. 종교인구가 높고 한 종교가 지배적인 사회들과는 달리 한국 사회는 종교인구가 전체 인구의 절반 정도 수준이고 다종교사회이다. 그러므로 한국 사회에서 비개신교인들에게 이러한 신앙 규범은 자기 중심적이고 이기적으로 보인다. 〈표 4〉

**표 4** 한국 개신교회가 더욱 신뢰받기 위해 가장 먼저 개선할 점 (단위 : %)

| 구분 | | 사례 수 | 타 종교에 대한 태도 | 불투명한 재정 사용 | 교회 지도자들 | 교회성장 제일주의 | 교인들의 삶 | 성경 왜곡 | 기타 | 계 |
|---|---|---|---|---|---|---|---|---|---|---|
| 전체 | | 1,000 | 24.0 | 22.8 | 21.0 | 14.5 | 13.1 | 4.1 | 0.5 | 100 |
| 종교 | 개신교 | 225 | 14.1 | 21.5 | 25.7 | 17.8 | 16.8 | 3.7 | 0.5 | 100 |
| | 가톨릭 | 101 | 20.4 | 28.7 | 24.6 | 8.5 | 16.3 | 1.4 | 0.0 | 100 |
| | 불교 | 221 | 35.5 | 19.0 | 13.1 | 16.8 | 9.6 | 5.9 | 0.0 | 100 |
| | 기타 종교 | 5 | 18.7 | 9.6 | 35.4 | 0.0 | 0.0 | 17.3 | 19.1 | 100 |
| | 종교 없음 | 448 | 24.2 | 24.2 | 21.6 | 13.2 | 12.3 | 3.9 | 0.6 | 100 |

에서 보는 바와 같이 2013년 기윤실의 조사에 따르면 개신교회가 사회적 신뢰를 얻기 위해 개선할 것으로 개신교인은 '교회 지도자들'(25.7%)과 '불투명한 재정 사용'(21.5%)을 뽑았지만, 타 종교인 특히 불교인(35.5%)과 무종교인(24.2%)들은 '타 종교에 대한 태도'를 개선해야 한다고 지적하였다. 불교인과 무종교인들은 개신교인과 공유하는 규범이 있고 한국 사회 안에서 이를 통해 상호 호혜적일 수 있다는 기대를 크게 하지 않는 것처럼 보인다.

### (3) 네트워크

한국 개신교회는 매우 촘촘한 조직망을 가지고 있다. 이 조직망에는 각 교회마다 집사, 권사, 장로, 목사 등의 지위를 가진 사람들을 중심으로 어린이와 초신자로부터 목회자까지 모든 교인들이 속해 있다. 그리고 또한 개신교는 이러한 교회를 연결하는 교단 조직을 가지고 있다. 이러한 조직으로써의 한국 개신교회는 사회적 기여와 봉사를 하고 있다. 또한 개신교는 각 교회마다 그리고 각 교단마다 사회와 연결되는 충분한 인프라(infrastructure)를 가지고 있다.

**표 5** 2013년 사회봉사활동 적극수행 종교 (단위 : %)

| 구분 | | 사례 수 | 개신교 | 가톨릭 | 불교 | 기타 | 없음 | 모름/무응답 | 계 |
|---|---|---|---|---|---|---|---|---|---|
| | 전체 | 1,000 | 41.3 | 32.1 | 6.8 | 1.5 | 0.3 | 18.1 | 100.0 |
| 종교 | 개신교 | 225 | 62.7 | 23.7 | 1.4 | 0.6 | 0.0 | 11.6 | 100.0 |
| | 가톨릭 | 101 | 20.3 | 67.0 | 1.9 | 0.0 | 0.8 | 10.0 | 100.0 |
| | 불교 | 221 | 41.9 | 22.2 | 15.1 | 2.0 | 0.0 | 18.8 | 100.0 |
| | 기타 | 5 | 28.7 | 16.3 | 0.0 | 37.8 | 0.0 | 17.3 | 100.0 |
| | 종교 없음 | 448 | 35.2 | 33.4 | 6.6 | 1.6 | 0.4 | 22.7 | 100.0 |

그러나 정작 교회 밖 사회의 구성원들이 생각하는 개신교의 사회적 관계는 개신교 자체 내에서 인지하는 것과는 다른 듯하다. 예를 들어 기윤실

의 2013년 조사 결과를 보면 개신교인과 비개신교인은 사회봉사와 관련된 인지도에서 큰 차이를 보인다. 〈표 5〉에서 보듯이 개신교인은 다른 종교보다 개신교의 사회봉사활동이 가장 적극적(62.7%)이라고 인식하고 있다. 그러나 비종교인은 개신교와 가톨릭의 사회봉사에 대해 각각 35.2%와 33.4%로 비슷한 인지도를 보이고 있다. 그리고 타 종교인의 경우 특히 가톨릭 교인의 경우 사회봉사 적극 수행종교는 개신교(20.3%)가 아니라 가톨릭(67%)으로 보고 있어서 큰 차이가 나타난다.

**표 6** 2013년 우리 사회에 가장 도움이 되는 종교봉사활동 (단위 : %)

| 구분 | | 사례 수 | 개신교 | 가톨릭 | 불교 | 기타 | 없음 | 모름/무응답 | 계 |
|---|---|---|---|---|---|---|---|---|---|
| | 전체 | 1,000 | 35.7 | 29.3 | 13.2 | 0.9 | 0.1 | 20.7 | 100.0 |
| 종교 | 개신교 | 225 | 69.7 | 14.8 | 1.5 | 1.2 | 0.0 | 12.8 | 100.0 |
| | 가톨릭 | 101 | 13.3 | 71.3 | 2.7 | 0.0 | 0.0 | 12.7 | 100.0 |
| | 불교 | 221 | 25.7 | 15.6 | 33.8 | 0.5 | 0.4 | 24.0 | 100.0 |
| | 기타 | 5 | 0.0 | 25.8 | 0.0 | 37.8 | 0.0 | 36.4 | 100.0 |
| | 종교 없음 | 448 | 28.9 | 33.9 | 11.5 | 0.9 | 0.1 | 24.7 | 100.0 |

나아가서 〈표 6〉에서 보듯이 사회봉사활동의 효율성에서도 다른 인식을 보인다. 개신교인은 사회에 가장 도움이 되는 봉사활동을 하는 종교는 가톨릭(14.8%)보다 개신교(69.7%)라고 답했지만, 가톨릭 교인은 반대로 가장 사회에 도움이 되는 봉사활동을 하는 종교는 개신교(13.3%)가 아니라 가톨릭(71.3%)이라고 답했다. 불교인 또한 불교가 가장 사회에 도움이 되는 봉사활동을 한다고 대답했다. 물론 각 종교인들은 어떤 객관적인 근거를 가지고 말하기보다는 아마도 자신들의 종교를 심정적으로 더 지지하고 인정하고 있다고 추측할 수 있다. 그러나 문제는 실제적으로 양적인 측면에서 개신교는 불교와 가톨릭보다 비교적 많은 사회봉사활동을 하고 있는데,[6] 기윤실의 조사 결과는 전체적으로 개신교가 인지도에서는 41.3%로

6 예를 들어 2008년 문화체육관광부가 발표한 「한국 종교 현황」을 보면 종교 관련 사

32.1%인 가톨릭보다 약간 앞서 있고, 효율성에 대한 인식에서도 개신교가 35.7%로 가톨릭의 29.3%보다 약간 앞서 있다.

그렇다면 이러한 차이는 무엇을 의미하는가? 필자는 개신교의 네트워크가 사회와 충분히 연결되어 있지 않고 안으로 닫혀 있는 구조이기 때문이라고 본다. 다시 말해 개신교 내에서 갖는 개신교에 대한 인식과 타 종교인과 비종교인의 개신교에 대한 인식이 다른 이유는 개신교의 네트워크가 개신교인들끼리는 잘 연결되어 있지만 사회 전체로는 확대되어 있지는 못하다는 것이다. 이러한 닫혀 있는 네트워크는 일반적으로 내부 구성원들이 상대방에 대해 잘 알고 있어 확립된 규범이 잘 지켜지고 사회적 자본을 강화시킨다. 콜만은 네트워크가 효과적으로 기능하려면 닫혀 있는 구조이어야 한다고 생각한다. 그래서 그는 네트워크의 닫힘(closure)을 강조하면서 폐쇄적 네트워크가 개방적 네트워크보다 효율적이라고 했다(Coleman, 1990: 307, 317, 318).

그러나 이러한 닫혀 있는 네트워크는 보편적인 사회적 규범에 의한 통합을 저해할 수 있다. 한국 사회의 경우 이러한 닫힌 네트워크 안에서 신뢰관계가 배타적인 파당으로 발전했다(이재열, 1998: 74, 79). 개신교의 경우 이러한 닫힌 네트워크는 각 교단의 지도급 인사들이나 초대형교회를 중심으로 하는 파당과 같은 집단을 형성하고 개교회주의를 강화시킨다. 특히 한국의 개신교는 근본주의적 성향이 강하기 때문에 배타적이고 폐쇄적이다(이원규, 2003: 205). 그렇다면 한국 개신교와 한국 사회는 소통하지 못하고 연계되어 있지 않은 모습을 가지고 있다고 볼 수 있다. 그리고 이러한 불통은 부정적 결과를 낳을 수 있다. 박희봉도 폐쇄적 네트워크 안에서 끈끈한 유대관계가 사회 전체적으로는 부정적인 효과를 발생시킬 수

---

회복지법인은 개신교 186개, 불교 86개, 가톨릭 58개, 원불교 14개, 기타 종교 2개였다. 이 밖에 기독교윤리실천운동이 2010년 발표한 「2009년 한국교회의 사회적 섬김 보고서」를 참조하라.

있다고 보고 있다(박희봉, 2009: 78). 또한 그라노베터(Granovetter)의 입장에서 본다면 이러한 강한 유대(strong ties)의 네트워크는 다른 독특성이 있는 집단과의 연계(bridge)를 만들지 못한다. 그리하여 강한 유대의 네트워크는 단결이 아니라 오히려 파편화를 가져온다(Granovetter, 1975: 1378).

## V. 시민사회에 기여하기 위한 한국 개신교의 새로운 사회적 자본 창출의 필요성과 가능성

한국 사회의 문화적 전통과 습속은 시민의 덕과 의무에서 비롯된 시민적 결사체를 만들기보다는 혈연, 지연, 학연으로 만들어진 연고집단이나 가족주의(또는 유사가족주의) 때문에 생기는 집단적 이기주의와 같은 어려움을 만들고 있다(송재룡, 1998: 170). 그리고 송재룡에 의하면 사회적 신뢰가 낮은 한국 사회는 사회적 '룰의 이중적 준거', 즉 '가족주의적 룰'과 '공적 차원의 형식적 룰'이 관행적으로 존재하는 사회이다(송재룡, 1998: 179). 그리하여 '외집단에 대한 배타성'과 '사사화된 공공성'이 나타난다(정상근 · 송재룡, 2011: 98). 한국 개신교는 이러한 사회적 상황 안에서 배타적이고 비관용적인 집단주의 특성을 보이고 있다. 그리고 필자는 앞에서 한국 개신교의 사회적 자본은 개신교 자체 내로 제한되어 있다고 논의하였다. 이러한 개신교의 사회적 자본은 한국 사회 전체에 부정적인 결과를 가져올 수도 있다. 푸트남에 의하면 사회적 자본은 자기 강화적이고 축적적인 특성을 갖는데 이러한 특성은 악의적이고 반사회적으로 나타날 수도 있다. 그러므로 사회적 자본은 긍정적 결과(상호 지원, 협력, 신뢰, 제도에 주는 영향)와 부정적 결과(종파주의, 인종주의, 부패)를 모두 가져올 수 있다(Putnam, 2000: 22).

그러므로 비관적인 예상만 가능한 것은 아니다. 후쿠야마(Fukuyama)에 의하면 사회적 자본은 매일매일의 삶에서 자연적으로 다시 창출될 수 있다(Fukuyama, 2000: 102). 현재 한국 사회는 인터넷과 SNS를 포함한 통신기술과 과학기술의 발달 그리고 세계화로 인해 다문화 · 다종교 · 탈권위 · 탈근대성의 특성을 나타내며 급격히 변화하고 있다(박창호, 2005: 105; 엄한진, 2011: 171; 장형철, 2012: 148; 김호기, 1999: 38-39). 특히 국내 거주 외국인은 법무부에 따르면 2000년 49만 명에서 2016년 205만 명을 넘어섰다. 이러한 빠른 증가와 함께 다양하고 풍부한 다문화 논의를 진행하고 있다. 그리고 각종 다문화 활동을 하는 민간단체에 대한 정부의 지원과 정부가 직접 다문화 사업을 전개(김병조 외, 2011: 186)하면서 이제는 다문화 담론은 공적 담론으로까지 발전하였다. 그러므로 이러한 상황 속에서 시민사회 발전에 기여할 수 있는 새로운 사회적 자본을 창출하는 새로운 과제를 한국 개신교는 갖고 있다.

한국 개신교의 사회적 자본이 사회 전체로 확산되어 시민사회 발전에 기여하려면 한국 개신교회는 우선 개신교인들끼리의 내부적인 사적 신뢰를 넘어서 공적 신뢰를 얻어야 한다. 사회적 자본의 크기가 얼마만큼 확장될 수 있는지는 특정 집단의 범위를 넘어서 전체 사회로 신뢰가 확대될 수 있는가 아니면 오히려 네트워크의 바깥에 대한 불신을 야기하는가에 달려 있다(박길성, 2002: 117). 다음으로 한국 개신교는 사회적 자본을 확장하고 시민사회에 기여하기 위해서 배타적인 신앙 규범보다 포용적인 신앙윤리를 가져야 한다. 그리고 제도적인 장치가 있어야 한다. 우스노우는 기독교인들은 자신들의 최고의 가치가 부패할 수 있다는 것을 인식하고 공공영역에서 반드시 신뢰 있는 행위를 하게 하는 제도적 안전장치를 가지고 있을 때에만 시민적일 수 있다고 지적하였다(Wuthnow, 1996: 70). 이러한 맥락에서 2012년 9월 총회에서 감리교단이 세습금지법을 통과시킨 것은 매우 의미 있는 일이다. 마지막으로 한국 개신교는 닫힌 구조의 네트워크가 아니라 열려 있는 네트워크를 지향하여 네트워크를 확대해야 한다.

마지막으로 시민사회의 발전을 위해 개신교회는 어떠한 네트워크를 만들어야 하는가? 필자는 여기서 '약한 유대(weak ties)'를 제안한다. 배타적 신앙을 기반으로 공동체성을 강조하는 강한 유대는 개신교회의 성장에 기여했다. 그리고 지금도 여전히 필요하다. 그러나 개신교회 밖의 사회와 집단과의 관계에 있어서 약한 유대를 만드는 것 또한 중요하다. 그라노베터의 연구에 의하면 약한 유대는 개인들에게 소외를 가져오는 것이 아니라 오히려 기회와 통합을 이끌 수 있다고 주장한다(Granovetter, 1975: 1378). 연계(bridge)를 만들지 못하는 강한 유대와 달리 약한 유대는 다양하고 특색 있는 여러 집단들과 그 구성원들을 잘 연결한다(Granovetter, 1975: 1364, 1376). 그러므로 약한 유대를 통해 정보와 감정이 사회적 거리감을 넘어서 많은 사람에게 전달될 수 있다(Granovetter, 1975: 1364, 1376, 1366). 물론 이러한 약한 유대는 SNS의 경우처럼 피상적 관계를 만들 위험이 있다(정일권, 2012: 105). 그러나 한국 개신교회는 지금까지 신앙이냐 불신앙이냐라는 이분법적인 사고 안에서 강한 유대의 닫힌 네트워크만 만들어 왔다. 이제는 다른 집단들과 연계를 만들어서 사회 전체적인 이슈에 대한 의견과 정보를 확산시키고 공감의 확대를 가능하게 하는 약한 유대의 네트워크를 한국 개신교회는 발전시켜야 한다.

이렇게 공적 신뢰를 획득하고, 배타적인 신앙 규범보다는 포용적인 신앙 윤리 그리고 열려 있는 약한 유대의 네트워크를 통해 한국 개신교는 새로운 사회적 자본을 창출할 수 있다. 그리고 아마도 이러한 새로운 사회적 자본은 폭넓은 사회적 연계를 가능하게 할 것이다. 푸트남은 사회적 자본을 결속형(bonding) 혹은 배타적(exclusive) 사회적 자본과 연계형(bridging) 혹은 포괄적(inclusive) 사회적 자본으로 구분한다. 결속형 사회자본은 동일한 배경의 사람들을 내부적으로 연결하는 역할을 한다. 그러므로 결속형 사회적 자본은 특별한 호혜성과 연대를 만드는 데 좋다. 반면 연계형 사회적 자본은 다른 배경의 사람들을 묶는 역할을 한다. 연계형 사회적 자본은 그러므로 다원사회의 윤활유 역할을 한다. 그리고 연계형 사회적 자본은 종교적으로 다양한 사회에서 종교 간의 승인에 긍정적 영향을 미친다

(Putnam and Campbell, 2010: 527). 물론 둘 다 시민사회에서 긍정적 역할이 있다. 예를 들어 결속형은 흑인 교회에서 계급보다는 인종과 종교로 서로 하나 되게 한다. 반면에 연계형인 가톨릭우애공제회(The Knights of Columbus)는 인종이나 종교 또는 젠더로 결속하는 것이 아니기 때문에 각각의 다른 민족공동체들을 서로 연결한다(Putnam, 2000: 23). 그러나 문제는 연계형 사회적 자본은 폭넓은 정체성과 호혜성을 만들지만 결속형 사회적 자본은 폭이 좁은 자기의식을 제공한다는 것이다. 그래서 결속형은 집단에 대한 강한 충성과 외집단에 대한 적대감이 만들어진다(Putnam, 2000: 23).

앞의 〈표 5〉와 〈표 6〉에서 보았듯이 개신교에 대한 무관심과 개신교의 사회봉사활동에 대한 낮은 인지도는 연계형 사회적 자본이 부족하다는 증거이다. 한국 개신교는 이제는 결속형 사회적 자본만이 아니라 연계형 사회적 자본을 창출해야 한다. 다시 말해 연계형 사회적 자본을 창출하는데 좀 더 집중해야 한다는 것이다. 이는 어느 하나를 선택하라는 주장이 아니다. 이러한 두 가지 사회적 자본은 상호 교환적이지 않기(Putnam, 2000: 24) 때문에 부족한 쪽을 강화하여 균형을 이루어야 한다는 것이다. 록하트(Lockhart)는 미국에서 빈민을 위한 빈곤 탈출 프로그램을 운영하는데 정부단체보다는 종교적인 회중과 조직이 그들의 설립정신과 결속형과 연계형 사회적 자본을 창출하는 행위들을 통해 빈민들을 더 강하게 후원하는 것을 확인했다. 그리고 이러한 신앙에 기초한 연합은 세속적 조직과 한데 묶였을 때 빈민들을 돕는 사회적 자본과 교파적 · 인종적 · 경제적 · 지리적 분리를 극복하는 요소들을 만든다고 주장한다(Lockhart, 2005: 57-58). 한국 개신교회는 교회 밖의 사회와 이전보다 더 적극적으로 연계해야 한다. 기윤실에서 2001년 발표한 「2009년 한국교회의 사회적 섬김 보고서」를 보면 한국 개신교회는 사회적 섬김 보고서 지역아동센터, 사림학교, 대북지원, 해외원조, 의료단체, 장기기증, 자원봉사 등 다양한 사회적 봉사를 실천하고 있다. 이러한 봉사를 통한 사회와의 소통과 참여가 확대되고 강화 된다면 한국 개신교의 새로운 사회적 자본을 창출할 수 있을 것이다. 그리하여 한국 개신교는 결속형과 연계형이 균형을 이룬 새로운 사회적 자본을 창출할 수 있을 것이다.

## Ⅵ. 나오는 말

이 연구에서 필자는 사회적 자본이란 무엇이고, 어떻게 종교가 사회적 자본을 창출할 수 있는지 알아보았다. 그러고 나서, 구체적으로 사회적 자본이 종교 안에서 어떻게 형성이 되고 발전될 수 있는지 한국 개신교의 경우를 살펴보았다. 그리하여 필자는 이 논문에서 개신교는 자체 내에서 사회적 자본을 밀도 있게 형성하고 있다고 주장했다. 그러나 낮은 공적 신뢰도와 집단 내에 제한된(타 집단에게는 배타적인) 신앙 규범으로 인한 약한 호혜성 그리고 닫힌 네트워크 때문에 한국 개신교는 자신의 사회적 자본을 확대 발전시키고 시민사회의 발전에 기여하는 것에 문제가 있는 것으로 보인다. 그러므로 한국 개신교는 공적 신뢰를 회복하고, 제한된 호혜성을 극복한 규범과 관용, 그리고 약한 연대의 특성을 잘 살린 열려 있는 네트워크를 가지고 있어야 한다고 제안하였다. 그리하여 결속형 사회적 자본과 연계형 사회적 자본이 균형을 이룬 새로운 사회적 자본을 창출할 수 있다고 논의하였다.

# 참고문헌

**기독교윤리실천운동**, 2008, 2009, 2010, 2013, 「한국교회의 사회적 신뢰도 여론 조사」.

________________, 2010, 「2009년 한국교회의 사회적 섬김 보고서」.

**김병조 외**, 2011, 「한국의 다문화 상황과 사회통합」, 성남: 한국학중앙연구원.

**김상준**, 2004, "부르디외, 콜만, 푸트남의 사회적 자본 개념 비판," 「한국사회학」, 38(6).

**김승현**, 2008, "사회적 자본의 구성요소와 상관관계 연구," 「한국정치학회보」, 42(2).

**김호기**, 1999, 「한국의 현대성과 사회변동」, 서울: 나남.

**문화체육관광부**, 2008, 「한국 종교 현황」.

**박길성**, 2002, "사회적 자본과 삶의 질," 「아세아 연구」, 108.

**박찬웅**, 2006, 「시장과 사회적 자본」, 서울: 그린.

**박창호**, 2005, "사이버 공간의 미학화와 양면성," 「사회이론」, 가을겨울호.

**박희봉**, 2009, 「사회자본」, 서울: 조명문화사.

**송재룡**, 1998, "한국 사족주의와 준거기준의 이중성을 넘어," 「현상과 인식」, 77.

**엄한진**, 2011, 「다문화 사회론」, 서울: 소화.

**유석춘 · 장미혜**, 2004, "사회자본과 한국사회," 「한국의 시민사회, 연고집단, 사회자본」, 유석춘 편저, 서울: 자유기업원.

**이동원 · 정갑영**, 2009, 「제3의 자본 사회적 자본은 어떻게 증진되는가?」, 서울: 삼성경제연구소.

**이원규**, 2003, 「기독교의 위기와 희망–종교사회학적 관점」, 서울: 대한기독교서회.

**이재열**, 1998, "민주주의, 사회적 신뢰, 사회적 자본," 「사상」, 여름호.

**장형철**, 2012, "혼성성으로 바라본 한국 개신교의 성장과 감소: 새로운 개신교 문화담론을 향하여," 「담론201」, 15(2).

**정병은 · 장미혜**, 2008, "현대 한국사회의 사회자본 실태와 특성," 「한국의 사회자본: 역사와 현실」, 유석춘 외 공저, 서울: 백산.

**정상근 · 송재룡**, 2011, "한국의 '가족주의 습속'이 시민의 '시민적 참여'에 미치는 영

향: N 시민단체의 사례를 중심으로,"「현상과 인식」, 115.

**정일권**, 2012, "SNS 관계의 장점과 전략 그리고 한계,"「SNS와 한국 사회 소통 혁명」, 한국사회학회 서강대 연구소 학술연구 심포지움.

**정재영 · 장정호**, 2008, "교회 내 사회자본의 형성과 축적,"「한국의 사회자본: 역사와 현실」, 유석춘 외 공저, 서울: 백산.

**푸트남, 로버트** , 2000,「사회적 자본과 민주주의」, 안청시 외 옮김, 서울: 박영사.

**한내창**, 2010a, "가족 종교환경과 종교적 사회화,"「한국사회」, 11(1).

_____, 2010b, "종교성과 종교적 배타성 관계,"「한국사회학」, 44(1).

_____, 2012, "종교성과 타종교와의 결혼 허용도,"「한국사회학」, 46(1).

**한국교회미래를 준비하는 모임**, 2005,「한국교회 미래 레포트」, 서울: 두란노.

**한국갤럽**, 2004,「한국인의 종교와 종교의식 1, 2, 3」.

**Allport, Gordon W.,** 1966, "Religious Contexts of Prejudice," *Journal of Scientific Study of Religion*, 5(3).

**Campbell, David, E. and Steven J. Yornish,** 2003, "Religion and Volunteering in America," in Corwin E. Smidt(ed.), *Religion as Social Capital: Producing the Common Good*, Texas: Baylor Uni. Press.

**Cnaan, Ram A., Stephanie C. Boddie, and Gaynor I.Yancey,** 2003, "Bowling Alone But Serving Together: The Congregational Norm of Community Involvement," Corwin E. Smidt(ed.), *Religion as Social Capital: Producing the Common Good*, Texas: Baylor Uni. Press.

**Coleman, James. S.,** 1988, "Social Capital in the Creation of Human Capital," *American Journal of Sociology*, 94.

_______________, 1990, *Foundation of Social Theory*, US: The President and Fellows of Harvard College.

**Fukuyama, Francis,** 2001, "Social Capital," in Lawrence E. Harrison and Samuel P. Huntington(ed.), *Culture Matters: How Values Shape Human Progress*, New York: Basic Books.

**Granovetter, Mark S.,** 1975, "The Strength of Weak Ties," *American Journal of Sociology*, 78(6).

**Lin, Nan,** 2001, *Social Capital: A Theory of Social Structure and Action*, Cambridge: Cambridge Univ. Press.

**Lockhart, William H.,** 2005, "Building Bridges and Bonds: Generating Social Capital in Secular and Faith based Poverty to Work Programs," *Sociology of Religion*, 66(1).

**Portes, Alexandra,** 1998, "Social Capital: Its Origins and Applications in Modern Sociology," *Annual Review of Sociology*, 22.

**Putnam, Robert D.,** 1995, "Bowling Alone: America's Declining Social Capital," *Journal of Democracy*, 6(1).

**Putnam, Robert D. and David E. Campbell,** 2010, *American Grace: How Religion Devide and Unite US*, New York: Simon & Schuster Paperbacks.

**Smidt, Corwin,** 2003, "Introduction," in Corwin E. Smidt(ed.), *Religion as Social Capital: Producing the Common Good*, Texas: Baylor Uni. Press.

**Wood, Richard,** 2003, "Does Religion Matter? Projecting Democratic Power into the Public Arena," in Corwin E. Smidt(ed.), *Religion as Social Capital: Producing the Common Good*, Texas: Baylor Uni. Press.

**Wuthnow, Robert,** 1996, *Christianity and Civil Society: The Contemporary Debate*, Valley Forge: Trinity Press International.

chapter **08** 

# 1980년대 한국 개신교 민주화운동의 특성과 한계 : 6월 항쟁에서의 교회 공론장을 중심으로[1]

**전명수**(고려대학교 공공사회 · 통일외교학부 소교수)

## Ⅰ. 문제제기 : 1960-70년대 개신교 민주화운동의 성취와 문제점

본 연구는 1980년대에 전개되었던 한국 개신교 민주화운동의 성격과 한계, 그리고 그 의의를 6월 항쟁 시 교회 공론장의 문제를 중심으로 고찰하는 것을 목적으로 한다. 6월 항쟁은 1960년대 이후 개신교가 수행한 중요한 역할과 기여를 보여준 민주화운동의 성취로 간주될 수 있으나 그럼에도 개신교 민주화운동의 한계를 드러낸 역사현장이기도 하다.

개신교는 19세기 말 우리나라에 수용된 후 생활계몽운동과 독립운동에서 중요한 역할을 담당했거니와, 1960년대 이후 시작된 민주화운동은 그러한 개신교 사회운동의 역사적 기반 위에서 수행된 것으로 볼 수 있다. 김재준, 박형규 목사와 같은 개신교계 지도자들이 앞장섰고, 그들이 발표한 선언문을 통해 복음의 사회적 책임에 대한 인식을 각인시키고 민주화 이념을 신학 윤리와 정의로 승화시킴으로써 민주화운동의 당위성을 좀 더

1 이 논문은 「담론201」 제14권 3호(2011)에 게재된 내용을 수정 보완한 것이다.

적극적으로 강화해준 바 있다. '동원자원'에서도[2] 개신교는 뛰어난 역할을 수행했다. 사회적 사건의 피해자들에 대한 추모 예배와 구국기도회를 개최하여 민주화운동의 외연을 확대시켰을 뿐만 아니라 때로 민주화운동에 뜻을 둔 이들의 만남의 장소로, 또는 폭압적인 공권력으로부터의 보호처로서 그들의 활동을 지원했다. 교회 학생부는 민주화 시위를 벌일 수 있는 수적 기반이 되었다(전명수, 2010: 329-359).

주지하는 대로 1980년대 민주화운동은 지도자 중심이 아닌 일반 대중 또는 시민들의 광범위한 참여가 그 특성이다(조대엽, 2005: 211). 하우저(Gerard A. Hauser)는 민주적 거버넌스는 시민들이 자신들이 잘 알고 있는 문제들의 논쟁에 참여하는 능력과 기회에 바탕을 두고 있다고 주장했다(Hauser, 1998: 83). 이와 같이 민주화운동이 대규모 시민 또는 일반 대중들의 자발적 참여 없이는 성공할 수 없다는 점에서 그 변화의 의미가 크지만, 그러나 이것이 그동안 소수의 민주화운동 지도자들에 의해 기획되고 정립되었던 이론이나 실천방향을 그대로 추종하는 것을 의미하는 것은 아니다. 6월 항쟁의 성취는 많은 부분 그들 간의 공론장이 형성된 데에 기반한 것으로 파악되거니와, 바로 이 점에서 개신교 민주화운동의 한계가 드러난다.

이것은 명동성당이 6월 항쟁에서 기여한 것과의 차이를 보여준다. 1980년대 민주화운동의 특성을 지도자 중심이 아닌 일반 민중이 모여 공감하고, 의견을 나누며, 지지하던 공론장의 출현으로 본다면 명동성당은 이러한 면에서 큰 성과를 보여준 것이다. 말할 것도 없이 그 성과는 갑자기 이루어진 것이라기보다 역사적으로 그동안 이 성당이 수행해 온 많은 사회운동이 바탕이 되었을 것이지만, 특히 6월 항쟁의 경우 무엇보다 주목되는

---

2 교회와 학원은 저항을 위한 기초적 자원 및 조직과, 집합적 비판의식의 결합체로서 동원에 필요한 기초적 요소들, 즉 구성원, 지도자, 장소, 연락망 등을 제공하는 '미시동원맥락'을 형성함으로써 한국 민주화운동의 사회적 기원이 된 것으로 고찰되었다(정철희, 1995: 503).

것은 공론장으로서의 명동성당의 역할이다.[3] 종교계의 민주화운동은 그 지향하는 사회적 가치가 종교적 가치와 합일하는 것이어서 민주화운동의 성공을 위해서는 교회가 외부의 대중들에게 나아갈 수도 있고 외부대중이 교회 안으로 들어올 수도 있으나 이를 위해 가장 바람직한 것은 정치적인 관점을 교환하고 논쟁하면서 공유하게 되는 교회와 사회 간의 경계공간의 존재일 것이다. 바로 그 역할을 교회 안과 밖의 경계지역인 명동성당의 '희망의 언덕'이 수행한 것이다. 이러한 점에서 1987년 6월 항쟁의 출발과 전개는 여러 측면에서 접근될 수 있는 것이지만 이를 특히 교회 공론장의 문제를 중심으로 세밀히 고찰하면 1980년대 개신교 민주화운동의 특성과 한계를 파악하는 데에 도움이 될 것으로 생각된다.

잘 알려진 대로 공론장(public sphere)이란 하버마스(J. Habermas)가 부르주아 사회의 한 범주에 관한 연구를 통해 제시한 개념으로(하버마스, 2001), 사적인 영역과 공적인 영역을 소성하는 영역이기도 하다.[4] 그의 이론에 대한 많은 관심과 비판이 제기되기도 했지만 그것은 여전히 민주화운동에

---

3 6월 항쟁에서의 명동성당이 기여에는 그동안 천주교가 민주화와 그 밖의 사회문제에 대해 보여준 활동과 역사적 배경이 더 큰 역할을 했을 것이라는 심사자의 지적이 있었다. 여기서 '명동성당'이라는 고유명사 속에는 천주교의 교리와 대사회적 활동의 역사, 그리고 당시 성당과 관련된 사제단과 청년회의 이념과 활동의 의미가 모두 함축된다는 것은 부정할 수 없는 사실이다. 그러나 명동성당이 6월 항쟁의 중심으로 부상한 것은 우발적이었다는 주장이나 6월 항쟁에서 농성단과 성당의 사제단 사이에 항쟁의 지속과 해산을 둘러싸고 빚었던 심각한 갈등을 살펴볼 때 6월 항쟁에서 명동성당의 의미를 온전히 천주교의 교리적 배경이나 역사적 성취라는 측면에서만 고찰하기는 어렵다. 오히려 명동성당의 역사와 전통과 함께 6월 항쟁 시 보여준 갈등까지 모두 포함해서 궁극적으로 명동성당이 공론장으로서의 역할을 하는 데에 기여했다는 것이 필자의 판단이다.

4 본고에서 공론장 이론은 주로 하버마스 논의를 비판적으로 또는 다른 입장에서 접근한 프레이저(Fraser, 1990)와 하우저(Hauser, 1998: 83-107)의 논문을 참고했다. 그러나 여기서 본고의 논의는 이들이 보여준 기존 범주를 하나의 틀로 받아들이기보다 한국 민주화운동에서 보여준 교회의 역할을 공론장이라는 측면에서 그 특성을 구축해 나가는 데에 목표를 둔다.

접근하는 매우 중요한 기반이 되고 있는 것도 사실이다.[5] 본고에서는 일단 공론장을 기본적으로 여론이 형성되는 장, 즉 시민들의 일상적인 관심사에 대해서 자유롭게 토론과 논쟁을 할 수 있는 곳이라는 단순한 개념으로 시작한다. 그러나 이러한 단순한 개념에서도 공론을 형성하는 사회구성원의 특성이나 공론의 주제와 형성과정, 공간 또는 영역, 범위 등으로 번역되기도 하는 '장(sphere)'의 의미가[6] 교회 공론장의 특성을 이해하는 핵심 요인이 될 것이다.

본고는 먼저 그동안 개신교가 교회나 기독교회관 등을 통해 민주화운동에 대한 여론을 환기시키며 운동을 추진시키는 공론의 장으로서 수행했던 역할을 검토하고, 다음 6월 항쟁에서 보여준 특성과 한계를 명동성당, 특히 성당 뜰과 입구에서 본당까지의 언덕이 수행한 역할과의 비교를 통해 고찰해 보고자 한다. 교회 공론장의 문제는 궁극적으로는 1980년대 개신교 민주화운동의 성격과 함께 개신교 자체가 안고 있는 문제들을 이해하는 데에 기여할 것으로 보이거니와 이 글은 그러한 문제들을 규명하는 출

---

5 니콜라스 간함(Nicholas Garnham)은 그간의 비판을 부르주아 공론장 옆에 그리고 반대편에 있는 대중 공론장을 소홀히 한 점, 부르주아 공론장을 이상화시킨 점, 공론장으로부터 가사와 가정경제를 배제하여 젠더관계와 생산관계 안에서의 민주적 책무의 문제를 억압했다는 점, 그의 책의 끝부분에서 아도르노(T. W. Adorno)의 문화산업 모델에 너무 의존했다는 점, 커뮤니케이션 행위 모델이 여론 지향이 아닌 모든 그러한 다른 형태의 커뮤니케이션 행위를 소홀히 한 점, 따라서 커뮤니케이션 행위의 수사적 그리고 장난스러운 면들을 소홀히 한 점 등으로 요약했다. 그는 이러한 비판들이 하버마스 본래의 접근을 발전시키고 세련되게 하는 기반이 되었지만 이들이 하버마스 논의의 지속적인 가치를 손상시키지는 못하는 것으로 본다. 그 첫 번째 가치는 대중적 매스컴의 제도와 수행 그리고 민주적 정치제도와 수행 사이의 분해할 수 없는 연결에 초점을 두었다는 것, 둘째는 어떤 공론장을 위해서도 필요한 자원의 토대에 초점을 두었다는 것, 셋째 미디어 정책에 관한 사고를 너무 많이 지배하는 자유시장과 국가통제라는 단순한 이원화에서 벗어났다는 것이다(Garnham, 1992: 359-361).

6 일본에서는 공론장을 公共圈, 중국에서는 公共領域으로 번역하여 범위, 영역의 의미를 내세우는 반면, 한국의 공론'장'은 공간의 함축이 좀 더 두드러진다.

발점이 될 것이다.

## Ⅱ. 1980년대 개신교 민주화운동의 특성과 한계 : 6월 항쟁 이전까지

1980년대 신군부가 집권한 이후 1987년 6월 항쟁 이전까지는 언론의 통제, 시위에 대한 무력 진압, 반정부활동에 참여한 인물들에게 자행된 구금, 폭력과 고문, 치사 등으로 1970년대와 유사한 상황이 반복되고 있었다. 한국 종교계는 1970년대의 유신반대투쟁에 이어 1980년대 민주화운동에서도 구심세력으로 활동했다. 천주교 정의구현전국사제단, 한국기독교교회협의회, 민중불교운동연합 등은 당시 활동하던 민주세력의 중심축이었다.

그러나 1980년대 역시 각 종교교단의 민주화운동은 그렇게 단일적이지는 않았다. 종교계의 민주화운동과 관련하여 1970년대에는 종교별, 교파별로 비교적 뚜렷한 정치적 색깔이 드러났던 것으로 평가되었다. 천주교는 비판 혹은 저항을, 불교는 타협이나 대세 추종을 보여주었고, 개신교는 이 두 종교의 특성을 모두 가지고 있었다는 것으로, 한국기독교교회협의회(KNCC) 계열의 교파들은 비판 혹은 저항을, 非KNCC 계열의 교파들은 타협 혹은 대세 추종을 보여주었다는 분석이다(강인철, 2002: 27). 그러나 천주교 역시 정의구현사제단의 저항운동이 한국 교회에 위기를 가져온다는 점에서 이를 공개적으로 저지하려던 사제와 신자들이 있었던 것을 보면(윤선자, 2002: 222) 종교계는 대체로 민주화운동에 대한 지지와 거부의 양면을 모두 가지고 있었던 것으로 판단된다.

1980년대에 들어와서도 개신교 민주화운동에서 그 주체는 1960, 70년대와 마찬가지로 KNCC가 중심이 되었다. 이 단체는 한국 교회의 연합정신을 구현하고 에큐메니컬 운동을 위하여 창설된 기독교 협의체로, 1924년

창립되었고 해방 후 조직을 재정비하여 1960년대 이후 민주화운동에 중추적인 역할을 해 왔다. 특히 1980년대 민주화운동에서 핵심 목표로 대두된 것이 '인권'의 문제였고, 이 문제의 해결을 위해 개신교의 힘을 모은 것이 KNCC의 인권위원회였다. 그만큼 1980년대는 광주항쟁 이후 양심수로 일컬어지는 각계인사, 노동자, 교수, 학생들의 구속과 고문이 심하게 이루어지고 있었다. 시위 학생들을 강제로 징집하거나 그들을 영장 없이 구금하여 교육을 시키고, 데모가 자주 발생할 경우 교수들도 공동책임을 지게 한다는 소위 학원안정법의 입법도 예고되고 있었다. 많은 이들이 용공으로 규정되었고, 구속자, 군대에 강제로 징집된 이들 중에 사망자가 나오기 시작했다. 이에 대해 개신교회는 KNCC를 중심으로 구속자의 고문중지와 석방을 위한 항의 성명서와 인권선언을 발표하고, 기도회와 간담회, 그리고 연합예배 등을 개최했다.

이로 보면 개신교의 민주화운동 방식은 전대에 비해 크게 달라진 것이 없어 보이지만 실제로는 많은 변화가 있었다. 이러한 변화는 재야단체, 교수, 학생들의 움직임과 궤를 같이 하는 것이다. 하나는 농성으로 역시 1980년대 이후 개신교 민주화운동에서 새로이 나타난 저항방식이다. 1980년대 개신교 민주화운동은 1985-86년에 보다 구체화되어 나타났는데, 먼저 광주민주항쟁 진상규명과 책임자처벌 촉구투쟁을 들 수 있다. 전국기독자민주쟁취대회 5월광주민중항쟁기념위원회는 기독교회관에서 목요예배를 끝내고 5월 광주민중항쟁을 기리는 약 이틀간의 농성에 들어가면서(1985.5.23.) 광주학살의 진상공개, 희생자에 대한 명예회복과 보상, 미국정부의 한국민에 대한 사과를 촉구했다(황인성, 2007a: 257-259). 1987년 대통령의 4·13 호헌 담화 이후 비난 성명과 시위, 단식농성이 이어질 때 기독교회관에서도 함석헌, 박형규 등 여성계, 학계, 종교계 소속 28명의 재야인사들이 농성에 돌입했다(황인성, 2007b: 173).

또 하나는 서명운동인데, 이것은 그간 지도자 중심의 운동에서 성직자와 신자들로 수적인 확대를 가능하게 했다. 예로 1986년 2월 소장목회자들의 개헌서명 이후 3월에는 KNCC에서 서명자 1050명의 명단이 발표되고, 천주교 역시 비슷한 시기 개헌을 촉구하는 선언문을 발표하고 개헌서명운동을 벌이게 되었다.

> 이처럼 계속 터져 나온 개신교회와 가톨릭교회의 개헌서명운동과 시국선언은 국민의 민주화요구와 개헌의지를 상징적으로 대변하는 '여론의 힘'이 되었고, 이어 전개된 고려대와 성균관대, 장신대, 한신대, 감신대 등 29개 대학교수와 지식인들의 광범위한 시국선언운동을 자극하는 한편 언론의 활동 폭을 넓혀주는 데 중요한 역할을 했다.
>
> – 김명배(2009 : 252)

서명운동은 주로 종교인과 지식인 위주이기는 했지만 일단 민주화운동 참여자의 외연을 넓힌 것으로 평가될 수 있다. 이에 이어서 CBS기능정상화서명운동(1986–1987)이 범교단적으로 전개되었는데, 이러한 정부의 방송과 언론 통제에 맞선 서명운동 이외에도 문서와 유인물을 작성하고 자료집을 발간하여 유포함으로써 각 지역에서 일어나는 민주화항생의 실상을 알렸다.

이와 같이 개신교 민주화운동이 좀 더 구체적이고 적극적인 방식으로 변화가 나타나고 있으나 여전히 일반 시민, 외부 대중과의 교감은 미약한 편이었다. 일단 기도회나 예배에도 민주화운동에 관심을 가진 신자가 중심이 되고 외부 인사들의 참여가 별로 없어 종교적 행사로 끝난 것으로 보인다. 이것은 행사를 알리는 수단이 별로 없어서이거나, 또는 경찰이 외부인들의 진입을 막았기 때문일 수도 있으나 무엇보다 특정 종교가 주관하는 행사라는 점, 더욱 건물 구조상 그 행사 내용을 밖에서 볼 수 없었다는 점이 좀 더 다양한 종교, 계층, 직업의 사람들이 함께 모이는 데에 방해가 되었을 가능성을 배제하기 어렵다.

다음으로 기도회나 예배가 중심인 교회가 시국의 문제를 논의하고 공론을 모으는 장이 되기에는 한계가 있었다. 하버마스는 공론장의 기원을 참석자들이 개인의 또는 공적 문제들을 서로 얼굴을 맞대고 토론할 수 있는 17-18세기 영국과 프랑스의 커피하우스나 살롱에서 찾았다(하버마스, 2001: 102). 하우저는 개인과 그룹들이 모여서 상호 관심사를 토론하고, 가능하다면 공통의 판단에 이르는 '산만한 공간(discursive space)'으로 보았다. 그에게 공간은 거리이기도 하고, 광장이나 호텔 로비이기도 하다. 그는 현대 그리스 선거 유세기간 동안 그 나라 사람들이 주고받는 이야기 내지는 심지어 경적의 소음이나 깃발 같은 것들로 표현되는 유권자들의 반응이 포함된 그들만의 수사(vernacular rhetoric)가 오히려 여론에 대한 좀 더 깊이 있는 이해를 가능하게 한다는 점을 발견하고, 이들을 심각하게 담론으로 다루어야 한다고 보았다. 그리스의 정치 서사에 익숙한 이들에게 그것은 대중 정서의 표현으로, 정책과 방향에 대한 국가 담론으로 들어가는 커뮤니케이션 행위라는 인식이다. 간단히 말하면 하우저가 주목하는 공론장은 비공식적인 개인의 상호작용의 과정에서 생산되는 '길거리 수사(street rhetoric)'이다(Hauser, 1998: 86-92).

이것은 사람들이 모여 자신들의 견해를 발표하고 토론할 수 있는 곳이라면 어디든지 공론장의 기능을 할 수 있음을 말해준다. 교회 역시 비록 종교행사를 통해서이기는 하지만 민주화에 대한 사회적 열망을 응축시켜 대언해 준다는 점에서 민주화운동의 중요한 한 공론장이 될 수 있고, 또 어느 정도 그러한 기능을 수행해 온 것으로 판단된다. 단지 그 공론의 주제가 정부의 폭력을 규탄하는 것이든, 그 희생자나 양심수를 위한 것이든 참여자 개인들의 적극적인 참여와 그들 간의 상호 논쟁을 통해 가능한 합일된 판단에 이르는 '과정'이 충분하지 못했을 것이다. 교회가 주관하는 기도회나 예배의 주제는 이미 결정된 것이어서 비록 참석자들이 종교지도자들이 일방적으로 주는 메시지에 공감하고 심리적 연대감을 형성할 수는 있겠으나, 이를 다양한 개인들의 적극적인 참여로 볼 수는 없을 것이다.

이러한 점에서 1986년부터 야당과 기독교계를 중심으로 일어난 직선제 개헌운동에서 교회가 "개헌을 향한 국민의 열망을 천명하고 추진하는 데 머물렀고, 대중의 민주화 의지를 구체적 힘과 조직으로 결집시키는 데는 미흡했다."는 김명배의 지적은 옳다고 본다(김명배, 2009: 253). 이것은 개헌운동의 연장선상에서 확장된 6월 항쟁에서 개신교가 민주화에 대한 일반 시민과의 공론을 형성하는 데에는 부족했음을 의미한다. 이 점은 천주교 명동성당의 역할과 매우 대조적으로 나타난다.

## Ⅲ. 6월 항쟁 시 개신교 민주화운동에서의 공론장의 특성

### 1. '민주화 공론장'으로서의 교회와 기독교회관의 역할과 특성

위에서 언급한 대로 그동안 민주화운동에서의 개신교의 기여는 여러 측면에서 이루어졌다. 그러나 무엇보다 교회가 보유한 동원자원이 큰 역할을 했거니와 교회는 민주인사들이 모여 의견을 나누고 이를 실행에 옮기는 운동의 출발 지점이 되었다. 바로 이러한 점에서 개신교를 비롯한 종교의 역할과 기여, 그리고 한계가 있는 것으로 보인다.

한국 민주화운동의 사회적 기원으로 일컬어지는 학원과 교회 중 교회는 학원과 마찬가지로 국가의 사찰을 받기는 했으나 종교 자유라는 전 세계적 시각에서 신군부 역시 자유로울 수 없다는 이점을 갖고 있는 것도 사실이어서 교회의 기도회와 예배는 "긴급조치9호의 치하에서 최후로 남겨진 자유집회"로 간주되었다(김병서, 2000: 62). 그러나 이러한 교회의 활동과 모임을 살펴보면 대부분 관련 교계인물들, 그중에서도 교회의 학생회들이 그 중심을 이루었다. 여전히 교회는 예배장소이고 기도장소였다.

이 점은 1978년 3월 26일 여의도광장에서 열렸던 부활절 새벽 연합예배에서 노동자 6명이 단상에 올라가 "노동 3권 보장하라."는 등의 구호를 외쳐 중계방송이 중단되기도 했다는 기록을 보면 더 잘 이해된다(김명배, 2009: 177). 이것은 민주화운동의 또 하나의 기폭제가 된 것으로 평가받는 1973년 남산 부활절 예배를 생각나게 하거니와, 야외예배에서의 이러한 사건들은 민주화운동에서 교회 안과 밖의 차이를 상징적으로 보여준다. 동일한 종교활동이라도 교회 안은 완전하지는 않지만 외부보다는 공권력의 위협에서 비교적 안전한 데 비해 교회 밖은 위험 앞에 노출되지만 일반 시민의 참여가 확대된다. 당시 예배에 참석한 일반 시민들이 저항운동을 주도하는 인물들의 의도대로 실제로 민주화운동에 참여했는지, 또는 그들로부터 무언의 지지를 끌어낼 수 있었는지는 또 다른 문제이지만 적어도 그 운동의 목표나 실상, 그리고 배경에 대한 정보를 알리는 기회가 되었을 것이다.

이러한 점에서 보면 교회 아닌 기독교회관이 사회 일반의 참여가 이루어진 공론장의 임무를 수행하는 데 있어 더 많은 기여를 했을 수도 있다. 그것은 이 회관이 유신의 정치세력과 맞서 싸우려는 세력들의 집합처로서의 역할을 한 것으로 인정받고 있는 데에서 드러난다(현길언, 1999: 242). 교회와는 다르지만 기독교회관 역시 종교시설이라는 점에서 공권력으로부터 어느 정도의 안전성은 보장받을 수 있었을 것이다. 실제로 1970년대 기독교회관에서 기독교 내 교단 연합뿐만 아니라 정계, 종교계, 언론계, 학계, 문인, 법조인, 여성계 등 각계인사들이 모여 민주회복과 노동자 인권을 위한 단체를 결성하고 선언서를 발표한 바 있다. 지식인들뿐 아니라 동일방직 사건 이후 노동자 500여 명이 모여 단체를 결성하기도 했다(김명배, 2009: 177). 1980년대에 들어와서도 5월 광주민중항쟁을 기리는 농성, KBS-TV 시청료거부 서명운동, 당국의 폭력과 고문에 대한 보고회 개최 및 대책활동, 개헌투쟁 기자회견, '고 박종철군 국민추모회 준비위원회' 발족 등의 일련의 활동들이 모두 기독교회관을 중심으로 전개되었다. 1980

년대 기독교회관은 1970년대에 이어 각계인사들이 모여 단체를 결성하고 성명서를 발표하는 장소가 되었던 것이다.

이와 같이 각 교회나 기독교회관은 성명서를 발표하고 기도회를 개최하는 것으로 여론을 환기시켰다. 이곳에 모인 사람들은 대부분 지도자급 인사들이었고 여기서 토론과 논쟁이 벌어졌다기보다 이미 어떤 대의에 동의하는 이들이 모여 이를 외부세계에 전달하는 것이 목표였을 것이다. 6월 항쟁에서 개신교의 역할 역시 이러한 선상에서 이해되지만, 한 가지 변모된 현상은 개신교가 천주교와 함께 성명서를 발표하고 구국기도회를 개최한 것 외에도 성직자들과 신도들이 투쟁 집회에 참여하고, 교회를 농성장소로 제공한 것이다. 구체적으로 국민운동본부의 발기인대회와 결성대회(1987.5.27.)가 열린 장소가 서울 기장의 향린교회였고, 국민운동본부가 조직된 후 최초로 주도한 6·10 국민대회의 공식장소가 서울 성공회대성당이었으며, 또 6월 18일 체류탄 추방의 날 행사 대회장소도 종로5가에 위치한 서울 예장(통합)의 연동교회였다(김명배, 2009: 322에서 재인용).

여기서 개신교 교회와 성공회대성당의 역할은 단순히 장소의 대여로만 볼 수는 없을 것이다. 일단 이러한 장소의 제공은 그곳에서 열리는 활동에 대한 교회와 대성당 측의 동의를 의미하는 것이지만, 더 나아가 이곳에서 이 행사를 기도회나 예배처럼 종교의 틀 안에서 수행하는 종교행사로 전환시키지 않은 것이 그 이전과는 달라진 점이다. 무엇보다 6월 항쟁의 출발이 되는 6월 10일 국민운동본부 주관의 '박종철 고문살인 은폐조작 규탄 및 호헌철폐 범국민대회'가 열린 성공회대성당의 역할은 매우 주목할 만한 것이다. 국민운동본부는 재야와 종교 세력뿐만 아니라 민추협과 민주당 등 정치세력까지 망라한 광범위한 연합전선체로서 1980년 이후 연대투쟁의 성과를 담아낸 조직으로 출발했으며, 대중적 신뢰와 권위를 바탕으로 전국적인 투쟁의 상징적 중심으로 자리잡게 되었다는 평가를 받고 있기 때문이다(황인성, 2007b: 177).

장소의 대여뿐만 아니라 오충일 목사는 상임집행위원장을, 박형규 목사와 금영균 목사는 상임공동대표를 맡았고, 당일 국민대회에서 오충일 목사는 사회를, 박형규 목사는 대회사, 성공회 김재열 신부가 대회선언문을 낭독했다. 따라서 개신교 민주화운동의 입장에서 볼 때 초점은 국민대회의 행동요강에 참여한 많은 시민들에게 그 대회의 장소가 성공회대성당이고, 종교지도자(개신교)가 적극적인 역할을 담당하고 있다는 사실이 주는 신뢰와 의미에 있을 것이다. 국민대회를 개최하면서 가장 노심초사했던 문제는 일반 국민들, 특히 도심의 사무실에 있는 수만 명의 직장인들을 참여시킬 방법이었다고 한다. 대회시간을 6시로 정한 것도 직장인들의 퇴근시간에 맞춘 것으로, 당시 이들은 국민대회에 대해 상당한 심정적 호응을 일으킨 것으로 보이지만 어떤 폭발적인 힘을 추동시키는 역할은 하지 못했다. 그것은 그들 대중 자신들이 공론에 참여하는 주체가 아니었기 때문일 수 있다.

1986년 개헌투쟁에서 가장 적극적이었던 5·3 인천항쟁 시 시위에 참여했던 한 대학생의 다음과 같은 기억은 대중을 끌어들이는 것이 얼마나 어려운지를 보여준다. 당시 인천의 거리는 '군부독재 타도', '광주학살 배후조종 미제 축출' 등 각종 구호로 물든 '해방구'였으나 끝내 그곳은 "우리들만의 것이었고, 우리는 곧 대중으로부터 '고립'되었다."는 것이다(김원, 2009: 71). 상대적으로 명동성당이 6월 항쟁에서 보여준 기여는 바로 대중과의 고립을 극복하고, 시위주동 세력만의 것이 아닌 이들과의 결집된 힘에 기반했기 때문이다. 여기서 개신교 민주화운동이 결여한 가장 큰 핵심은 외부의 힘, 특히 시민 또는 민중으로 부를 수 있는 집단과의 연결 부족이었음이 확인된다.

낸시 프레이저(Nancy Fraser)는 하버마스의 공론장을 정치적, 경제적 측면으로 나누어 요약하면서 특히 정치적으로는 공론장이 이야기하기를 매개로 정치적 참여가 성립되는 현대사회의 한 '극장(theatre)'을 가리키는 것으로 설명한다. 그것은 시민들이 그들의 공통된 일상의 일들에 관해 깊이 생각하는 공간, 따라서 산만한 상호작용의 제도화된 특설 무대(arena)이다.

이곳은 개념적으로 국가와는 전혀 다른 별개의 것으로, 원칙적으로 국가에 비판적일 수 있는 담론이 생산되고 유통되는 자리(site)라는 인식이다(Fraser, 1990: 57). 어떻게 보면 교회나 기독교회관은 단지 군사정부를 비판하는 성명서를 발표하고, 각종 기도회와 예배가 열리는 기독교계 인사들과 범민주화운동의 지도자들 '그들만의 공론장'이었다고 할 수 있다. 기독교계 인사들 간, 또는 재야지도자들과의 소통은 원활하게 이루어졌을지 몰라도 국민들과의 상호작용이 이루어지는 '무대'는 형성되지 못했기 때문이다.

## 2. 명동성당의 '희망의 언덕'과 그 기여와의 비교

전술한 대로 6월 항쟁 이전 개신교는 대체로 민주화운동을 종교적 틀 안에서 수행한 반면 6월 항쟁을 전후해서는 그 틀을 벗어나 민주화운동의 한 축으로서 활동했다. 그중 가장 두드러지게 나타나는 것이 바로 장소의 제공으로, 국민운동본부의 탄생에서 개신교 교회의 장소 제공은 평가절하할 수 없는 것이다.

그러나 6월 항쟁에서 개신교는 명동성당만큼의 평가를 받지 못하고 있다. 이것은 개신교의 당시 활동이 국본(국민운동본부)의 이름으로 이루어졌기 때문이기도 하지만, 무엇보다 개신교 교회는 교회 밖 대중의 힘을 결집하는 성과를 보여주지 못한 것이다. 그동안 교회는 민주화운동의 지원세력으로 동원자원의 측면에서 많은 기여를 했고, 특히 재야를 비롯한 다양한 영역의 지도자들이 만나 의견을 교환하여 이를 외부에 공표하거나 때로 공권력의 피해자들의 권리를 주장하고 위로하는 장소가 되었으나 진정한 의미의 공론장을 형성하지는 못한 것이다. 적어도 공론장은 다양한 계층의 사람들과 지도자들을 포함한 시민들이 모여 자신들의 사적 문제에 대한 토론을 거쳐 이것이 결국 그들이 공유하는 관심사가 되는 과정을 요구한다.

이에 비해 명동성당은 6월 항쟁에서 징검다리 역할을 한 것으로 평가받고 있으나 그것은 징검다리라기보다 오히려 기폭제였고 추동력이었다.[7] 6월 항쟁이 민주주의로의 노정에 확장과 좌절을 동시에 안겨주었다는 평가를 받아들인다면(이영제, 2010: 153-164) 명동성당의 역할 역시 같은 선상에서 평가될 수 있을 것이다. 물론 6월 항쟁은 개신교의 역할을 포함해서 그간의 모든 민주화운동의 기반 위에 이루어진 것이어서 이 항쟁은, 그리고 이것이 얻은 성과는 어느 날 하루아침에 이루어진 것은 아니다. 그러나 적어도 명동성당은 다양한 계층과 배경의 사람들이 모여 공론장 형성의 가능성과 이들을 직접 그 항쟁에 참여시키는 힘을 보여주었다. 그러면 그 힘은 어떻게 형성되었을까. 필자는 특히 성당의 입구에서 본당에 이르는 뜰과 언덕이 수행한 역할을 주목해 보고자 한다.

일반적으로 교회나 성당을 지칭할 때에는 예배장소, 즉 본당을 가리킨다. 후술하겠지만 교회와 성당 건축에 대한 연구도 주로 이 본당에 집중되어 있다. 그러나 6월 항쟁 당시 천막농성과 종교인 · 일반시민 · 학생들이 모여들어 저항집단을 형성하던 곳은 성모 앞 뜰, 입구에서 성당본당까지의 언덕 또는 빈터였다. 이곳은 종교의례를 형성하는 신성공간인 성당 안과는 다른 종교지역이면서 성모의 석상이 있어 특히 사사로운 기원을 가진 비신자나 비종교인들이 자주 찾기도 하고, 점심시간에는 때로 주변 직장인들의 휴식처가 되기도 하는, 聖과 俗이 함께 하는 장소이기도 하다. 농성 때에는 경찰이 이곳에 최루탄을 쏘았다가 성당 주임신부의 강력한 항의로 물러났고, 중상자들을 성당 전용차로 인근 백병원과 분도병원으로 옮겨 치료를 받게 할 때 당시 경찰의 철저한 봉쇄하에서도 성당 차량에 대한 검문검색은 예외였던, 공권력으로부터 비교적 안전한 보호처였다. 더

---

7 6월 항쟁 시 명동성당에 관한 자료는 나도은, 2007: 254-297; 김원, 2009: 145-177; 김동원, 1997을 주로 참고했다. 이 자료들은 명동성당에서의 일을 모두 6월 10일부터 날짜별로 정리하고 있어 농성의 시작부터 해산까지의 과정을 보여주고 있다. 본고에서는 이를 종합하여 그 상황과 특성을 분석했다.

중요한 것은 이곳이 울타리 밖에서도 안에서 일어나는 일들을 바라보고 알 수 있는 외부와의 경계지역이라는 점이다. 따라서 6월 항쟁에서 명동성당의 의미는 그곳에서의 농성이 외부세계와 긴밀하게 연관되어 상호교감에 따라 하나의 정서적 통합체를 이루는 것을 가능하게 한 공간적 형태를 무시할 수 없다는 데에 있고, 그리고 이것이 교회와 다른 점으로 간주된다.

먼서 6월 항생이 일어난 것은 이미 준비되어 있었지만(참가자 좌담회, 2007: 234), 명동성당이 그 항쟁의 중심이 된 것은 우발적이었던 것으로 간주된다(김원, 2009: 165). 그러나 그것이 우발적이었다고 할지라도 성당 울타리 안팎으로부터 모여든 힘을 계속 하나로 묶는 공간이 있었다는 점을 소홀히 할 수 없다. 이곳은 예배를 본 사람들은 본당 안에서 나와야 하고, 밖에서 농성을 하는 사람들은 본당 안으로 들어가지 않고서도 종교와 만날 수 있는 장소이다. 즉 경계지역은 교회 안과 밖이 어느 한 쪽으로 편입되지 않고 서로 동등하게 만나거나 부닥칠 수 있는 곳이다. 민주화운동은 대중들의 합세가 요구되지만 거리 시위든 교회 내 집회든 그들을 참여시키는 것은 그렇게 쉽지 않았거니와, 더욱이 신사가 아니라면 교회 안으로 들어가는 것이 별로 편안하지는 않았을 것이다. 그러면 당시 명동성당은 왜 달랐으며, 그리고 이러한 것들이 어떻게 공론장의 형성을 가능하게 했을까. 6월 항쟁에서의 명동성당의 역할과 의의는 다각적이고 다양한 접근이 가능하지만 여기서는 이를 울타리 안과 밖, 그리고 안과 밖의 통합으로 단순화해서 논의해 보고자 한다.

첫째는 울타리 안에 집합해 있는 사람들로 먼저 상계동 주민들의 천막농성에 대한 의미이다.[8] 상계동 철거민이 개신교가 아닌, 천주교회를, 그리고 명동성당을 농성장으로 선택하게 된 이유는 확실하지 않다. 그러나 그들이 이곳을 선택했다는 점은 명동성당이 반드시 우발적으로 6월 항쟁

8 상계동 철거민 관련 자료는 명동성당의 6월 항쟁자료에 근거한다. 각주 7) 참고.

의 중심이 된 것은 아니라는 한 가지 근거가 될 수 있다. 철거민들이 농성 중에 6월 항쟁을 만났다기보다는 6월 항쟁을 가능하게 한 한 요인으로 간주될 수 있다는 의미이다. 1987년 4월 14일, 상계동 재개발 조합 측은 서울시에 대집행을 요구하여 완전 철거를 강행하였다. 철거를 저지하는 데 실패한 상계동 철거민 78세대는 명동성당 교육관 옆 공터로 자리를 옮겨 장기 농성에 돌입하였다. 그들에게는 "시내 중심가인 명동으로 나가서 우리의 요구를 널리 알리자."는 주장과 함께 장기적인 투쟁에 지친 주민들이 천주교 세력에 의존하려는 태도가 일정하게 존재하고 있었다고 한다(소준섭, 2007: 394-395).

여기에 학생들이 중심이 된 시위대가 명동 입구에서 경찰의 최루탄 발사로 명동성당 안으로 밀려들어가게 되면서 명동성당에 들어와 천막농성을 하고 있었던 73세대 200여 명 가량의 상계동 주민들과 최종 합류하게 된다. 아마도 당시 명동성당 안으로 들어간 대부분의 시위자는 약간의 시민을 제외하고는 대부분 학생들이었을 것이다. 그러나 성당 안으로 들어온 이들에게 상계동 주민들의 합세는 공론장의 형성에 매우 중요한 역할을 한다. 상계동 철거민들은 시위하는 학생들과는 매우 다른 측면에서 민주화의 의미를 일깨워 주었다. 그들의 명동성당 농성은 고난과 갈등의 연속이었으나 상계동 대중들은 이러한 난관을 강한 단결력으로 극복해 내고 있어 무엇보다도 상계동 철거민의 농성 천막 자체는 군부독재의 반민중성을 입증하는 산 교육장으로서의 역할을 수행하고 있었다는 평가를 받았다(소준섭, 2007: 395).

이와 같이 철거민과 시위학생들의 합류는 단일 대중에서 다중적 대중으로 그 참여자들의 속성을 바꾸는 출발이 된다. 프레이저는 계층사회든 평등사회든 모두 단일 공론장보다는 다양한 계층으로 이루어진 공론장이 더 낫다고 보면서 하버마스가 공론장의 부르주아 개념의 단일성, 즉 공공의 무대를 단수로 주장한다는 점을 지적했다. 그는 역사적으로 여성, 노동자, 유색인종들과 같은 종속적인 사회그룹들이 대안적 대중을 구성하는 것이

이롭다는 것을 반복해서 알게 되었음을 환기시키면서 이들을 하위대항공중(subaltern counterpublics)이라 부른다. 그들은 종속적 사회그룹의 구성원들이 자신들에게 그들의 정체성, 이해관계와 요구들에 대한 상반된 해석을 형성하도록 하는 대항담론들을 만들어 내고 유통시키는 유사한 산만한 무대라는 것이다. 그는 예컨대 페미니스트들이 이러한 공론장에서 사회현실을 묘사하는 '여성차별', '성폭력' 등의 새로운 용어를 만들어 여성들의 관심사들과 정체성을 재정의함으로써 공적인 공론의 장에서 불이익의 정도를 축소시킬 수 있었다고 주장한다(Fraser, 1990 : 67). 마찬가지로 상계동 주민들의 사적인 문제로 치부되었던 거주지의 철거문제는 반독재를 외치는 시위학생들과 연합하여 표출됨으로서 공적인 것과 사적인 것의 경계는 재고찰이 가능하게 된 것이다.

당시 명청연(명동 천주교회 청년단체연합회)이 명동성당으로 진입한 시민과 학생들의 안전 귀가를 주선하고 있었으므로 강제해산과 배고픔, 그리고 부상으로 지친 시위대들은 아마도 상계동 주민들이 없었다면 잠시 성당을 이탈하거나 자리를 떴을 수도 있다. 그러나 그들의 배고픔을 채워 주고, 부상을 치료해 주는 상계동 철거민의 보살핌과 지원이 있어 남은 시위자들이 그대로 머물러 있게 되었다. 상계동 주민들은 300여 명의 농성학생들과 "호헌 철폐!", "독재 타도!"의 구호를 외치면서 함께 투쟁에 동참했다. 그러나 무엇보다 철거민들은 단지 구호뿐만 아니라 심정적으로 시위대들과 하나가 되어 있었다. 그들은 천막 농성장 안에다가 솥이란 솥은 다 내걸어 놓고 밥과 라면을 끓여서 먹을 것이 없고 배고픈 시위대의 주린 배를 채워주기 시작했다. 또한 시위로 찢어지고 얼룩진 옷을 빨아 입혀 주고 시위과정에서 발생한 부상자들을 간호해 주었으며 장시간의 투쟁에 지친 시위대들의 원기회복을 위해 잠자리까지 제공했다.

상계동 주민과 함께 울타리 안에서 보여준 또 하나 주목할 만한 모습은 수녀들의 부상자 구호활동과 성당 언덕에서의 연좌였다. 개신교 교회 학생들이나 지도자가 시위를 주도한 예는 많다. 새문안교회의 학생들이 언더우드 학술강좌 후 교회 밖을 나가 시위를 한 적도 있으나 그들은 즉시 저지될 수밖에 없었다. 교회 밖이어서 경계지역만큼의 보호를 받을 수가 없었기 때문이다. 이 공간이 단지 비신자들의 점령지역이 아니라 교회가 함께 하는 곳임을 분명히 해 준 것은 수녀들의 존재였고, 이들은 철거민, 시위학생, 일반 시민, 신자들과 함께 또 다른 구성원으로서 이 구역을 점차 공론장화하는 데에 기여했다. 수녀들은 명청연 회원들과 상계동 주민들과 함께 당시 시위에 나섰다가 부상을 당하고 들어온 이들의 간호를 했을 뿐만 아니라 점심 김밥을 손수 만들어 농성시위대에게 제공했다. 성당 언덕에 자리잡은 수녀들의 연좌도 이곳의 의미를 잘 보여준다. 무엇보다 수녀들의 이 지역에서의 연좌는 시민들이 시위에 참여하는 데에 기여했을 것으로, 그들은 토론에 참여하고 구호를 외친 것은 아니지만 기도와 성가를 부르면서 바리케이트와 전경을 마주하고 앉아 농성자들을 보호함으로써 시위에 대한 종교적 정당성을 부여하면서 공권력에 대한 저항의지를 보여주고 그에 대한 공론을 형성하는 한 축을 담당한 것이다.

둘째는 울타리 밖 사람들과 상황이다. 경계지역의 이점은 학생들이 바리케이트를 치고 전경들이 진입구를 폐쇄해도 이곳 경계지역의 상황이 가감 없이 모두 외부에 보여지고 있었다는 것이다. 주변의 높은 건물에서는 창을 통해 내려다 볼 수 있어 소위 화이트칼라, 또는 넥타이부대가 시위에 참여하는 계기가 되었다. 성당의 요구에 따라 바리케이트를 철거한 이후 농성시위대와 신자, 그리고 시민들과의 공감대가 자연스럽게 이루어지면서 시위대에 대한 격려와 지원물품이 몰려들었다. 외부 사람들이 단순히 방관자 또는 관객이 아니라 점차 이들과 심정적 호응을 함께하게 되었다는 것이다. 어떤 특정한 사건에 대한 큰 호응은 먼저 물질의 기여로 나타나는 것이 한국적 문화현상이었다. 당시 성당으로 통하는 모든 출입구가 봉쇄되었으나 명동 주변의 사무실 직원들과 상가 상인, 남대문시장 상인 그리고 지나가는 시민들은 갖가지 방법을 동원하여 의류, 쌀 같은 생활필수품과 성금 등 대대적인 지원을 하였다. 그들은 이미 시위대에 동참하고 있었던 것이다.

울타리 밖 사람들의 이러한 호응에는 그들이 울타리 안의 상황을 본 것과 함께 들은 것 역시 큰 몫을 했을 것이다. 예로 정부에서 이들 농성자들을 용공으로 규정했다는 소식이나, 특히 명동성당 옆의 계성여고 학생들이 도시락에 메모를 넣어 시위자들에게 보내준 이야기 역시 그들의 마음을 움직인 소식이었을 것이다. 덧붙여 명동성당의 시위군중들은 대자보와 대민방송으로 상황을 알리고 평화시위행진을 시도했다. 민주주의에서 자유롭고 충분한 상호소통을 중시한 존 듀이(John Dewey)는 특히 이것이 지역사회에서의 개인적인 교제의 관계에서만 성취될 수 있다고 본다. 그는 무엇보다 활력 있고 외부로 나가는 사상과 정서를 가진 귀의 소통, 말하자면 입에서 입으로 전해지는 연결이 눈으로 보는 것보다 훨씬 더 가깝고 좀 더 다양하다고 간주하면서 "보는 것은 관중(spectator)이고 듣는 것은 참여자(participator)"라고 말했다(Dewey, 1954 : 218-219). 보는 것은 혼자만의 일이지만 듣는 것은 사람들 사이의 관계에서 나오는 것이다. 그러나 명동성당 울타리 밖 사람들은 보면서 듣는 이들로 관객에서 참여자로 변화되고 있었다.

세 번째로 울타리 안과 밖의 통합이다. 마음으로, 물품으로 이미 안과 밖이 심정적인 교감과 합일을 보여주기는 했지만 통합의 적극적인 상황은 시국토론회의 개최에서 이루어진다. 본래 이 지역은 주변 상가 또는 회사 사람들의 휴식처이기도 했다. 점심시간에 성당으로 와 휴식을 취하던 사무실, 상가 사람들이 성당입구 쪽으로 나와 미리 와 있던 시민들과 자연스럽게 호응하여 시국토론회가 열렸다. 여기에는 명동성당에서 미사를 마치고 나오는 신자들과 퇴근 후 모여든 시민들과 함께 10,000여 명이 넘는 대규모 시국토론회가 만들어지기도 했고, 이후에는 자연스럽게 거리평화행진이 이루어졌다. 시국토론회는 6월 항쟁의 꽃으로 불리는 소위 '넥타이 부대'가 역사의 전면에 등장하게 한 공론장의 역할을 수행했다.

시국토론회가 주목되는 것은 다양한 군중의 참여자들이 당면한 개인별 문제들로, 토론을 통해 이들은 민주화의 대의에 통합되어 이를 공유하게 된다는 점이다. 공론장이 사적인 문제와 공적인 문제들에 대한 조정의 기능을 한다는 점이 여기에서도 분명히 드러난다. 다큐 〈명성, 그 6일간의 기록〉을 보면 당시 토론회는 발표자들마다 자신들의 처지에서 나온 개인적 관심사로 시작된다. 농촌을 떠나 도시로 올라온 이농민은 반평생을 가꾸던 자신의 토지를 헐값에 팔고 올 수밖에 없었던 상황을, 호남에 대한 편견에 시달렸던 이들은 지역차별의 문제를 제기했다. 학력에 따른 불평등한 사회현실에 대한 비판도 나왔다. 이러한 문제들은 처음에는 개인적인 이해관계가 달린 사적 관심사였지만 토론을 통해 그들은 자신들의 분노와 요구가 정당하다는 점을 확인하면서 궁극적으로 이들 문제의 배경원인이 모두 독재정권에 있다는 합일에 도달한다. 그들의 논쟁은 하버마스가 규정한 것처럼 얼굴을 맞대고 이루어진 것도 아니고, 분노와 좌절을 넘어 어느 정도 합리적이었는지, 어느 정도 숙고한 것인지도 분명하지는 않지만 이것이 민주화의 공론을 형성하고 있었음은 이의의 여지가 없어 보인다.

분명한 것은 명동성당의 '빈터'가 단순히 '빈 공간'이 아니라 울타리 안과 밖, 그리고 안팎의 통합이라는 종교사회학적 의미를 가진 언덕이었다는 것이다. 명동성당의 농성과 시위는 성당과 지도부의 결정에 따라 6월 15일에 6일간의 투쟁으로 해산되었고, 이에 대한 평가는 엇갈리지만 그 언덕에서 일어났던 일들은 여기에 모였던 모든 이들에게 행복했던 기억으로 남아 있다. 아마도 이 기억이 그 이후 명동성당 내에 있었던 모든 농성과 집회뿐만 아니라 심지어 거리의 촛불 집회에도 투영되어 있는 것처럼 보인다. 당시 농성대가 그을린 얼굴과 남루한 행색으로 대오를 지어 명동성당 언덕에 올라서면 근처 사무실의 창문이 열리면서 환호와 박수가 터져나왔고, 그들이 지지의 의미로 던지는 두루마리 휴지가 하얀 곡선을 그리며 수없이 떨어져 내려왔다고 한다. 계층, 종교, 이념을 넘어선 남녀노소가 우연히 모여 하나의 머리띠를 묶고 있었던 이 언덕은 "너와 나의 거리를 없애고, 모든 한계를 넘어서는 가능성, 헌신의 아름다움을 빚어내고" 있었던 '희망의 언덕'이었다(김동원, 1997: 나레이션 참고).

당시 농성은 국본의 정연한 이론을 그대로 받아들여 이를 실행한 것이 아니라 명동성당의 경계지역을 중심으로 그 안과 밖의 사람들이 정서적 합일과 반응에 의해 자연스럽게 모여 행동으로 옮긴 것이다. 우리나라는 문화적으로 사람들이 모여 이야기하는 것이 바로 여론으로, 현재도 민심을 살피기 위해 시골 사랑방을 찾는다. 또한 심정적 호응을 물질의 기여로 보여주는 일이 많거니와, 이것이 진정한 여론이었다. 국본은 호헌철폐가 중심이 되었지만 시국토론회에서 나온 주제는 참여자 개인이 처한 상황에 따라 다양했고, 이러한 논제들이 점차 독재정권에 대한 분노와 민주화의 의미로 넓게 포용된 것이다. 개신교 교회는 이러한 공론장을 형성하지 못했다.

## Ⅳ. 교회 내 '경계공간'의 부재와 개신교 공론장의 한계

명동성당의 형태와는 다르지만 개신교 교회 역시 건축구조에서 이러한 경계지역을 갖고 있는 곳도 있다. 특히 1970년대 이후 지어진 대형교회에는 유사한 공간이 있는데, 예컨대 여의도 순복음교회의 베다니 광장 같은 것이 그것으로 이곳은 교회와 행복나눔재단의 행사에 적극적으로 활용되고 있다. 또한 앞으로의 교회 건축에서 예배 공간, 행정 공간 외에 다목적 공간의 설정을 중시해야 한다는 견해가 보인다. 그중 지역사회에 공개된 열린 공간의 필요성이 제기되고 있는데, 이것은 지역민과의 레크리에이션이나 스포츠 등 친목행사를 위한 옥외공간을 의미한다(이호진, 1975: 24). 이러한 공간의 마련은 교회 전도에 직결될 수 있는 기능을 효율적으로 수행할 수 있다는 것이어서 이 점은 본고에서 언급한 경계지역이 앞으로 개신교 교회의 건축에서 설정될 수 있음을 보여준다.

그러나 19세기 말 기독교 수용 이후 지어진 교회들 중에는 조그마한 뜰을 가진 교회도 있으나 이 뜰은 가톨릭에 비해 크지 못할 뿐더러 외부인들을 받아들일 공간이 되지 못했다. 일제강점기에는 오히려 예배실을 포함한 교회 본당이 한글을 가르치고 농촌운동이나 생활개혁운동의 장소로, 더 나아가 독립운동에 뜻을 둔 사람들이 만나고 몸을 피하는 장소가 되었다. 교회 뜰의 역할은 별로 드러나지 않을 뿐더러 교회 건축의 연구에서도 뜰은 대체로 배제되어 있다. 명동성당 건축에 대한 연구 역시 마찬가지로 보통 성당건물, 특히 본당을 중심으로 이루어지고, 종교건물을 둘러싼 울타리와 본당건물 사이의 공간에 대해서는 거의 관심을 보이지 않고 있다. 종교 건축은 그 종교의 신조를 상징적으로 보여준다는 점에서 입구에서 본당까지, 그리고 본당 앞뒤의 뜰 역시 그 종교를 설명하는 하나의 키워드가 되어야 할 것이다.[9]

그동안 개신교 교회의 건축은 대체로 건물을 극대화시키는 데에 초점이 모아진 것으로 보이는데, 이것은 일정 부분 용적상의 문제에 기인한 것일 수도 있다. 한국의 개척교회가 상가의 작은 공간에서 시작될 수 있었던 것도 이와 무관하지 않거니와, 이 점은 신자 수가 증대하면 새로운 교구로 독립시켜 새로운 성당을 건축하여 확장하는 가톨릭과의 차이이기도 하다. 초창기에 세워진 명동성당이나 약현성당 등은 높은 곳에 위치한 까닭에 비교적 길고 다양한 진입축(進入軸)을 형성하고 중요지점에 마리아상을 안치했다. 초창기 성당뿐만 아니라 해방 이후 건축된 성당들도 대체로 '성모동산'으로 부르는 여유 공간을 마련해서 음악회를 개최하기도 하고, 신도들이 차를 마시며 교제하거나 바자회를 개최하기도 한다. 이에 비해 개신

9 개신교 교회는 증축이나 개축이 자주 있어 그중에는 과거의 모습을 사진으로밖에는 확인하기 어려운 교회들이 있지만 해방 이전 건축된 대표적인 교회인 정동교회, 영락교회, 새문안교회뿐만 아니라 해방 이후의 것들도 본당이 중심이 된 건물 위주의 구조를 보여준다. 대부분의 성당과 교회의 홈페이지에 나와 있는 사진들도 건물 위주여서 뜰에 대한 무관심을 나타낸다.

교 교회는 거의 평지에 위치한 까닭에 진입축이 단순하고 명료하며 건물의 규모나 높이도 그리 크지 않아 주위에서 눈에 띄게 드러나지 않는 것이 보통이다. 또한 외부공간은 종교적 의미보다는 단순한 기능적 역할에 필요한 구성을 하고 있다(홍순명 · 홍대형, 1990: 125-134).

6월 항쟁이 있었던 1980년대의 교회들이 어느 정도 이러한 공간을 교회구조에서 갖고 있었는지를 총체적으로 고찰하기는 어렵지만 비교적 학생들의 민주화운동이 활발했던 새문안교회, 영락교회, 정동교회 등에는 모두 종교와 외부가 만나는 경계지역이 없다. 교회건물의 입구를 지나면 곧 외부와 완전히 격리된다. 결과적으로 개신교는 종교와 외부 사람들이 대화를 나눌 중간지대가 없는 셈으로, 말하자면 신성공간과 세속공간이 분명하게 이원화되고, 성속이 공유하는 공간은 허용하지 않는 형태를 보여준다. 이것이 명동성당의 진입로와 공터가 만들어 준 공론장이 개신교 교회에는 부재하게 된 이유 중 하나일 것으로 간주된다.

성서로부터 확인된 초기 기독교 교회의 주요 기능은 기도, 교제, 예배, 봉사 등의 요소였으며, 이에 따른 구체적 신앙행위는 성찬식, 애찬식(Agape), 침례식과 예배의식 등의 성례전적 요소를 동하여 이루어졌고, 초기 기독교는 이러한 의식과 예배 그리고 봉사를 위해 필요한 건축공간을 확보하려는 노력 가운데 교회 건축이 형성되어 갔다고 한다(홍순명, 2010: 239-250). 이로 보면 초점이 교회 안의 행사와 신자들에게 맞추어져 있고, 교회 밖의 사람들과 공유하는 중간지대에 대한 관심이 보이지 않는다. 이 점은 개신교 교회 내 성모마리아의 자리가 없는 것과 관계가 있어 보이는데, 이는 가톨릭교회에서 지금까지 성모마리아를 존경의 대상으로, 그리스도와 인간 사이에 선 중재자의 위치에 자리매김한 것과 차이를 나타낸다. 더 나아가 최근 가톨릭에서는 성모마리아를 그리스도와 공동구원자로 교리화하는 움직임으로 개신교는 물론 가톨릭 내부에서도 논란이 일어나고 있다고 한다(주승민, 1998: 60). 가톨릭 성당의 성모동산의 존재 이유와 배경은 개신교의 민주화 공론장의 부재를 고찰하는 하나의 단서로 삼아 볼 수도 있을 것 같다.

## V. 맺음말

본고는 6월 항쟁에서 개신교의 기여와 한계를 공론장을 중심으로 살펴본 것이다. 1960, 70년대 교회는 종교라는 틀 안에서 민주화운동을 수행했고, 이것은 1980년대에 들어와서도 계속되었으나 다른 한편 종교의 틀을 모두 배제하고 교회를 민주화운동을 위한 장소로 간주하는 변화가 나타났다. 이것은 종교라는 형식은 없앴으나 교회가 공권력으로부터 비교적 안전한 종교시설이라는 이점을 최대한 활용한 것이다.

이러한 점에서 민주화운동에서의 개신교의 기여는 매우 큰 것으로 판단된다. 민주화운동 관련 자료를 상세히 수록한 「1970년대 민주화운동」과 「1980년대 민주화운동」을 한국기독교교회협의회 인권위원회가 간행한 사실도[10] 민주화운동에서 개신교가 주도적 역할을 한 것을 자부하고 있었기 때문일 것이다. '반독재 민주화운동의 요람'으로 불리어지는 크리스천 아카데미의 활동 역시 개신교 민주화운동을 확산시키는 데에 크게 기여했다. 그럼에도 6월 항쟁 시 명동성당이 구심점이 된 것을 보면 당시 개신교의 역할은 충분하지 못했다. 물론 민주화운동이라는 측면에서 볼 때 명동성당의 미사는 개신교 교회의 기도회나 예배와 크게 다르지 않을 뿐더러 당시 명동성당이 교회와 농성단 간의 심각한 갈등을 포함해서 6월 항쟁의 모순과 균열이 응축된 공간이었다는 관점에 근거한다면(김원, 2009: 165-169) 개신교 교회와 명동성당이 수행한 민주화운동의 성과를 단순하게 비

10 기독교 민주화운동 관련 저서들은 한국기독교교회협의회 외에도 한국기독교사회문제연구원에 의해 다수 출판되었다.

교할 수는 없을 것이다.

그러나 명동성당의 농성의 의의가 본당 밖 공간에 있는 것으로 볼 때 개신교 교회와의 차이가 분명하게 드러난다. 개신교 교회들은 종교와 외부가 만나는 이러한 경계지역이 없거니와, 이것은 신성공간과 세속공간이 분명하게 이원화되고 성속이 공유하는 장소를 배제하고 있음을 의미한다. 반면 명동성당을 위시해서 천주교 성당에는 본당 밖 뜰에 성모상이 있어 성모동산이라 불리는 공간이 존재한다. 명동성당은 높은 지역에 건축되어 입구에서 본당까지 비스듬한 언덕을 이루는데 농성의 시작이 빈터에 천막을 세움으로써 가능했다는 점도 주목할 만하다. 말하자면 공터의 존재는 교회 밖 사람들이 교회 안 예배 장소에 들어가지 않고 교회 테두리 안에 들어갈 수 있게 한 것이기 때문이다. 이 공간이 '희망의 언덕'으로 불리어진 데에서도 그 의미가 잘 드러나거니와 이 언덕은 울타리 안과 밖에 있는 모든 이들에게 희망을 품게 해 준 곳이었다.

이렇게 안과 밖의 소통으로 그곳은 6월 항쟁에서 생존권을 박탈당한 상계동 철거민과 학생, 상인, 종교인, 사무원들이 자신들의 문제에서 출발해서 이를 민주화에 대한 열망으로 포용하는 공론장을 형성했던 곳이다. 이들은 상호 교감을 통해 함께 구호를 외치는 등의 길거리 수사를 형성하면서 진정한 여론을 만들어간 것이다. 말할 것도 없이 6월 항쟁에서 크게 기여한 명동성당의 이 '빈터'는 가톨릭이 처음부터 민주화운동을 위해 기획한 곳은 아니었다. 오히려 과거 명동성당의 프랑스 선교사들은 일제 강점기 선교우선정책과 정교분리원칙으로 일제하 한국인의 민족 감정을 이해하지 못하고 반침략운동을 용납하지 않았다는 점에서(윤선자, 2000: 77) 민주화운동에서의 기여는 역설적으로 보인다. 그러나 명동성당은 확실히 6월 항쟁에서 발화점이 되었고, 대단위 집단 공론장이 보여준 희망은 그 후 우리 사회 도처에 잠복되거나 투영되어 있다.

개신교 교회들이 교회 내에 이러한 공간을 확보했다면 명동성당이 했던 것과 같은 민주화운동을 수행할 수 있었을지는 물론 단언할 수 없다. 그러나 확실한 것은 명동성당이 갖고 있는 지역적 이점이나 그동안 수행해 온 민주화활동의 측면에서 그렇게 떨어지지 않은 개신교 교회가 없는 것은 아니지만 상계동 철거민처럼 생존권이 박탈당한 사람들의 농성이 가능한, 그리고 이를 허용한 성속 공유의 '빈터'를 준비한 교회는 없었다는 점이다. 이러한 점에서 보면 '빈터'는 단순히 물리적 공간일 뿐만 아니라 개신교가 안고 있는 문제를 이해하는 상징적 의미를 갖고 있는 것으로 간주되거니와 이러한 공론장소로서의 교회와 사회 사이의 경계공간의 문제는 앞으로 민주화운동에서뿐만 아니라 개신교 사회운동의 특성을 규명하는 매우 중요한 연구과제가 될 것으로 판단된다.

# 참고문헌

**강인철**, 2002, "민주화 과정과 종교: 1980년 이후의 한국 종교와 정치," 「종교연구」, 27: 25-57.

**김동원**, 1997, 「명성, 그 6일간의 기록」, 푸른 영상(DVD 제작년도 2007).

**김명배**, 2009, 「해방 후 한국 기독교 사회운동사: 민주화와 인권운동을 중심으로(1960-1987)」, 서울: 북코리아.

**김병서**, 2000, "한국 사회의 민주화와 기독교," 「한국 사회 발전과 기독교의 역할-기독교와 한국 사회 7」, 이삼열 외, 숭실대학교 기독교사회연구소 엮음, 48-70, 서울: 한울.

**김원**, 2009, 「87년 6월 항쟁」, 서울: 책세상.

**나도은**, 2007, "항쟁의 징검다리, 명동성당 농성," 6월민주항쟁계승사업회 · 민주화운동기념사업회, 「6월항쟁을 기록하다」, 3: 254-297, 6월민주항쟁계승사업회.

**손준섭**, 2007, "도시빈민이 조지화," 6월민주항쟁계승사업회 · 민주화운동기념사업회, 「6월항쟁을 기록하다」, 1: 390-399, 6월민주항쟁계승사업회.

**윤선자**, 2000, "일제하 명동성당의 위치와 역할," 「민족사와 명동성당」, 명동대성당 축성 100주년 기념사업회 엮음, 75-94, 천주교 서울대교구 주교좌 명동교회.

______, 2002, "5·18광주민주화운동과 종교계의 역할: 천주교회를 중심으로," 「민주주의와 인권」, 2(1): 213-259.

**이영제**, 2010, "6월 항쟁과 민주주의 이행," 「다시 보는 한국 민주화운동: 기원, 과정, 그리고 제도」, 한국정치연구회 편, 131-168, 서울: 선인.

**이호진**, 1975, "한국교회건축공간의 새로운 방향에 관한 연구: 신교 교회건축을 중심으로," 「대한건축학회지」, 19(67): 21-24.

**전명수**, 2010, "1960-70년대 한국 개신교 민주화운동의 특성과 한계: 종교사회학적 접근," 「한국학연구」, 35: 329-359.

**정철희**, 1995, "한국 민주화 운동의 사회적 기원: 미시동원맥락과 프레임의 형성," 「한국사회학」, 29: 501-532.

**조대엽**, 2005, "1980년대 학생운동의 이념과 민주화운동의 급진적 확산: 반미주의의 분화와 대중화전략을 중심으로," 「한국과 국제정치」, 21(4): 189-215.

**주승민**, 1998, "과연 성모 마리아는 공동구원자인가?(1)," 「활천」, 534: 60-65.

**참가자 좌담회**, 2007, "6월 10일, 그날의 거리," 6월민주항쟁계승사업회 · 민주화운동기념사업회. 「6월항쟁을 기록하다」, 3: 232-247, 6월민주항쟁계승사업회.

**하버마스, 위르겐**, 2001, 「공론장의 구조변동: 부르주아 사회의 한 범주에 관한 연구」, 한승완 옮김, 서울: 나남출판.

**현길언**, 1999, "한국 정치상황과 기독인: 기독교회관과 명동성당," 「기독교사상」, 43(3): 242-247.

**홍순명**, 2010, "초기 기독교 교회건축의 형성 모델에 관한 연구," 「대한건축학회논문집」, 26(1): 239-250.

**홍순명 · 홍대형**, 1990, "한국 기독교 교회의 건축양식에 관한 비교연구: 초기 천주교 교회와 개신교 교회를 대상으로," 「대한건축학회논문집」, 6(4): 125-134.

**황인성**, 2007a, "80년대 전반기 기독교운동," 6월민주항쟁계승사업회 · 민주화운동기념사업회, 「6월항쟁을 기록하다」, 2: 228-275, 6월민주항쟁계승사업회.

______, 2007b, "민주헌법쟁취국민운동본부 비밀결성작전," 6월민주항쟁계승사업회 · 민주화운동기념사업회, 「6월항쟁을 기록하다」, 3: 172-177, 6월민주항쟁계승사업회.

**Dewey, John,** 1954, *The Public and its Problems*, Chicago: Swallow Press.

**Fraser, Nancy,** 1990, "Rethinking the Public Sphere: A Contribution to the Critique of Actually Existing Democracy," *Social Text*, 25(26): 56-80.

**Garnham, Nicholas,** 1992, "The Media and the Public Sphere," in Craig Calhoun (ed.). *Habermas and the Public Sphere*. Cambridge, Mass.: The MIT Press.

**Hauser, Gerard A.,** 1998, "Vernacular Dialogue and the Rhetoricality of Public Opinion," *Communication Monographs*, 65: 83-107.

chapter **09**

# 1980년대 불교청년운동의 전개와 특성 : 정치사회적 발전의 맥락에서[1]

**성승안**(동명대학교 자율전공학부 교수)
**박수호**(중앙승가대학교 불교사회학부 교수)

## Ⅰ. 들어가며

종교와 사회변동의 문제는 전통적으로 종교사회학의 중요한 연구 대상이 되어 왔다. 개신교의 윤리가 근대 자본주의 체제의 형성에 중요한 정신적 자산이 되었음을 규명한 베버의 「프로테스탄트 윤리와 자본주의 정신」은 이 분야의 고전으로 인정받고 있다. 베버는 프로테스탄트 윤리 테제를 보다 명확히 뒷받침하기 위해 동양 사회와 종교의 관계를 고찰함으로써 서구 사회에서만 자본주의가 발흥하게 된 이유를 설득력 있게 제시하였다. 이 과정에서 베버는 단순히 종교의 기능만을 비교한 것이 아니라, 인도와 중국의 정치, 경제, 계층 등에 대한 분석에 많은 지면을 할애한다. 그것은 비종교적인 요인만을 고려했을 때, 충분히 서구 사회에 필적할 만한 수준의 자본주의가 발전했을 인도와 중국이지만(유승무, 2007: 383) 유교, 도교, 힌두교, 불교 등 동아시아의 종교들이 자본주의 정신이나 경제의 발

1 이 논문은 2012년도 정부재원(교육과학기술부 사회과학연구지원사업비)으로 한국연구재단의 지원을 받아 연구되었음(NRF-2012-330-2012S1A3A2033608)

전을 저해하고 있음을 분명히 드러내기 위해서였다. 유교와 불교 등 동양 종교들이 동아시아에서의 자본주의 발흥에 영향을 미치지 못했다는 베버의 주장에 대해서는 비판의 여지가 남아 있지만,[2] 종교현상을 정치, 경제, 계층 등 다양한 차원에서의 관련 속에서 살펴보아야 한다는 베버의 종교사회학적 관점은 탁월한 견해였고, 오늘날 종교현상에 대한 사회학적 접근에서 일반적 모델이 되고 있다.

한국의 근대성 형성과 사회발전에 기여한 종교의 역할을 살펴보는 데 있어서도 베버의 종교사회학적 논의는 하나의 기준이 되어 왔다. 한국 자본주의의 형성과정에 개신교의 역할이 주요했다는 논의나 한국 사회의 민주화와 사회발전에 미친 개신교나 가톨릭의 영향이 지대했다는 연구들이 종교사회학 연구에 있어서 하나의 흐름을 형성하고 있음은 주지의 사실이다(박상언, 2008; 김성건, 2013; 최문형, 2000; 전명수, 2011; 김녕, 2004; 조창연, 2005; 추교윤, 2009). 그러나 동양 종교와 근대화가 무관하거나 부정적으로 기능했다는 암시를 내비치는 베버의 논의는 상대적으로 불교나 유교 등이 한국 사회에 미치는 영향에 대한 연구를 도외시하게 하는 의도치 않은 결과를 초래했다.[3]

한국 사회가 '종교 백화점'으로 지칭될 만큼 시간적 · 공간적 · 발생론적으로 다양한 배경을 가진 종교들이 공존하는 다종교 사회임을 고려할 때, 그동안 상대적으로 등한시되어 온 불교에 대한 종교사회학적 논의와 연구에도 관심을 가질 필요가 있다. 이러한 맥락 속에서 이 논문은 불교사회운

2 베버는 "인도의 힌두교와 불교가 자본주의 정신과 경제의 발전을 저해했다고 보았다. 그 이유는 그들이 유교와는 달리 내세에 대한 지대한 관심을 가지고 있음에도 불구하고 전통주의를 강화하고 근본적으로 사회질서와 세속적 활동에 대한 경시와 무관심을 강하게 강조하기 때문"(오경환, 1990: 220)이라는 것이다. 그러나 이러한 결론은 베버가 불교나 힌두교의 교리와 경제 윤리에 대한 이해가 충분하지 않았기 때문에 도출되었을 가능성이 높다. 자세한 것은 유승무(2013)의 논의를 참고할 것.

3 실제로 동양의 종교나 사상이 한국 사회에 미치는 영향을 지속적으로 논구하고 있는 연구자들은 소수에 불과하다.

동과 사회발전의 관계를 1980년대 불교청년운동을 중심으로 살펴보고자 한다.

사실 사회운동에 대한 연구는 1990년대에 활발히 논의되었지만, 최근에는 사회학자들의 연구 관심에서 멀어지는 경향이 나타나고 있다. 더군다나 불교계의 사회운동은 사회학자들의 관심을 끌만큼 매력적인 논의의 대상도 아니다. 그러나 한국 사회의 종교지형 내에서 불교가 차지하는 종교적 위상과 한국 사회의 변화 과정을 고려해 본다면, 이러한 연구의 가치가 상대적으로 저평가되고 있다는 것은 틀림없는 사실이다.

다른 한편으로 이 논문은 1980년대 불교청년운동에 대한 고찰을 통해 현재진행형으로 이어지고 있는 불교계 내부의 사회운동을 이해하기 위한 밑거름이 될 것이다. 1980년대 시기의 불교사회운동과 불교청년운동의 흐름은 단절되지 않고 현재까지 이어지고 있다는 점에서, 1980년대 불교청년운동에 대한 연구는 죽어 있는 현재가 아니라 살아 있는 과거에 대한 재조명을 의미하기 때문이다.

## Ⅱ. 1980년대 불교청년운동 이해의 전제

1980년대 불교청년운동을 이해하기 위해서는 몇 가지 개념적, 역사적 전제가 필요하다. 우선 상대적으로 생소한 불교사회운동이라는 용어와 1980년대 불교사회운동을 주도했던 민중불교운동에 대한 개념을 분명히 해야 한다. 아울러 이 논문에서 주목하고 있는 1980년대 불교청년운동의 역사적 근원을 확인하는 것도 긴요하다.

## Ⅰ. 불교사회운동의 정의와 유형

일반적으로 사회운동은 '다수의 사회성원들이 사회변화를 일으키거나 반대로 변화에 저항하고 현상 유지를 위하여 조직한 집합행위'(오갑환, 1974: 스멜서, 1981)라고 정의된다. 따라서 사회운동은 현존하는 사회제도의 변화와 밀접하게 관련되어 있으며, 변화의 방향은 각 운동 조직의 구성원들에 의해 '발전, 진보, 개선'이라고 인식되는 긍정적 가치를 추구한다는 점에서 사회변동 혹은 사회발전이라는 분명한 목적을 가지고 조직된 집합행동(박수호, 2005: 60-61)이다. 따라서 종교사회운동은 사회변동과 사회발전을 목적으로 종교에 의해 수행되는 집합행동이라 할 수 있을 것이다.

종교사회운동 중에서도 불교에 의해 수행되는 것을 불교사회운동이라고 규정할 수 있는데, 박수호는 불교사회운동을 "불교의 이상과 가치체계를 내면화하고, 이를 불교적 방법에 의해 구체적인 일상의 생활 속에서 실현함으로써 자기 자신의 삶을 변화시키는 것에서 출발하여 사회구성원 모두의 삶을 근본적으로 변혁시키려는 포괄적이고 간접적인 방식의 사회운동이며, 이는 곧 불교 그 자체를 의미한다."고 설명하고 있다(박수호, 2010: 96). 사회적 모순의 해결을 통해 중생의 고통을 현실에서 제거하고 모든 중생의 행복을 추구하는 일체의 행동이 불교사회운동이며, 이러한 행동의 본질이 곧 불교 그 자체로 재해석될 수 있다는 것이다. 따라서 불교사회운동은 불교의 지평만큼 넓은 스펙트럼을 가지게 된다. 불교사회운동을 이처럼 폭넓게 정의하면 개화기 이후 현재까지 등장했던 불교계의 다양한 사회운동을 포괄할 수 있다는 장점이 있다. 즉 개별적으로 인식해 온 불교혁신운동, 종단개혁운동, 민중불교운동, 참여불교운동, 불교시민운동 등을 불교사회운동이라는 의미 맥락 속에서 체계적으로 파악할 수 있는 것이다.

## 2. 근대적 불교사회운동의 태동과 청년불교운동

1980년대 불교청년운동에 대한 논의가 학문적, 실천적으로 의미 있는 작업이 되기 위해서는 단순한 기술이나 서술보다는 전체 사회운동과의 관련성 속에서 파악하는 것이 무엇보다도 중요하다. 이를 위해 불교사회운동의 역사적 연원에 대한 간략한 논의는 불가피하다.

서구 사회의 근대성 형성과정에서 노동운동의 분화와 발전이 시민사회의 발전과 성숙을 가져왔다면, 식민지 국가에서의 사회운동이나 청년운동은 제국주의적 침략과 수탈에 맞서 민족의 독립과 해방을 위한 정치적 동력으로 발전하였다. 특히, 만해 한용운의 사상과 실천은 일제 강점기 불교청년운동의 기반이 되었으며, 오늘날까지 한국 불교사회운동의 기저에서 지속적으로 영향을 미치며 면면히 이어지고 있다.

일부에서는 불교의 사회운동을 논하면서, 만해 한용운과 그 계열에 의해 형성되었던 불교참여 사상이 해방 공간에서 소멸해버렸고, "1980년대의 민중불교운동은 기존의 참여 전통이 사라진 가운데 갑자기 등장한 것이기 때문에 불교사상의 이해에 문제가 있다."(이병욱, 2010: 49)는 시적을 하기도 한다. 그러나 일제 강점기의 민족해방을 위한 노력과 1980년대의 반독재 민주화운동은 청년 학생들에게 선도적 역할을 부여하고 있다는 점에서 주요한 특성을 공유하고 있다.

또한 만해 한용운은 「불교청년운동을 부활하라」는 글에서 다음과 같이 주장하고 있다.

> 일가나 사회나 국가나 어느 것을 물론하고 청년이 부진하고서 그 전체가 건전할 수는 없는 일이다. 청년이 없는 가정이 융창할 수가 있으며 청년이 없는 사회가 진보할 수가 있으며 청년이 없는 국가가 발전할 수가 있는가. 또는 청년의 수가 아무리 많다 할지라도 청년다운 청년이 없으면 청년이 없는 것과 마찬가지오. 청년다운 청년이 다수 있다 할지라

도 단체적으로 그들의 힘을 합하야 동일선상에서 활동하지 아니하면 전체적으로 보아서 거의 청년이 없는 것과 큰 차이가 없는 것이다. 그러므로 인류의 어느 사회든지 청년이 귀한 것이오 청년은 집단적 활동이 귀한 것이다. 활발한 청년의 단체적 활동이야말로 앞에 적이 없고 뒤에 마가 없는 것이다 어찌 아름답지 아니하리오.

– 한용운(1938)

이처럼 한용운은 근대성의 형성 시기에 있어서, 당시 불교청년회 활동의 경과를 기술하며 청년운동의 중요성에 대해 강조한다. 더 나아가 1927년 '청년동맹'의 이름으로 확립한 불교청년운동의 3대 강령으로 '불타(佛陀) 정신의 체험', '합리 종정(宗政)의 확립', '대승불교의 실현'을 제시하면서 불교청년운동의 나아갈 방향을 구체적으로 제시하고 있다. 이는 1980년대의 민중불교운동이나 불교시민사회운동에도 그대로 적용될 수 있는 내용들이다.

이러한 맥락에서 우리는 한국 근현대시기의 민족불교운동의 참여불교적 특성의 연장선상에서 1970~80년대의 불교사회운동을 살펴보아야 한다고 생각한다. 그러한 조직운동과 대중운동의 결합 그리고 시행착오와 다양한 기억들의 조합이 있었기에 80년대의 민중불교운동이 전개될 수 있었고, 90년대 이후의 불교시민사회운동의 형성과 활성화에도 중요한 밑거름이 될 수 있었기 때문이다.

## 3. 민중불교운동의 정의와 평가

불교사회운동은 1980년대에 한국 사회의 변혁운동과 맞물리면서 다양한 양상으로 표출된다. 이러한 흐름을 통칭해서 민중불교운동이라고 할 수 있는데, 사회의 구조적 모순을 해결함으로써 민중의 고통을 구원하고자 했던 흐름을 지칭하고 있다. '민중불교' 혹은 '민중불교운동'이라는 개념은 1975년 전서암에 의해 처음으로 제시되었고,[4] 이후 운동을 이끈 여러 활동가들에 의해 다양하게 정의되었다.

| 연구자 | 민중불교운동의 정의 |
|---|---|
| 전서암(1975) | 본래 불타 정신으로 돌아가 삼보를 이 사회 속에서 구현하고자 하는 신앙적 태도에 입각해야 하며, 민중 즉 다수 집단의 종교 및 종교적 사회운동 |
| 여익구(1981) | 중생불교는 보편적 · 초역사적 · 절대적 불교임에 비하여, 민중불교는 방편적 · 역사적 · 상대적 · 조건적 불교 |
| 김종찬(1987) | 불교의 자주화로 통칭되는 불교개혁운동과 민주화운동이 겸비되어야 하고, 실제적인 행동성과 아울러 진정한 승가의 구현에 바쳐진 불교운동 |
| 홍사성(1989) | 80년대 초부터 시작돼 현재까지 계속되고 있는 운동이며, 사회의 정토화를 목적으로 노동, 민주화, 통일 등 보다 보편적인 주제에 관심 |

주: 연도 표기의 경우, 발표시기와 출판시기에 차이가 있음.

유승무(2010)는 위의 논자들의 정의를 통해 민중불교운동을 '불교 개혁'적 목표와 '사회변혁'적 목표를 동시에 추구한 운동이라고 정리하며, 사회운동과 불교운동의 결합을 내세우며 등장한 사원화운동[5]에서 민중불교운동의 두드러진 특징이 드러나고 있다고 본다. 그러나 1980년대의 민중불교운동에 대해 "당시의 독특한 사회민주화의 과제와 불교 개혁적 과제를 해결하기 위한 불교계 일부 사회운동 세력들의 집합적 행위"였지만, 결과적으로는 "1980년대 초반 몇 년을 제외하고는 사회민주화운동에서는 유의미한 족적을 남기지 못했으며, 운동의 주체라는 측면에서 볼 때 민중불교운동은 거의 완전한 실패에 가깝다."고 평가한다. 안타깝게도 사원화운동

4 당시 한국대학생불교연합회 회장을 맡고 있던 전재성은 "불교인 의식 구조 조사 연구 보고"라는 설문 조사의 결과를 토대로 전서암이라는 필명으로 "민중불교론"이라는 논문을 발표하여 민중불교의 정의, 논리적 근거, 실천 과제 등을 제시하였다.

5 목우(1981)는 사원화운동 심포지엄 자료집에서 "우리 시대, 우리 사회의 민중의 고(苦)와 고의 원인에 대응해서 나타나는 새로운 불교운동으로서 승가 정신과 민중의식의 불이적 내면화를 이룬 청년 불자들이 사원을 중심으로 민중운동의 동사섭으로서 세간의 사원화(승가화)를 성취하려는 불교운동이다."라고 정의하고 있다.

은 의미 있는 조직화된 힘과 세력을 형성하지 못하고 소멸되고 만다. 특히 "민중불교운동 세력이 개혁 종단의 등장과 함께 제도권으로 진입해버림으로써, 이제 더 이상 사회 혁신과 불교 개혁을 추구하려는 집합적 노력이 형성되고 있지 않다."(유승무, 2010: 345-346)는 점에서 민중불교운동의 역사적 단절이 가장 큰 한계라고 지적되고 있다.

## Ⅲ. 1980년대 불교사회운동의 전개: 청년불교운동을 중심으로

불교 정화라는 이름으로 국가권력의 폭력적인 지배가 사찰을 휩쓸고 난 이후 1960년대가 되어서야 불교사회운동이 물꼬를 트기 시작한다. 한용운을 중심으로 하는 민족불교운동의 좌절 이후 침체되었던 불교사회운동은 불교대중화운동으로 전면에 등장하기 시작하였다. 1962년 대한불교청년회가 재창립되고, 1963년에는 대학생불교도연합회가, 1966년에는 삼보법회, 1970년에는 대한불교법조인회, 1973년에는 대원불교교양대학이 속속 설립되었다. 이러한 불교대중화운동은 1960년대에 미국이나 유럽을 중심으로 불교에 대한 세계적 관심과 재조명이 일어났던 것과도 흐름을 같이하는 것이었다. 그러나 불교계는 쿠데타로 집권한 군사정부의 '한일회담 반대' 투쟁이 전국적인 이슈로 부각될 때 침묵하였으며, '유신 조치'에 대한 반대 투쟁이 개신교와 천주교를 중심으로 광범위하게 진행되었던 것에 비해 사회적인 참여에는 특별한 움직임을 보이지 않았다는 비판을 피하기는 어렵다. 다만 우리가 주목해야 할 것은 불교사회운동이 전체 사회의 변혁운동과 밀접한 관련을 지니고 있었으며 그 주된 동력은 청년학생이었다는 점이다. 보다 정확히는 사회운동의 활성화 정도에 힘입어 불교사회운동의 활성화가 진행되고 있다는 사실이다. 그러므로 불교사회운동사의 파악은 전체 사회운동사와의 긴밀한 연계 위에 살펴볼 필요가 있는 것이다.

## 1. 1980년대 불교사회운동의 시기 구분

조희연은 한국 사회의 민주주의와 사회발전에 대해 "60년대 사회운동의 인식을 '소시민적' 인식의 단계, 70년대를 '민중주의적' 인식의 단계, 80년대를 민중적 · 혁명적 인식의 단계"로 구분한다(조희연, 2003: 105).[6] 80년대 사회운동에 대한 인식과 태도가 근본적으로 전환되기 시작한 것은 전두환의 군사 쿠데타와 5·18 광주민주화운동이 재조명되면서부터이다. 이러한 한국 사회의 민주주의와 관련한 문제 인식은 불교사회운동의 활동가들에게도 기본적으로 공유되고 있었다.

80년대 사회운동의 맥락 속에서 불교청년운동을 살펴보기 위해서는 기본적으로 운동의 전개 과정에 대한 시기 구분에 주목할 필요가 있다. 사회운동의 흐름은 기본적으로는 당대의 주요한 영향력을 미쳤던 사건이나 투쟁을 통해 파악되기 마련이다. 특히 운동 주체들의 조직화 정도나 조직의 양태 등은 운동사의 평가와 관련해 중요한 정보들을 제공한다. 따라서 사건사와 운동 양태. 그리고 주체의 조직화의 정도를 우선적으로 고려하고 전체 변혁운동과의 관련성 속에서 불교사회운동에 대한 종합적인 밑그림을 그려야 할 것이다.

가장 주목해 봐야 할 것은 홍사성(1989)의 논의이다. 그는 민중불교운동을 '사회의 정토화를 목적으로 노동, 민주화, 통일 등'의 보편적인 사회문제에 관심을 가지고 80년대 초부터 시작해서 현재까지 시작되고 있는 것으로 정의하며, 80년대의 민중불교운동의 시기를 ① 실천 공간 확보기

6 "통상적으로 60, 70년대의 사회운동 단계를 소시민적 민주화운동 단계, 포퓰리즘적 민중운동 단계라고 일컫는바, 이 단계에서는 근본 변혁에의 전망이 부재한 채로 민주 변혁을 '군사독재정권의 억압의 완화'나 '민간 정부로의 전환'만으로 인식하는 경향이 지배적"(조희연, 1990: 105-106)이라고 평가한다.

(1981-1983) ② 반독재 민주화 투쟁기(1984-1987) ③ 운동진영의 재편과 통일운동의 시기(1988-)라는 세 단계로 구분한다. 이러한 논의에서는 민중불교운동을 전체 사회변혁운동의 하위 부문으로 인식하고 있는 관점을 확연히 드러내고 있다. 여기서는 80년대 초반까지의 한국 사회운동의 주요 논의들과 학생운동진영을 중심으로 전개되고 있는 이론적 흐름들이 반영되고 있다. 결과적으로 전체 사회변혁운동의 흐름에서 불교계의 사회운동을 기계적으로 포함시켜서 설명하고 있다는 느낌을 지우기 어렵다는 말이다.

유승무(2010)의 경우에는 '논리적'인 차원과 '경험적'인 근거를 통해 ① 전반기 민중불교운동(1981-1985)과 ② 후반기 민중불교운동(1986-1991)의 시기로 구분하고 있다. 이는 전두환 정권의 실질적인 지배가 진행되던 5공화국의 시기와 노태우 정권의 시기를 구분할 수 있다는 논리이다. 또 총무원장체제의 안정적인 제도화가 진행되었다는 점을 고려한 것으로 보인다. 이는 사회적인 결과와 제도화된 측면에 대한 분류에는 타당성이 있다고 보인다.

박수호(2010: 103-111)는 70-80년대의 '민중불교운동'과 90년대 이후의 '참여불교운동'으로 구분하여 설명하고 있다.

1980년대 불교사회운동에 대한 다양한 논의들을 종합해 보면, 1987년까지는 민중불교론적 관점에서의 논의가 주를 이루었고, 1987년 대통령선거 이후 사회적 이념의 분화가 불교계에도 반영되면서 불교계의 이념적 분화가 진행되기 시작하는 것을 볼 수 있다. 즉, 불교사회운동이 독재정권에 대한 저항으로서의 '민주화' 담론에서 벗어나 환경과 생태 그리고 인권과 같은 다양한 사회적인 영역으로 관심이 확장되기 시작한 것이다. 이를 근거로 1980년대의 민중불교운동의 내적 흐름을 주요 사건이나 불교사회운동의 주체의 조직화 정도에 따라 다음과 같이 세 시기로 구분해 볼 수 있을 것이다.

① 5·18과 암울한 법난의 시기(1980-84년); 사원화운동, 야학
② 민중불교운동의 조직화 시기(1985-87년); 민중불교운동연합, 정토구현전국승가회
③ 불교사회운동의 이념적 분화 시기(1988-90년); 민족자주평화통일불교협의회

## 2. 5·18과 암울한 법난의 시기(1980-84년)

1970-80년대 한국 사회변혁운동의 주역이 청년학생이었다는 점을 고려해 보면, 불교대중운동의 기반 역시 한국대학생불교연합(대불련)의 활동에 주목할 필요가 있다.[7] 이들은 '민중불교회'를 조직하고, 출가 승려들을 중심으로 '전국지도법사단'을 조직하였으며, 사회 현실과 불교 개혁에 앞장설 것을 주장하였다. 이들 활동의 이론적 근거는 전서암에 의해 제기된 민중불교론이었다. 여기서 주목할 사실은 불교 청년운동가들이 민청련과 같은 사회변혁운동에 있어서도 주도적으로 참여하고 있었다.

이 시기의 불교사회운동에 있어서 가장 중요한 사건은 10·27법난[8]이다. 광주민주화운동을 무력으로 진압하며 등장한 신군부는 집권의 명분과 민정당 창당 등에 필요한 통치자금을 확보하기 위해 불교계를 침탈하였다. 그러나 신군부에 의해 자행된 10·27법난은 의도하지 않은 결과를 가져오

7 당시 대불련 사무총장이었던 여익구는 1974년에 발생한 민청학련 사건으로 구속되고 이후 출가도 하였다. 민중불교운동의 1세대로 평가받고 있으며, 동아일보 해직기자였던 고준환, 황석영과 함께 '민중불교회'를 조직하였다.

8 1980년 10월 27일 전두환을 중심으로 하는 신군부세력은 "분규만을 일삼는 조계종단은 더 이상 자체 정화의 능력이 없으므로 부득이 타력으로나마 정화하지 않을 수 없다."는 명분으로 조계종단과 주요 사찰에 침입해 불교계 인사들을 연행하는 폭거를 자행하였다. 18명의 승려가 구속되고 32명의 승려는 승적을 박탈당했으며, 이 과정에서 인적 · 물적 피해는 물론이고, 부패집단으로 낙인찍히는 등 불교계의 이미지에도 씻을 수 없는 상흔을 남겼다.

기도 하였다. 유승무(2010)의 논의에서처럼, '불교인들을 크게 각성시키는 계기'가 되었고, '운동의 주관적 요인이 한 단계 성숙'하게 되는 계기가 되었기 때문이다. 10·27법난을 통해 각성된 승려들과 청년불자들은 10·27법난 규탄대회를 준비하는 과정에서 불교종단 개혁의 의지를 다지며 불교의 자주화와 사회적 실천을 모색하게 된다. 이러한 내용은 당시의 한국대학생불교연합회 명의의 성명서에서도 나타나고 있다.

> … 한국 불교가 근대사의 고난에 주체적, 능동적으로 대처하지 못한 결과 자기 정립을 통한 보살의 역할을 다해오지 못한 것은 부끄러워해야 하며 이는 종교 자체 내의 주체적 의지에 의해 이룩되어야 할 일인 것입니다. 정치권력이 종교 내부 문제에 관여하여 그 문제가 해결된 적이 없었으며 설령 강압에 의해 일시적으로 정착시킬 수 있다 하더라도 종교의 본질에 비추어 보아 그 종교가 본래의 사명을 다하지 못할 것임은 명확합니다.… 이에 우리 대학생 불자는 영원한 불법에 귀의하여 다음을 주장합니다.
>
> 1. 교단 내부의 문제는 진정한 주체세력에 의하여 해결되어야 한다.
> 2. 현 정치권력은 종단 내의 어떠한 자율적, 주체적 세력의 움직임도 제약하지 말라.
> 3. 현 정치권력은 승려의 연행과정에서 발생한 비민주적, 비인권적 처사와 종교의 자율성, 주체성의 훼손은 즉각 공식 사과하라.
> 4. 승가는 어떠한 외적, 내적 제약에도 굴복하지 말고 주체적 의지를 가진 세력을 결성하여 고단의 자기개혁을 위해 계속 노력하라.
>
> – **한국대학생불교연합회**(1980.11.22.자 성명서)

사회 민주화에 대한 열망과 10·27법난의 수습과정에서 제기된 종단 내부에 대한 비판과 자성은 불교계의 사회참여에 대한 관심으로 이어지는 도화선이 되었다. 사원화운동은 1954년 이승만 정권의 정화 유시 이후 출가 승려들이 사회운동과 불교운동의 주체로 등장한 첫 번째 사례이며, 70년대의 맹아적인 민중불교운동이 본격적인 불교사회운동으로 한 단계 진화했음을 보여주는 계기가 되었다.

사원화운동은 불교학생회를 중심으로 하는 써클 활동을 통해 전개되었다. 사원화운동은 사찰 공간을 활용한 다양한 사회운동을 모색하던 칠보사 대학생회와 고대 불교학생회, 불교야학운동으로 공안당국의 탄압을 받은 묘각사 대학생회 등 성격과 활동방식이 상이한 두 개의 흐름이 존재했다고 알려져 있다(조성렬, 2002: 429-430).

> 81년 초에 시작되어 10월 불입종 묘각사에서 절정을 이룬 이 운동은 대학 시절에 불교활동을 했던 기성인들과 대학생들이 총망라되어 불교운동의 새 지평을 여는 듯한 열기를 보여줬다. 이 운동에서는 불교에서 궁극적으로 구현하고자 하는 정토(淨土)의 구체적인 모습을, 불타가 원시불교에서 직접 실현하려 하였던 승가에서 그 개념을 도출하고 있다. 그리고 정토의 실현을 승가사회에만 국한시킬 때, 중생제도와는 무관하게 이상향에 머물게 되므로, 사회의 정법화, 승가화를 지향해야 한다는 것이 이 운동의 요지이다. 여기서 승가의 대중불교적 모습이 사원으로 나타났기 때문에 '사원화운동'으로 명명되었다. 이 운동은 초기에는 기존 사찰이 지니는 부정적 이미지, 우리나라 불교의 대승적 성격 때문에 명칭의 채택과정에서부터 논란이 있었으나 그 의미가 "사원으로 돌아가자."라는 것이 아니고, 불교개혁운동의 일환이라는 점이 중시되어 그대로 통용되었다.
>
> - 김종찬(1987: 494-495)

10·27법난 이후 청년 불자들은 학생들만의 신앙활동을 위주로 하는 대불련을 떠나 대중의 일상생활과 직접 만나는 현장에서의 진보적 불교활동

의 필요성을 인식했다. 일부 불교활동가들은 사찰의 청년조직활동을 통한 의식화 작업이 우선적이라는 판단 아래 사찰을 근거로 한 민중불교운동을 전개하였다. 이들은 민중불교운동의 근거를 초기 불교가 담고 있는 실천적 정신에서 찾고자 하였으며 실천하는 청년 불자상을 만들고자 하였다. 1981년 가을 무렵부터는 '여래사(如來使)운동'이라는 개념을 공식화하였다.[9] 한편 사원화운동을 계기로 불교계는 야학운동에도 참여하게 된다.

사원화운동은 사회변혁운동의 불모지나 다름없던 1980년대 불교계의 열악한 환경으로 인해 매우 초보적인 수준의 운동에 머물 수밖에 없었다. 그럼에도 불구하고 사원화운동의 의미는 적지 않다.

목우(1981)는 "사원화운동은 종교운동이며 불교운동이다. 사원화운동은 청년불교운동이다. 사원화운동은 '재가-출가' 일치운동이다. 사원화운동은 초종파운동이다. 사원화운동은 비민중의 사원을, '민중의 민중에 의한 민중을 위한' 사원으로 변화시키는 운동이다. 사원화운동은 불교를 탈사원화시키는 것이며 그것은 곧 현장불교의 실현이다. 그것은 곧 민중불교의 구체상이며 대내적으로는 불교개혁운동이며 대외적으로는 불교사회운동"이라고 밝히고 있다. 사원화운동은 "전통 불교의 권위주의적인 계보나 승려 중심의 관료화된 승가의 한계성에 도전하여 역사 참여의 장에 승속이 함께 하자는 혁신운동이었으며, 이는 불교운동의 새로운 전기"(정희수, 1994: 120)로 평가된다.

80년대 초반에 활기를 띤 사원화운동과 불교야학 등 민중불교운동의 논리적 기반은 1970년대 후반기의 학생운동 진영에서 제기되었던 '현장투신

---

9 「청년여래」 창간호(81년 가을호)의 서문에서 최연은 "불교가 중생교화의 본래 사명을 완수하기 위해서는 구체적인 상황에 대한 올바른 인식과 아울러 사회구조 속에서 삶을 영위하고 있는 인간으로서 중생을 인식해야 한다. 하화중생의 구체적인 방법론의 모색과 그 실제 적용을 위한 사회와 민중에 대한 적극적인 관심을 함께 엮어 명실공히 불자들의 전열을 정비하여야만 한다. 이렇게 만난 동지들을 여래사라 하며 여래사들의 재도전을 여래사운동이라 한다"(서동석, 1999에서 재인용).

론'의 연장선상에서 파악할 수 있다. 당시 학생운동 진영에서는 노동운동의 중요성에 대한 인식을 통해 "변혁의 주체 세력이 노동자이며, 노동자의 의식화, 조직화를 위해서는 지식인들이 노동 현장으로 들어가야 한다."는 논리가 등장하고 있었기 때문이다.

또 다른 맥락에서 이 시기는 불교사회운동 조직의 태동기로 규정할 수 있다.

1981년 7월 제1회 '청년승가육화대회'가 개최되며 한국 불교의 현실에 대한 고민과 토론의 자리를 마련하고 이러한 대중적인 의지가 결집되어 승가와 재가를 결집한 '청년불교도연합'이 결성된다. 83년 범어사에서 개최되었던 '전국청년불교도연합대회'는 불교운동의 조직적인 면모가 최초로 드러난 경우이다. 10·27법난에 대한 분노와 청년불자들의 조직화 노력이 결실을 거둔 이 대회는 70년대에 제기되었던 '민중불교론'을 발전시켜 80년대의 정세를 반영하는 운동 이념을 학생대중에게 확산하고 나아가 불교계 전반의 정치적 의식을 제고하고자 했다(서동석, 1999). 주목해야 할 것은 단일 학생조직으로서는 최대의 규모인 대불련이 기존의 보수적인 신앙생활 중심의 활동을 비판하며, 민중의 고통을 해결하기 위한 주체로 청년학생불자가 나서는 모범을 보이고자 했다는 점이다.

## 3. 민중불교운동의 조직화 시기(1985-87년)

80년대 불교사회운동의 일대 전기를 마련한 것은 출가 승려와 재가자를 포함한 불교사회운동 진영 전체를 아우르는 형태로 조직적인 기반을 구축한 '민중불교운동연합'의 발족이었다.

1983년 전국적으로 계속된 시위는 '학원자율화조치'라는 유화적인 국면을 이끌어 낸다. 이로 인해 1984년 학도호국단 체제가 해체되고 자율적인 학생회를 설립할 수 있게 되면서 대학가와 노동현장에서의 시위는 더욱 활성화되었다. 더불어 종교계의 민주화운동 단체들이 설립되고, 민주화운동청년연합과 같은 청년운동 단체들이 활성화된다. 그리고 재야의 연합 조직인 '민주통일민중운동연합'과 정치인 중심의 '민주화추진협의회'가 결성되었다. 이러한 정치사회적 변화에 힘입어 1985년 5월 4일 '민중불교운동연합'이 창립되었다.[10]

민불련은 "초강대국에 의해 분단된 조국을 반민중적 권력집단이 자행하는 폭력과 비민주적 제도는 민중의 기본적인 생존권을 유린하고 있다."고 주장하며, "초종단적인 사부대중의 힘의 결집체로서 … 불교의 민중화를 이룩할 것"을 목표로 하였다. 민불련은 불교계 내부의 사회변혁운동 세력을 결집하여 반독재 민주화 투쟁을 주도하고, 민중불교를 진보적 불교운동의 대명사로 자리매김하는 결과를 낳았다(홍사성, 1989: 103-104; 서동석, 1999)는 평가를 받는다. 그러나 민불련은 출범한 지 1년이 지나기도 전에 '5·3인천사건'의 배후 세력으로 지목되면서 활동에 큰 타격을 받고, 급격하게 퇴조하였다.[11]

뒤이어 1986년에는 '정토구현전국승가회'가 창립되었다. 221명의 출가 승려로 구성된 정토구현승가회는 불교사회운동의 새로운 전기를 마련하였다는 평가를 받을 정도로 불교사회운동에 있어서 주도적인 역할을 담당하였다.[12] 정토구현전국승가회는 88년 6월까지 여러 가지 사회현실문제에 대해 40여 차례에 이르는 성명서를 발표(홍사성, 1989: 105)함으로써 불교계의 관심을 끌어내고 해결 방안을 제시하고자 하였다. 여기서 대중 동원

---

10 1985년 발족한 민중불교운동연합은 불교사회연구소와 청년승가회인사들과 성문, 현담스님, 여익구, 이희선, 김태수, 이영근 등의 출가와 재가자를 아울러 180여 명의 불자들이 발기인으로 참가하였다. 창립총회에 참여했던 105명이 불순 단체 참가자로 연행되기도 하였다.

11 여익구 의장은 수배, 서동석, 진철승, 성연, 김승진 등이 구속되는 등, 안기부와 공안기관의 집중적인 탄압을 받았다.

12 1986년 6월5일 창립된 정토구현승가회는 청화(靑和, 의장), 지선(知詵, 지도위원), 목우(木偶, 부의장), 진관(眞寬, 부의장)으로, 성문, 명진, 현기, 벽우 등의 승려들이 주도하였다.

과 실천적인 참여의 방식이 아니라 '성명서'라는 형식을 활용했다는 점은 눈여겨볼 지점이다. 성명서를 통해 사회문제에 대한 불교계의 문제 인식을 담아냄으로써, 현실사회의 문제에 대한 불교계의 관점과 대응 방안을 점검하는 계기가 되었으며, 불교사회운동의 또 다른 모델을 제시할 수 있었기 때문이다. 이러한 노력들을 통해 불교계는 1986년 9월 7일 개최된 '불교의 자주화와 사회민주화'를 위한 해인사승려대회에서 불교계의 힘을 결집하고 사회적으로 표출할 수 있는 역량을 축적할 수 있었다.

이 시기에는 학생 조직인 '대불련'과 청장년불교운동가 조직인 '민불련', 승가 조직인 '정토승가회'를 중심으로 불교사회운동 진영이 구성되었고, 여기에 대한불교청년회 등 여타 불교단체들도 점차 진보적인 불교운동의 흐름에 동참하였다(서동석, 1999). 특히 공동의 연대사업과 활동을 통해 경험을 쌓아간 불교계의 청년불교사회운동은 1987년 불교신자였던 박종철 군의 고문치사 사건을 계기로 민주화에 대한 사회적 요구가 봇물처럼 터져 나왔을 때 결정적인 기여를 할 수 있는 힘을 비축할 수 있었다. 당시 군부독재정권을 규탄하고 박종철 군을 추모하기 위해 개최된 범국민대회와 추모제는 1987년 6월 항쟁의 서막을 열었다고 평가된다. 불교계는 사회단체들과의 연대를 통해 이들 행사를 주도했던 '고 박종철 군 범국민추도 준비위' 결성에 적극적으로 참여했고, 박종철 군 추모를 위한 49재를 범국민적인 민중 의례로 만들었다.

한편 민주헌법쟁취불교운동본부의 발족은 서울, 부산, 광주, 대전에 지역 본부를 갖춤으로써 한국 불교 최초로 전국적 조직을 구축했다는 점에서 높은 평가를 받는다.

## 4. 민중불교운동의 분화 시기(1988-90년)

한국 사회운동의 분기점이었던 87년 6월 항쟁과 대통령 선거를 거치면서 한국 사회는 새로운 환경에 직면한다. 대통령 선거에의 참여 방식에 대한 평가는 이념, 조직, 사회참여의 방법에 이르기까지의 다양한 논란을 가져왔다. 87년 시기에 학생운동의 주요 논점이었던 민족해방(NL) 계열과 민중민주(ND, PD) 계열의 이념 논쟁과 방법 논쟁 등은 87년 대통령선거에서의 정치적 태도에 따라 분화를 거듭하였다. 이러한 논의들은 본격적인 대중조직운동의 활성화에 주목하게 된다. 불교사회운동진영에도 이러한 영향은 그대로 반영된다.[13] 불교를 사회과학적 관점에서 해석하고 불교적 실천 역량을 강화시키는 것을 목표로 하는 '불교사회교육원'[14]이 등장하고, 노동과 인권 그리고 통일 문제에 불교적 관점으로 접근하고자 하는 '불교사회연구소'[15]의 등장이 그것이다(홍사성, 1989; 김종찬, 1989). '부산불교교육원'[16]이나 '대승불교승가회'[17] 등도 사회운동과 불교사회운동의 접목과 이론화를 모색하는 다양한 활동을 시작하였다.

1987년 한국 불교 최초로 전국적인 공동 투쟁을 위해 구성되었던 민주헌법쟁취불교운동본부는 1988년 '민족화합공동올림픽추진불교본부'로 전환하여 남북의 공동 올림픽 쟁취를 위한 통일운동을 불교계의 공동 목표로 설정한다. 사회민주화 논의와 통일운동이 봇물처럼 터져 나오자 불교계도 이러한 흐름에 자연스럽게 동참한 것이다. 이러한 운동의 성과들은 이후 88년 12월 민족자주통일불교협의회(통불협)의 결성으로 이어졌다. 통불협은 반미, 반핵 등을 중심으로 하는 활동들과 통일운동의 대중적 확산

---

13 김대중 후보를 지지할 것인가, 야권 단일후보를 통한 선거 승리를 목표로 할 것인가를 둘러싼 논쟁이 그것이다. 김대중 지지 여부를 둘러싼 이견은 '정토승가회'와 '대승불교승가회'로 나뉘게 된다.

14 정토포교원을 운영하던 법륜(최석호)과 성열 등이 다양한 대중 교육 프로그램을 개발하며 교육을 실시하였다.

15 대불련 출신이 주축이 되어 '불교와 사회'에 대한 연구, 조사 사업을 목적으로 만들어졌다.

16 성재도 원장을 중심으로 부산 지역에서 지역의 실정에 맞는 활동 방식을 모색하였다.

17 정토구현승가회에 반대하며 개운사에서 창립총회를 가지고 활동을 시작하였다. 이후 93년에 실천불교승가회로 통합된다.

을 꾀했다. 그러나 사찰 내부의 민주화를 동반하지 않은 통일운동 중심의 불교사회운동은 필연적으로 소수의 활동가 중심의 운동이 되었고, 부분적으로는 사회운동에 종속되는 결과를 가져왔다는 비판도 피할 수 없었다.

1987년 6월 항쟁 이후 사회운동의 활성화와 민주화의 성과들은 불교계 내의 조직 민주화와 새로운 불교대중운동의 활성화와 청년불교운동의 진보적인 활동을 강화하는 다양한 시도들로 표출되어 나타난다. 이러한 시도들은 이후 90년대의 불교사회운동이 환경, 생명, 인권 등의 문제에 관심을 기울이고, 적극적으로 참여하게 되는 토대가 되었고, 비로소 불교시민사회운동의 시대를 여는 계기가 될 수 있었던 것이다.

## Ⅳ. 1980년대 불교청년운동의 평가

### 1. 80년대 민중불교운동에 대한 양면적 평가

80년대의 민중불교운동을 둘러싼 평가는 다양하게 나타나고 있다. 불교의 사회적 역할에 대한 모델 제시, 한국 사회의 민주화에 기여, 사회과학적 해석을 통한 불교의 재인식 등이 민중불교운동의 긍정적인 성과라는 점은 대부분의 연구자들이 인식을 공유하고 있다. 이에 더해 '불교자주화운동을 통한 민주주의 역량 확인', '민중불교운동의 능력 성숙'(이병욱, 2010: 51), '불교 사상의 현대화' 및 '한국 불교사회운동의 이념적 토대 제시'(박수호, 2010: 115-116) 등의 긍정적 평가도 존재한다.

이에 반해 취약한 불교계 내의 대중적 지지 기반, 계급투쟁적 성격 및 폭력적 방법에 대한 거부감, 민중불교운동을 전체 사회변혁운동의 부분운동으로 제한함으로써 불교운동의 정체성 미확보(홍사성, 1989: 120-125)

와 같은 부정적 평가도 동시에 제기되고 있다. 일각에서는 '기계적 해석으로 인한 불교 왜곡', '민중불교를 주도한 사람들의 우월 의식과 엘리트 의식' 그리고 '운동 세력 내의 조직 이기주의와 파벌주의'(이병욱, 2010: 53)와 같은 문제점을 지적하기도 한다.

그러나 이러한 부정적인 평가들이 있음에도 불구하고 1980년대의 민중불교운동은 정치적, 경제적, 사회적 모순 구조를 타파함으로써 중생을 제도할 수 있음을 강조하는 새로운 불교운동의 등장(박수호, 2010: 116)을 알리는 계기가 되었다는 사실에 이의를 제기하기는 힘들다. 시대적 상황에서의 청년불교운동의 방향과 나아갈 바를 제시했다는 것은 부인할 수 없는 사실 때문이다.

## 2. 변혁운동의 부문 운동으로서의 불교청년운동

민중불교라는 개념적 틀에서 나타나고 있듯이 군사독재정권과의 이념적 대립 구도 속에서 나타나고 있는 사회적 상황에 대한 현실 인식의 논리는 당시 불교사회운동진영이 정치적 민주화를 최우선 과제로 인식하고 있었음을 보여준다. 결과적으로 전체 사회운동 특히 정치적인 반독재 민주화운동의 하위개념으로 불교계의 사회운동이 자리잡게 됨으로써 전체변혁 운동의 하위개념으로 흡수되어버렸다는 평가가 엄존한다.

그러나 민중불교운동은 "'부분 운동'을 전체 운동 속에서 불교적 특수성에 입각해 자기 대중을 상대로 하는 운동으로 규정하고, 이를 통해 독자적인 이념과 조직 체계를 갖출 수 있었다."(조성렬, 2002: 449)는 평가에서처럼 불교와 사회참여에 대한 근본적인 인식을 통해 불교사회운동의 다양한 이념적 가능성을 점검하는 계기가 되었다. 특히 87년 대통령 선거 이후의 사회적인 이념 논쟁과 조직적 발전 전망에 대한 논의들이 불교적 교리와 사회과학의 만남뿐만 아니라 불교사회운동의 모색과 대안적 논의들의 활성화에 기여하였다. 이는 불교계의 사회운동이 90년대에 이르러 나타나기 시작한 환경, 생태 그리고 생명을 둘러싼 다양한 사회적 문제에 대한 주요 문제제기집단으로 불교계의 사회운동이 등장할 수 있는 소중한 맹아가 될 수 있었다. 90년대 들어 '선우도량', '정토회' 등의 다양한 불교시민운동이 꽃을 피울 수 있었던 것은 민중불교운동의 성과를 자양분으로 삼을 수 있었기 때문이다.

## 3. 대중운동의 활성화와 불교청년운동의 약화

70~80년대를 거치며 활성화되었던 민중불교운동은 1990년대로 접어들며 참여불교운동[18]으로 전환되었다. 이러한 맥락 속에서 학생운동을 중심으로 하는 대중조직운동이 1987년을 기점으로 활성화되었던 것과는 달리 청년불자를 대상으로 하는 대중운동은 오히려 퇴조하기 시작한다는 사실은 눈길을 끈다. 이는 부분적으로는 불교청년운동 활동가들이 학생운동이나 청년운동의 활동가로 전환해 가거나 불교적 관점을 지닌 채 사회활동으로 활동의 장과 영역을 변화해 나갔다는 사실에 기인한다. 또 활성화된 대중운동 공간에서 불교학생회만이 써클주의를 고집해야 할 이유가 사라졌기 때문이기도 하다. 이는 다양한 불교단체의 설립과 활동력 강화와도 밀접하게 관련되어 있다.

1990년대 불교청년운동의 약화는 다른 한편으로 공동체 문화의 쇠퇴와도 연관되어 있다. 1980년대 사회운동의 활성화와 마찬가지로 불교계의 사회운동에 있어서도 연대와 연합의 노력과 시도들은 불교사회운동의 주

18 80년대 말부터 시작된 참여불교운동은 1994년의 종단개혁운동의 성공을 위한 중요한 기반을 조성하였다. 한편, 참여불교운동은 아시아 각 국가들이 경험하고 있는 현대사회의 병폐들을 사회적 고(苦)로 인식하고 이를 해결하기 위해 불교적인 인식 틀과 방법론을 동원하는 불교사회운동으로 규정할 수 있다. 사회구조적 제약 속에서 개인의 한계를 인식하고, 사회구조적 한계의 극복을 통해 개인고를 해결하려 한다는 점에서 기존의 불교운동과 차별화된다. 보다 자세한 논의는 유승무 · 박수호(2006)를 참조할 것.

된 동력으로 작용하였다. 그러나 대학이나 청년 문화에 있어서 공동체를 지향하는 문화나 연대나 연합을 위한 시도들이 약화되면서 불교청년운동 진영은 소속감과 연대감을 강화하기 위한 최소한의 장치를 유지하는 것조차 힘겨워졌기 때문이다.

## 4. 사회과학과 불교와의 편협한 만남

80년대 이후 제기되고 있는 이념적 지향과 담론의 문제에도 주목할 필요가 있다.

한국 불교운동사의 중요한 기점이자 이론적 출발점이 되는 한용운의 논의는 마르크스의 종교관에 대한 비판적 논의에서 시작하고 있다. 이러한 논의는 1980년대 민중불교운동에서도 고스란히 재현되고 있다는 점에서 민중불교운동을 마르크스주의에 종속된 운동으로 평가하는 주요한 근거가 된다. 이와 같은 평가는 충분히 타당한 것이지만, 1980년대 당시 한국사회의 이데올로기적 지형이 전반적으로 매우 열악한 수준에 처해 있었으며, 불교계는 비판적 사회 인식의 경험을 미처 축적하지 못한 상황이었음을 고려할 필요가 있다. 이를 고려하면 민중불교론이 제기하는 비판적 고찰이 문제가 아니라 불교계 내에서 현실 사회에 대한 성찰적 인식과 고찰이 터무니없이 부족했다는 사실이 더 큰 문제임을 지적하지 않을 수 없다.

1990년대에 들어서면서는 보다 근본적인 문제를 제기하게 된다. 변화된 사회 환경과 이념적 지향에 부합하는 불교적 이론의 접합과 대안적 실천 그리고 이론 마련에 실패하였다는 것이다. 이는 결과적으로 청년불교의 대중화와 재생산에는 실패하였다는 것을 의미하며, 불교청년운동의 쇠퇴와도 밀접하게 연관된다.

그런 의미에서 현대사회에서는 사회과학과 불교의 성찰적 만남이 더욱 필요하다. 보다 구체적으로는 불교와 근대성 그리고 시민사회와의 만남이라는 주제가 재조명되어야 하는 이유이기도 하다.

## V. 마치며

지금까지 한국 근대성의 형성과정과 사회발전에 있어서 중요한 역할을 담당해 온 불교계의 사회운동을 80년대 불교청년운동을 중심으로 살펴보았다. 80년대의 불교사회운동은 민중불교운동으로 규정할 수 있으며, 그 근거는 당시 불교사회운동이 전체 사회변혁운동의 부문 운동으로서의 성격을 포함하고 있기 때문이다. 이러한 80년대 한국 불교사회운동의 주요한 흐름을 ① 5·18과 암울한 법난의 시기(1980-84) ② 민중불교운동의 조직화 시기(1985-87) ③ 불교사회운동의 이념적 분화 시기(1988-90)로 나누어 살펴보았다.

이어서 한국 불교사회운동의 흐름과 불교청년운동에 대한 평가들을 살펴보았다. 첫째, 80년대의 민중불교운동은 시대적 상황에서 청년불교운동의 방향 제시에 기여하였다. 둘째, 80년대의 민중불교운동이 정치적 민주화를 우위에 둠으로써 전체 사회변혁운동의 부문 운동으로 규정되기는 했지만, 불교사회운동의 다양한 이념적 가능성을 점검하는 계기가 되었다. 셋째, 불교사회운동은 1987년을 기점으로 특히 대중적 학생운동이 활성화되는 것과 반대로 퇴조하기 시작하였으며 불교대중운동은 실패하였다. 마지막으로, 80년대의 민중불교운동이 마르크스주의에 종속된 운동이었다는 지적에 반해, 오히려 보다 적극적인 성찰과 사회과학의 새로운 이론적 모색과 성찰이 더 필요하다는 점을 지적하였다.

한국 사회변혁운동이나 불교사회운동에 있어서 가장 중요한 분기점은 한국 사회운동의 흐름과 맥을 같이하는 1987년이었다. 한국 사회의 민주화와 사회운동의 질적 전환에 있어서 중요한 고비이기도 하였지만 이 시기에 대해서는 별도의 논고로 살펴볼 필요가 있다고 판단된다. 특히 시기 구분과 시대 기술은 지면 위의 논의에 머무르는 것보다는 당시의 불교활동가나 현장의 불교청년운동가들과의 구술 면접이나 인터뷰와 같은 심층 면접을 통해 보완할 필요가 있다고 생각된다. 구술 자료나 자료 수집과 정리를 통해 불교사회운동과 사회발전의 관계에 대한 성찰적 고찰이 진행된다면 한국 불교청년운동의 흐름을 정리하는 데 나름의 기여를 할 수 있을 것이라고 보기 때문이다.

# 참고문헌


**김녕**, 2004, "독재, 산업화, 그리고 민주화와 한국 가톨릭교회: 정치균열 및 이데올로기 지형과 교회-국가-사회 관계의 개괄과 성찰,"「가톨릭사회과학연구」, 17: 27-60.

**김성건**, 2013, "고도성장 이후의 한국교회: 종교사회학적 고찰,"「한국기독교와 역사」, 38: 5-45.

**김종찬**, 1987, "80년대 민중불교운동,"「신동아」, 1987.6.: 494-495.

______, 1989, "민중불교운동의 전개과정,"「민중불교의 탐구」, 법성 외, 민족사.

**목우**, 1981, "새로운 불교운동으로서 사원화 운동,"「사원화운동 심포지엄 자료집」.

**박상언**, 2008, "신자유주의와 종교의 불안한 동거: IMF 이후 개신교 자본주의화 현상을 중심으로,"「종교문화비평」, 13: 60-92.

**박수호**, 2005, "사회운동으로서의 조계종 종단개혁운동,"「동양사회사상」, 11: 59-60.

______, 2010, "한국불교사회운동의 이해: 교리적 근거와 역사적 전개과정을 중심으로,"「종교와 사회」, 창간호: 95-135.

**법성**, 1989, "민중불교운동의 이념과 교리적 배경,"「탐구」, 법성 외, 13-19, 민족사.

**서동석**, 1988, "민중불교운동의 불교철학적 정의,"「현상과 인식」, 44: 31-49.

______, 1999, "불교사회운동의 갈무리와 터닦기,"「불교평론」, 1.

**스멜서, 닐 J.**(Neil J. Smelser), 1981,「사회변동과 사회운동」, 박영신 옮김, 경문사.

**여익구**, 1985, "민중불교란 무엇인가,"「실천문학」, 7: 301-304, 실천문학사.

**오갑환**, 1974,「사회의 구조와 변동」, 201-221, 박영사.

**오경환**, 1990,「종교사회학」, 서광사.

**유승무**, 2007, "한국불교와 현대적 사회제도의 만남,"「불교학연구」, 18: 41-64.

______, 2010, "민중불교운동의 사회운동론적 이해,"「세계화와 한국적 사회이론의 모색」, 331-346, 비판사회학회.

______, 2013, "동양사회 내재적 종교성과 베버의 동양사회론,"「현대사회와 베버 패러다임」, 임운택 외, 나남.

**유승무 · 박수호**, 2006, "불교와 근대성의 '또 다른' 만남,"「사회와 이론」, 9: 53-78.

**이병욱**, 2010, "근현대 한국불교의 사회참여 사상의 변화,"「종교와 사회」, 1: 37-65.

**전명수**, 2011, "1980년대 한국 개신교 민주화운동의 특성과 한계: 6월 항쟁에서의 교회 공론장을 중심으로,"「담론201」, 14(3): 117-142.

**전서암**, 1977,「민중불교론」, 82: 108-126.

**정희수**, 1994, "한국 민중신학과 민중불교의 만남,"「신학」, 25: 107-133.

**조성렬**, 2002, "현대 한국의 실천불교: 운동과 이념,"「실천불교의 이념과 역사」, 61-107, 실천불교전국승가회불교포럼 편, 행원.

**조창연**, 2005, "종교다원주의운동과 개혁신앙: 한국사회의 발전과 개신교의 방향전환(Reorientation),"「한국개혁신학」, 18: 351-372.

**조희연**, 1990,「현대 한국 사회운동사-6.25 전쟁 이후 80년대까지를 중심으로」, 한울.

_____, 2003, "저항론의 변화와 분화에 관한 연구: 변혁론을 중심으로,"「저항, 연대, 기억의 정치 1」, 김진균 편저, 문화과학.

**최문형**, 2000, "자본주의 사회에서의 한국인의 공적 윤리 모색: 유교윤리와 기독교윤리를 중심으로,"「한독사회과학논총」, 10(2): 255-271.

**추교윤**, 2009,「한국 천주교회의 도덕적 권위와 사회적 역할」, 위즈앤비즈.

**한용운**, 1938, "불교청년운동을 복활하라,"「불교-신판」, 10: 2-4, 불교사.

**홍사성**, 1989, "민중불교운동의 평가와 전망,"「탐구」, 91-127, 법성 외, 민족사.

# 3 PART

# 한국의 민주주의와 공화적 공존

chapter **10**

# 공화적 공존의 전제로서의 평등[1,2]

**김종철**(연세대학교 법학전문대학원 교수)

"진정한 공화국이 되기 위해서는 그것은 필히 정의에 기반을 두어야 한다. … 배타적이고 비보편적인 도덕 및 정의 관념, 또는 그러한 문화 위에 세워진 공화국은 모두를 위한 공화국은 되기 어려우며, 따라서 그것은 정의롭지 못할 것이다."

– 비롤리(「공화주의」, 2006 : 139)

1 이 논문은 2012년 정부(교육부)의 재원으로 한국연구재단의 지원을 받아 수행된 연구임(NRF-2012-S1A3A2033542).

2 이 글은 2013년 8월 말로 서울대학교 법과대학/법학대학원 교수직을 정년퇴임하시는 은사(恩師) 천운(靑雲) 안경환(安京煥) 한국헌법학회 고문님께 헌정(獻呈)하여 그 학은(學恩)을 기리기 위해 같은 제목으로 「헌법학연구」 제19권 제3호(2013.9.)에 게재한 것을 재수록한 것임.

## Ⅰ. 문제의 제기 : 평등이념의 불균형실현과 재정립 필요성

평등(égalité)의 가치는 근대시민혁명의 상징인 프랑스혁명이 핵심 가치로 내세운 이래 자유(liberté), 우애(fraternité)와 더불어 입헌민주국가의 근본가치로 인정되어 왔다. 전근대사회의 토대를 이루는 신분제의 철폐를 위해 만인평등론은 개인주의에 기초한 근대사회의 핵심가치가 되었다.[3] 근대시민국가 초기에 짧은 시간 극성하였던 경제적 자유 및 재산권 지상주의와 제한민주주의에 기초한 자본주의적 시장경제체제가 지속불가능한 사회양극화의 위기를 맞았을 때 평등은 형식적 평등(formal equality)의 굴레를 벗어나 실질적 평등(substantive equality)의 가치를 포함해야 하는 질적 확대를 겪었다.[4] 한국헌법의 경우에도 제헌헌법 이후 경제질서에 관한 기본규정이나 기본권 보장체계 등에 상당한 변화가 있었고 헌법의 규범력이 실제적으로 보장되기까지 많은 굴곡이 있었으나 형식적 평등에 더하여 실질적 평등을 추구하는 입헌민주공화국의 기본정신은 현행 헌법까지 면면히 이어지고 있다.[5]

그러나 이러한 헌법상 평등이념이 헌법현실에서 충실히 구현되고 있는지는 의문이다. 개인의 존재를 규정하는 구조적인 사회적 불평등 문제는 사상한 채 추상적이고 형식적인 기회의 보장만으로 헌법상의 평등가치를 구현할 국가의 의무는 다한 것인양 치부되는 경향이 있어 왔다. 결국 실질

---

3 김철수, 「학설판례 헌법학(상)」, 박영사, 2008, 581면; 장영수, "헌법상 평등원칙과 평등권의 실현구조," 「고려법학」 제36호(2001), 100면; 차진아, "사회적 평등의 의미와 실현구조," 「안암법학」 제21호(2005), 230면.

4 김철수, 581면; 김종철, "입헌주의의 본질과 현대적 의의," 「고시계」 2000년 10월호, 6-19면; R.C. van Caenegem, *An Historial Introduction to Western Constitutional Law*(Cambridge, UK: Cambridge University Press, 1995), pp.244-247.

5 제헌헌법 이후 경제헌법의 변화가 가지는 규범적 의의는 김종철, "헌법과 양극화에 대한 법적 대응," 「법과사회」 제31호(2006), 24-28면 참조.

적인 기회의 평등을 보장하기 위한 국가의 결과보정작용이 소홀히 되다보니 사회경제적 양극화는 날로 심화되어 가고 있으며 소위 '갑을(甲乙)사회'[6]로 비유되는 사회적 권력(social power)의 전횡현상이 극대화되고 있다는 비판이 비등하고 있다. 정경언관학(政經言官學) 카르텔에 의한 공적 질서와 제도의 사사화(privatization)로 승자독식의 약육강식, 새로운 신분제사회—신봉건주의(neofeudalism)![7]—의 등장이 민주공화국의 공생공존의 틀을 무너뜨리고 있다.

이와 같이 균등사회발전의 헌법적 이상이 형해화되고 있는 문제를 각종 선거국면을 거치면서 시민사회를 비롯한 정치과정에서 해결하려고 노력하고 있으나 정작 국가 및 사회의 근본규범인 헌법의 정신을 체계적으로 이해하여 문제해결의 지침으로 삼고자 하는 진지한 노력은 부족하다. 특히 이런 노력에 방향타 역할을 하여야 할 헌법학의 논의도 헌법의 기본가치인 평등이 입법 및 행정을 포함하여 국가작용 전반을 지도하는 지향가치[8]임을 분명히 하고 그 실천적 측면을 부각하기보다는 헌법재판을 포함

---

6 '갑을(甲乙)사회'란 법률상 계약관계의 당사자인 갑과 을이 수평적 지위에서 공정한 조건하에 자율적으로 계약을 맺고 집행해야 하지만 사실상 우월적 지위를 가지는 당사자인 갑이 열위에 있는 을에게 부당한 계약조건을 강요하여 수평적이어야 할 계약관계가 사실상 수직적 노예관계로 전환되어 불평등하게 되는 현실이 만연하여 사회적 불평등이 구조적으로 창궐하는 한국 사회의 사회적 병리현상을 반영한 비유적 표현이다.

7 정치학계에서는 구사회주의권의 자본주의화가 과거 봉토체제에 근간을 두었던 봉건체제와 유사한 정치권력, 관료집단, 기업집단 간의 봉건적 유대관계를 중심으로 한 거버넌스적 특징을 보인다는 점에 착안하여 신봉건주의체제로 설명하는 견해가 있다(김태환, "영토적 · 경제적 거버넌스로서의 신봉건주의(neofeudalism): 탈사회주의 러시아의 경험," 「한국정치학회보」 제36권 제1호(2002), 287−307면 참조). 이 이론틀은 봉건계약적 특징에 초점을 두고 있지만 경제적 이권과 정치권력 간의 결탁이 사회신분적 관계를 매개로 이루어진다는 점, 특히 경제적 이권을 둘러싸고 경제권력 중심으로 재편된다는 점에 착안한다면 새로운 신분제사회의 특성을 '경제적 신봉건사회'로 볼 수 있는 측면이 있다.

8 이미 헌재는 평등원칙이 "국민의 기본권 보장에 관한 우리 헌법의 최고원리로서 국

한 사법과정의 소극적이고도 국소적인 판단준거로 그 헌법적 의의를 축소시키고 있는 듯한 인상을 주고 있다.[9] 헌법학계에서 평등담론의 주요 대상이 평등원칙 혹은 평등권의 합리성 심사척도의 문제에 집중되고 있는 것은 이런 현상을 반영하고 있다고 할 것이다. 다층화된 평등관련 심사기준을 정립하여 불합리한 차별을 시정하기 위한 노력이 형식적 평등의 보장수준을 향상시킨 점은 분명[10]하지만 정작 차별금지와 기회균등의 담론에 과도하게 집중하여 헌법에서 이에 못지않게 중요한 평등의 가치요소로 제시하고 있는 실질적 평등, 특히 사회적 평등이 소홀히 되는 경향이 있다.[11, 12]

---

가가 입법을 하거나 법을 해석 및 집행함에 있어 따라야 할 기준"임을 분명히 하고 있다(헌재 1989.1.25. 88헌가7, 판례집 1, 1, 2; 헌재 2001.8.30. 99헌바92등, 판례집 13-2, 174, 206).

9 이러한 경향은 비단 한국에 특수한 것이 아니다. 기회균등과 자의적 차별금지라는 형식적 평등을 평등의 본질로 간주하는 자유주의국가들, 대표적으로 미국에서도 일반적인 현상이다. 이 점에 대해서는 Martha Albertson Fineman, 김수진 옮김, "인간조건의 취약성과 평등이론의 재정립," 「법과사회」 제42호(2012), 323면 이하 참조. 그러나 이러한 일반적 경향이 한국 헌법의 해석론에 결정적 영향을 미치지 못하는 이유는 주지하듯이 한국 헌법이 명문의 사회권 목록과 경제헌법의 장을 가짐으로써 이런 명문규정을 가지지 못하거나(미국연방헌법의 경우) 기껏해야 원리적 차원의 선언(즉 독일기본법 제28조 제1항과 같은 사회적 법치국가의 원칙)을 가진 국가들과 헌법존재론적으로 구별되기 때문이다.

10 예를 들어, 평등권 심사기준을 다층화한 이정표적 결정인 소위 제대군인가산점제 위헌결정(헌재 1999.12.23.98헌마363, 판례집 11-2, 770)은 간접차별을 형식적 평등을 기초로 한 일반적 평등원칙의 위반사유로 포함시킴으로써 실질적 평등을 형식적 평등의 장에서 구현한 결과를 도출하였을 뿐만 아니라 여성채용할당제와 같은 잠정적 우대제도, 즉 적극적 차별해소정책은 일반적인 기회균등을 보장하는 일반적 평등원칙의 심사에 직접적으로 작용하는 고려사항이 아닌 별개의 독자적 국가목적 실현작용임을 밝혔다는 점에서 그 의의를 높이 평가할 만하다.

11 이종수는 평등의 문제를 법적 평등과 법외적 불평등으로 구분하고 전자에 형식적 평등을, 후자에 사회적 불평등을 결부시킨 다음 법적 평등의 요청을 평등권 내지 일반적 평등원칙의 차원에서 해소하고 법외적 불평등 혹은 사회적 불평등의 시정은 보정적 기본권으로서의 사회적 기본권 등 사회국가원리의 문제로 분리하여 접근하여야 한다고 한다. 이러한 이분법적 접근은 평등가치가 헌법상 복합적으로 실현되고 있다는 점을 부각시켰다는 점에서 시사적이다. 그러나 이러한 구분 자체를 당연한 것으

그 결과는 형식적 기회의 평등마저도 사회적 편견과 기득권의 횡포에 의해 제대로 구현되지 못하는 현상이 심화되는 역설로 나타나고 있다. 포괄적 차별금지법 제정이 근본주의 기독교나 극우파의 어처구니없는 저항에 속절없이 지연되고 있는 것은 그 단적인 예다. 심지어는 우리 헌법상 명문으로 확인되고 있는 사회적 평등의 실현을 위한 헌법적 지향가치를 축소하려는 해석론이 은연중에 만연해 있다. 경제민주화 등 경제헌법의 규범적 의의를 법치국가원리의 재확인이나 규범적 구속력이 없는 선언적 의미

---

로 간주하는 관점은 형식적 평등과 실질적 평등이 상호의존관계에 있게 되는 (특히 후자가 전자의 전제로 기능하게 되는) 역사적 발전의 성과를 충분히 보여주는 데 한계가 있고, 그 결과 평등권 심사기준에 헌법상 실질적 평등의 요청이 반영되어야 하는 점을 효과적으로 설명하지 못하며, 결국에는 "평등은 자유의 이념을 극복할 수 없다는 것이 잠정적으로 우리가 공유하고 있는 역사적 경험"임을 자백하게 한다(이종수, "사회적 차별과 평등의 실현,"「연세법학연구」 제10권 제2호(2004), 3-5면 참조). 그러나 후술하듯이 헌법상 평등은 자유의 가치와 내재적으로 결합한 복합적 가치준거이며, 형식적 평등과 실질적 평등은 서로 구별되나 상호연계적으로 작동하여 국가권력에 대한 행위규범이자 통제규범으로 기능해야 한다. 예컨대 간접차별을 법적 차별금지의 보호기제에 포섭하거나 적극적 차별해소정책을 역차별의 차원에서 심사하는 경우 심사척도의 선정이나 밀도에 있어 입법형성권의 재량을 광범위하게 인정하게 되는 것이 통제규범적 차원의 상호연계성이 인정되는 경우이며, 파견제도에 수반되는 고용의무제나 고용할당제 도입입법과 같이 사회경제입법을 통해 사회경제질서의 공정성을 확보할 국가의무를 구체화하는 것은 행위규범적 차원의 상호연계성을 보여주는 경우이다.

**12** 한편 이에 대한 관심을 촉구하는 연구가 전혀 없었던 것은 아니다. 차진아는 한국사회에서 사회적 평등에 대한 관심이 부족한 이유를 진단하면서 민주화 이후 사회정의 혹은 사회적 불평등의 문제가 전면적으로 검토되어야 할 필요성을 지적한 바 있다. 차진아의 원인진단은 첫째로 사회적 불평등을 주요한 문제의식으로 삼는 사회주의에 대한 일반 국민의 이해가 높지 않았던 점, 둘째로 남북분단상황에서 사회주의적 경향을 담은 사회적 불평등 담론은 독재정권에 의해 억제될 수밖에 없었던 점, 셋째로 사회경제적 약자들의 권리의식이 미약하였고 정치적 민주화에 집중하느라 사회적 평등에 대한 세력화의 여력이 없었다는 것이다(차진아, 앞의 논문, 251-252면). 같은 취지로 장영수,「헌법학」, 홍문사, 2007, 587-588면 참조. 또한 헌법학적 연구의 제한성은 아쉬운 대로 사회복지학이나 사회보장법 등 사회법영역에서 사회적 평등에 대한 지속적인 관심에 의해 보완되고 있음은 주지하는 바와 같다.

정도로 축소하여 국가의 경제영역에 대한 규제와 조정권을 축소 내지 무력화하는 해석론이 대표적이다.[13]

이러한 평등가치의 불균형 실현은 헌법이 채택하고 있는 평등의 정치철학적 기초 및 그에 토대를 둔 정치공동체나 헌법의 위상에 대한 이해가 부족한 데 그 근본원인이 있다고 할 수 있다. 이 글은 이러한 문제의식에 기초하여 평등의 정치철학적 기초를 규명하여 한국 사회가 당면한 사회적 불평등 구조를 개선하는 헌법적 과제를 해결하는 데 기여하는 것을 목적으로 한다. 이 목적을 달성하기 위해서는 두 단계의 가정을 전제하고 검증하는 과정을 필요로 한다. 우선 헌법이 상정하고 있는 평등이 단순한 기회의 평등과 자의적 차별금지라는 형식적 평등의 차원을 넘어 사회적 불평등을 시정하기 위한 국가의 적극적 기능을 요구하는 실질적 평등도 내포하고 있음을 확인하는 단계이다(Ⅱ). 다음으로 이 두 가지 차원의 평등, 즉 형식적 평등과 실질적 평등의 관계, 이를 기초하고 있는 헌법적 인간상, 평등과 함께 헌법적 인간상의 양대축을 형성하고 있는 자유의 성격 혹은 이 두 가치를 포괄하는 인간의 존엄과 가치의 의미, 기본적 인권을 확인하고 보장할 의무를 가진 국가의 본질과 기능에 대한 논의를 일관되고 체계적으로 전개시킬 정치철학적 기초를 확립하는 단계이다(Ⅲ).

---

13 정종섭은 스웨덴식 사회주의적 복지국가는 우리 헌법상 허용될 수 없다고 단정하고 있는바 그 명확한 근거가 불분명하다. 스웨덴식 복지국가가 시장경제와 자유민주주의체제와 조화될 수 없다고 보기 때문인 것으로 추정되는데 구체적으로 어떤 면이 그러한지는 상론이 없다(정종섭, 「헌법학원론」, 박영사, 2013, 238면 참조). 경제헌법과 재산권형성적 법률유보를 두고 있는 한국 헌법의 체계적 해석에 의하면 실질적 평등을 최대한 추구하는 스웨덴식도 허용가능하다고 보아야 할 것이다(김종철, 앞의 논문["헌법과 양극화에 대한 법적 대응"], 26-27면 참조). 한편 정종섭 교과서의 구판(2006년판, 175-176면)의 경우 경제민주화조항이 독자적 규범력을 가진다고 보기 힘들고 헌법 제37조 제2항에 의한 법치국가적 기본권 제한의 근거와 한계규정의 중복에 불과하다는 견해를 피력하였으나 근래 이런 표현을 삭제하고 오히려 독자적 규범력이 인정되는 것으로 보는 듯하다(정종섭, 앞의 책(2013), 228-229면 참조).

## Ⅱ. 헌법상 평등의 내용과 그 실현구조의 규범적 의의

### 1. 평등가치의 이원적 실현구조

제헌헌법 이래 평등은 헌법의 최고원리를 구성하는 핵심가치이다. 한국 헌법은 최고원리적 지위를 가지는 평등을 형식적 평등과 실질적 평등의 두 차원에서 구현하려 하고 있다는 점에서 그 특질이 있다. 형식적 평등(formal equality)은 개인이 헌법이 보장하는 다양한 자유와 권리를 향유함에 있어 불합리한 차별이 없어야 한다는 자유실현에 있어서의 기회균등과 자의적 차별을 금지하는 상대적 평등을 의미한다. 반면 실질적 평등(substantive equality)은 형식적 평등이 보장하는 기회의 평등이 사회현실의 구조적 장애로 인하여 유명무실하지 않도록 최소한의 법적 · 제도적 조건을 보장하여야 한다는 '조건의 평등(equality of condition)'이나 일정한 수준에서의 '결과의 평등(equality of outcome or results)'을 의미한다.[14] 헌법상 이들 두 차원의 평등은 때로는 상호 긴장관계를 형성하기도 하지만 결국은 상호의존적으로 연계하면서, 구체적으로는 실질적 평등이 전제가 되어

14 헤세(Hesse)는 형식적 평등을 법적용의 평등으로, 실질적 평등을 법제정(혹은 법의 내용)의 평등으로 이해하는 듯한 태도를 취한다(예컨대, 콘라드 헤세, 「헌법의 기초이론」, 계희열 옮김, 박영사, 2001, 197–199면; 콘라드 헤세, 「통일독일헌법원론」, 계희열 옮김, 박영사, 2001, 266–268면; 장영수, 앞의 논문, 94면, 특히 각주 21 참조). 이러한 이해는 법제정의 평등이 입법의 내용상 헌법적 합리성과 정당성을 요구하여 형식적 평등에 실체적 정의의 관념을 투영한다는 점에서 의미 있는 분류법이지만, 개인주의적 시각에서 사회적 조건을 고려함이 없이 기회의 균등과 자의적 차별금지를 요구하는 형식적 평등도 법제정의 평등을 포섭할 수 있으며, 실질적 평등의 실체는 입법내용의 합리성을 요구하는 데 있기보다는 입법에 요구되는 합리성의 본질을 공동체주의나 집단주의적 시각에 바탕하여 '공정한' 기회의 균등과 사회정의를 위해 다양한 사회경제적 제도형성의 규범적 의무에서 찾는 데 있다는 점에서 일반적으로 통용되는 형식적–실질적 평등의 구별론과 혼동되지 않아야 한다.

형식적 평등의 온전한 실현을 뒷받침하는 방식으로 헌법상 최고가치로서의 의의를 구현하게 된다.

구체적으로 살피자면, 헌법제정의 기본목적과 과정을 서술한 헌법 전문은 "정치 · 경제 · 사회 · 문화의 모든 영역에 있어서 각인의 기회를 균등히 하"는 것(형식적 평등에 따른 기회의 균등보장과 자의적 차별금지)은 물론 "국민생활의 균등한 향상을 기하"는 것(실질적 평등에 따른 결과보정보장과 사회정의의 실현)을 헌법제정의 지향가치로 선언하고 있다.[15] 헌법의 본문은 헌법전문이 확인한 평등의 두 가지 측면을 다양한 규정을 통해 확인하고 구체화하고 있다.[16]

형식적 평등에 따른 기회의 균등보장은 헌법 제11조의 법 앞의 평등원칙과 차별금지원칙, 사회적 특수계급의 창설금지와 영전일대의 원칙 및 영전부속특권금지의 원칙에 의해 헌법상 일반원칙으로 확인되고 있다. 헌

---

15 김진욱은 헌법전문에 나타난 평등의 원칙적 내용을 평등이념의 3대원칙(출발선에서의 평등으로서의 '기회균등'의 원칙, '자율과 조화를 바탕으로 한 자유민주적 기본질서'를 토대로 한 '자유주의적 평등' 또는 '자유민주주의적 평등'의 원칙, 사회적인 소수자나 약자 계층을 끌어올리는 '상향식 평등화'(또는 '상향평준화')의 원칙)으로 정리하고 있다. 이러한 해석론은 헌법상 평등의 위상에 대한 체계적이고 종합적인 시도가 드문 점을 고려할 때 매우 의미 있는 시도라고 할 수 있다. 그러나 자유민주적 기본질서의 본질을 정확히 논증함이 없이 이를 정치이념으로서의 자유주의 혹은 자유민주주의와 동일시하고 이를 평등의 전제로 삼아 자유주의적 혹은 자유민주주의적 평등이 우리 헌법상 평등이념의 원칙임을 단정한 것은 신중한 검토를 요한다. 또한 실질적 평등을 요구하는 국민생활의 균등한 향상을 상향식 혹은 하향식 평등화의 이원적 틀에 결부시킴으로써 실질적 평등을 위한 국가의 규제와 조정의 내재적 한계를 설정하는 듯한 접근도 비판적 검토가 필요한 부분이다. 김진욱, "헌법상 평등의 이념과 심사기준(하)," 「저스티스」, 통권 제135호(2013.4.), 7-10면 참조.

16 이러한 태도는 입헌주의의 역사적 발전과정의 관점에서 본다면 매우 선진적인 것이라고 할 수 있다. 미국을 비롯한 구미의 헌법이 성문헌법적 차원에서 구현하지 못하고 있는 실질적 평등의 가치를 구체적으로 경제사회영역에서의 국가의 적극적 규제조정기능을 통해 구현하도록 명문화하고 있기 때문이다. 바로 이 점 때문에 미국이나 독일의 평등관련 헌법학적 논의를 그대로 우리가 수용하기 힘들며 우리 헌법체계에 적합한 논의를 위해 노력해야 하는 이유가 된다.

법 제31조 제1항에 의한 균등한 교육을 받을 권리의 보장,[17] 제32조의 여성근로자의 차별금지규정, 제41조 제1항과 제67조 제1항의 평등선거원칙의 보장도 이러한 일반원칙을 개별영역에서 확인하고 있다. 제25조에 의해 보장되는 공무담임권도 해석적 의미로는 공직취임기회의 균등보장을 내용으로 하는 평등에 관한 특별규정[18]으로 해석된다.

한편 실질적 평등에 따른 결과보정보장 혹은 사회적 평등의 추구는 헌법 제31조부터 제36조에 이르는 소위 사회적 기본권의 보장과 제9장의 경제헌법에 의해 구체화되고 있다. 특히 제119조 제2항은 "균형 있는 국민경제의 성장 및 안정과 적정한 소득의 분배를 유지하고, 시장의 지배와 경제력의 남용을 방지하며, 경제주체 간의 조화를 통한 경제의 민주화"를 위한 국가의 규제와 조정권을 명시적으로 확인하여 실질적 평등을 위한 국가의 헌법적 기능을 분명히 하고 있다. 이처럼 한국 헌법은 헌법 전체에 산재한 규정이나 그 기본 체계를 통해 근대시민국가단계의 형식적 평등관을 극복하고 실질적 평등관을 헌법의 기본가치로 확인하여 현대복지국가단계의 입헌주의를 추구하고 있음을 분명히 하고 있다.[19] 헌재는 이처럼 한국 헌법이 추구하는 현대복지국가를 '사회국가'로 명명하고, 이를 "사회정의의

17 김진욱(앞의 글, 11면)은 헌법 제31조상의 균등한 교육을 받을 권리를 소위 '상향적 평등화'의 원칙이 적용되는 예로 설명하고 있으나 이 권리가 특정 교육기관에서의 학습을 보장하는 권리라기보다는 수학을 원하는 교육기관을 불합리한 차별 없이 자유롭게 선택하는 것을 기본으로 한다는 점에서 형식적 평등의 측면이 전혀 없다고 단정할 수 없다.

18 헌재는 "공무담임권이란 입법부, 집행부, 사법부는 물론 지방자치단체 등 국가, 공공단체의 구성원으로서 그 직무를 담당할 수 있는 권리를 말한다. 여기서 직무를 담당한다는 것은 모든 국민이 현실적으로 그 직무를 담당할 수 있다고 하는 의미가 아니라, 국민이 공무담임에 관한 자의적이지 않고 평등한 기회를 보장받음을 의미"한다고 하고 있다(헌재 2002.8.29. 2001헌마788등, 판례집 14-2, 219, 224; 헌재 2005.12.22. 2004헌마947, 판례집 17-2, 774, 781).

19 김종철, 앞의 논문("입헌주의의 본질") 참조. 한편 같은 취지의 헌재결정례로는 헌재 1998.5.28. 96헌가4등; 헌재 2002.12.18. 2002헌마52; 헌재 2004.10.28. 2002헌마328.

이념을 헌법에 수용한 국가, 사회현상에 대하여 방관적인 국가가 아니라 경제 · 사회 · 문화의 모든 영역에서 정의로운 사회질서의 형성을 위하여 사회현상에 관여하고 간섭하고 분배하고 조정하는 국가이며, 궁극적으로는 국민 각자가 실제로 자유를 행사할 수 있는 그 실질적 조건을 마련해 줄 의무가 있는 국가"[20]로 정의하고 있다.

결국 한국 헌법상 형식적 평등은 헌법 제11조를 중심으로 한 일반적 평등원칙의 차원에서 구현되며, 실질적 평등은 일반적 평등원칙의 차원에서 보다는 사회권의 보장과 같은 사회복지국가원리의 차원에서 실현되는 구조를 가진다.[21]

## 2. 평등의 이원적 실현구조의 상호연계성 : 형식적 평등의 전제로서의 실질적 평등

헌법상 최고가치로서의 평등의 양축을 구성하는 형식적 평등과 실질적 평등의 관계는 어떠한가?

형식적 평등이 국가작용에 있어 불합리한 차별이 있는 경우 차별대상자인 개인의 주관적 권리행사에 의해 시정되기 쉬운 구조를 가지고 있음에 비하여 실질적 평등은 개인의 주관적 권리로 전환시키기에 쉽지 아니한 구조를 가지고 있다. 무엇보다 실질적 평등을 추구하는 국가작용은 재정적 지원이 수반되어야 하거나 오히려 형식적 평등을 실현하는 기회의 평등을 부분적으로 제약하는 적극적 조치를 필요로 하기 때문이다. 따라서 재정적 지원이 수반되는 사회권의 경우 추상적 권리 혹은 국가목표조항으로 간주되어 그 구체적 형성을 사실상 입법형성권에 전가할 수밖에 없다.[22] 한편 적극적 차별해소정책(affirmative action)은 역차별(reverse discrim-

---

**20** 헌재 2002.12.18. 2002헌마52, 판례집 14-2, 904, 909-909.

**21** 같은 취지로 이종수, 앞의 논문, 5면 참조.

**22** M. Loughlin, *Sword & Scales: An Examination of the Relationship Between Law &*

ination)을 피할 수 없고 형식적 평등을 실현하기 위한 국가작용의 한계원칙의 적용을 받게 될 때 헌법의 틀 안에서 유지되기가 쉽지 않을 수 있는 위험에 직면한다. 실질적 평등에 대한 이러한 이념적 · 현실적 한계 때문에 헌법현실이 형식적 평등을 중심으로 헌법상 평등의 가치를 구현하는 체제로 귀결되기 쉬운 상황이 초래되는 것이다.

그러나 이러한 경향은 자연적 숙명이거나 당연한 것이 아니다. 모든 개인이 받게 되는 불균등한 기회와 자의적 차별은 개인이 사회적으로 부담하는 조건의 차이에 의해 구조화되는 측면이 강하기 때문이다. 사회에서 개인 간의 평등관계를 위협하는 사실적 · 제도적 · 법적 왜곡장치가 만연해 있다면 형식적 평등의 전제가 잘못된 것이다. 따라서 실질적 평등의 이념적 · 현실적인 한계로 인식되는 것은 오히려 그 헌법적 정당성을 제공하는 역설적인 것임을 간파할 필요가 있다. 한국 헌법이 사회복지국가의 원리를 헌법의 최고원리로 확인하고 명문으로 사회권을 확인하고 보장하고 있다는 것은 형식적 평등의 체계를 정당화하기 위해서 실질적 평등을 구현하기 위한 특별한 법적 · 제도적 장치를 '전제'로 요구한다는 것을 의미하는 것이다. 다시 말해서, 형식적 평등의 한계를 보충하기 위해 실질적 평등이 기능한다는 것은 형식적 평등의 한계원리에 실질적 평등이 포섭되어 엄격히 그 한계 속에서만 기능할 수 있다는 것이 아니라, 오히려 그 한계 밖에서 독자적으로 작용하는 것을 의미한다.[23] 이는 국가작용의 형식적

---

*Politics*(Oxford: Hart, 2000), ch.7; 한수웅, 「헌법학」, 법문사, 2012, 928-939면. 이러한 한계 때문에 다원주의적 민주주의의 정치적 의사형성과정에 대한 보완이 절실히 필요하다(같은 취지로 한수웅, 앞의 책, 941-942면). 즉 실질적 평등의 가치를 구현하기 위해 개인의 시민으로서의 정치적 각성과 정치민주화가 왜 중요한지를 간파할 수 있다. 장은주의 적절한 논변처럼 민주공화국이 곧 복지국가인 것이다(장은주, 「정치의 이동: 분배 정의를 넘어 존엄으로 진보를 리프레임하라」, 상상너머, 2012, 특히 제7장 참조).

**23** 물론 이런 측면이 형식적 평등의 외연을 확대하여 실질적 평등을 강화하는 또 다른 방법이 불가능하다는 것을 전제하는 것이 아니다. 예컨대 사실적 평등이나 간접차별

요청으로서 법치국가적 요청인 법률유보를 필요로 하지 않는다거나 실질적 평등을 추구하는 사회경제적 입법이 개인의 자유의 본질적 내용을 침해할 수 있다는 의미는 아니다. 다만 법치국가적 원리에서 요청하는 법률유보에 부과된 한계원리, 대표적으로 과잉금지원칙 혹은 비례원칙이 실질적 평등을 실현하기 위한 국가작용에는 상대적으로 완화된 기준으로 적용되거나 예외적으로 적용이 배제되어 광범위한 입법형성권과 행정재량이 허용된다는 의미이다. 심지어는 법률유보의 형식적 요건에 유래하는 포괄적 위임입법금지의 원칙마저도 완화될 수 있어야 한다는 것을 의미한다.[24] 즉, 실질적 평등을 구현하기 위한 국가의 능동적이고 적극적인 정책결정과 집행이 형식적 평등이 내용으로 보장하는 개인의 자유에 내재한 본질적 요소를 침해하지 아니하는 한[25] 광범위한 형성의 재량을 보장받아야

---

을 법적 평등에 포섭하는 것은 실질적 평등의 강화에 매우 중요한 법적 수단이 된다. 법적 평등이 사실적 평등에 비하여 '단지 잠정적으로만' 우선할 뿐이며 "평등과 관련된 문제에서 법적 평등과 함께 사실적 평등은 반드시 동시에 고려되어야 한다."는 이준일의 논변은 이런 점에서 매우 타당한 것이다(이준일, 「헌법학강의」, 홍문사, 2007, 462−464면 참조).

24 위임입법의 구체성 및 명확성의 정도에 있어 위임의 내용에 따른 차이를 인정하는 헌재의 원칙적 태도는 이런 측면을 반영한 것이라 할 수 있다: "위임의 구체성 · 명확성의 요구 정도는 규제대상의 종류와 성격에 따라서 달라진다. 기본권침해영역에서는 급부행정영역에서 보다는 구체성의 요구가 강화되고, 다양한 사실관계를 규율하거나 사실관계가 수시로 변화될 것이 예상될 때에는 위임의 명확성의 요건이 완화되어야 한다"(헌재 1991.2.11. 90헌가27, 판례집 3, 11, 29−30). 그러나 유감스럽게도 헌재는 이런 위임입법의 원칙적 유연성 원칙을 실질적 평등을 강화하기 위한 적극적 조치에 유연하게 대응하기 위해 적용하기보다는 오히려 재정적 수요나 사실관계의 유동성을 이유로 소극적으로 대처하는 입법부와 행정부의 태도를 정당화시키는 방법으로 사용하는 경향이 있다. 예컨대 실질적 평등을 위한 주요한 수단인 의무교육의 실시시기와 절차의 포괄적 위임을 정당화하여 법이 도입한 의무교육의 실시를 사실상 지연시키는 것을 정당화한 경우가 그러하다(헌재 1991.2.11. 90헌가27, 판례집 3, 11, 29−30 참조).

25 이처럼 본질적 내용의 침해금지라는 한계요소를 준수하여야 한다는 점이 실질적 평등의 요청에 따른 국가작용이 형식적 평등의 한계원리의 적용을 받는다는 것을 의미하는 것으로 오해되어서는 안 된다. 본질적 내용침해금지는 실질적 평등의 실현을

한다는 것을 의미한다. 예컨대 헌법 제32조 제4항이 명문으로 국가에 요청하고 있는 여성의 근로에 대한 특별한 보호의무는 여성채용목표제와 같은 적극적 차별해소정책의 헌법적 근거로 작용하여 실질적 평등을 적극적으로 보장하고자 하는 헌법제정자의 결단으로 해석되어야 하고, 타인의 관련기본권이 본질적으로 침해되지 아니하는 한도 내에서 그 합헌성이 강하게 추정되어야 하기 때문에 엄격한 합리성 심사척도의 적용을 받지 않는다고 새겨야 한다.[26] 다른 한편으로는 법이나 제도의 직접적인 차별기준은

---

위한 국가작용에 부과되는 내재적 한계로 작용하는 것이며, 적극적 국가작용에 수반되는 이러한 내재적 한계는 다른 목적의 국가작용과의 조화를 위해 불가피한 것이다. 한편 이러한 최소한의 내재적 한계를 넘어 외적 한계로 작용하는 형식적 평등의 한계 원리는 바로 법치국가원리에서 파생되는 과잉금지원칙(혹은 비례원칙)이라고 할 수 있다. 실질적 평등을 구현하기 위하여 광범위한 형성권을 헌법에 의하여 부여받은 국가는 비례원칙의 적용을 받지 않고 자의금지원칙의 준수만으로 정당화될 수 있다고 보아야 한다.

26 이 해석은 입법으로 도입된 여성채용목표제가 역차별이므로 헌법상 평등원칙 위반이라는 논지에 대한 반대논지로 여성채용목표제가 헌법상 근거를 가지고 있으므로 합헌이라는 주장을 펴는 것일 뿐 헌법 제32조 제4항이나 헌법 제34조 제3항(여성복지조항)이 여성채용목표제를 채택할 구체적 입법의무를 부과하는 것이라는 의미는 아니다. 실제로 헌재는 그와 같은 입법의무가 헌법상 도출되는 것으로 볼 수 없다고 판시한 바 있다(헌재 2006.5.25. 2005헌바362, 1-1 참소). 그러나 구체적인 정책으로서 양성평등채용목표제를 입법화할 의무는 없다고 하더라도 여성의 근로나 복지를 위한 최소한의 제도적 장치를 적극적으로 마련할 추상적 입법의무는 부인될 수 없다. 특히 헌법 제32조 제4항은 근로의 권리라는 사회권과 관련된 것으로, '일자리를 제공받을 권리'로 출발한 근로의 권리라는 사회권을 명문조항을 두어 규정하고 있는 취지를 고려할 때 이를 일반적 평등원칙과 동일한 내용을 중복적으로 강조할 취지라고 새기는 것은 설득력이 약하다(같은 취지로 오승철, 「헌법이야기」, 태윤당, 2011, 514면 참조). 이러한 해석론은 근로의 권리를 "일할 자리에 관한 권리"만이 아니라 "일할 환경에 관한 권리"도 함께 내포하고 있어 더욱 엄격히 보장해야 할 의무를 국가에 지우고 있다는 점에서도 뒷받침된다(헌재 2007.8.30. 2004헌마670, 판례집 19-2, 297, 297-297). 그러나 한국 헌법학계에서는 헌법 제32조 제4항은 형식적 평등을 강조하여 보장하는 것으로 사실적 평등과 같은 실질적 평등의 실현을 위한 적극적 차별해소정책의 헌법적 근거로 기능할 수 없고, 형식적 평등을 위한 일반적 평등원칙의 한계원리를 엄격히 준수하여야 한다는 견해가 다수를 형성하고 있는 듯

되지 아니하나 상당한 범위의 계층이나 집단에게 사실상의 차별효과를 유발하는 간접차별의 경우에도 실질적 평등을 기본원리로 채택한 헌법정신을 반영하여 일반적 평등원칙을 엄격하게 적용하는 것을 정당화할 수도 있다.[27] 이렇듯 형식적 평등과 실질적 평등은 국가작용의 형성원리(행위규범)이자 한계원리(통제규범)로 작용하는 평등의 가치를 국가작용이 미치는 다양한 영역에서 관철하는 기본가치이며 공동의 목적달성을 위해 상호유기적이며 의존적인 관계에 있다고 할 수 있다.

이와 같은 논지는 소위 사회복지국가원리의 한계로 이해되는 보충의 원리에 대해서도 적용되어야 한다. 보충의 원리란 "기본권주체의 활동은 일차적으로 그들의 자결권과 자율성에 입각하여 보장되어야 하고 국가는 예외적으로 꼭 필요한 경우에 한하여 이를 보충하는 정도로만 개입할 수 있"[28]어야 한다는 원리이다. 일견 보기에 이 원리는 실질적 평등을 위한 국가작용이 이차적인 기능인 듯한 인상을 주지만 이러한 이해는 그 본질을 오해한 것이다. 보충의 원리는 오히려 개인이 가지는 자결권과 자율성이 공정하게 발휘될 수 있는 조건을 국가가 제1차적으로 마련할 것을 요구하는 원리라고 해야 한다. 헌재는 국토의 일부를 이루는 토지재산권에 대한 국가의 규제와 조정의 한계를 논하는 결정에서 이와 같이 보충의 원리는 개인의 자율권과 자율성이 "어디까지나 타개인이나 사회공동체와 조화와 균형을 유지하면서 공존공영하는 데 있어서 그것이 유익하거나 적어도 유해하지 않는 범위 내에서 용인된다는 것이지 무조건 무제한으로 존중된다는 뜻은 아닌 것"[29]임을 선언함으로써 실질적 평등을 위한 국가작

---

하다. 예컨대, 양건, 「헌법강의」, 법문사, 2011, 342면; 전광석, 「한국헌법론」, 집현재, 2013, 403면; 한수웅, 앞의 책, 588-591면 참조.

**27** 예컨대, 제대군인지원에관한법률 제8조 제1항 등 위헌확인 결정(헌재 1999.12.23. 98헌마363, 판례집 11-2, 770, 770-770).

**28** 헌재 1989.12.22. 88헌가13, 판례집 1, 357, 377-377.

**29** 헌재 1989.12.22. 88헌가13, 판례집 1, 357, 377-377.

용이 개인적 자유를 실체적 내용으로 하는 형식적 평등의 전제조건임을 확인하고 있다.[30]

일부에서 형식적 평등에 대한 예외로서 실질적 평등에 헌법적 기능을 부여하여 실질적 평등을 실현하기 위한 헌법적 원리나 권리 혹은 개별헌법조항이 경제적 자유권이나 재산권에 대한 적극적 형성 및 제한요소로 기능할 수 없다고 보는 것—그 결과 실질적 평등을 실현하기 위한 사회경제적 입법에 의하여 예컨대 재산권의 내용과 한계를 설정하거나 경제적 자유를 제한하는 경우에도 과잉금지원칙 혹은 비례원칙을 엄격히 적용하여야 한다고 주장하는 것[31]—은 이러한 실질적 평등을 위한 헌법제정자의 결단을 무시하는 것이다.[32]

최근 사회적 쟁점으로 부각되고 있는 기업의 불법파견제를 규제하기 위하여 고용간주제도나 고용의무제도를 도입하는 입법에 대한 위헌소원은 실질적 평등 실현조치를 둘러싼 헌법적 분쟁의 실상을 잘 보여준다. 구 파

---

30 물론 이러한 논지를 극단적으로 확대하여 계급독재를 정당화하는 전체주의체제를 지향할 수 있다는 의미는 아니다. 이 점은 헌재도 사회국가원리의 내재적 한계를 자유민주적 기본질서로 설정함으로써 분명히 밝히고 있는 바이다: "사회국가의 원리는 자유민주적 기본질서의 범위 내에서 이루어져야 하고, 국민 개인의 자유와 창의를 보완하는 범위 내에서 이루어지는 내재적 한계를 지니고 있다 할 것이다"(헌재 2001.9.27. 2000헌마238 등, 판례집 13-2, 383, 401-402).

31 예컨대, 택지소유상한제 입법을 위헌으로 결정한 헌재의 결정이유 참조: "재산권의 내용을 새로이 형성하는 규정은 비례의 원칙을 기준으로 판단하였을 때 공익에 의하여 정당화되는 경우에만 합헌적이다. 즉, 재산권의 내용을 새로이 형성하는 법률이 합헌적이기 위하여서는 장래에 적용될 법률이 헌법에 합치하여야 할 뿐만 아니라, 또한 과거의 법적 상태에 의하여 부여된 구체적 권리에 대한 침해를 정당화하는 이유가 존재하여야 하는 것이다"(헌재 1999.4.29. 94헌바37 등, 판례집 11-1, 289, 306-306).

32 이러한 현상유지적, 기득권 옹호적 태도가 오히려 헌법의 이름, 국가의 정치적 중립성의 이름으로 정당화되고 있다는 것이 문제이다. 이런 경향은 비단 한국만의 현상은 아니다. 미국의 경험에 대한 신랄한 비판과 대응은 C. Sunstein, *The Partial Constitution*(Harvard University Press: Cambridge, Mass., 1993) 참조.

견법(2006.12.21. 법률 제8076호로 개정되기 전의 것) 제6조 제3항은 "사용사업주가 2년을 초과하여 계속적으로 파견근로자를 사용하는 경우에는 2년의 기간이 만료된 날의 다음날부터 파견근로자를 고용한 것으로 본다. 다만, 당해 파견근로자가 명시적인 반대의사를 표시하는 경우를 제외한다."고 규정하여 소위 불법파견근로자에 대한 고용간주조항을 도입하였다. 이 법률은 이후 고용의무제를 도입하는 것으로 개정되었다.

이 입법은 언뜻 보기에는 근로자에 비하여 사용자를 부당하게 차별하여 기업의 자유나 계약의 자유의 본질적 내용을 구성하는 고용여부 및 고용형태에 대한 자율권을 과도하게 침해한 것으로 주장될 여지가 있다.[33] 그러나 실질적 평등을 헌법상 국가작용의 주요한 형성원리로 채택한 정신에 따라 헌법을 체계적으로 해석할 때 이러한 주장은 수용되기 힘들다. 헌법 제10조는 모든 국민이 인간으로서의 존엄과 가치를 가지며, 국가는 개인이 가지는 불가침의 기본적 인권을 보장할 의무를 지도록 규정하고 있다. 이때 인간으로서의 존엄과 가치를 가지는 국민의 사회생활은 직업활동을 통해 그 실질이 결정되며, 노동력을 제공하고 그 대가로 생계를 유지하는 것을 본질로 하는 근로자인 국민의 근로조건은 인간의 존엄성에 기초하여 그 기준이 설정되어야 한다(헌법 제32조 제3항). 또한 근로자의 근로의 의무의 내용과 조건은 민주주의의 원칙에 따라 법률로 정하여야 하며, 모든 국민의 근로의 권리를 실질적으로 보장하기 위하여 국가는 사회적 · 경제적 방법으로 근로자의 고용의 증진과 적정임금의 보장에 노력하여야 할 헌법적 의무를 부여받는다(헌법 제32조 제1항 및 제2항). 즉 헌법에 의거하여 국가의사를 법률의 형식으로 결정할 권한인 입법권을 부여받은 국회는 근로자인 국민이 인간으로서의 존엄성을 존중받고 근로의 권리와 의무를 일상생활에서 실현할 수 있도록 안정적인 고용을 법률적으로 보장하여야 한

33 이런 논지에 근거하여 이 구 파견법상의 고용간주조항에 대한 헌법소원심판(2010헌바474, 2011헌바64(병합))이 현재 헌재에 계류 중이다.

다. 또한 근로자인 국민이 생존을 유지하면서 인간의 존엄의 핵심요소인 개성을 신장하는 기초가 되는 직업선택의 자유(헌법 제15조)는 이러한 안정적인 고용증진을 위해 국가가 사회적 · 경제적 기반을 마련하지 아니하면 형식뿐인 자유로 전락하게 되고 만다. 따라서 구 파견법상의 고용간주제도는 인간의 존엄성이 보장되는 근로조건의 핵심요소인 고용형태를 법률상 구체화하는 원칙이 직접고용임을 입법자가 헌법정신에 따라 확인하고, 예외적인 간접고용인 근로자파견이 과도하게 장기적으로 이루어지거나 직접고용을 회피하기 위한 방편으로 일상화되어 중간착취를 조장하고 임금과 근로조건의 차별을 구조화하여 기업의 이윤극대화에 매몰되는 것을 예방하고 명시적인 헌법적 가치의 실현을 위하여 민주주의의 원칙에 따라 입법자가 적극적으로 도입한 제도임을 알 수 있다. 즉 공익실현을 위해 '법률적' 차원에서 임의로 사용자의 계약의 자유나 기업의 자유를 제한하는 것을 주목적으로 하는 기본권 제한목적의 침익적 입법이 아니라 헌법이 사용자와 근로자 간의 근로계약성립과 유지에 있어 실질적 평등을 보장하기 위해 특별히 인정하고 있는 근로자인 국민의 기본적 인권(직접적으로 근로의 권리, 간접적으로 직업의 자유)을 실효적으로 보장하기 위한 국가의 헌법적 의무를 구체적으로 실현하기 위한 목적을 가진 수익적 입법으로서의 성격을 핵심으로 하는 복합적 성격의 입법이다. 고용간주제도에 의하여 발생하는 사용사업주의 계약의 자유와 기업의 자유에 대한 제한효과는 명시적인 헌법적 가치를 실현하는 과정에서 불가피하게 반사적으로 발생하는 결과에 불과할 뿐만 아니라 금지되던 근로자파견제도를 제한적으로나마 허용받으면서 부과되는 완화된 제한인 것이다. 따라서 검토대상조항의 위헌 여부에 대한 심사에는 이러한 특질이 충분히 고려되어야 하며, 기본권 실현에 있어 입법자에게 부여되는 광범위한 형성권을 존중하는 한편, 기본권 제한적 효과를 가진 입법에 요청되는 법치주의적 한계원리는 제한적으로 적용하여, 입법자의 형성권을 존중하는 차원에서 그 제도의 합리성이 현저히 잘못되었는지의 여부에 대한 명백성 통제에 그쳐야 한다. 이 점은 헌재가 자유권의 제한 입법에 대한 심사척도와 관련하여 "개인의 본질적이고 핵심적 자유영역에 속하는 사항"과 "사회적 연관관계에 놓여지는 경제적 활동을 규제하는 경제사회적인 입법사항"을 구분하고 헌법상의 원칙을 적용함에 있어 차이를 두어야 함을 인정하고 태도와 일맥상통하는 것이다.[34]

결국 실질적 평등은 형식적 평등의 전제로서 형식적 평등이 원래 추구하는 바대로 자유로운 기회의 평등과 자의적인 차별금지라는 규범적 의의를 완벽히 구현할 수 있는 토대를 마련하여 준다. 실질적 평등은 형식적 평등이 통제규범으로 작용할 때 그 합리성 심사기준을 실질화하는 데 기여할 심사기준의 다층화에 주요한 요건으로 작용한다. 또한 모든 국가작용의 형성원리로서 특히 입법권과 행정권이 사회적 불평등의 원인을 적극적이고 능동적으로 발본색원하는 정당화사유로 기능하는 한편 한계원리로서도 사회적 불평등을 제거하는 과정에서 직·간접적으로 관련되는 기본권이 결과적으로 제한되는 효과를 원인으로 하는 위헌심사에서 명백성 통제와 같은 완화된 심사밀도가 적용되도록 하는 논거로 기능한다.

## Ⅲ. 평등의 정치철학적 기초 : 공화적 공존의 전제로서의 평등

형식적 평등과 실질적 평등을 상호의존적 연계성으로 이해하는 헌법해

34 헌재 2002.10.31. 99헌바76 · 2000헌마505(병합)(구 의료보험법 제32조 제1항 등 위헌소원, 국민건강보험법 제40조 제1항 위헌확인), 판례집 14-2, 410-411, 432-434; 헌재 1998.12.24. 89헌마214(도시계획법 제21조에 대한 위헌소원), 판례집 제10권 2집, 927, 945-945; 헌재 2003.11.27. 2001헌바35(증권거래법 제191조의 7 제3항 등 위헌소원), 판례집 제15권 2집 하, 222, 237-237 참조.

석론이 평등의 헌법적 가치를 형식적 평등에만 국한하여 제한적으로 이해하려는 해석론을 설득하기 위해서는 궁극적으로 평등의 정치철학적 기초를 밝힐 필요가 있다. 형식적 평등을 중심으로 평등을 이해하는 경향은 대개 서구 자유주의의 일반적 속성이므로 헌법상 평등이 전통적인 자유주의적 자유에 대응하는 (제한된) 평등의 차원을 넘어서야 함을 보여주어야만 실질적 평등을 전제로 한 형식적 평등의 진정한 의미를 구축하고 이에 바탕하여 새로운 행위규범과 통제규범으로서의 평등원칙을 구성할 수 있게 된다.

평등에 대한 인류의 성찰은 인류역사만큼이나 오래된 것으로 볼 수 있지만 근래의 경향을 중심으로 보자면 세 가지 일반적인 관점으로 정리해 볼 수 있다.[35] 자유지상주의의 평등관, 평등주의적 자유주의의 평등관, 평등중심주의의 평등관이 그것이다.

## Ⅰ. 자유지상주의의 평등관

자유지상주의의 평등관은 자유와 평등을 양립불가능한 가치로 파악하고 평등은 자유실현의 '방법론적 기초' 혹은 '형식적 기초'로 이해될 뿐 독자적 의미를 적극적으로 가지지 못한다고 본다.[36] 이런 견해에 따를 때 실질적 평등을 추구하기 위한 공공복리는 현실에 기반하지 아니한 추상적 이념에 불과하고 이를 내세워 구체적으로 현실에 뿌리박은 선(先)국가적

35 한편 주류 정치철학들이 인간을 자율적이고 독립적인 이성적 존재로 전제하는 것이 허구적이며 이상적인 것임을 설파하면서 오히려 사회구조 속에서 불완전하고 취약한 지위에 있는 것이 인간의 존재론적 실체임을 인식하고 이러한 취약성을 매개로 주체개념을 재구성하여 차별금지라는 형식적 평등의 차원을 넘어서는 실질적 평등을 평등의 진면목으로 간주해야 한다는 유력한 견해도 평등에 대한 다양한 이해의 가능성을 제공해 주고 있다. 예를 들어, Martha Albertson Fineman, 앞의 논문, 321-350면 참조.

36 선우현, 「평등」, 책세상, 2012, 61면 참조.

가치인 개인의 자유와 재산을 제한할 수는 없는 것이라고 본다.[37] 이 관점의 대표적 이론가인 노직(R. Nozick)의 관점에 의하면 자연적으로 정당화되는 인간이란 그 자체로 자유롭고 독립된 자아를 가지고 자기목적적 존재로서 이러한 절대적 가치를 수단적 가치로 전락시킬 수 있는 모든 외부적 간섭을 배척할 수 있는 신성불가침인 원자적(原子的) 개인이다.[38] 이런 인간상에 대응하는 국가관은 공동체의 존립 자체에 대한 안보와 개인의 자유를 부당하게 침해할 수 있는 사회적 무질서를 제어하는 치안을 위해서만 강제력을 발휘하는 수준의 최소국가(minimal state)이다.[39] 이런 인간상과 국가관에서 최소국가를 넘어 사회적 재분배를 위하여 개인의 자율을 제한하고 시장의 자기조정을 방해할 수 있는 사회와 경제에 대한 국가의 간섭은 그 자체가 악으로 간주된다.[40] 이런 관점에서 실질적 평등을 위한 기획은 개인의 정당한 자격을 부당하게 침탈하는 것에 불과한 것으로 간주된다.

근대시민국가에서 현대복지국가로의 역사적 경험을 부정하고 신자유주의의 이데올로기적 기초를 제공하는 이러한 평등관은 근래 다시 신자유주의의 폐해가 극대화되면서 그 반역사적 성격이 백일하에 드러나고 있다. 모든 인간이 공동체적 기반으로부터 개인의 자율성을 구현할 수밖에 없다

---

37 예컨대, Robert Nozick, 「자유주의의 정의론」, 강성학 역, 1991 참조. 한편 노직의 자유지상주의의 철학의 핵심에 대한 간략한 정리는 오세혁, 「법철학사」, 세창출판사, 2004, 406-407면 참조. 이런 관점이 로크의 기회평등주의적 평등관으로부터 영향받은 것임은 쉽게 추정되는 바이다(김비환, "현대 자유주의적 평등론의 역사적 의의," 법철학연구 제5권 제2호(2002), 8면, 11면 참조).

38 이 점에서 자유지상주의가 칸트의 자기목적적 인간관에 기초하고 있음을 알 수 있다(김비환, 앞의 논문, 8면, 11면 참조).

39 노직은 로크식 전제에 따라 '자연상태(state of nature)'를 상정하고 그 특성을 묘사함으로써 최소국가를 정당화한다. Nozick, 앞의 책, 제I부.

40 노직은 소유자격이론(the entitlement theory)에 기초하여 롤즈식의 분배정의론이 평등, 질투, 착취 등 허구적 가치이론에 기초하고 있음을 논증하는 방식으로 확대국가 자체의 비정당성을 논증하려 한다. Nozick, 앞의 책, 제Ⅱ부.

는 점에서 원자적 개인의 절대적 자율성은 공동체와의 관계 속에서의 상대적 자율성 혹은 관계적 자율성으로 이해될 수밖에 없다. 또한 공동체의 구성원 간에 원초적 불평등이 존재한다면 우월적 지위를 가지는 구성원의 자율성은 열위에 있는 구성원의 자율성을 압도할 수밖에 없는 것이다. 이렇듯 개인의 자율성이 가지는 기본적 가치를 존중하면서도 그런 가치가 타인이나 공동체와 가지는 상호연계적 의미를 인정하려는 새로운 자유주의의 사조가 평등주의적 자유주의라고 할 수 있다.[41]

## 2. 평등주의적 자유주의의 평등관

롤즈(J. Rawls)나 드워킨(R. Dworkin)으로 대표되는 이 유형의 정치철학은 국가가 적극적 조치를 통해 개인들 간의 차등을 조장함으로써 궁극적으로 공동체에 소속된 개인들의 자유를 실질적으로 신장시킬 수 있다면 이러한 국가의 작용은 정당화될 수 있다고 본다. 즉 사회적 약자들에게 전반적으로 최대한의 이익을 제공할 수 있는 실질적 평등의 촉진정책을 통해 공동체의 구성원들이 자유를 온전히 누릴 수 있다면 이 정책이 불가피하게 일부의 (형식적) 불평등을 야기하더라도 수인되어야 한다는 것이다. 롤즈는 단순히 형식적인 정의가 아니라 실질적인 정의를 구현하기 위해서는 사회의 기본구조가 공정으로서의 정의(justice as fairness)원리에 의해 구성되고 운영되어야 한다고 본다.[42] 롤즈는 이러한 공정으로서의 정의를 실

---

41 그러나 평등주의적 자유주의가 자유지상주의의 문제를 극복하기 위해 발전된 것이라고 오해해서는 안 된다. 오히려 평등주의적 자유주의는 공리주의적 복지국가론의 함정을 자유주의적 입장에서 극복하기 위한 정치철학적 노력이라고 보는 것이 적절하다. 대표적 평등주의적 자유주의자로 분류되는 롤즈의 '정의론'이 주적으로 삼은 것이 공리주의였다는 것은 주지하는 바와 같다.

42 대표적으로 1971년 처음 출간된 롤즈의 「정의론(*A Theory of Justice*)」을 들 수 있는데 이에 대한 개괄적 해설서로는 F. 러벳, 롤즈의 「정의론」 입문, 김요한 옮김, 서광사, 2013, 압축적 해설로는 김현철, "사회정의의 개념과 의의," 「이화여대법학논집」 제9

현하기 위해 필요한 축차적(lexical)[43] 하위원칙을 이원화하여 제시한다: 제1원칙으로 평등한 자유의 원칙(the equal liberty principle)과 제2원칙으로 차등의 원칙(the difference principle). 제1원칙은 모든 사람들이 평등한 기본적 자유의 가장 광범위한 전체적 체계에 대해 평등한 권리를 갖는다는 것으로 시민적 · 정치적 자유의 평등한 보장을 추구하는 것이다.[44] 제2원칙은 이러한 형식적 평등의 실질화를 위한 인위적인 적극적 차별정책과 재분배정책을 정당화한다. 즉 롤즈는 자유주의에 기반하여 시민적 · 정치적 자유의 형식적 평등을 사회의 기본구조를 형성하는 제도와 관행[45]의 기초로 제시하면서도 이들이 지속가능한 공정성을 담보하려면 반드시 '공정한' 기회 균등이나 보다 완벽한 절차적 정의를 심화시킬 사회경제적 제도[46]가

---

권 제1호(2004), 13–16면; 김비환, 앞의 논문, 11–17면 참조.

43 서열적으로 우선적으로 충족되어야 할 기본원칙을 먼저 만족시켜야만 다음의 원칙으로 이행한다는 의미(F. 러벳, 앞의 책, 김요한 옮김, 86면 참조)로 정의원칙 간의 우선성규칙이다(김현철, 앞의 논문, 15면 참조). 그러나 이런 우선성 규칙을 기계적으로 적용하게 되면 실질적 평등을 추구하는 제2원칙인 차등의 원칙은 제1원칙의 엄격한 한계원리에 의해 무용지물로 전락하게 되고 결과적으로 제1원칙인 평등한 자유의 원칙도 공허한 기회의 균등으로 환원될 수밖에 없다. 따라서 우선성의 원칙의 요점은 모든 자유가 아니라 시민적 · 정치적 자유, 특히 정치적 자유에 있는 것이고 사회경제적 자유는 배제되는 것으로 새기는 것이 논리적으로 타당하다(김비환, 앞의 논문, 14–17면 참조).

44 정태욱, 「자유주의 법철학」, 한울, 2007, 49면; 오세혁, 앞의 책, 405면; F. 러벳, 앞의 책, 김요한 옮김, 83–117면 참조.

45 롤즈의 표현을 빌리자면, 사회의 기본구조란 "사회제도들이 서로 결합되어 하나의 체계를 이루는 방식, 아울러 그러한 제도들이 기본적 권리와 의무를 할당하고 사회적 협력을 통해 생겨난 이익의 분배를 구체화하는 방식"이다. 예컨대 정치적 헌법(political constitution), 법적으로 인정된 재산권의 형태, 경제의 구성체제(the organization of the economy), 가족의 성격(the nature of the family) 등이 기본구조에 속한다. J. Rawls, *Political Liberalism*(New York, Columbia University Press, 1996), p.258 참조.

46 예컨대 사회적 우연성이나 천부적 행운 혹은 재능의 영향을 감소시킬 수 있도록 보편적인 공교육 체계나 직업훈련제도를 제공하는 것이 롤즈가 제시한 예이다. F. 러벳, 앞의 책, 김요한 옮김, 62면 참조. 롤즈는 이러한 이론을 더욱 정교하게 발전시

필요함을 인정하고 있는 것이다.

자유의 평등원칙에 더하여 차등의 원칙을 제시하여 이러한 선한 차별이 형식적 평등이 추구하는 자유로운 기회의 평등을 실질적으로 보장할 수 있다고 보는 롤즈의 이론은 드워킨에 의해 획기적으로 보완되었다. 드워킨은 평등한 배려(equal concern)를 정치공동체의 최고 덕목으로 제시한다.[47] 드워킨은 개인이 평등한 자유(equal liberty)뿐만 아니라 개인에게 평등하게 대우받을 지위를 보장받는 것(treating people as equals)이 개인의 온전한 자유 실현의 전제이므로 모든 개인에게 평등하게 대우받을 지위를 보장하기 위한 국가의 역할은 정당화될 수 있다고 보았다. 예컨대 사회구조나 현실에 의해 불평등한 지위에 있는 개인과 우월한 지위에 있는 개인에게 똑같은 기회를 주는 것은 평등하게 대우받을 자를 불평등하게 대우하는 결과가 되므로, 이런 경우에는 우월한 지위에 있는 자를 불평등하게 대우하는 것이 오히려 평등의 가치에 부합하는 것이 된다.[48] 그리고 이처럼 합리적인 차별은 구체적으로 결과의 평등을 추구하는 복지의 평등을 인정하자는 것이 아니라 추상적인 원리차원의 원칙을 천명한 것이며 공공정책이나 이를 실현하는 입법에서의 구체적인 적용은 '자원의 평등(equality of resources)'원칙에 의해 구체화과정을 거쳐야 한다.[49] 드워킨에 따르면 원리적 차원에서 칸트적 도덕률이 요구하는 자기목적적 인격을 침해하지 아니하는 한 인격에 결부된 비본질적 요소—인종, 피부색, 가문, 연령—는 공공정책의 장애물이 될 수 없다. 오히려 이런 비본질 요소에 토대한 것까지 포함하여 광범위한 사회적 가치들—정치권력, 소득, 재산, 기

킨 '정치적 자유주의'에서 선거공영제, 소득 및 부의 분배, 실업구제, 기본적인 건강보장을 제시하고 있다(정태욱, 앞의 책, 69면; Rawls, 앞의 책, pp.lviii-lix 참조).

**47** 로널드 드워킨, 「자유주의적 평등」, 염수균 옮김, 2005, 49면 참조.

**48** 김비환, 앞의 논문, 18면 참조.

**49** 이를 추상적 평등의 원칙이라 한다. 선우현, 앞의 책, 121면; 김비환, 앞의 논문, 18-20면 참조.

회—은 개인의 '전 생애에 걸쳐' 가능한 한 최대로 균등하게 향유되어야 하는 것이 국가의 최고가치인 '평등한 배려'의 내용인 '자원의 평등'이 의미하는 바다.[50] 특히 천부적 재능이나 가문의 힘에 기초한 자원은 정당하지 않은 것이므로 자원의 평등원칙에 의해 적극적으로 시정되어야 한다.[51] 이로써 롤즈에 의해 자유의 보완재로 등장한 실질적 평등은 드워킨에 의해 자유와 동등한 국가의 최고가치가 되는 것이다: "평등을 자유와 양립 가능한 것으로뿐만 아니라 자유를 존중하는 사람이면 또한 존중하는 가치로 설명하는 이론."[52] 그러나 다시 한 번 유의할 것은 드워킨의 평등관이 복지의 평등이나 결과의 평등을 직접적으로 옹호하는 것은 아니라는 점이다. 개인마다 필요로 하는 자원의 양은 상대적이므로 절대적 양에 따른 평등성은 드워킨의 평등관이 추구하는 선택지가 될 수 없다.[53] 오히려 드워킨은 롤즈의 자유우선적 자세가 개인의 책임을 고려하지 않는 급진적인 차등의 원칙과 조화를 이루지 못하는 점을 비판하면서 개인의 책임 없는 배려의 무가치성을 강조한다.[54] 특히 드워킨은 윤리적 개인주의에 입각하여 삶의 주체로서의 개인이 자신의 성공을 위해 특별하고 최종적인 책임을 부담해야 한다는 특별한 책임(special responsibility)의 원칙을 주창한다.[55] 드워킨의 평등한 배려는 결과의 평등을 국가가 인위적으로 보장하는 것이 아니라 개인이 온전한 자율성을 발휘할 수 있는 법적 제도적 조건을 형성시켜 주는 방법을 통해 달성된다. 예컨대 사회경제적 자원의 평등을 저해할 수 있는 부의 집중과 재산권의 남용은 소득재분배정책의 적극적

---

**50** 김비환, 앞의 논문, 20면; 선우현, 앞의 책, 122-124면 참조.

**51** 선우현, 앞의 책, 126면.

**52** 드워킨, 앞의 책, 54면. 김비환은 이처럼 평등과 자유를 대립개념으로 보지 않고 평등개념에 자유를 포함시켜 봄으로써 평등개념의 내포와 외연을 확장시킨 지적 공로가 있다고 한다(김비환, 앞의 논문, 10면).

**53** 선우현, 앞의 책, 123면.

**54** 드워킨, 앞의 책, 50면, 55면, 57면 참조.

**55** 드워킨, 앞의 책, 55-56면.

시행을 통해 조정되어야 한다고 본다.[56] 결국 드워킨은 개인책임과 사회적 집단책임을 모두 수렴하는 책임 있는 평등론을 현대입헌국가가 지향해야 할 제3의 길을 밝혀 주는 향도로 삼고 있다.[57]

롤즈나 드워킨의 평등주의적 자유주의도 자유주의 정치철학의 기본적 교의인 칸트적 개인주의, 국가의 중립성, 시장의 효용성을 토대로 하고 있다는 점에서 자유지상주의와 다르지 않다. 다만 두 철학은 자유와 평등의 개념이 가지는 내포와 외연, 중립적 국가에 의한 도덕적 원리의 실현가능성과 효용성에 있어서 차이를 보일 뿐이다. 이와 같은 자유주의적 토대가 가지는 한계를 비판하면서 자유와 평등의 상호의존성에 입각하여 개인의 원자적 자율성, 국가의 가치중립성, 시장의 자기조정적 효용을 비판하고 형식적 평등을 넘어 실질적 평등에 입각한 공공정책의 필요성을 강조하는 정치철학이 근대정치철학의 한 흐름을 형성하고 있다. 이 큰 흐름을 평등에 대한 관점을 매개로 유형화하자면 편의상 평등중심주의[58]라고 부를 수 있을 것이다.

## 3. 평등중심주의의 평등관

자유와 평등의 상호의존성을 간파하고 사회적 평등의 실현을 통한 자유의 실질화를 주장하는 가장 정통적인 평등중심주의 평등관은 루소(J. Rousseau)와 마르크스(K. Marx)의 정치철학에서 발견된다. 18세기 근대계몽철학자 루소는 프랑스 혁명에 영향을 미친 「인간불평등기원론(*Discours*

56 김비환, 앞의 논문, 21면.

57 드워킨, 앞의 책, 57-58면.

58 여기서 평등중심주의라고 부를 루소나 마르크스의 철학은 자유와 평등의 관계를 기준으로 하는 분류에서는 보통 평등주의라고 불리는 듯하다. 그러나 평등주의적 자유주의와의 명확한 구별을 위해서는 평등을 중심으로 자유를 배치시킨다는 의미에서 평등중심주의로 부르기로 한다.

*sur l'origine et les fondements de l'égalité parmi les hommes)*」[59]과 「사회계약론(*Du Contrat Social Ou Principes Du Droit Politique)*」[60]을 비롯한 그의 다양한 저술을 통해 가장 이상적인 독립되고 자유로운 자아를 가진 인간들의 공동체를 방해하는 것은 인간의 인간에 의한 예속이라고 전제하고 그 예속상태의 주요한 원인이 되는 사회적 불평등 구조를 타파해야 함을 역설한다. 특히 그가 '인간불평등기원론'에서 비판한 분업과 생존경제에서 생산력발전경제로의 이행의 원인이 된 사유재산의 등장과 불평등 소유의 만연으로 비인간적 지배가 일상화된 점을 극복하기 위하여 재산권의 남용을 규제[61]하고 사회 공동의 이익을 최우선적으로 고려하는 '일반의지(Volonté générale)'에 의한 지배체제를 추구하였다.[62] 특히 루소가 평등의 철학적 기초를 인간의 존엄성에 두고 이를 극복하기 위한 방편으로 경제적 부를 인위적으로 조정하는 결과의 평등을 수용하고 있다는 점이다.[63]

루소의 평등주의적 평등관을 더욱 극적으로 계승한 것이 마르크스의 철학이다. 마르크스는 '류적(類的) 존재(the species being)'로서의 인간이 실질적인 자유를 누리기 위해서는 사회적 불평등을 제거하여야 한다는 점에서 자유와 평등의 본질적 상호의존성을 주장하였다. 마르크스가 이런 시각에

---

**59** 장 자크 루소, 「인간 불평등 기원론」, 주경복 · 고봉만 옮김, 책세상, 2003 참조.

**60** 장 자크 루소, 「인간불평등기원론/사회계약론/고독한 산책자의 몽상」, 최석기 옮김, 동서문화사, 2007, 157−298면 참조.

**61** 콜레티, "루소의 근대사회비판," 「루소 사상의 이해」, 박호성 편역, 인간사랑, 2009, 175−253면; 펠레드, "루소의 경제사상," 「루소 사상의 이해」, 박호성 편역, 인간사랑, 2009, 291−325면; 선우현, 앞의 책, 86−87면 참조.

**62** 루소는 일반의지와 인민의 의결을 구별한다: "일반 의지는 언제나 올바르고 언제나 국가의 이익을 지향한다는 결론이 나온다. 그러나 인민의 의결이 언제나 한결같이 올바를 수는 없다"(루소, 앞의 책, 최석기 옮김, 183면, 257−259면 참조). '사회계약론'을 통한 정치적 해결 외에 루소가 '에밀'을 통해 교육에 의한 인간성회복의 길과 '고독한 산책자의 꿈'을 통해 개인적 성찰에 의한 인간성 회복의 길을 주창하였다는 흥미로운 분석이 있다(워클러, "루소와 인간의 완성능력," 「루소 사상의 이해」, 박호성 편역, 인간사랑, 2009, 153−171면 참조).

**63** 선우현, 앞의 책, 89면.

입각하여 모든 불평등의 기원이 생산수단의 사유화에 의한 경제적 불평등에 있다고 보고, 모든 입헌민주적 제도나 법을 이처럼 생산수단을 소유한 소수의 자유를 극대화하고 무산대중은 극도의 빈곤상태로 몰아넣는 불평등구조를 정당화하고 지속시키기 위한 수단으로 이해한 것은 잘 알려진 바와 같다. 그가 평등주의를 관철하기 위해 주창한 현실적 대안은 계급혁명인 공산혁명을 통해 이러한 상부구조를 혁파하고 생산수단을 공산화하여 사회적 불평등을 근원적으로 해소하여야 한다는 것이다.[64] 이런 공산주의적 대안은 루소가 사유재산제를 수용하였고 계급독재가 아닌 직접민주주의를 추구하였다는 점에서 구별된다. 즉 평등중심주의는 엄밀하게 말하자면 루소식 평등중심주의와 마르크스적 평등중심주의로 구별하는 것이 그 이론적 · 실천적 의미를 명확히 하는 것일 수도 있다.

이런 평등관이 사회적 물적 토대의 평등을 평등의 중핵적 요소로 보고 있다는 점에서 기회의 평등을 핵심적으로 파악하는 고전적 자유주의나 자유지상주의와 대비된다. 반면 평등중심주의는 평등주의적 자유주의와 상당한 공통점을 가지고 있다는 점을 확인할 수 있다. 사회적 불평등이 자유의 형식화를 초래하였다는 점을 인정하고 실질적 평등을 위한 공동체적 노력이 정당화될 수 있음을 인정하고 있는 점에서 그러하다. 이는 자유주의적 인식론과 방법론을 유지하면서 평등중심주의의 평등관을 결과적으로 수용한 것이 평등주의적 자유주의라는 점에서 당연한 것이다. 그러나 루소나 마르크스가 자본주의적 시장경제의 대안으로 제시한 관점은 역사적 실험에 의해 그 현실적실성의 한계를 노정하였을 뿐만 아니라 개인의 인권보장에 터잡은 입헌주의와 양립하기 힘든 정치체제로 귀결된다는 점에서 근본적인 한계가 있다. 특히 마르크스는 그 철학적 교의를 현실정치적 교의로 전환시키면서 전체주의를 지향하게 됨으로써 입헌민주주의와는 양립불가능하게 되었다.

64 선우현, 앞의 책, 2012, 65-67면, 90-99면 참조.

## 4. 공화주의 정치철학과 평등이념 : 공화적 공존의 전제로서의 평등원칙의 정립가능성

### (1) 평등이념의 정치철학적 기초에 대한 종합적 평가

평등을 정치철학적으로 정초하기 위한 다양한 관점은 나름의 정당성과 문제점을 가지고 있다. 이러한 다양한 관점으로부터 결국 우리가 취할 것은 체계의 정합성을 해치지 아니하는 범위 내에서 장점을 취하고 문제점을 극복하여 최대한 조화로운 시사점을 도출하는 것이다. 이러한 지적 선별과정에서 중요한 기준은 체계정합성 외에도 역사성과 현실적실성이라고 할 것이다. 아무리 논리정연하고 이상적일지라도 그 현실적 적용과정에서 실패한 경험이 있거나 시도될 가능성이 높지 않다면 그 역사적 · 현실적 한계를 가볍게 여길 수 없다. 우선 이러한 관점에서 마르크스적 평등주의와 자유지상주의는 뚜렷한 문제점을 가지고 있다. 모든 인간이 동등한 조건, 특히 동등한 경제적 조건에서 인간으로서의 삶을 영위하여야 한다는 마르크스의 평등중심주의적 관점은 차별로 전환되지 아니하는 한 모든 차이마저도 부정하게 되는 문제가 있다는 점에서 볼 때 개인적 자율성의 기초를 부인하게 될 강한 위험성을 가지고 있으므로 비현실적일 뿐 아니라 당위적으로도 수용하기가 어렵다. 인식방법론으로서는 몰라도 현실적으로 모든 개인이 공동체적 관계를 떠나 자아를 실현할 수 없고 공정하지 않은 불평등구조의 수혜를 개인이 전유할 수 있다는 노직과 같은 자유지상주의자의 관점은 역사적으로 실제 그러한 공동체가 존재한 적이 없다는 점에서 비역사적일 뿐만 아니라 경제적 불평등에 의하여 정치 · 사회 · 문화 영역의 불균형은 물론 기본적인 시민적 · 정치적 자유 및 이에 기초한 법질서가 무력화되는 것이 현실이라는 점에서 비현실적이며, 비인격적 요소인 경제사회적 조건에 의해 인간의 가치를 사실상 서열화하는 것을 용인한다는 점에서 비도덕적이다.

결국 남겨진 것은 루소적 평등중심주의와 평등주의적 자유주의이다. 루소의 철학은 그 핵심적 정책제안이 제대로 현실화된 실적이 없다는 점에서 현실적실성이 빈약한 한계를 가진다. 그러나 그 전망적 가치, 사회구성원의 공존을 위한 제도개혁의 방향성을 설득력 있게 제시하고 있는 가치를 부인할 수는 없을 것이다. 이 점에서 롤즈의 평등주의적 자유주의가 루소 사상의 영향권에 있다는 것은 자연스러운 귀결이며,[65] 평등주의적 자유주의는 근대 이후 인류사회의 지배적인 정치철학이 된 자유주의적 체제에 루소적 이상을 접복시키려 시도하고 있다는 점에서 주목할 만하다. 특히 드워킨이 평등을 자유의 전제로 파악하는 태도는 공동체 구성원들이 타인의 인간으로서의 존엄을 존중하고 불합리한 예속을 강요하지 않는 범위 내에서 진정한 자유가 실현될 수 있다고 본 점에서 모든 개인이 불합리한 차별과 사회적 폐습에 얽매이지 않는 공존공생의 기초를 형성하는 정치철학으로서 손색이 없다. 그러나 한편으로는 롤즈나 드워킨이 루소의 사상을 수용하면서도 버리지 않은 자유주의적 교의의 한계, 특히 그 기초로 선택한 칸트적 개인주의 도덕률—개인적 선택의 사회적 선택에의 절대적 우월성—의 한계를 얼마나 극복해 낼 것인지[66]가 그들의 평등관을 우리가 수용할 수 있는 정치철학인지를 판단하는 데 관건이 될 수 있을 것이다. 특히 개인책임주의와 계약중심적 사고, 이에 기반하여 사회적 불평등을 은폐하는 여러 법적 · 사회적 제도들을 개인주의의 한계를 넘어 구체적으

65 선우현, 앞의 책, 88면.

66 실제로 롤즈는 초기의 「정의론(*A Theory of Justice*, 1971)」에서 취했던 자유의 우선성 원칙을 상당부분 후퇴시켜 「정치적 자유주의(*Political Liberalism*, 1993 & 1996)」의 단계에 이르러서는 개인이 무속박적 자아가 아니라 도덕적 · 종교적 의무에 일정부분 속박될 수 있다는 점을 수긍하였다. 다만 이런 자아관의 수정이 곧 정치과정에서의 정치적 중립성의 포기를 의미하지는 않는다는 점에서 자유주의적 교의를 여전히 유지하고 있는 셈이다. 샌델의 표현을 빌리자면 이러한 자유주의적 태도를 '최소주의적 자유주의'라 부를 수 있는데 시민으로서의 정체성, 즉 정치적 정체성과 인간으로서의 정체성의 구분을 통해 칸트적 인간관에 의존하지 않으면서 기능적으로 정치적 중립성을 정당화하는 것이다. 마이클 샌델, 「민주주의의 불만: 무엇이 민주주의를 뒤흔들고 있는가」, 안규남 옮김, 동녘, 2012, 34−36면 참조.

로 실현할 수 있는 방법과 인식론이 요청된다.

### (2) 공화주의 정치철학과 평등이념 : 공화적 공존의 전제로서의 평등

이 문제에 중요한 시사점을 줄 수 있는 근래의 정치철학적 흐름이 바로 공화주의 정치철학이다. 공화주의는 그 관점과 전망에 따라 일의적으로 정의하기 쉽지 않은 매우 복합적인 정치철학[67]이지만, 자유주의의 자유, 인간상, 국가의 본질과 기능에 대한 비판적 대안으로서는 일정한 유형적 특성을 도출하는 것이 불가능하지는 않다. 칸트적 개인주의에 의존하고 있는 원자적이고 고립적이며 자기목적적인 개인의 자율성[68]에 시민적 자율성을 결합시켜 공공복리를 위한 시민적 배려와 덕성이 공동체의 통합을 이끄는 근간임을 강조하고 사회경제적 재분배 등 시민적 자율성을 강화하며 비합리적 지배의 조건을 철폐하기 위한 국가의 활동을 정당화하는 공화주의 정치철학의 가치는 평등의 정치철학적 기초를 모색하는 데 중요한 단서를 제공해 준다.[69]

공화주의는 개인의 자율 못지않게 공공의 시민성이 정치공동체에서 가지는 중요성을 강조하여 개인주의적 정치철학이 정치제도로 전환될 때 필

---

67 공화주의는 서구에서 자유주의와 공동체주의의 논쟁을 계기로 새로이 그 부활이 논쟁되고 있는 정치철학이다. 그 개념과 기원 및 유형의 다양성과 그 활용의 한계에 대하여는 필립 페팃, 「신공화주의: 비지배 자유와 공화주의 정부」, 곽준혁 옮김, 나남, 2012, 531-546면; 김경희, 「공화주의」, 책세상, 2009 참조.

68 칸트의 개인주의적 도덕률은 개인이 목적을 선택할 수 있는 능력을 자유로 보고 이런 자유를 억압하여 스스로 선택하지 않은 것—대표적으로 가족, 민족, 문화, 전통에 의해 부과되는 것—으로부터 의무를 부과하거나 규제하려는 것을 거부하는 데 그 본질이 있다. 각각의 개인의 선택이 다양하므로 누구의 선택이 우선한다고 강제할 수 없기 때문에 공적 이익의 실현자인 국가는 다양한 가치선택에 대하여 중립적일 수밖에 없다. 이러한 개인의 자율적 선택권이 정치과정에서 다수가 합의하여 공동체에 좋다고 결정한 것에 항상 우선한다. 샌델, 앞의 책, 16-28면 참조.

69 롤즈적 자유주의의 공화적 공존적 함의를 통해 자유주의와 공화주의의 결합가능성을 모색하는 접근에 대하여는 김만권, 「불평등의 패러독스」, 개마고원, 2004, 234-239면 참조.

연적으로 나타나는 다원주의의 이익정치적 정치현실의 한계를 지적한다.[70] 즉 공화주의는 개인의 절제되지 아니한 욕망과 그 결과로서의 사회경제적 불평등이 자유주의적 법제도와 관행을 통해 더욱 구조화되는 문제점을 지적하면서, 공공의 시민성을 강화하고 합리적 공론이 지배하는 정치를 활성화하여 적극적 차별해소와 사회경제정책을 실현하여 평등한 조건 속에서 개인의 자율성과 자율권을 실질적으로 보장하려는 지향점을 가지고 있다.

사실 이러한 지향점은 전통적인 자유주의나 민주주의의 정치철학에 의해서도 실현가능한 점[71]이 있지만 정치현실과 사회경제적 실상이 자유주의와 민주주의의 모순을 극대화하는 방향으로 진행되어지는 국면을 맞아 자유주의와 민주주의 정치철학의 발전 이전에 전개되었던 정치이념인 공화주의에서 오늘날 지배적인 두 정치철학의 한계를 보완하거나 계도하는 의미를 찾아볼 수 있다. 특히 자유주의의 부정적 효과로서 사회적 연대의 기초가 되는 사회적 관계와 그 관계망의 안정성을 확보하려는 공공복리의 가치를 해체하고 심지어 개인의 자유보장과 형식적 평등에 기초한 질서유지의 공적 의무를 가지는 국가권력마저도 사유화하는 공공영역의 사사화(privatization)현상이 창궐하는 현실은 민주공화국, 즉 공동체구성원의 공화적 공존을 추구하는 정치공동체의 중요성을 일깨우기에 충분한 의의를 가진다. 민주공화국은 인간으로서의 존엄과 가치를 가지는 구성원들이 모든 사회적 차별을 극복하고 자유롭고 민주적인 정치 및 사회질서 속에서 더불어 살아가는 공화적 공존을 기초로 한다. 공화적 공존이란 인간으로서의 존엄과 가치를 가지는 개인이 모든 사회적 차별을 극복하고 자유롭고 민주적인 정치 및 사회질서 속에서 더불어 사는 것을 의미한다.[72]

---

70 김동훈, 「한국 헌법과 공화주의」, 경인문화사, 2011, 188-194면 참조.

71 김선택, "공화국원리와 한국헌법의 해석," 「헌법학연구」 제15권 제3호(2009) 참조.

72 사실 이와 같은 '공화적 공존'의 관념은 모든 자유민주주의 혹은 입헌민주주의가 추구하는 목표여야 할 것이다.

우리가 공화적 공존에 기초한 민주공화국을 지향하기 위해 평등주의적 자유주의를 보완하는 데 공화주의로부터 크게 두 가지 주요한 시사점을 얻을 수 있다. 우선 전통적으로 소극적 자유-적극적 자유의 이분론에 따라 개인이 가지는 기본적 인권의 본질적 가치인 인간의 존엄과 가치의 의미와 그 복합성이 소홀히 되어 온 점을 공화주의의 비지배적 자유(liberty as non-domination)의 개념이 보완해 줄 수 있을 것이다. 국가로부터의 비간섭의 자유를 넘어서는 이 자유의 개념을 통해 모든 인간예속의 원인을 제공하는 사회적 불평등을 해소하기 위한 자치(self-government)는 적극적으로 사회경제개혁입법을 산출해 낼 수 있는 정당성을 획득할 수 있을 것이다. 다음으로 공화주의적 자유는 '적극적 자유(positive liberty)' 혹은 '능동적 자유(active liberty)'의 중요성을 강조한다는 점에서 개인주의적 인식론과 방법론을 극복하고 지배적 사회적 권력을 견제하고 통제할 수 있는 국가와 사회의 적극적 사회개혁적 활동의 여지, 특히 다원주의 정치질서를 적극적으로 활용할 수 있는 가능성을 열어주는 장점이 있다.[73]

대표적 공화주의자로 알려진 페팃(P. Pettit)은 자유주의자들이 절대시하는 국가의 간섭이 없는 상태로서의 자유, 즉 소극적 자유의 공허함을 지적하면서 오히려 그러한 무간섭을 기화로 개인의 자결권을 실질적으로 유명무실하게 만드는 국가와 사회의 법과 제도들 및 관행을 자유의 적으로 간주한다. 국가를 비롯한 타인의 부재가 아니라 "지배를 행사하려는 타인의 능력에 대한 견제에 의해서 발생하는 사회적 선"[74]이 바로 자유의 본질이

73 공화주의는 다원주의의 이익정치적 경향에 비판적이다(김동훈, 앞의 책, 191-194면 참조). 그러나 다원주의는 다양한 측면이 있으며 공화주의에서 핵심적 지향가치로 삼는 심의중심의 민주주의의 실현은 심의단위의 조직화라는 측면을 도외시할 수 없고, 그런 차원에서 다원주의와의 결합가능성을 부인하기 힘들다. 특히 정치적 자결주의는 생활영역의 단위별 다원주의와 결합가능성이 매우 높고 생활정치형 참여민주주의의 전제로 기능할 수 있다는 점이 충분히 고려되어야 한다.

74 페팃, 앞의 책, 242면.

다.[75] 이러한 비지배적 자유는 간섭의 유무와는 무관한 것이며 주체로서의 개인이 이러한 비지배적 자유를 유지하기 위하여 자의적으로 개인의 삶을 지배하려는 모든 국가적 · 사회적 시도에 대해 능동적이고 계획적으로 법적 · 사회적 장치들을 구축함으로써 성취되는 것이다. 국가의 중립성이나 자유를 불간섭과 같은 것으로 간주하는 자유주의(특히 자유지상주의)의 교의는 불간섭의 상황을 이용하여 자의적으로 타인에게 간섭하여 지배적 영향력을 행사하려는 자의 이익을 극대화하고 불간섭에 의해 더욱 간섭에 노출되기 쉬운 취약계층을 무방비상태로 만들 수 있다. 따라서 이런 상황에서는 불간섭보다는 적극적인 개입을 통해 약탈자가 될 위험이 높은 자들을 통제하고 사회적 취약계층을 보호하기 위한 제도적 투자를 아끼지 않는 것이 페팃의 공화주의가 추구하는 바다.[76] 이 점을 강조하여 비롤리는 "공화국은 시민들을 도와야 하는 의무를 이행함에 있어서 도움을 받는 사람들이 전혀 부담을 느끼지 못하도록 해야 하며, 또한 그 의무를 다른 사적 개인들에게 떠넘겨서도 안 된다."고 보편주의적 평등의 의미를 강조

75 또 다른 공화주의자 비롤리도 "예속상태를 없애는 것은 시민적 자유의 핵심 요소"라고 설파하고 있다(모리치오 비롤리, 「공화주의」, 김경희 · 김동규 옮김, 인간사랑, 2006, 132면).

76 페팃, 앞의 책, 225-226면. 한편 또 다른 공화주의자 비롤리의 다음과 같은 논설도 공화주의적 평등의 진수를 보여준다: "공화주의적 평등은 단지 시민적 · 정치적 권리의 평등만으로 이루어져 있진 않다. 그것은 또한 모든 시민들에게 존엄과 자존심을 가지고 살아갈 수 있을 정도의 사회적 · 경제적 · 문화적 조건들을 보장해 줄 것을 요구한다. 근대 공화주의의 지도적 사상가들은 우리들에게 사회적 평등이라는 주제와 관련하여 두 개의 특별한 가치를 가지는 가르침을 들려준다. 그 첫 번째는 마키아벨리에 의해 정립된 것인데, 어느 시민도 가난을 이유로 공적인 명예로부터 배제되거나 오명을 얻게 되지 않아야 한다는 것이다. 그 두 번째는 루소에 의해 정립되었는데, 공화국이라는 이름에 걸맞는 나라에서는 어느 누구도 자신을 팔아버려야 할 정도로(즉 하인이나 피보호자가 됨으로써 자신의 충성과 굴종을 힘세고 부유한 시민들에게 팔아야 할 정도로) 가난해서는 안 되며, 어느 누구도 사적인 혜택들을 미끼로 다른 시민들의 굴종을 사버릴 수 있을 정도로 부유해서도 안 된다는 것이다"(비롤리, 앞의 책, 140-141면).

하였다.[77] 다만 이러한 비지배적 자유의 구성요소로서의 평등을 구현하기 위한 정책적 노력이 반드시 물질적 평등주의를 추구하지는 않는다는 점에 공화주의적 평등의 특색이 있다.[78] 비롤리의 논증에 따르면 사회적 권리들을 복지국가적 접근과 혼동하지 말아야 하는 이유는 "공적 구호는 아무리 칭찬할 만한 경우라 하더라도 시민적 삶과는 양립할 수 없는 것인데, 왜냐하면 그 도움을 받는 사람들의 존엄성에 상처를 주기 때문"이다. 비롤리는 "아프거나 늙는 것은 결코 범죄가 아니"며, "공화국은 이익을 추구하는 기업이 아니라, 시민들의 존엄성을 보장해 주려 노력하는, 함께 더불어 살아가는 생활방식이"기 때문에 "동정행위로서가 아니라 시민이 가진 당연한 권리에 따라 그러한 구호를 제공해야 할 의무가 있다."[79]

비지배적 자유와 더불어 민주주의적 방법에 의한 사회경제적 불평등의 해소에 주요한 자산으로 기능할 수 있는 것이 '적극적 자유' 혹은 '능동적 자유'의 관점이다. 자유주의적 자유가 개인의 자유로운 선택에 중점을 두고 자신의 선택과 무관한 것에의 무관심 및 불간섭을 특징으로 한다면 공화주의적 자유, 즉 적극적 혹은 능동적 자유가 추구하는 개인의 자율성은 "동료 시민들과 함께 공익에 관해 숙고하고 정치공동체에의 운명을 만들어 가는 데 이바지"[80]하는 시민적 자율성이다. 자유를 자치로 이해하는 이런 관점은 '형성적 정치(formative politics)'를 요구한다.[81] 정치는 시민들 속에서 자치에 필요한 인격적 성질을 함양시키는 것을 그 기능으로 삼는다. 이 점은 앞서 지적한 바와 같이 자유주의가 국가의 정치적 중립성을 내세우고 자유를 자치에 대한 제한으로 이해하는 소극적 자유론에 천착해 있는 점과 대조적이다. 자유주의는 최고의 우월성을 가지는 개인의 목적선

---

**77** 비롤리, 앞의 책, 142–143면.
**78** 페팃, 앞의 책, 237면.
**79** 비롤리, 앞의 책, 142–143면.
**80** 샌델, 앞의 책, 18면.
**81** 샌델, 앞의 책, 18–20면.

택적 자유를 제한하는 법적 · 사회적 제약은 그것이 아무리 다수의 결정이라고 하더라도 정당성을 부인할 수 있는 길을 열어 준다. 그러나 공화주의적 자유는 자치의 결과이며 시민으로서의 개인은 공적 관심사에 대한 결정과정에 참여하여 시민으로서의 덕을 실현함으로써 자유롭게 된다.[82] 이런 시민적 자율성의 강조는 개인의 자율권의 기초를 허무는 사회적 불평등을 극복하고 실질적 평등을 추구하는 법적 · 제도적 장애를 극복하는 데 유용한 집단주의(collectivism)와 결합하여 다원주의 정치질서를 적극적으로 형성하는 정치철학으로서의 잠재적 가능성을 가지고 있는 것이다.

개인의 무속박적 욕망과 이익에만 매몰되어 비인격적 자원의 독점과 남용에 탐닉한 공동체는 사회적 갈등을 양산하여 지속가능한 공동체를 유지할 수 없다.[83] 공화적 공존을 통해 인간의 존엄과 가치를 존중하여 인간의 인간에 대한 불합리한 지배관계를 종식시켜야 한다. 이러한 과제는 불합리한 지배관계의 토대를 제공하는 사회경제적 차별의 원인을 제거하여 실질적 평등을 달성하고 형식적 평등의 공정성을 확보하는 방법을 통해서 달성될 수 있다. 그리고 이러한 공정성 확보방법으로 유력한 것은 정치적 정체성과 인간적 정체성을 통합하여 인격적 자율성과 시민적 자율성을 결합하는 공화주의적 인간상에 바탕한 민주공화국을 형성하고 유지하는 것이다. 또한 개인주의에 기초한 형식적 평등의 실실화는 사회조건적 힘의 불균형을 해소할 수 있도록 사회적 약자들이 집단의 조직력을 통해 대등한 조건의 평등을 확보할 수 있는 법적 제도적 장치를 구비하는 것이다.[84]

---

**82** 샌델, 앞의 책, 44-45면.

**83** 도덕적으로나 현실적으로 교환가치화될 수 없고 할 수도 없는 인간의 노동과 자연을 상품경제체제에 종속시킴으로써 인간성을 말살하는 이런 실상은 일찍이 20세기 초 폴라니(K.Polanyi)에 의해 인류가 극복되어야 할 대상으로 지목된 바 있다. 칼 폴라니, 『거대한 변환: 우리시대의 정치적 경제적 기원』, 박현수 옮김, 민음사, 1991 참조.

**84** 사회사상가 왈쩌(M.Walzer)는 고착화된 사회적 불평등(durable inequality)을 해소하는 최선의 혹은 유일한 방법은 사회적 취약계층의 집단주의(collectivism of powerlessness)를 강화하는 방법이라고 설파한 바 있다. M.Walzer, *Politics and Passion: Toward a More Egalitarian Liberalism*(Yale University Press, 2004), ch.2 참조.

결국 민주공화국의 제1차적 가치는 모두의 비지배적 자유를 관철할 수 있는 실질적 평등의 조건을 확보하고 이에 기반하여 형식적 평등을 통해 개인의 자유를 실질적으로 보장하는 것이다.

## Ⅳ. 결론을 대신하여

제헌헌법 이래 현행 헌법까지 공동체구성원의 공화적 공존을 통한 입헌민주공화국이 헌법의 기본적 가치정향이었다. 공화적 공존의 전제가 되는 자유의 평등한 확보를 위해 자의적 차별을 금지하고 개인의 기회균등을 보장하는 형식적 평등과 기회균등의 공정성을 확보하기 위한 실질적 평등이 공히 헌법상 국가와 사회의 과제로 제시되었다. 즉 입헌민주헌법이 지향하는 공화적 공존은 인간으로서의 존엄에 기초하여 자의적 차별금지와 더불어 사회적 불평등을 제거하여 모든 개인이 시민적·정치적 자유를 온전하게 향유하면서 동료들과 더불어 공동체 시민으로서의 삶을 영위하는 것이다. 결국 공화적 공존의 전제는 헌법의 최고원리로서의 평등원칙에 의해 구현된다.

한편 평등원칙은 평등주의적 자유주의의 개인주의적 방법론과 인식론의 한계를 극복하고 비지배적 자유와 적극적 혹은 능동적 자유에 기초한 공공의 시민적 자발성이 활성화되는 공화주의적 관점이 결합하여 사회적 불평등을 구조화하는 법적 사회적 폐습을 일소할 목적을 가진 국가의 광범위한 형성적 작용을 정당화하는 내용으로 정립할 필요가 있다. 한국 헌법학의 당면과제는 이러한 실질적 평등을 위한 정치철학적 기획의 효과적 실행방안을 한국 헌법의 체계적이고 역사적인 해석을 통해 모색해 내는 것이다.

# 참고문헌


**김경희**, 2009, 「공화주의」, 책세상.

**김동훈**, 2011, 「한국 헌법과 공화주의」, 경인문화사.

**김만권**, 2004, 「불평등의 패러독스」, 개마고원.

**김비환**, 2002, "현대 자유주의적 평등론의 역사적 의의," 「법철학연구」, 5(2).

**김선택**, 2009, "공화국원리와 한국헌법의 해석," 「헌법학연구」, 15(3).

**김종철**, 2000, "입헌주의의 본질과 현대적 의의," 「고시계」, 2000년 10월호.

_____, 2006, "헌법과 양극화에 대한 법적 대응," 「법과사회」, 31.

_____, 2013, "헌법과 경제민주화: 한국 헌법의 경제조항을 중심으로," 박영렬 외, 「대변환의 패러다임을 찾아서」, 한국학술정보.

**김진욱**, 2013, "헌법상 평등의 이념과 심사기준(하)," 「저스티스」, 135.

**김철수**, 2008, 「학설판례 헌법학(상)」, 박영사.

**김태환**, 2002, "영토적 · 경제적 거버넌스로서의 신봉건주의(neofeudalism): 탈사회주의 러시아의 경험," 「한국정치학회보」, 36(1).

**김현철**, 2004, "사회정의의 개념과 의의," 「이화여대법학논집」, 9(1).

**커벳**, F., 2013, 「롤즈의 『정의론』 입문」, 김요한 옮김, 서광사.

**루소, 장 자크**, 2003, 「인간 불평등 기원론」, 주경복 · 고봉만 옮김, 책세상.

__________, 2007, 「인간불평등기원론/사회계약론/고독한 산책자의 몽상」, 최석기 옮김, 동서문화사.

**비롤리, 모리치오**, 2006, 「공화주의」, 김경희 · 김동규 옮김, 인간사랑.

**샌델, 마이클**, 2012, 「민주주의의 불만: 무엇이 민주주의를 뒤흔들고 있는가」, 안규남 옮김, 동녘.

**선우현**, 2012, 「평등」, 책세상.

**양 건**, 2011, 「헌법강의」, 법문사.

**오세혁**, 2004, 「법철학사」, 세창출판사.

**오승철**, 2011, 「헌법이야기」, 태윤당.

**워클러**, 2009, "루소와 인간의 완성능력," 박호성 편역, 「루소 사상의 이해」, 인간사랑.

**이종수**, 2004, “사회적 차별과 평등의 실현,”「연세법학연구」, 10(2).

**이준일**, 2007,「헌법학강의」, 홍문사.

**장영수**, 2001, “헌법상 평등원칙과 평등권의 실현구조,”「고려법학」, 36.

_____, 2007,「헌법학」, 홍문사.

**장은주**, 2012,「정치의 이동: 분배 정의를 넘어 존엄으로 진보를 리프레임하라」, 상상너머.

**전광석**, 2013,「한국헌법론」, 집현재.

**정종섭**, 2013,「헌법학원론」, 박영사.

**정태욱**, 2007,「자유주의 법철학」, 한울.

**차진아**, 2005, 사회적 평등의 의미와 실현구조,「안암법학」, 21.

**콜레티**, 2009, “루소의 근대사회비판,” 박호성 편역,「루소 사상의 이해」, 인간사랑.

**페팃, 필립**, 2012,「신공화주의: 비지배 자유와 공화주의 정부」, 곽준혁 옮김, 나남.

**펠레드**, 2009, “루소의 경제사상,”「루소 사상의 이해」, 박호성 편역, 인간사랑.

**폴라니, 칼**, 1991,「거대한 변환: 우리시대의 정치적 경제적 기원」, 박현수 옮김, 민음사.

**한수웅**, 2012, 헌법학, 법문사.

**헤세, 콘라드**, 2001a,「통일독일헌법원론」, 계희열 옮김, 박영사.

_________, 2001b,「헌법의 기초이론」, 계희열 옮김,박영사.

**Fineman, Martha Albertson,** 2012, “인간 조건의 취약성과 평등이론의 재정립,” 김수진 옮김,「법과사회」, 42.

**Loughlin, M.,** 2000, *Sword & Scales: An Examination of the Relationship Between Law & Politics*, Oxford: Hart.

**Rawls, J.,** 1996, *Political Liberalism*, NY: Columbia University Press.

**Sunstein, C.,** 1993, *The Partial Constitution*, Cambridge, Mass: Harvard University Press.

**van Caenegem, R.C.,** 1995, *An Historial Introduction to Western Constitutional Law*, Cambridge, UK: Cambridge University Press.

**Walzer, M.,** 2004, *Politics and Passion: Toward a More Egalitarian Liberalism*, Yale University Press.

# chapter 11 제헌헌법에 나타난 민주공화국 프로젝트의 모습

이국운(한동대학교 법학부 교수)

## Ⅰ. 민주공화국 프로젝트와 제헌헌법

이 글의 목적은 1948년 7월 17일 제정, 공포된 대한민국 헌법(이하 제헌헌법)을 민주공화국 프로젝트의 관점에서 조감하는 것이다. 한반도의 정치사에서 민주공화국 프로젝트는 구한말 독립협회가 시도했던 만민공동회 등에서 비롯되어 특히 1919년 3월 1일 일제에 대하여 독립을 선언한 이후부터 본격적으로 추진되기 시작했다. 이 과정에서 제헌헌법이 가지는 의미는 지대하다. 왜냐하면 그것은 실효적 규범력을 가지고 집행된 최초의 민주공화국 헌법이기 때문이다. 제헌헌법이 제정, 공포되기 이전까지 한반도에서 민주공화국 프로젝트는 아직 모색과 주장, 논쟁과 수립 단계에서 벗어나지 못했다. 그러나 제헌헌법이 효력을 가지게 된 이후부터 민주공화국 프로젝트는 본격적인 실천의 단계에 들어서게 되었다. 바로 이 점에서 민주공화국 프로젝트를 당위적 지향으로 받아들이는 입장에서는 제헌헌법을 한반도의 정치사에서 가장 결정적인 사건으로 보는 것도 충분히 가능하다. 그로 인해 민주공화국 프로젝트가 비로소 정치적 이상에서 법적 이념으로 탈바꿈할 수 있었기 때문이다.

제헌헌법은 동서냉전과 남북분단이 교차하던 해방공간의 역사적 조건을 배경으로 하고 있다. 따라서 그동안의 헌정사 연구자들이 그와 같은 역사적 조건이 제헌헌법에 어떻게 반영되었으며, 나아가 그것을 어떻게 한계 지웠는지에 주목한 것은 당연한 일이었다. 그러나 이 글은 조금 관점을 바꾸어 그러한 한계에도 불구하고 제헌헌법이 민주공화국 프로젝트를 어떻게 추진하고자 했는지에 주목해 보고 싶다. 대한민국 헌정사의 장래를 고려할 때, 제헌헌법의 한계와 함께 그 가능성에 초점을 맞추는 것이 필요하다고 여겨지기 때문이다. 이를 위하여 이하에서는 제헌헌법의 텍스트 그 자체에 집중하여 간략한 논의를 전개해 보고자 한다. 제헌헌법의 텍스트를 초점으로 삼는 까닭은 명백하다. 그것이야말로 정치적 이상으로 추진되던 민주공화국 프로젝트를 법적 이념의 차원으로 탈바꿈시킨 결정적 고리이기 때문이다.

## Ⅱ. "우리들 대한국민"

제헌헌법의 텍스트에서 가장 먼저 찾아야 할 것은 이 헌법을 선언하는 주체, 즉 문법적으로 말하면 헌법의 주어이다. 제헌헌법의 주어는 헌법 전문의 초두에 모습을 드러내고 있다. "유구한 역사와 전통에 빛나는 우리들 대한국민"이 바로 그 주체이다. "우리들 대한국민"은 헌법이론에서 흔히 헌법제정권력자로 일컬어지는 존재로서, 한반도의 정치사에서 민주공화국 프로젝트를 추진해 온 주체이자 제헌헌법 이후 대한민국 헌정사의 연속성을 보장하는 주체이기도 하다. 제헌헌법은 물론이려니와 그 이후 9차에 걸쳐 개정된 대한민국 헌법의 모든 텍스트는 이처럼 제헌헌법과 그 이전, 이후의 헌정사를 모두 "우리들 대한국민"의 작품이라고 선언한다. 그러면 이러한 선언에 입각할 때, 헌법의 주어인 "우리들 대한국민"의 실존은 어떻게 이해되어야 할 것인가?

지면 관계상 상세한 논의는 별도의 기회로 미룰 수밖에 없지만, 그렇더라도 다음의 두 가지 점은 분명하게 짚어야 할 필요가 있다. 첫째, 제헌헌법의 텍스트에 분명하게 드러나지는 않지만, 실존적으로 "우리들 대한국민"이 미완의 존재라는 것을 부인하기 어렵다는 점이다. 제헌헌법의 텍스트는 제헌국회에 의하여 확정되었으며, 이는 UN감시가 가능하지 않은 지역을 제외하고 치러졌던 1948년 5월 10일의 총선거에 의해 구성된 것이었기 때문이다. 둘째, 이와 같은 실존적 한계에도 불구하고 "우리들 대한국민"이 자기 책임하에 헌법을 제정하는 자유의 존재라는 것은 제헌헌법의 텍스트에서 명백하다는 점이다. 달리 말해, 제헌헌법의 주어인 "우리들 대한국민"은 제헌헌법을 스스로의 자유를 실현하기 위해 추진하는 민주공화국 프로젝트로 이해하고 있다는 것이다. 그렇다면 여기서 민주공화국 프로젝트를 통해 자유를 실현한다는 것은 어떤 의미인가?

주지하듯, 타자와의 관계에서 자유는 두 가지 대안 중 하나를 취한다. 하나는 타자를 전적으로 낯선 자로 전제한 뒤 어디까지나 호혜성의 조건 속에서만 자유를 인정하는 것, 즉 그가 자유를 주기 전까지는 그에게 자유를 줄 수 없다고 주장하는 것이고, 다른 하나는 두려움을 무릅쓴 채 먼저 타자를 자유의 존재로 인정하는 것이다. 제헌헌법의 텍스트 안에 기본적 자유와 권리의 목록이 오롯이 제시되어 있는 것에서 드러나듯이, 민주공화국 프로젝트는 이 가운데서 명백하게 후자의 대안을 취한다. 다시 말해, 그것은 자신의 자유를 근거로 타자의 자유를 부정하는 것이 아니라 오히려 자신의 자유를 근거로 타자의 자유를 당연한 전제로 받아들이는 논리인 것이다. 이 점을 연장하면 민주공화국 프로젝트에서 자유인들의 상호관계가 평등이라는 점도 명확하게 드러난다. 이 평등은 정치적으로 민주주의에 의하여 제도화된다.

여기서 주의할 것은 민주공화국 프로젝트가 단지 자유를 민주로 연결시키는 이 단계의 논리에서 결코 머무르지 않는다는 점이다. 오히려 그것은 현실적으로 자유와 민주가 일종의 모순적 길항관계에 놓인다는 점을 가감없이 통찰한다. 비록 자유에서 출발한 것이라고 하더라도 민주주의는 어떠한 방법으로도 완벽하게 실현될 수 없다. 만장일치는 소수자의 횡포에 휘둘릴 수 있고, 추첨은 무책임을 배태할 수 있으며, 대의제와 다수결주의는 소수자에 대한 구조적 억압을 동반하기 때문이다. 이러한 까닭에 민주공화국 프로젝트에서 평등과 민주는 항상 자유의 이름으로 이에 맞서는 흐름에 부딪히게 된다. 이와 같은 자유와 민주의 모순적 길항관계는 민주공화국 프로젝트의 회피할 수 없는 조건이다.

"우리들 대한국민"의 민주공화국 프로젝트는 첫째로 이와 같은 모순적 길항관계를 회피하지 않고 정면으로 받아들이는 특징을 지닌다. 따라서 자유를 버리고 민주만을 택하거나 민주를 거부하고 자유만을 택하는 태도는 민주공화국 프로젝트와 어울리지 않는다. 둘째로 "우리들 대한국민"의 민주공화국 프로젝트는 자유와 민주의 모순적 길항관계 속에서도 그때그때 최적의 해결책을 만들어 낼 수 있는 제도적 방안들을 강구한다. 제헌헌법의 텍스트에 나타나는바, 다두의 대의기관들로 구성되는 민주적 다두제의 대의구조나, 권력의 견제와 균형의 원리, 치자와 피치자의 동일성을 전제하는 법치주의의 원리 등은 그 적실한 예이다. 셋째로 "우리들 대한국민"의 민주공화국 프로젝트는 이와 같은 정신과 제도를 헌법의 형태로 구조화한 뒤, 이를 끊임없이 개혁하고 갱신한다. 이 점에서 제헌헌법의 텍스트는 일단 자유, 민주, 공화의 이념을 고스란히 담고 있는 근대적 헌정주의 또는 자유민주주의의 표현으로 이해될 수 있다.

1948년 7월 17일 제정, 공포된 제헌헌법은 "우리들 대한국민"의 민주공화국 프로젝트로서 이상에서 언급한 요청들을 내포하고 있다. 그렇다면 그것을 넘어서는 제헌헌법의 고유한 특징들은 또 어떻게 이해될 수 있을까? 이제 제헌헌법의 텍스트에 두드러지게 나타나는 두 가지 특징을 중심으로 이 질문에 답해 보고자 한다.

## Ⅲ. 제헌헌법의 특징 : 사회경제적 평등의 추구와 민주적 의회의 우위

제헌헌법의 전문과 총강은 대한민국의 정통성과 본질을 천명하면서, 그와 동시에 대한민국의 가치적 지향성을 명백하게 선언하고 있다. 우선 대한민국의 정통성에 관해서 제헌헌법은 1948년 7월 17일의 헌법제정행위를 1919년 3·1운동 이후 이미 건립되었던 대한민국의 재건으로 선언한다. 제헌헌법 전문의 "기미 삼일운동으로 대한민국을 건립하여 세계에 선포한 위대한 독립정신을 계승하여 이제 민주독립국가를 재건함에 있어서"라는 구절은 이를 보여 준다. 나아가 제헌헌법은 그처럼 재건되는 민주독립국가의 본질을 '민주공화국'으로 단언한다(제1조). "우리들 대한국민"의 자유에서 출발하는 이 국가는 안으로 민주주의를, 밖으로 국제평화주의를 명백하게 지향한다. "대한민국의 주권은 국민에게 있고 모든 권력은 국민으로부터 나온다."(제2조)라는 선언과 "대한민국은 모든 침략적 전쟁을 부인한다."(제6조 제1항)라는 선언은 이 점을 잘 보여 준다.

흥미로운 것은 대한민국의 가치적 지향성에 대하여 제헌헌법의 텍스트가 보여주는 설명이다. 헌법 전문에서 제헌헌법은 정의, 인도와 동포애에 기반한 민족주의를 비롯해 반봉건주의, 민주주의, 평등주의, 국제평화주의 등을 헌법적 정향이자 국가적 목표로 설정한다. 그러나 여기서 잊지 말아야 할 것은 이와 같은 가치들이 그 각각으로서가 아니라 어디까지나 대한민국의 재건이라는 공공선과의 관련 속에서 거론되고 있다는 점이다. 이는 달리 말해 제헌헌법의 텍스트가 이 가치들 상호 간의 균형을 처음부터 전제한다는 의미이기도 하다. 예를 들어, 제헌헌법 제5조가 "대한민국은 정치, 경제, 사회, 문화의 모든 영역에 있어서 각인의 자유, 평등과 창의를 존중하고 보장하며 공공복리의 향상을 위하여 이를 보호하고 조정하는 의무를 진다."라고 선언한 것은 이 점을 설명한 것이기도 하다.

이렇게 볼 때, '국민의 권리와 의무'에 관해서 제헌헌법의 텍스트가 하나의 명백한 초점을 가지고 있음은 우연한 일이 아니다. 신체의 자유, 종교의 자유, 양심의 자유, 언론 · 출판 · 집회 · 결사의 자유와 같은 소위 자유권적 기본권의 전형적인 목록이나 그 밖의 정치적 참여권을 빠짐없이 제시하면서도 제헌헌법의 텍스트는 사회경제적 평등의 중요성을 끊임없이 강조한다. 이는 한편으로 신분제도와 같은 봉건적 불평등구조가 재현되는 것을 엄금하려는 의지로도 드러나고(제8조), 재산권을 보장하면서도 그 행사를 공공복리에 적합하도록 요구하는 방식으로도 드러난다(제15조). 하지만 더욱 분명하게 드러나는 방식은 역시 '사회보장수급권'의 획기적인 보장이다. 예를 들면, "적어도 초등교육은 의무적이며 무상으로 한다."(제16조 제2항), "여자와 소년의 근로는 특별한 보호를 받는다."(제17조 제3항), "영리를 목적으로 하는 사기업에 있어서는 근로자는 법률의 정하는 바에 의하여 이익의 분배에 균점할 권리가 있다."(제18조 제2항), 그리고 "노령, 질병 기타 근로능력의 상실로 인하여 생활유지의 능력이 없는 자는 법률의 정하는 바에 의하여 국가의 보호를 받는다."(제19조)라는 규정들이 그러하다.

헌정 수립 65년을 헤아리는 오늘날에도 국민 모두에게 '사회보장수급권'을 제대로 보장하는 문제는 여전히 미완의 과제로 남아 있다. 그러나 제헌헌법의 텍스트는 늘 예산 부족을 탓하는 현재의 논리를 비웃기라도 하듯, 모든 국민이 사회보장수급권을 누린다는 점을 강하게 선포한다. 그렇다면 제헌헌법의 텍스트가 이처럼 오늘날에도 매우 어려운 과제인 사회경제적 평등을 당연하다는 듯이 강조하고 있는 까닭은 무엇일까? 이 질문에 답하기 위해서는 무엇보다 제헌헌법에 전제된 이행기적 상황을 감안하지 않으면 안 된다. 그리고 이에 관해서는 헌법체계상 기본권편의 특칙이라 할 제헌헌법 제6장 '경제'의 여러 조항들이 핵심적인 통찰을 제공하고 있다.

제헌헌법의 제6장은 경제에 관한 각종 특칙 조항들로서 '광물 기타 중요 지하자원 등의 국유 원칙'(제85조), '주요 산업의 국영 또는 공영 원칙 및 대외 무역의 국가 통제 원칙'(제87조), '사영기업 등의 국유화 또는 공유화 허용'(제88조), '공공적 목적을 위한 특허의 취소, 권리의 수용 등 허용'(제89조 등) 등을 선포하고 있다. 이러한 특칙 조항들은 일제 식민지 시대와 미 군정을 거쳐 내려온 구체제의 물적 유산을 제헌헌법이 일단 국가가 관리하는 공공적 소유의 형태로 전유하였음을 보여 준다. 그러나 제헌헌법이 "우리들 대한국민"의 민주공화국 프로젝트인 한, 그와 같은 전유는 결코 국가 자체의 소유를 늘리려는 자목적적인 것일 수 없다. 오히려 그것은 다른 헌법적 목적을 위한 공공적 소유로 이해되어야만 한다. 그렇다면 이 점에 관하여 제헌헌법의 텍스트는 어떻게 해석될 수 있을까?

이 문제를 중심에 놓고 살필 때, 제헌헌법의 텍스트에서 찾을 수 있는 방향성은 크게 두 가지이다. 하나는 국가가 관리하는 공공적 소유를 '시장의 실패'를 교정하기 위한 경제적 개입의 공공적 재원으로 간주하는 것이다. '재산권 행사의 공공복리 적합성 요청'(제15조 2항)이나 '경자유전의 원칙에 따른 토지개혁의 선언'(제86조) 등을 대표적인 예로 들 수 있다. 다른 하나는 국가가 관리하는 공공적 소유를 모든 국민에게 생활의 기본적 수요를 충족시킴으로서 사회경제적 평등을 달성하기 위한 공공적 재원으로 간주하는 것이다. 앞에서 언급한 대로, 제헌헌법의 제2장 '국민의 권리와 의무' 편에 등장하는 여러 사회적 기본권 조항들은 이러한 목적을 표현하는 것으로 이해될 수 있다.

이처럼 헌법제정기의 이행기적 상황을 전제하는 가운데, 대한민국의 물적 토대를 시장의 실패를 교정하기 위한 경제적 개입이나 사회적 기본 수요의 충족을 위한 재원으로 이해한다면, 제헌헌법의 텍스트가 사회경제적 평등을 대단히 강조하는 것은 당연한 논리라고 볼 수 있을 것이다. 나아가, 앞서 거론했던 대한민국의 재건이라는 공공선과의 관련 속에서 다시 이해할 경우, 제헌헌법의 텍스트가 대한민국의 경제 질서를 사회 정의의 실현 및 균형 있는 국민경제의 발전과 연결시키고 있는 맥락 또한 충분히 공감할 수 있을 것이다. "대한민국의 경제 질서는 모든 국민에게 생활의 기본적 수요를 충족할 수 있게 하는 사회정의의 실현과 균형 있는 국민경제의 발전을 기함을 기본으로 삼는다. 각인의 경제상 자유는 이 한계 내에서 보장된다."(제84조 제1항과 제2항)

사회경제적 평등의 추구가 제헌헌법의 가치적 지향성을 뚜렷이 보여 주는 특징이라면, 이를 추진하기 위한 통치 권력의 구성에 있어서는 '민주적 의회의 우위'라는 특징이 자못 일관되게 관철되고 있다. 이 점은 우선 제헌헌법의 제정 행위 자체가 1948년 5월 10일 총선거에 의해 구성된 제헌국회, 즉 한반도 최초의 민주적 의회에 의해서 이루어졌다는 사실로부터 비롯되는 것이다. 이와 같이 제헌헌법이 민주적 의회의 우위를 전제로 통치 권력을 구성하고자 했다는 점은 제헌헌법의 텍스트에 몇 가지 형태로 고스란히 드러나 있다.

첫째는 제헌국회가 1948년 7월 17일 현재 "우리들 대한국민"의 헌법제정권력을 대의할 수 있는 유일무이한 기구라는 사실을 스스로 확인하고 있다는 점이다. 이는 제헌국회가 스스로를 대한민국 헌법을 제정하는 '헌법제정의회'(부칙)인 동시에 '이 헌법에 의한 국회'의 역할을 겸하도록 결정한 점에서 가장 명확하게 드러난다. "이 헌법을 제정한 국회는 이 헌법에 의한 국회로서의 권한을 행하며 그 의원의 임기는 국회개회일로부터 2년으로 한다."(제102조)

둘째는 제헌국회가 '이 헌법에 의한 국회'의 권한을 통상적인 입법권한의 범위를 초과하여 확대하고 있다는 점이다. 여기에는 일단 헌법개정권력을 최종적으로 민주적 의회가 행사하도록 규정한 것이 포함된다. "헌법개정의 의결은 국회에서 재적의원 3분지 2 이상의 찬성으로써 한다."(제98조 제4항) 또한 제헌헌법의 텍스트는 반민족행위자처벌, 토지개혁완수, 귀속재산불하 등에 관련된 소위 '헌법적 법률'의 제정 권한을 역시 제헌국회에 부여하고 있다. "이 헌법을 제정한 국회는 단기 4278년 8월 15일 이전의 악질적인 반민족행위를 처벌하는 특별법을 제정할 수 있다."(제101조)

이 두 가지 특징이 헌법제정기의 특수한 사정을 반영한 것이라면, 통상적인 권력구조의 형태 그 자체에 관해서도 제헌헌법은 민주적 의회의 우위를 체계적으로 관철하고 있다. 제헌헌법의 텍스트는 모든 입법권을 국회에 부여하고 있으며(제31조), 예외적으로 인정되는 대통령의 긴급입법권에도 국회의 사후승인을 요구할 뿐만 아니라(제57조), 예산을 비롯한 각종 재정 문제에 관해서도 국회의 권한을 광범위하게 인정하고 있다(제41조 내지 제42조). 더 나아가 국회를 제외한 통치 권력의 구성에 있어서도 민주적 의회의 우위는 자못 철저하게 관철되고 있다. 행정권의 수장인 대통령과 그 1순위 권한대행권자인 부통령을 국회에서 선거하도록 하고(제53조), 행정권의 행사에 있어서 국회의 승인을 받아 대통령이 임명하는 국무총리 및 대통령이 임명하는 국무위원들이 대통령과 함께 구성하는 국무원이 중심이 되도록 한 것이 그러하다. "국무원은 대통령과 국무총리 기타의 국무위원으로 조직되는 합의체로서 대통령의 권한에 속한 중요 국책을 의결한다."(제68조)

나아가 제3의 권력인 법원 등에 관해서도 "대법원장인 법관은 대통령이 임명하고 국회의 승인을 얻어야" 하며(제78조), 그 밖의 법원조직 및 법관 임명에 관해서는 (국회가) 법률로 정하도록 한 것(제76조 및 제79조)을 같은 맥락에서 이해할 수 있다. 제헌헌법이 독특하게 규정했던 탄핵재판소는 물론이려니와 위헌법률심사를 담당하는 헌법위원회까지도 기본적으로 (국회가 선출하는) 부통령이 재판장 또는 위원장의 직무를 행하는 가운데, 각 국회의원 5인과 대법관 5인으로 구성하도록 한 것(제47조 및 제81조) 역시 민주적 의회의 우위를 관철한 것으로 이해할 수 있다. 제헌헌법상 또 하나의 독특한 규정인 제7장 '재정'의 규정들 역시 예산안 의결에 관해 행정부와의 사이에 벌어질 수 있는 예컨대 '정부 폐쇄'와 같은 상황에 대응하면서도(특히 제94조의 '가(假)예산제도') 재정에 관한 민주적 의회의 우위를 견지하려는 것으로 평가할 수 있다.

## Ⅳ. 대한민국 헌정사에서 제헌헌법의 왜곡

이처럼 제헌헌법의 텍스트는 민주적 의회의 우위를 통하여 사회경제적 평등을 추구하려는 특징을 뚜렷하게 드러낸다. 이는 대한민국의 재건을 위하여 제헌헌법이 선택한 최소한의 이행기적 과제였다고 볼 수 있을 것이다. 만약 제헌헌법이 채택한 방식으로 대한민국의 재건이 신속하게 이루어졌다면, 그와 같은 이행기를 거친 이후 대한민국의 헌정은 또 다른 역사적 조건 속에서 그때그때의 상황에 맞추어 변화할 수 있었을 것이다. 그러나 대한민국 헌정사에서 제헌헌법의 이와 같은 특징은 온전히 발휘되지도 못한 채 왜곡될 수밖에 없는 운명을 맞았다. 이제 간략하게나마 그 내력을 살펴보고자 한다.

앞에서 언급했듯이 제헌국회는 스스로의 결정으로 '이 헌법에 의한 국회'의 역할을 담당하기로 하면서, 민주적 의회의 우위를 통하여 사회경제적 평등을 추구하는 과제를 자발적으로 떠맡았다. 이로 인하여 헌법제정행위를 비롯한 제헌국회의 정치행위 일체에 대한 "우리들 대한국민"의 사후 추인은 2년 뒤인 1950년 5월 30일의 제2대 국회의원 총선거까지 미루어질 수밖에 없었던 것이다. 이 기간 동안 제헌국회(제1대 국회)는 국회법, 정부조직법, 법원조직법, 국적법 등을 포함하여 국가조직의 기본 법률들을 제정했으며, 이승만을 대통령으로 선출한 것에서 시작하여 새로운 국가기구의 인적 구성을 마무리했다. 또 반민족행위처벌법과 같은 과거청산법률이나 국가보안법과 같은 비상입법을 제정했으며, 논란 끝에 농지개혁법과 귀속재산처리법을 입법하여 시행했다. 따라서 이 모든 작업이 끝난 뒤에 맞이한 1950년 5월 30일의 제2대 국회의원 총선거는 헌법제정기에 대한 총결산인 동시에 그 과정을 주도한 제헌국회의원들에 대한 신임투표의 성격을 가질 수밖에 없었다. 그러면 그 결과는 어떠했는가?

매우 평화롭게 치러진 5월 30일의 총선거결과는 헌법제정기의 추인이라는 관점에서 두 가지 의미로 요약될 수 있다. 제헌국회의 헌법제정결과를 "우리들 대한국민"은 추인했다. 하지만 그 과정을 주도한 제헌국회의원들에 대해서는 거의 완전한 물갈이를 요구했다. 제헌국회의원들 가운데는 오로지 31명만이 재선되었고, 특히 새로 당선된 무소속 의원들 가운데는 조소앙, 안재홍, 원세훈, 장건상 등 2년 전 제헌국회를 구성하는 총선거에 참여하지 않았던 중도파 인사들이 포함되어 있었기 때문이다. 만약 제헌헌법이 원래의 초안대로 내각책임제 정부형태를 채택했다면 5월 30일의 총선거는 당연히 정권교체를 가져왔을 만한 결과였다. 제헌헌법은 추인하되 그 아래서 권력을 운용하는 인물과 세력은 바꾸겠다는 것이 5월 30일의 총선거에 나타난 "우리들 대한국민"의 정치적 의사였던 것이다.

그러나 유감스럽게도 대한민국의 헌정사에서 "우리들 대한국민"의 이와 같은 정치적 의사는 제대로 관철될 수 없었다. 그 이유는 크게 다음의 세 가지로 요약된다. 첫째, 1950년 6월 19일 시작된 제2대 국회가 조직을 완료하기도 전에 한국 전쟁이 발발했기 때문이다. 이로써 통상적인 권력기구를 통해 헌법제정기의 이행기적 과제를 수행하려던 제헌헌법의 전제가 무너졌고, 그 대신 집단적 생존을 지고지선의 목표로 내세우는 전시긴급정부체제가 수립될 수밖에 없었다. 둘째, 이 과정에서 1950년 5월 30일 총선거에 표현된 "우리들 대한국민"의 정치적 의사가 왜곡되었기 때문이다. 많은 국회의원들이 피살 · 납북 · 실종된 상황에서 제2대 국회는 당분간 전시긴급정부체제하의 위축된 국회의 역할을 받아들일 수밖에 없었다. 셋째, 전시긴급정부체제의 수립을 통하여 대통령의 권력이 극적으로 강화되었기 때문이다. 기실 1950년 5월 30일 선거의 결과는 제헌국회에서 선출된 이승만 대통령에게도 상당한 타격이었지만, 한국 전쟁의 발발은 오히려 비상입법권한(제57조)의 행사를 통해 대통령의 권력이 극적으로 강화되는 결과를 낳았던 것이다.

이러한 맥락에서 한국 전쟁의 종전을 전후하여 시도되었던 제헌헌법에 대한 두 차례의 헌법 개정을 평가해 보자. 단적으로 말해서 이 헌법 개정은 민주적 의회의 우위를 통하여 사회경제적 평등을 추구하려던 제헌헌법의 수정과 보완으로 평가될 수 없다. 오히려 그것들은 1950년 6월 25일 이후 수립된 전시긴급정부체제가 스스로를 헌법의 이름으로 제도화한 과정으로 평가하는 것이 마땅할 것이다. 그 가운데 대통령직선제와 상원의 설치를 결합한 1952년의 제1차 헌법개정(소위 '발췌 개헌')이 '민주적 의회의 우위'라는 제헌헌법의 권력구조상 특징을 변경한 것이었다면, 초대 대통령에 대한 중임제한철폐와 시장경제질서의 천명을 결합한 1954년의 제2차 헌법개정(소위 '사사오입 개헌')은 '사회경제적 평등의 추구'라는 제헌헌법의 가치적 지향의 특징을 변경한 것이었다. 이 두 차례의 헌법 개정으로 인하여 그 이후 대한민국 헌정사는 분단 체제를 전제로 진행될 수밖에 없었고, 비록 미완의 실존으로 출발했으나 민주적 의회의 우위를 통해 사회경제적 평등을 추구하고자 했던 "우리들 대한국민"의 민주공화국 프로젝트 역시 그러한 한계 속에 머무를 수밖에 없었다. 한마디로, 헌법의 이념이 헌법의 현실을 바꾸는 것이 아니라, 도리어 헌법의 현실이 헌법의 이념을 바꾸는 사태가 대한민국 헌정사에 발생했던 것이다.

## V. 소위 '87년 체제의 극복에 관하여 제헌헌법이 가지는 의미

이러한 관점에서 최근 한국 사회에 소위 '87년 체제의 극복을 주장하는 목소리들이 줄기차게 제기되고 있는 것은 매우 주목해야 할 현상이다. 적어도 그러한 목소리들에는 1987년 6월 항쟁을 통하여 수립된 '87년 체제가 제헌헌법으로 상징되는 소위 '1948년 체제'가 아니라 한국 전쟁의 종전을 전후하여 벌어진 두 차례의 헌법 개정에 의해 상징되는 '분단 체제'의 복원이라는 점이 분명하게 표현되고 있기 때문이다. 좀 더 명확하게 말해서 '87년 체제는 분단 체제 속에서 지속적으로 패권을 다투었던 '개발독재

노선'과 '민주화노선'의 타협을 상징한다고 볼 수 있다. 따라서 분단 체제 그 자체의 극복을 지향하려는 입장에서는 당연히 그와 같은 타협을 넘어서려는 시도에 주목하게 되고, 그 맥락에서 대한민국 헌정사가 분단 체제에 완전히 포섭되기 이전의 시대를 상징하는 제헌헌법이 관심의 대상이 되는 것은 자연스런 일일 것이다.

이 글에서 살폈듯이 "우리들 대한국민"의 민주공화국 프로젝트로서 제헌헌법의 가치는 대단히 주목할 만하다. 자유, 민주, 공화의 이념에 터 잡아 근대적 헌정주의 또는 자유민주주의의 여러 가지 제도를 구비했다는 일반적인 의미에서도 그렇지만, 민주적 의회의 우위를 통해 사회경제적 평등을 추구함으로써 대한민국을 재건하고자 했던 제헌헌법의 고유한 특징을 복원한다는 좀 더 특수한 의미에서도 그러하다. 1987년의 제9차 헌법 개정(현행 헌법)에 이르기까지 민주적 의회의 우위는 대통령 독재나, 지역수의에 기초한 정당체제, 헌법재판소를 경유한 정치의 사법화 등에 의하여 여전히 회복되지 않고 있으며, 사회경제적 평등의 추구라는 가치적 지향성은 오히려 제헌헌법 당시보다 퇴행했다고도 볼 수 있기 때문이다. 따라서 이와 같은 평가에 동의하는 한, '87년 체제의 극복을 위하여 제헌헌법 또는 1948년 체제의 부활을 생각하는 것은 충분히 고려해 볼 만한 방향일 것이다.

물론 그렇다고 해서 민주공화국 프로젝트를 시작한 초기의 상황에서 제헌헌법 그 자체가 가질 수밖에 없었던 몇 가지 한계들이 간과되어서는 안 될 것이다. 예를 들어, 대한민국의 재건을 조기에 이루기 위하여 제헌헌법이 불가피하게 중앙집권주의적 편향을 노정했으며, 그 결과 민주공화국 프로젝트의 필수적 구성요소인 풀뿌리 지방자치가 매우 약화될 수밖에 없었던 점은 반드시 확인할 필요가 있다. 또한 국제평화주의의 적극적인 수용에도 불구하고 제헌헌법의 주어인 "우리들 대한국민"이 상당히 민족주의적이고 국적주의적인 함의를 내포하고 있다는 점 또한 정치적 정체성의 다원적, 다층적 이해가 불가피한 21세기의 상황에서는 반드시 재고할 필요가 있을 것이다. 그러나 이 두 가지 점보다 더욱 근본적인 차원에서 제헌헌법의 텍스트를 규정하고 있는 한계는 앞서 언급했듯이 "우리들 대한국민"의 실존적 한계이다. 총 300석의 제헌국회의석 가운데 100석에 해당하는 이 공백을 채우려는 헌법적 실천이 전개되지 않는 한, 제헌헌법의 텍스트만을 가지고 '87년 체제의 극복에 지침을 마련하려는 노력은 한계에 부딪힐 수밖에 없을 것이다.

# chapter 12 다문화주의, 인정의 정치학, 그리고 '선한 경쟁'의 정치학[1]

송재룡(경희대학교 사회학과 교수)

## Ⅰ. 다문화주의의 정치학

20세기 후반 이후 문화 다원적 현상에 대한 인식이 전 세계적으로 확산되면서 다문화주의에 대한 논의가 활발하게 일어나고 있다. 다문화주의는 주로 정치적 또는 경제적 이유에서 비롯되는 다양한 유형의 이주를 통해 지구적으로 증대되고 있는 인종·문화적 다양성을 인식하게 되는 현실에서 비롯된다. 다문화주의 주제는 개인과 사회공동체의 단위 모두에서 심리적, 문화적 및 역사적 차원의 다양한 주제로 연결되면서 더욱 광범위하게 확산되고 있다.

문화적 다원성(다양성)의 주제가 인문·사회과학에서의 방법론 논쟁과 연관해 인식론적으로 뜨겁게 다뤄진 것이 지난 1960, 70년대이다. 당시 '타문화 이해'의 주제와 관련해 쟁점화되었던 합리성, 상대성, 보편성 등과 같은 인식론적 주제들은 이후 후기구조주의와 포스트모던 담론의 본격적 등장과도 불가분의 관계를 가진다.

---

1 이 글은「사회이론」35권(2009년)에 실렸던 것으로, 크게 수정 보완해 여기에 싣는다.

다문화주의는 타자의 정체와 가치에 대한 인정 또는 관용의 수사학을 전제한다. 따라서 특정의 가치관이나 삶의 유형을 절대적 보편기준으로 삼지 않고 타자 또는 타 집단의 가치관이나 삶의 유형에 대한 정체성을 '인정하는' 상대주의적 입장과 태도를 바람직한 것으로 여긴다. 이 입장은 현대사회의 제도와 체계에도 적극적으로 반영되고 있으며, 일상적으로도 상식적 매너나 자명한 공리의 위상을 획득해 가고 있는 것으로 보인다.

하지만 타자 또는 타 문화의 정체와 가치에 대한 인정의 정치학의 논리는 적어도 다음과 같은 두 가지 문제를 야기한다. 그 하나는 인정(또는 관용)의 정치학의 논리에는, 인정하는 주체와 인정받는 대상 사이에 권력 기제가 작동할 수 있다는 점이다. 주체는 인정을 베푸는 시혜자이고 대상자는 그 시혜를 입는 수혜자의 관계가 되면서 권력이 작동하게 된다는 것이다. 이 권력의 기제는 개인 대 개인의 관계뿐만 아니라 국가나 민족 간의 관계에서도 작동될 수 있다. 실제로 인정에의 기대가 부지불식간에 동화(assimilation)에의 요구로 나타나는 경우도 적지 않다. 특히 대다수의 다인종사회의 현실에서 보이듯이, 법적 또는 경제적 이해관계가 작용하는 환경의 경우에는 인정에의 기대가 보다 쉽게 동화에의 요구로 전환되어지는 현상이 나타난다.

다른 하나는, 이 인정의 정치학이 불가피하게 이른바 "모든 것이 통한다(anything goes)."는 도덕적 및 문화적 상대주의의 딜레마를 야기한다는 것이다. 이 상대주의의 딜레마는 다양한 영역과 차원에서 발생한다. 본문에서 자세히 다루고 있듯이, 실제로 개인적 및 집합적 삶의 다양한 현장이나 국제정치의 관계 속에서 이 인정의 정치학의 논리가 아전인수식으로 이용되고 해석되고 있는 현실을 직시할 때 이 문제는 자못 심각하다.

이와 같은 인정의 정치학 테제의 딜레마는 이 테제가 등장한 1990년대 이후 줄기차게 지적되어 왔다. 하지만 이와 같은 비판들은 대부분 인정의 정치학의 개념에 대한 문화 언어학적 및 해석학적 이해가 부족한 데서 기인한다고 보여진다. 이 글이 테일러에 기대어 주장하고 있듯이, 인정의 정치학의 테제에는 자아의 구성과 그 자아의 도덕적 원천에 대한 문화 · 언어적 및 공동체주의적인 이해가 전제되어 있다. 이 이해를 명료화하기 위해 이 글은 '선한 경쟁의 정치학(politics of good competition)'이라는 개념을 제시한다. 선한 경쟁의 정치학의 개념은 인정의 정치학이 함의하고 있는 일종의 해석학적 가치평가의 틀을 좀 더 이해하기 쉽게 개념화한 것이다. 이에 대한 이해를 통해, 인정의 정치학에 대해 내려진 도덕적 상대주의와 권력 기제의 작동가능성에 대한 혐의는 결국 인정의 정치학 개념에 대한 깊이 있는 이해의 부족에서 기인된 것이라는 통찰이 가능해진다.

글의 구성은 크게 세 부분으로 나눠진다. 첫째 부분에서는 다문화주의 현상에 대한 인식의 등장 배경과 관련 기초 개념들에 대해 검토한다. 둘째 부분은 다문화주의의 정치철학 논리인 인정의 정치학의 도덕철학적 기초에 대한 검토를 통해, 인정의 정치학의 딜레마로 일컬어지는 도덕 상대주의 문제 그리고 권력 기제의 작동과 이에 따른 윤리적 보편주의의 혐의에 대해 검토한다. 마지막 부분에서는 문화 · 언어학적 해석학의 시각에 기초해 '선한 경쟁의 정치학'이라는 개념을 제시한다. 이 개념은 앞에서 언급한 두 가지 딜레마를 넘어 인정의 정치학이 이른바 해석학적 순환을 가능하게 하는 상생적 대화의 정치학으로 기능할 수 있다는 주장을 가능하게 해준다.

## Ⅱ. 다문화주의 담론의 등장과 개념적 함의

다문화주의는 전 지구적으로 확산되고 있는 문화 다원적 현상, 곧 다양한 인종 · 문화 · 이념 · 종교 · 민족 · 젠더 등과 같은 문화적 단위들의 공존현상에 대한 인식론적 및 규범적 입장이나 태도의 경향을 말한다. 여기서 말하는 다원적 문화현상은 넓게는 특정 국가 경계 내에서의 다양한 집단이나 조직들의 공존현상, 좁게는 예컨대, 지역공동체, 학교, 일터 등과 같은 조직이나 집단 내에서의 다양한 하부 단위들의 공존현상과 관련된다.

다문화주의는 혼용되고 있는 문화다원주의(cultural pluralism) 개념과는 구별된다. 문화다원주의는 개개 문화의 고유성이 유지된다는 전제 아래 복수의 문화들이 상호 고유성을 인정하는 선에서 조화롭게 공존하면서 교류한다는 현상을 인식하는 개념이다(김의수, 1999). 쉽게 말해, 문화 다원적 현상들이 존재한다는 인식과 그럼에도 불구하고 '개별 문화의 고유성 유지'가 가능하고 또 마땅히 그래야 한다는 사실적 판단만을 전제로 하는 개념이다. 하지만 글로벌화가 광범위하게 확산되면서 심화되고 있는 혼성성(hybridity)의 추세를 감안할 때, 이 문화다원주의 개념은 시대적 적실성을 제대로 반영하고 있지 못하다. 더욱이 이 개념의 이면에는 자문화중심주의라는 편향적 기준이 작동할 수 있는 가능성이 잠재되어 있고, 따라서 인정에의 기대가 동화에의 요구로 전환될 수 있는 가능성 또한 잠재되어 있다고 볼 수 있다.

개념상의 의미는 다양하지만,[2] 기본적으로 다문화주의는 다양한 유형의 문화들이 나름대로의 고유한 가치와 의미를 토대로 공존하고 있다는 사실을 수용하며 또한 평등과 상호존중의 원리를 따라 그 각각의 고유한 가치와 삶의 유형을 규범적으로 인정해야 한다는 입장을 지향한다. 그러나 이 인정은 개개의 문화유형의 정체에 대한 '사실적' 인정이지, 그 개개의 문화유형에 모두 동일한 가치—곧 보편화 가능한 가치—를 부여한다는 의미의 인정과는 다르다. 이 점은 아래에서 다루고 있듯이, 다문화주의에 가해

---

2 Kincheloe와 Steinberg의 분류에 의하면 다문화주의는 i)보수적 다문화주의(conservative multiculturalism), ii)진보적 다문화주의(liberal multiculturalism), iii)다원적 다문화주의(plural multiculturalism), iv)좌파원리주의적 다문화주의(left-essentialist multiculturalism), v)비판적 다문화주의(critical multiculturalism)로 구분된다(김성곤, 2002: 43-49, 재인용).

지는 도덕 상대주의 혐의와 관련해 아주 중요한 함의를 담고 있다.

다문화주의 담론의 씨앗이 될 수 있는 문화적 다양성에 대한 인식이 심각하게 대두하기 시작한 배경은 대부분 근대의 시작과 연관된다. 우선 19세기 중반 이후 서구를 중심으로 활발하게 이뤄진 원거리 항해를 통한 타 문화권과의 접촉이 증대하게 된 배경을 들 수 있다. 기계동력에 기초한 원거리 항해술의 발전으로 단편적 기록이나 상상과 편견으로만 정의되던 타 문화(문명)권에 대한 사실적 접촉들이 광범위하게 이뤄지게 되면서, 더욱더 광범위한 문화인류학적 및 사회학적 지식과 정보의 축적이 이뤄졌다. 그리고 무엇보다도 인쇄문화의 발달로 이전에는 극히 소수의 엘리트에게만 독점되었던 타 문화에 대한 지식/정보에 대한 접근이 일반 대중에게도 열려지게 되었다.

이에 따라 서구중심주의적 근대주의 역사관—인종, 종교 및 문화를 보는 시각—의 한계(문제)에 대한 자성적 인식이 촉발되게 되었다. 이 인식 전환은 서서히 민족국가의 이데올로기, 곧 순수 혈통과 단일민족 신화에 기초하여 인종 · 문화 · 언어 집단을 통합하려는 단일민족국가(single-race nation) 형성의 비전에 대한 기각으로 이어져 갔다.[3]

20세기 중반에 들어 교통 통신 및 운송 수단의 획기적 발달은 서구중심의 문명관에 스며들어 있던 이와 같은 단선적 민족관 및 역사 · 문화관의 한계와 문제를 인식론적으로 뿐만이 아니라 사실적으로도 드러내게 만들었다. 그리고 20세기 후반 이후의 세계화와 국제 노동력 인구의 이동은 이와 같은 사실적 전환을 더욱 급속하게 심화시켰다. 물론 이와 같은 배경들과 더불어 다문화주의 인식이 사회정치적 쟁점으로 다뤄질 수 있었던 또 다른 배경은 계몽주의 이후 서구적 근대화의 기획을 따라 보편화되어 온

---

3 이 전환은 앤더슨이 말하는 '상상의 공동체(imagined community)'라는 이데올로기 형성의 설득력 구조와 토대가 취약해지는 상황과 조건을 의미한다(김비환, 2007: 322 재인용).

자유, 평등, 권리 등과 같은 근대 민주주의 원칙들의 보편화와 이들의 제도화이다(킴리카, 2006; 김비환, 2007: 323-324).

다문화주의 쟁점이 인식론적 논의의 경계를 넘어 인종, 문화, 이념, 종교, 젠더 등과 같은 집합적 · 물리적 · 공간적 · 정치경제적 주제들과 맞물려 '사회적 사실'의 문제로 부각된 것은 70년대부터이다(구견서, 2003; 김비환, 2007). 곧 1970년대 호주의 이민자개방정책에 대한 사회적 논쟁과 캐나다 퀘벡주 분리독립문제를 둘러싼 논쟁을 통해서 다문화주의가 규범적 또는 가치 평가적 담론의 형식으로 세간의 주목을 끌기 시작한 것이다. 이후 1990년대 서유럽의 다민족(인종) · 다문화 국가들에서의 소수자 인종 및 문화 집단들의 권리 및 정체성 인정 관련 논쟁의 시작과 더불어 전 세계에 섬처럼 산재해 있던 소수민족과 원주민들의 존재 및 이들의 전통문화 가치에 대한 인정 주장들이 봇물처럼 터져 나오게 되었다.[4]

오늘날 이후 여러 국가 사회에서 다종다양한 소수자 집단들—인종(이민자, 난민, 유색인), 종교(종교적 소수자-유사종교 집단들), 문화(장애인, 대안가족), 민족(소수민족, 토착원주민), 젠더(여성, 동성애자), 직업(유학생, 중장기체류자, 매매춘업종사자), 질병환자(에이즈환자)—에 대한 사회적 관심과 인권 차원의 제도적 배려의 필요성들이 논의되면서 다문화주의 테제는 더욱 더 사실적 문제로 다가오게 되었다.

한국 사회도 1990년대 이후 지속적으로 증가해 온 외국인 근로자, 결혼 이민자, 탈북새터민, 그리고 성적 소수자와 같은 소수자 집단들의 정체에 대한 인정 요구가 지속적으로 증대하고 있다. 최근 우리가 일상적으로 친숙하게 사용하는 '똘레랑스'라든지 '다문화 가족' 등과 같은 용어들은 이와

4 지난 90년대 구 소련의 사회주의체제의 붕괴로 인해 도미노현상으로 나타난 동유럽 지역의 구 소련 연방 국가들이나 유고공화국의 분리과정에서 발생한 극심한 인종, 민족 및 종교 갈등의 문제들도 이와 같은 추세를 반영한다고 볼 수 있다. 인종민족 분리주의적 색채를 강하게 드러낸 바 있는 이 문제들로 인해 다문화주의는 국제정치 관계의 중요한 쟁점으로 부각되었다(킴리카, 2006: 466).

같은 사실적 변화의 일면을 잘 보여준다. 이와 같은 변화의 급진적 일면을 보여주는 예는 한국 사회가 오랫동안 문화정서적 차원에서 민족주의적 집합 기억으로 단단하게 고착해 왔던 한민족(韓民族)이라는 단일민족국가(single-race nation) 신화에 대한 탈신화화의 요구가 서서히 일어나고 있다는 점이다(Song, 2007).

오늘날 다문화주의 가치, 태도와 입장은 개인과 사회를 불문하고 마땅히 취해야 할 일종의 공리로 받아들여지고 있다. 인식 및 실존의 측면 그리고 개인, 사회, 국가의 측면 모두에서 다양한 문화의 혼재와 공존은 이미 되돌릴 수 없는 사실이 되었다. 문화적 동일화의 논리를 고집해 타 문화나 다양한 소수자 집단의 개별적 정체를 무시하는 것은 일종의 문화적 폭력으로 간주된다.

여기서 다문화주의 테제의 개념적 함의에 대해 검토해 보자. 타 문화에 대한 깊이 있는 지식/정보의 축적과 이해를 통한 서구 중심주의적 문화관의 한계와 문제에 대한 통찰은 다양한 문화적 유형들, 예컨대, 인종, 도덕, 종교, 전통, 일상적 삶의 유형 등등에 관한 절대적 기준의 불가능성에 대한 논의, 곧 합리성, 상대성, 객관성, 보편성 등과 같은 인식론적 기초 개념들에 대한 논쟁으로 이어졌다(Wilson, 1970; Hollis and Lukes, 1982). 1960, 70년대를 거치며 일어난 논쟁을 통해 문화 해석과 관련해 타문화권의 가치와 차이가 그 어떤 서구적 기준으로 획일적으로 비교 평가될 수 없다는 통찰을 낳았는데, 이는 이른바 문화해석 영역에서의 '공약불가능성(incommensurability)'의 테제를 의미하는 것이기도 했다(Bernstein, 1983; Martin, 1991; Arbib and Hesse, 1986; Taylor, 1982; Winch, 1970a, 1970b). 물론 이 당시의 문화의 다원성 테제를 둘러싼 논의 경계는 지적·학문적 서클의 울타리를 벗어나지 못했다.

다문화주의 테제는 논리적으로 근대적 측면과 탈근대적 측면을 함께 함의하는 양면성을 갖는다. 우선 다문화주의가 함의하는 근대적 측면에 대해 검토해 보자. 이 측면은 자유주의적 가치, 곧 자유, 평등, 자율성, 권리

등과 같은 관념이나 원칙들을 지지하는 소수자 집단의 구성원들이 취하는 성향과 연관된다. 때문에 이들은 종종 아니 빈번하게 사회의 지배적 · 주류적 가치나 제도적 · 계층적 배제와 낙인에 대항하고 도전하는 급진적 성향을 드러낸다. 이 측면은 전 지구적으로 보편화되어 가는 시민 민주주의적 가치의 제도적 확산과 더불어 그 수사학적 정당성의 토대가 확장되고 있다고 할 수 있다.

다문화주의의 근대적 측면은 개인의 자유와 자율성에 대한 강박적 추구로 특징지어진다. 특히 행위 주체로서의 개인의 정체성의 강조라는 점에서 볼 때, 근대성의 서사인 '자율적 자아'의 관념과 불가분의 관계를 가진다. 근대성의 서사에 따라 적극적으로 추구되던 개인의 자유, 권리, 자율성 등과 같은 이념들 그리고 이를 반영한 사회 제도와 체계의 확장의 과정을 통해 개인의 정체성과 자율적 삶의 방식에 대한 인정 요구가 사회제도적으로 보장되고 확장되어지게 되었다.

하지만 이 자율적 자아의 보편화 가능성에 대한 야망은 오히려 자아의 내성에 대한 편향적 집착을 낳았다(Taylor, 1992). 개인들은 자아의 내성, 곧 '자기 충족적(self-sufficient)' 내성 또는 이성에 따라 자율적으로 통제하는 능력으로서의 내성을 강조하게 되는 경향을 갖게 되었지만, 동시에 역사적 · 전통적 · 문화적 권위의 요구로부터 이탈되거나 또는 자아의 구성과 존재론적으로 불가분하게 연관된 사회 · 문화적 유대의 장이나 공유된 의미질서와 절연되면서 개인의 내성적 자유만을 강조하게 되었다. 이 점에서 근대적 의미의 자아관은 '탈맥락적(disengaged)' 자아관이라고 규정된다(Abbey, 2000 : 84-86 ; Taylor, 1985 : 188-210).

이 탈맥락적 자아의 관념은 근대 문화 속에 가장 널리 확산된 자아의 유형이다. 실제로 이와 같은 유형의 자아의 개념에 기초한 주장, 사고 및 논의가 사회과학, 경제학 및 정치학 등과 같은 거의 모든 분야에서 상당한 설득력을 획득하게 되었다. 규범적 측면에서도, 자아 자체는 납득할 만한 도덕적 근원으로 간주되었으며, 따라서 자아에게 유의미한 질서감을 부여해 주던 전통적 도덕 유형들에 대신하는 유용한 도덕적 대안으로 인식되게 되었다.

테일러에 따르면, 이 상황이 바로 근대 합리주의 윤리관, 곧 '자아윤리(self-ethics)' 개념이 기초하고 있는 배경이다. 테일러는 이와 같은 상황들, 곧 의미 있는 삶의 배경이 되는 맥락적 지평을 상실하고, 더욱더 자아의 내성에 침잠해 들어가 탈맥락화되고 원자화된 위상을 부여받게 된 근대 자아의 상황을 '진정성의 윤리(ethics of authenticity)'의 잠재적 가능성이 '편향적'으로 전개된 상황으로 본다(Taylor, 1989: 25-29, 66-68, 1992).[5] 이 측면은 근대주의 프로젝트의 극단이 초래한 현대사회의 실존적 불안을 말하는 것이다.

다른 한편, 다문화주의의 논리는 탈근대적 서사와 강력한 친화성을 드러낸다. 이 탈근대적 친화성은 기본적으로 다문화주의가 문화적 다원성, 곧 존재하는 모든 유형의 문화의 개별적 가치와 차이에 대한 인정을 전제함으로써 자동적으로 서구 중심의 동화주의적 근대화 또는 단선적 근대화 논리의 한계와 비판에 대한 전제에서 나온다(김비환, 1996; 박이문, 2002; 정미라, 2005, 2008).

서구 중심의 동화주의 근대화 기획의 한 예가 '정상 시민권(normal citizenship)' 모델이다(킴리카, 2006: 455-456). 이는 주로 백인 이성애자인 중산층 남성을 표준으로 정해 이들의 문화를 '정상적' 삶의 유형에 대한 문화적 전형인 이른바 '국민문화 모델'로 삼아, 이와 상이하거나 차이가 있는

5 테일러는 자율적 자아의 가능성에 강박적으로 집착해 온 근대적 개인주의를 근대성의 병폐 중의 하나로 본다. 하지만, 진정성의 윤리 개념이 함의하는 도덕 주체의 자기 준거적 자유와 위엄의 관념을 긍정적으로 수용한다. 물론 이 긍정적 수용은 자아 밖의 외적 권위에 대신하여 자아의 내면적 자유와 위엄만을 편향적으로 강조하여 원자론적 의미의 '자기 이해(self-understanding)'의 능력만을 '진정적' 본성으로 강조하던 근대주의 윤리관의 편향적 경향성의 극복을 전제로 한 것이다. 진정성의 실현은 내면적 자아와의 도덕적 대면이 사회 · 역사 공동체적으로 형성된 의미의 지평과의 융합점을 공유할 때 가능해진다(Kitchen, 1999: 31-32; Morris, 1996: 228-232).

삶의 유형은 주변화되거나 배제되었다. 이 문화적 모델의 자기장 안에서는 문화적 다양성에 대한 관용의 철학이 성립될 수 없다.

바우만은 이와 같은 근대화 기획은 삶의 모든 영역에서 무질서를 몰아내고 투명한 인공적 질서를 확보하려는 근대성 서사의 비전에서 비롯되었다고 본다. 근대 서사는 질서의 설정과 보편화를 위한 '일치의 범주'에 들지 못하는 무질서하고 모호한 것들을 탈정당화하고 배제하는 성향을 강하게 드러내 왔다(Bauman, 1991, 1997: 5-16; Bauman and Tester, 2001: 71-98).

이 근대성 비전과 기획에 따라 근대 정부는 제도적·합리적 수단과 방법을 동원해 '동화'를 조장했으며, 이 논리에 맞추어 사물과 현상의 본래적 상태는 이항 대립적 구도에 따라 '적절한 것(the fitting)'과 '부적절한 것(the unfitting)' 또는 '유가치한 것(the worthy)'과 '무가치한 것(the unworthy)'으로 차별화되어 (재)범주화되었다. 전자의 범주에 드는 삶의 유형들은 '적자(the proper)'로 구분되어 수용되고, 후자의 범주에 드는 삶의 유형들은 '비적자(the improper)'로 구분되어 대체되거나 축출되었다(Bauman, 1991: 105; Bauman and Tester, 2001: 78-81).[6] 이렇게 볼 때, 다문화주의의 정치학은 기본적으로 근대적 동화주의 비전과 기획에 대항하고 비판하는 논리에 기초한다.[7]

이 점은 특히 다문화주의의 기초 논리가 타 문화 이해의 테제와 관련해 촉발되는 도덕 및 문화 상대주의의 논쟁과 관련해 탈근대 담론의 핵심 주제와 밀접한 관계를 가진다는 점에서 더욱 두드러진다. 이 부분은 아래에

---

6 홀로코스트(Holocaust)는 이와 같은 배제와 수용이라는 이항 대립적 구성에 충실했던 근대적 비전과 프로젝트가 수행한 대표적인 역사적 예이다(Bauman, 1989)

7 이론적으로 다문화주의는 근대적 동화주의 논리에 대한 대항 정치학의 성격을 갖는다. 하지만, 자세히 들여다보면 국가의 성격 및 역할과 관련해 다문화주의의 실천 측면은 그 이론적 전제와 다르게 나타나는 경우도 적지 않다. 이는 주로 정부가 정치적·정책적 판단에 따라 다문화주의의 논리를 인종 또는 문화의 다원적 단위들을 통합하고 각 단위들 간의 이견과 분열의 잠재력을 수렴하고 흡수하기 위한 통합전략의 일환으로 이용하는 데서 나타난다(구견서, 2003: 31-34).

서 인정의 정치학 테제와 함께 다루기로 한다.

## Ⅲ. 인정의 정치학

다문화주의의 정치철학적 논리는 '인정의 정치학'이다. 인정의 정치학의 개념은 "인간의 정체성은 주체와 객체 양자 간에 '대화적(dialogically)'으로 진행되는 상호 인정의 과정을 통해 구성된다."는 입장에 기초한다. 이는 기본적으로 한 개인의 정체성은 타자(타 집단)로부터 동등하고 유가치한 존재로 인정받는 과정을 통해 획득된다고 보는 자아의 정체성 구성 개념에 기초한 것이다. 따라서 불인정(nonrecognition) 또는 오인정(misrecognition)은 그 인정의 대상이 되는 타자에게 상처를 주고, 억압하고 허위의식에 빠지게 함으로써 그 타자의 존재 양식을 변형시킨다(Taylor, 1994: 25-37; Fraser, 2000: 109). 이렇게 인정의 정치학이 개인의 정체성의 형성과 불가분의 관계를 가진다고 보는 개념이라는 점에서 '정체성의 정치학(politics of identity)'이라고도 불리기도 한다.

인정의 정치학은 그 어떤 타자나 집단의 정체성 그리고 그에 따르는 삶의 유형이나 사고방식이 가지는 나름의 가치와 차이를 인정하고 수용하는 개념이다. 물론 이 인정과 수용의 과정에 반드시 그 대상에 대한 동의와 승인이 수반된다는 것을 의미하지 않는다.

프레이저는 인정의 정치학의 특징을 다음과 같이 규정한다(킴리카, 2006: 462-464; 이상환, 2006, 재인용). 우선, 인정의 정치학은 다양한 (소수)집단의 정체성이나 문화의 다양성에 대한 인정—존중, 존경, 품위에 대한 인정—을 추구한다. 따라서 '문화적 신분의 위계구조(cultural status hierarchy)'에 내재된 불평등, 곧 문화적 지배(억압), 불인정, 경멸 등과 같은 문화적 부정의(cultural injustice)의 해결을 목표로 한다. 이 점은 '사회 · 경제적 위계구조(socio-economic hierarchy)'에서 야기되는 경제적 착취, 배제, 주변화, 기회 박탈 등과 같은 사회 · 경제적 부정의(socio-economic injustice)를 해소하려는 이른바 '재분배의 정치학(politics of redistribution)'과 비교된다.

재분배의 정치학은 사회경제 구조의 불평등의 해소를 위한 투쟁의 정치학이다. 기본적으로 이 '사회경제적 위계구조'의 결정에 따라 '신분적 위계구조'가 종속된다는 시각에 기초한다. 경제적 불평등이 제거되면 신분적 위계 기제를 포함하는 문화적 불평등의 구조가 사라지게 될 것이라는 신념과 비전을 갖는다. 이 점에서 정통 마르크시즘은 재분배의 정치학의 기초 논리를 제공하는 원천이라고 할 것이다(킴리카, 2006: 461-463; Fraser, 2000: 110-112).

하지만 현실 사회의 경험을 통해 볼 때, 경제적 위계구조의 변수가 문화적 위계구조를 종속하지 않거나 아니면 양자 간에 일종의 정비례적 함수관계를 보이지 않는 경우들이 상존한다. 경제적으로는 부유한 계층에 속하지만, 문화적으로 낮은 위상을 갖거나 낙인찍힌 집단들이 적지 않다. 예컨대, 경제적으로 수준이 높고 지성적인 엘리트 동성애자 집단이나 부유하고 교육수준이 높은 유색인(황색 또는 흑색 인종) 집단들이 여전히 문화적 위계의 차원에서 여전히 낮은 사회적 위상을 부여받거나 혹은 낙인이 찍혀 있는 경우가 그것이다. 이는 경제적 평등의 달성이 곧 문화적 평등의 달성으로 자동적으로 이어지지 않는다는 것을 보여준다. 그리고 그 역도 또한 마찬가지이다(킴리카, 2006: 463-465).

물론 인간 평등의 실현이라는 시민 민주주의적 목표의 측면에서 볼 때, 재분배의 정치학과 인정의 정치학 양자 모두 요구되며, 따라서 서로 상호보완의 관계를 가진다고 할 수 있다. 하지만 재분배의 정치학은 적어도 20세기 진입 이후 지금까지 이념적으로 비판 · 성찰적 논의의 대상이 되어 왔으며, 아직도 불완전하기는 하지만 구조적으로도 예컨대, 소득 재분배나 노동 분업의 재편성 또는 투자결정의 규제 등과 같은 경제적 재구조화(reconstructing)를 추구하며 전개되어 왔다.

이에 비해, 인정의 정치학은 상대적 무관심의 기간을 거친 끝에 1990년대를 지나면서 최근에 이르러 정치사회 이론의 전면에 부각되었다. 하지만, 바로 이 점에서 인정의 정치학은 재분배의 정치학의 개념이나 가정 또는 방법론이 갖는 문제나 한계에 대한 기존 논의들의 경계를 성찰적으로 확장시킬 수 있다고 보여진다. 이 글이 인정의 정치학에 초점을 두는 이유가 바로 여기에 있다.

위에서 말한 대로, 인정의 정치학은 다양한 소수자 집단의 고유한 정체성과 문화적 특성에 대한 인정 투쟁을 지향한다. 한 사회 내의 다양한 신분 집단—특히 소수자 신분 집단—에 존중, 존경, 품위를 부여하고 그들 각각의 집단적 정체와 차이를 인정하고 수용하고자 한다. 이 점에서 인정의 정치학은 흔히 '차이의 정치학(politics of difference)' 또는 '동등 존엄성의 정치학(politics of equal dignity)'이라고 불리기도 한다.[8]

인정의 정치학은 이의 다른 표현인 '인정 투쟁(struggle for recognition)'과 같은 뉘앙스의 개념에서 볼 때(호네트, 1996), 위의 프레이저와 같이 자유주의적 정치철학자들이 규정하는 소수자 집단의 착취, 배제, 주변화, 기회 박탈 등과 같은 삶의 조건들을 해소하기 위한 유효한 수단과 방법으로서의 의미를 가진다.[9] 이 차원에서 볼 때, 인정의 정치학은 이전의 재분배의 정치학이 담당하기 어려웠던 문화 차원의 부정의와 불평등을 타파해 가기 위한 이 시대의 새로운 투쟁의 에토스를 구축해 주는 일종의 공리로서의 위상을 가진다고 볼 수 있다.

---

8 아래에서 다루고 있지만, 테일러는 '차이의 정치학' 또는 '동등한 존엄성의 정치학'은 모두 그 정치학의 전제에 일종의 본성주의(naturalism)의 입장에서 개개인(집단)의 모든 차이를 무시하고 모두 동일하게 존경과 존엄성을 부여해야 한다는 보편규범주의의 가정이 함의되어 있다고 본다(Abbey, 1999: 710-711; Cooke, 1997: 259-261; Taylor, 1994: 37-51).

9 하지만 호네트식의 '인정 투쟁'의 개념이 야기하는 주된 문제점은 이 논리가 기본적으로 희생자(victim)의 입장을 대변함으로써 인정 주체와 객체 양자 간의 상호호혜적 협력(collaboration)의 실천을 어렵게 한다는 점이다(Taylor, 1998).

이 측면은 현대사회의 일상의 영역에서 쉽게 목도된다. 다양한 노동운동이나 시민운동 예컨대 장애자 권익운동, 동성애자 인권운동, 여성운동, 외국인노동자 인권개선운동, 정치적 복권운동 등과 같은 특정 사회 내에서의 운동들뿐만 아니라, 소수 민족이나 인종 집단들의 국가적 단위의 인정 투쟁에 참여하는 개인이나 집단들의 동기와 목표는 이 맥락에서 나온 것이다.

인정의 정치학에서 요구되는 덕목은 인정 또는 관용이다. 하지만, 인정의 정치학의 작동 기제에는 은밀하게 권력 기제가 잠재해 있다. 곧 인정하는 주체와 인정받는 대상 사이에 작동하는 권력 기제의 문제가 있을 수 있다. 주체는 인정을 베푸는 시혜자이고 대상자는 그 시혜를 입는 수혜자의 관계가 되면서 부지불식간에 인정에의 기대가 동화(assimilation)에의 요구나 압박으로 나타나는 경우도 적지 않다는 것이다. 이는 주로 인정의 주체가 선진국인 경우 또는 국가적 통합전략을 정책적 기조로 세우고 있는 주체 국가의 경우에 나타난다(김선욱, 2009: 32).

특히 단일민족주의에의 집합적 정서가 강한 사회나 아니면 자문화의 전통에 대한 자부심이 강한 전통주의 엘리트 집단이 지배적 계급인 사회에서는 자신들의 문화적 진정성을 보존하고 수호해야 한다는 보수주의적 태도 때문에 인정을 꺼리는 경향이 나타난다(구견서, 2003: 32; 킴리카, 2006: 508). 권력 기제의 작동이 탈주체적이고 비가시적으로 교묘하게 발생할 수도 있다. 이는 인정의 정치라는 미명하에 특정 소수자 집단이나 문화를 고립시키는 경우를 말한다. 마치 70년대 미국 원주민 보호구역 운영의 논리처럼 소수민족이나 문화집단을 특정한 범주에 포함시켜 물리적 혹은 문화적이든 주류 집단에서 유리시키는 것을 말한다(장정애, 2008: 162).

이와는 다르게 킴리카가 지적하듯이, 인정의 주체와 대상 간의 권력 기제는 국가의 '선의의 무관심(benign neglect)'의 형식으로 나타나기도 한다. 선의의 무관심은 국가의 중립적 역할을 반영하는 덕목이기도 하지만, 이 과정에서 다수자 문화 집단의 우월성이 작용하면서 소수자의 정체와 문화에 대한 불인정이나 오인정이 일어나게 된다(킴리카, 2006: 477-481; Fraser, 2000: 119; Taylor, 1994: 25-26, 36-37). 킴리카는 이를 다수자 문화 집단의 유형을 퍼트리려는 시도에서, 그리고 그러한 문화에 대한 소수자 집단의 참여를 유도함으로써 결국은 자발적 동화를 이끌어 내기 위한 이른바 '국민 만들기'의 방법이라고 규정한다.

이렇듯 다문화주의 상황과 관련해 인정의 정치학의 실천과정에는 여러 위험들이 잠재되어 있다. 하지만 이러한 문제들은 인정의 정치학의 수사학과 논리에 내재된 문제라기보다는 이 정치학의 실천과정과 연관된 외부 환경적 요인들—국가적 및 정치사회적 상황과 조건—과의 관계 작용에서 초래된 것이다. 이와 같이 잠재된 위험이나 혼란의 측면들을 감안하면서, 인정의 정치학의 이상적 작동의 상황과 조건을 설정해 나갈 필요가 있다. 물론 그 이상적 작동 상황과 조건은 외부의 환경과 조응해 가는 잠정적인 것이어야 할 것이다.

이제 인정의 정치학의 수사학과 논리에 대해 가해지는 상대주의 혐의에 대해 검토해 보자. 인종적 및 문화적 차이와 다양성을 인정하고 관용을 지향하라는 인정의 정치학의 요구는 쉽게 문화 상대주의와 도덕 상대주의의 딜레마에 갇혀 버린다. 왜냐하면 인정의 정치학의 전제 그대로 다양한 가치관과 행위 유형들이 각기 나름대로의 가치를 마땅히 인정받아야 하는 것이라면, 누구나 동의할 수 있는 단일하거나 절대보편적인 가치 및 행위의 준거 기준이 있을 수 없다는 상대주의적 주장을 가능하게 하기 때문이다.

이 도덕 상대주의의 딜레마는 국제정치적 차원에서뿐만이 아니라 국가적 및 개인적 영역에서 쉽게 주목된다. 많이 거론되는 한국과 프랑스 간의 먹거리인 개고기-달팽이 논쟁과 같은 문제에서부터, (구)아프가니스탄 탈레반 이슬람 원리주의 정부의 극단적 여성관에 이르기까지 또는 개인의 자유로운 선택이라는 이름하에 주장되는 소수자 집단의 특정 약물복용의 문제, 개인의 취향과 선택이라는 미명하에 이뤄지는 근친상간이나 강간의 문제, 또는 아프리카 이슬람 문화권의 여성할례 문제, 육식금지 문제 등등 헤아릴 수 없는 크고 작은 문제들이 도덕적 또는 가치평가적 상대주의의 딜레마에 봉착해 있다.

또한 특정의 전통적 · 이념적 가치를 내세워 정치적 반대자들을 무자비하게 탄압하고 시민의 자유를 억압하는 국가정치행위들 또한 인정이나 관용에의 수사학을 통해 정당화를 시도하기도 한다. 사실 북한의 정치체제에 대한 인정의 요구를 주장하는 남한 내의 진보적 정치단체들의 요구가 계속해서 보수적 정치 집단에 의해 발목을 잡히는 이유도 단순히 사회주의 이념의 비호감 때문이기보다는 바로 이와 같은 규범적 상대주의의 딜레마 때문이라고 볼 수 있다.

이와 같은 다문화주의의 가치 및 규범 상대주의 문제 때문에 다문화주의와 인정의 정치학 논리 그 자체에 거부를 나타내는 사람들도 적지 않지만 그 정반대의 이유, 곧 다문화주의 인정의 정치학에 대한 과도한 신봉 때문에 정부의 간섭이나 정책을 거부하는 진보적 성향의 사람이나 집단들도 존재한다.

주지하듯이, 다문화주의와 인정의 정치학의 입장을 변호하는 사람들은 이와 같은 문제들에 대한 답을 손쉽게 제시하지 못하고 있는 듯하다. 이 딜레마는 개개 집단이나 문화의 가치와 차이를 인정하고 존중해야 한다는 인정의 정치학의 당위적 요청만을 중시한 채로 머무는 데에서 나온다. 이 단계에서 더 나아가 인정의 정치학이 성립하기 위한 대 전제인 '상호주관적 관계의 보편주의적 요구'가 현실적으로 실천(작동)되지 못한다는 데서 나온다(장은주, 2003).

물론 이 보편주의적 요구는 관계성에 대한 것이지 인간의 보편적 위엄과 같은 어떤 본성(nature)의 단위를 전제하고 이의 준거화를 의미하는 것은 아니다. 테일러는 이와 같은 상호주관적 관계의 보편주의적 요구를 가다머의 해석학적 이해를 따라 당사자(집단) 개개의 문화적 지평이 상호 간에 끊임없이 융합되어 가는 순환의 과정으로 이해할 것을 제안한다(Taylor,

1994: 72-73). 이는 인정 주체 자체의 존재론적 지평에 기초하되 인정의 대상이 되는 타자의 지평에 대한 끊임없는 개방의 태도를 전제로 한다.

## Ⅳ. '인정의 정치학'에서 '선한 경쟁의 정치학'으로

테일러는 인정의 정치학이 논란의 중심에 있는 도덕 및 문화 상대주의와는 다르다고 본다. 상대주의의 입장은 제반 삶의 유형이나 사고방식들이 자동적으로 똑같은 평등한 가치를 가진다고 보며, 따라서 그 어느 것도 문제가 될 수 없으며 따라서 동일한 '정상성' 또는 '존엄성'의 당위적 부여에 강박적으로 집착하게 된다. 테일러는 오랜 기간 동안 특정한 사람들이 집합적으로 누려온 개개의 문화 양식은 그 나름의 합리성과 가치를 지니고 있기 때문에 그 정체를 인정받아야 하지만, 그렇다고 해서 그 모든 문화들에 기계적으로 동등한 의의를 부여할 수는 없다고 본다(찰스 테일러 · 윤평중, 2002).

따라서 인정의 정치학은 그 어떤 (집단의) 문화적 삶의 유형도 그 나름대로 세상을 살아가는 방식으로서의 가치를 갖는다고 인정한다. 그러나 그 인정은 각각의 문화적 유형이 갖는 고유성과 차이에 대한 '사실적' 인정이지, 그 각각의 문화 유형에 모두 동일한 가치를 부여하는 방식의 인정의 의미는 아니다(Abbey, 2000: 135-141; Taylor, 1994). 이 말은 모든 문화에 그 나름의 고유한 가치가 있다는 사실적 판단과 그에 따른 인정이 그것 때문에 당위적으로 모든 문화에 동일한 가치를 부여하는 상대주의로 연결되어서는 안 된다는 것을 의미한다(Taylor, 1994; 정미라, 2005). 이 입장은 탈근대주의의 가치/도덕 상대주의 입장과는 전적으로 다른 것이다. 후자는 그 어떠한 유형의 문화도 동일한 가치를 갖기 때문에 규범적 판단을 통한 가치평가가 있을 수 없다는 입장인 데 반해, 전자는 무차별적 몰가치성의 인정이 아닌 개개 문화의 고유성과 특수성의 가치에 대한 인정에 머문다는 것이다.

이 입장은 두 가지 점을 시사한다. 하나는 타 문화에 대한 개방적 태도의 요구이다. 이 태도는 바로 위에서 언급한 타자 문화의 지평에 대한 끊임없는 개방의 태도를 말한다. 이 태도는 타 문화에 대하여 자신의 관점과 선입견을 요구하지 않는 태도로서, 이는 가다머의 개념 그대로 이질적 문화 간의 상호주관적 '가치 지평의 융합'을 요구한다(Gadamer, 1975; Wranke, 1987: 68-69, 81-82). 이 지평의 융합은 열린 대화처럼 끊임없는 순환의 과정에 있게 된다.

이 점에서 인정의 정치학은 호네트주의자들이 주장하는 '인정 투쟁'의 개념과 큰 차이가 있다. 인정 투쟁의 논리에는 기본적으로 '희생자로서의 비판자(victim-accuser)' 대(對) '비난받는 압제자(accused-oppressor)'라는 대결 구도가 스며들어 있으며, 전자에 의한 후자의 승복을 전제한다. 때문에 인정 주체와 객체 양자 간의 신뢰와 헌신에 기초한 진솔한 상호 호혜적 협력(collaboration)의 실천을 어렵게 한다는 점이다(Taylor, 1998: 155-156). 더욱이 이 인정 투쟁의 논리에는 희생자(피압제자)의 실존과 역할을 대변하는 인식관념이 압제자의 인식관념보다 규범적 우월성을 점해야 한다는—더 나아가 그 희생자의 인식관념의 보편적 우월성으로까지 연결되는—입장이 은밀하게 전제된다. 이것은 마치 만하임이 규정한 바 있는 '총체적 이데올로기 개념의 특수적 파악'의 심리학이 작동하고 있다(Mannheim, 1936). 이 점에서 호네트의 인정 투쟁의 개념에는 위에서 이미 지적했던 '차이의 정치학' 또는 '동등 존엄성의 정치학'과 마찬가지로 본성론적 보편규범주의의 야망이 잠재되어 있다고 할 수 있다.[10]

10 사실 이 점은 독일적 계몽주의 전통을 비판적으로 이어받아 온 호네트와 같은 수정 비판이론가들의 이론적 가정과 방법론에 강하게 스며들어 있는 보편주의의 야망—이성과 합리성의 가능성에 대한—을 반영하는 것이다.

다른 하나의 시사점은 이 가치 지평의 융합의 순환과정은 문화 상호 간의 일종의 '선한 경쟁(good competition)'을 함의한다는 점이다. 이 점은 오해의 여지가 많을 수 있는 부분이다. 하지만 인정의 정치학을 통한 인정이 단순한 윤리적 요청이 아닌 사회적 규범으로 작동하기 위해서는 최소한의 보편적 윤리의 요청에 대한 대응이 요구된다.

이 점은 특히 인정 주체와 대상 간의 문제가 사적인 기호나 선택과 관련된 차이의 문제가 아닌 누구나 그 보편성을 인정하고 동의할 수 있는 문제, 예컨대 생사의 갈림길에 선 사람에 대한 구조문제 또는 아사를 앞두거나 절대적 빈곤 상태에 빠진 사람들에 대한 부조문제, 또는 심각한 인권의 유린 상태에 있는 사람의 보호에 관한 문제에서와 같이 보편적 윤리기준이 이견 없이 적용될 수 있는 문제의 상황에서는 인정 대상인 타자의 정체성과 문화 가치에 대한 인정이 전혀 상대주의의 문제를 야기하지 않는다(김선욱, 2009: 20-29).

하지만 인간 현실은 이처럼 간단명료하지만은 않다. 사적이고 순수한 차원의 개인적 기호나 취향에 따른 판단과 선택에서 기인되는 문제들이 수없이 산재해 있다. 따라서 이러한 예민한 문제 상황에서 택할 수 있는 최소한의 도덕적 기준이 요청된다. 이 요청은 '대화적 존재'인 인간에 대한 문화 · 언어학적 이해와 도덕적 실존의 공간에 서 있는 인간에 대한 통찰에서 나온다.

테일러는 언어와 문화를 개개인이 공동체적 삶을 살아가고 세상을 조망하는 데에 빼놓을 수 없는 필수불가결한 존재론적 구성 요소로 규정한다. 모든 공동체는 언어 그리고 그와 관련된 특징적 조합으로 구성되어 있으며, 그 공동체 정신의 구체화는 문화라는 형식으로 나타난다. 그리고 인간이 삶을 살아가는 모든 유형과 방법들, 곧 사고하고, 희로애락의 감정을 느끼며, 결정하고, 감동을 받고, 창조(파괴)하고, 타인과의 관계를 맺는 등의 모든 행위들은 바로 이 언어와 문화의 공동체를 통하여 이루어지며, 그 안에서 영속적으로 유지되고 존속된다(Taylor, 1985: 18).

인간이 필연적으로 도덕적 존재라는 입장은 모든 인간이 일상적으로 '강한 가치평가(strong evaluation)'를 수행하는 속성을 가진다는 이해에서 나온 것이다. 이 '강한 가치평가'는 질적이고 성찰적인 가치평가 기제이다. 이 기제에는 대안적 욕구, 대안적 행위과정 그리고 대안적 삶의 방식들이 갖는 가치 그리고 이와 관련된 보다 풍부한 언어들을 포함하고 있다(Taylor, 1985: 23-27; Smith, 1996: 105-106; Abbey, 2000: 17-26).[11]

도덕적 존재인 인간은 강한 가치평가의 기제를 통해 특정의 사물이나 현상에 중요성을 부여할 수 있게 되며, 따라서 어떤 삶의 유형은 바람직한 것—예컨대 선하고, 귀하고, 고상하고, 경탄할 만하고, 권장할 만하고, 유의미한 삶으로—으로 받아들여지게 되는 반면, 다른 삶의 유형은 바람직하지 못한 것—예컨대 악하고, 천하고, 멸시할 만하고, 권장할 만하지 못하고, 무의미한 하찮은 삶으로—으로 평가하게 된다.

이에 대한 이해를 돕기 위해 도덕 및 문화 상대주의 논쟁의 문제가 될 만한 예로 지난 수년간 논쟁의 불씨가 되었던 동성애자와 매춘행위자 집단에 대한 사회적 인정에 대해 얘기해 보자. 인정의 정치학은 한국 사회에서 그동안 냉대받고 차별받아 왔던 이 소수자 집단의 정체성과 삶의 유형을 인정하고 더 나아가 이들의 인권을 위한 제도적 조치를 강구해야 할 필요성을 부각시켰다는 점에서 의의가 있다.

하지만 문제는 이와 동시에 이들의 특정한 삶의 방식을 반드시 '정상적'인 것으로 인정해야 한다는 상대주의적 주장과 연관된다. 그 주장은 한 사회를 구성하는 여러 유형의 삶들이 각자 나름의 상대적 가치는 있지만, 그렇다고 그 모든 삶의 유형들이 획일적 평등의 가치를 가질 수 없다는 사실

---

11 이와 대조되는 개념은 '약한 가치평가(weak evaluation)' 이다. 약한 가치평가는 질적이고 성찰적인 가치평가과정을 포함하지 않는다. 이는 주관적 욕구나 느낌의 기준에 따라 행동하거나 평가할 때 드러나는 유형의 평가이다. 여기에서 무엇이 옳고(선한) 그른(악한) 것이냐에 대한 평가는 느낌이나 욕구의 충족 여부에 맞추어지게 된다. 이 점에서 약한 가치평가는 '도덕 감성주의(moral emotivism)'와 다르지 않다.

을 간과하는 데서 온다. 예의 동성애나 매매춘은 그 나름대로 세상을 살아가는 삶(행위)의 방식으로서의 가치를 가진다. 하지만 그 삶의 방식은 우리 사회를 구성하고 있는 또 다른 수많은 삶의 방식들과 경쟁하지 않으면 안 된다.

왜냐하면, 사람들은 항상 수많은 삶의 방식들 중에서 바람직하거나 또는 바람직하지 못하고, 귀하거나 또는 천하고, 고상하거나 하찮거나, 경탄할 만하거나 멸시할 만하거나, 권장할 만하거나 권장할 만하지 못하거나 하는 등의 질적 가치평가의 기준에 따라 특정한 삶의 방식을 비교우위적—대안적—으로 갈망하고 추구해 가기 때문이다. 따라서 바람직하지 못하고, 천하고, 하찮고, 멸시할 만하고, 권장할 만하지 못한 삶의 방식들은 선택의 경쟁에서 뒤로 밀리게 되기 때문이다. 이 비교우위적 선택은 삶의 모든 영역에서 나타난다. 대부분의 경우에 삶의 진행과정에서 다반사로 일어나기 때문에 그 가치평가적 선택의 중요성을 특별하게 인식하지 못하지만, 예컨대 인생의 방향을 정하거나 아주 중요한 판단과 선택을 해야 하는 경우에는 명료하게 인식된다.

이렇게 볼 때, 동성애나 매매춘과 같은 삶의 방식을 포함해 모든 삶의 유형과 방식에 획일적으로 평등한 정상성을 부여해야 한다는 보편주의적 논리는 문제가 있다. 만일 그렇지 않기 위해서는 그 특정의 삶의 방식이 남들에게 권장할 만한 정도의 질적 및 가치 평가적 위계를 가지고 있어야 할 것이다. 그렇지 못하다면, 단지 그 상대적 가치를 인정하는 수준에 머물러야 할 것이다. 이를 간과할 때, 그 획일적 정상성에 대한 강박적 요구는 이 사회가 지향해 가야 할 질적 · 가치평가적 삶의 지향과 목표를 하향화하는 것을 요구하는 꼴이 된다. 더욱이 이 입장은 헤어날 길이 없는 도덕 상대주의의 늪으로 사회를 몰아가는 꼴이 된다.

이렇게 볼 때, 인정의 정치학의 테제가 '강한 가치평가' 개념에 기초한 도덕적 인간관과 관련해 강하게 시사하고 있는 것은 일종의 '선한 경쟁의 정치학'이라고 할 수 있다. 곧, 인정의 대상이 되는 개개 집단들의 문화 양식들은 상호 간에 열린 태도의 선한 경쟁을 하지 않을 수 없기 때문이다. 물론 그 주된 이유는 인간이 실존적으로 도덕적 및 가치평가적 속성에 기초해 선택적 행위를 추구하며 살아간다는 통찰에서 나온다.

오늘날 다양한 문화양식들 간에 일종의 열린 '선한 경쟁'의 가능성이 더욱 커지고 있다. 점점 더 물리적으로나 심리적으로 가까워지는 오늘의 세계에서는 타 문화 양식들에 대한 더 많은 정보와 지식을 취할 수 있을 뿐만 아니라 직접 대면하고 체험할 수 있는 기회가 크게 증대하고 있다. 따라서 과거 그 어느 때보다 다양한 삶의 유형과 문화 양식들에 대해 보다 객관적 · 성찰적으로 열린 대화와 토론이 가능하고, 더 나아가 그들 각각에 대한 가치평가적 비교와 선택의 가능성 또한 크게 증가하고 있다(찰스 테일러 · 윤평중, 2002; Abbey, 1999: 712).

따라서 어떤 삶의 유형이나 문화양식은 좀 더 가치가 있고 바람직하고 추천할 만한 것으로 평가되는 반면, 다른 삶의 방식은 그렇지 못한 것으로 평가되어지게 된다. 이 강한 가치평가의 과정을 통해 덜 바람직하고, 천박하고, 권장할 만하지 못한 문화나 삶의 유형들은 '선택의 경쟁'에서 뒤로 밀리게 된다. 하지만 여기서 중요한 것은 이 선한 경쟁의 과정을 통해 선택된 문화나 삶의 양식이 절대성을 담보할 수 없다는 점이다. 따라서 그 선택된 문화나 삶의 양식은 타자에게 강요되지 못하고 잠정적 비교우위의 상태에 있을 뿐이다. 왜냐하면 이 '선택의 경쟁'은 끊임없이 순환되어야 하기 때문이다.

이렇게 볼 때, 인정의 정치학은 이와 같이 개방되고 선한 '선택의 경쟁의 정치학'의 논리와 기제를 그 안에 내포하고 있음으로써, 건설적이고 대안적인 타협과 절충을 도출해 나가는 대화의 정치학이자 상생의 정치학이 될 수 있다. 이는 다원화되고 분화된 현대사회가 지향하고 추구해야 할 이 시대의 상생의 정치학이다.

## Ⅴ. 맺음말

다문화주의적 실존은 세계화가 확산 · 심화되는 오늘의 지구적 상황에서 거부할 수 없는 사실로 다가온다. 다문화주의는 인종적 및 문화적 차이와 다양성을 인정하고 관용을 지향하라는 인정의 정치학을 그 정치철학적 방법론으로 삼는다. 하지만 이 글이 검토했듯이, 이 인정의 정치학의 요구는 쉽게 문화 상대주의와 도덕 상대주의를 초래한다는 혐의를 받는다. 왜냐하면 인정의 정치학의 전제 그대로 다양한 가치관과 행위 유형들이 각기 나름대로의 가치를 마땅히 인정받아야 하는 것이라면, 누구나 동의할 수 있는 단일하거나 절대보편적인 가치 및 행위의 준거 기준이 있을 수 없다는 상대주의적 주장이 가능해지기 때문이다.

하지만 인정의 정치학에 가해지는 이와 같은 상대주의 혐의와 비판은 인정의 정치학이 전제하는 개념적 함의들에 대한 깊이 있는 이해의 부족에서 기인한다고 보여진다.

인정의 정치학은 그 어떤 (집단의) 문화적 삶의 유형도 그 나름대로 세상을 살아가는 방식으로서의 가치를 가진다고 인정하지만, 이 인정은 그 각각의 문화 유형이 갖는 고유성과 차이에 대한 '사실적' 인정이지 그 각각 문화 유형에 모두 동일한 가치를 몰가치론적으로 부여하는 방식의 인정의 의미는 아니다. 쉽게 말해, 모든 문화에 대한 사실적 판단과 그에 따른 인정이 곧 당위론적 가치의 부여로 이해되어서는 안 된다는 것이다. 이 점은 인정의 정치학이 탈근대주의의 가치/도덕 상대주의 입장과는 전적으로 다른 것을 말해준다.

특히 테일러가 제시하는 인정의 정치학의 개념적 전제에는 문화 · 언어적 및 공동체주의적 입장이 강하게 함의되어 있다. 이 점은 자아의 정체성 구성과 그 자아의 도덕적 원천에 대한 이해를 통해 도달된다. 이 차원에 대한 이해를 위해서는 '선한 경쟁의 정치학'의 개념을 이해할 필요가 있다. 이 개념은 인정의 정치학이 함의하고 있는 해석학적 가치평가의 틀을 좀 더 이해하기 쉽게 개념화한 것이다. 이 개념은 실존적으로 '강한 가치평가'의 속성을 갖는 도덕적 존재로서의 인간(homo moralis)을 전제하며, 따라서 일상의 삶의 영위에서 모든 인간들은 보다 바람직하고 권장할 만한 더 나은 대안적 욕구와 행위 및 삶의 방식들을 추구해 나간다는 도덕적 판단과 선택의 논리와 기제의 작동을 주목한다.

인정의 정치학의 테제에 깊게 함의된 이 '선한 경쟁의 정치학'의 개념은 인정의 대상이 되는 개개 집단들의 문화 양식들은 상호 간에 열린 태도의 선한 경쟁을 하지 않을 수 없다는 전제를 깔고 있다. 다문화적 실존 상황에서 이와 같은 열린 '선한 경쟁'의 가능성은 더욱 커지고 있다. 이 과정을 통해 어떤 문화나 삶의 유형들은 '선택의 경쟁'에서 우위에 서거나 또는 뒤로 밀리게 된다. 그러나 이 선택의 경쟁은 마치 '해석학적 순환'과 마찬가지로 끊임없이 순환되어야 한다.

# 참고문헌

구견서, 2003, "다문화주의의 이론적 체계,"「현상과인식」, 27(3): 29-53.

김남국, 2005, "심의 다문화주의: 문화적 권리와 문화적 생존,"「한국정치학회보」, 39(1): 87-108.

김비환, 1996, "포스트모던 시대에 있어 합리성, 다문화주의 그리고 정치,"「사회과학」, 35(1): 205-236.

_____, 2007, "한국사회의 문화적 다양화와 사회 통합: 다문화주의의 한국적 변용과 시민권 문제,"「법철학연구」, 10(2): 317-348.

김선욱, 2009, "다양성과 관용,"「다문화 사회와 국제이해교육」, 유네스코아시아 · 태평양 국제이해교육원 엮음, 서울: 동녘.

김성곤, 2002, "다문화주의와 인문학 교육의 미래,"「철학과현실」, 52: 22-84.

김의수, 1999, "문화 다원주의와 21세기 인류의 철학적 지향,"「시대와철학」, 10(1): 158-187.

박이문, 1995, "시와 사유: 하이데거는 어째서 중요한가?,"「하이데거연구」, 1: 205-240.

_____, 2002,「역사적 전환기의 문화적 재편성」, 서울: 철학과현실사.

양해림, 2003, "문화 다원주의 시대는 보편적 정치윤리를 요구하는가?,"「철학연구」, 87: 225-249.

왈쩌, 마이클(Michael Walzer), 2004,「관용에 대하여」, 송재우 역, 서울: 미토.

이상환, 2006, "사회 정의와 정치적인 것의 차원: 프레이저의 정의론을 중심으로,"「사회와 철학」, 12: 127-156.

_____, 2008, "인정의 정치와 사회 정의,"「철학연구」, 107: 27-50.

장은주, 2003, "문화다원주의와 보편주의,"「다원주의, 축복인가 재앙인가?」, 74-109. 서울: 철학과현실사.

장정애, 2008, "세계화 시대의 국제 협력과 다문화의 시민 윤리: 프랑스의 문화 갈등 사례를 중심으로,"「현상과 인식」, 32(4): 148-169.

정미라, 2005, "문화다원주의와 인정윤리학,"「범한철학」, 36: 211-233.

_____, 2008, "여성주의와 다문화주의,"「철학연구」, 107: 51-68.

**킴리카, 윌**(Will Kymlicka), 2006, 「현대정치철학의 이해」, 장동진 역, 서울: 동명사.
**테일러, 찰스**(Charles Taylor) · **윤평중**, 2002, "찰스 테일러, 그의 철학을 말하다," 「철학과현실」, 55: 144-160.
**호네트, 악셀**(Axel Honneth), 1996, 「인정투쟁」, 문성훈 · 이현재 역, 서울: 동녘.

**Abbey, Ruth,** 1999, "Charles Taylor's Politics of Recognition: a Reply to Jonathan Selow," *Political Studies*, 47(4): 710-714.
__________, 2000, *Charles Taylor*, Princeton: Princeton Univ. Press.
**Arbib, M. A. and Mary B. Hesse,** 1986, *The Construction of Reality*, Cambridge: Cambridge University Press.
**Bauman, Zygmunt,** 1989, *Modernity and Holocaust*. Cambridge : Polity.
______________, 1991, *Modernity and Ambivalence*. Cambridge : Polity.
______________, 1997, *Postmodernity and its Discontents*. New York : New York University Press.
**Bauman, Zygmunt and Keith Tester,** 2001, *Conversation with Zygmunt Bauman*, Cambridge: Polity.
**Bernstein, Richard J.,** 1983, *Beyond Objectivism and Relativism: Science*, Hermeneutics and Praxis, Oxford: Basil Blackwell.
**Cooke, Maeve,** 1997, "Authenticity and Autonomy: Taylor, Habermas, and the Politics of Recognition," *Political Theory*, 25(2): 258-288.
**Fraser, Nancy,** 2000, "Rethinking Recognition," *New Left Review*, 3: 107-120.
**Gadamer, Hans-Georg,** 1975, *Truth and Method*, London : Sheed & Ward.
**Hollis, Martin and Steven Lukes,** 1982, *Rationality and Relativism*, Oxford: Basil Blackwell.
**Kitchen, Gary,** 1999, "Charles Taylor : The Malaises of Modernity and the Moral Sources of the Self," *Philosophy & Social Criticism*, 25(3): 29-55.
**Köker, Levent,** 1996, "Political Tolerance or Politics of Recognition: The Headcarves Affair Revisited," *Political Theory*, 24(2): 315-320.
**Mannheim, Karl,** 1936, *Ideology and Utopia : An Introduction to the Sociology of Knowledge*, London: Routledge & Kegan Paul.
**Martin, Rex,** 1991, "The Problem of Other Cultures and Other Periods in Action Explanations," *Philosophy of the Social Sciences*, 21(21): 345-366.
**Morris, Paul,** 1996, "Community Beyond Tradition," in Paul Heelas, S. Lash and P. Morris(eds.), *Detraditionalization*, 223-249, Oxford : Blackwell.
**Sacks, Jonathan,** 2003, *The Dignity of Difference: How to Avoid the Clash of*

*Civilizations*(new ed.), London: Continuum International.

**Smith, Nicholas H.,** 1996, "Contingency and Self-Identity: Taylor's Hermeneutics vs Rorty's Postmodernism," *Theory, Culture & Society*, 13(2): 105-120.

**Song, Jae-ryong,** 2007, "Towards a Politics of Recognition in a Multicultural Society(Discussion Paper)," *Multicultural Families in the Future Society*, 285-289, International Symposium on Multicultural Families, Seoul (30th March 2007).

**Taylor, Charles,** 1982, "Rationality," in Martin Hollis and S. Lukes(eds.), *Rationality and Relativism*, 87-104, Oxford: Basil Blackwell.

____________, 1985, *Human Agency and Language : Philosophical Paper 1*, Cambridge: Cambridge University Press.

____________, 1989, *Sources of the Self : The Making of the Modern Identity*, Cambridge : Cambridge University.

____________, 1992, *The Ethics of Authenticity*, Cambridge : Harvard University Press.

____________, 1994, "Politics of Recognition, in Amy Gutmann(ed. with intro.)," *Multiculturalism*, 25-73, Princeton: Princeton Univ. Press.

____________, 1998, "The Dynamics of Democratic Exclusion," *Journal of Democracy*, 9(4): 143-156.

**Wilson, Bryan R.**(ed.), 1970, *Rationality*, Oxford: Basil Blackwell.

**Winch, Peter,** 1970a, "The Idea of a Social Science," in Bryan R. Wilson(ed.), *Rationality*, Oxford: Basil Blackwell.

__________, 1970b, "Understanding a Primitive Society," in Bryan R. Wilson(ed.), *Rationality*, Oxford: Basil Blackwell.

**Wranke, George,** 1987, *Gadamer: Hermeneutics, Tradition and Reason*, Stanford: Stanford University Press.

# chapter 13 융합사회의 소통 합리성과 동양적 관점에서 본 새로운 공공-민간의 관계[1]

**박수호**(중앙승가대학교 불교사회학부 교수)

## Ⅰ. 문제제기

융합사회에 들어서면서 개인행위자들은 그들을 둘러싸고 있는 다양한 미디어들을 일상생활의 일부로 수용하면서 언제 어디서나 생활 속에서 자연스럽게 미디어를 이용하고 있다. 특히 인터넷을 중심으로 하는 융합미디어의 급속한 생활세계화 현상은 현실세계와 사이버세계를 더 이상 서로 분리된 영역이 아니라 상호의존적으로 연결된 단일한 생활공간을 구성하게끔 하고 있다. 이러한 변화 속에서 사람들은 사이버세계에서 현실세계와 거의 유사한 경험을 하고 있으며, 사이버세계에서의 경험은 현실세계의 정체성 및 사회적 관계에 새로운 변화를 추동하는 핵심 요인으로 자리잡아 가고 있다(민경배 · 박수호, 2009).

이와 같은 기술적, 환경적 변화의 흐름 속에서 융합미디어는 기존의 미

1 이 연구는 디지털 컨버전스 기반 미래연구 시리즈(Ⅰ) "융합미디어를 활용한 공공-민간 상호작용 확대방안 연구"의 일환으로 수행되었으며, 이 연구의 일부 내용은 정국환 · 김희연 · 박수호(2009)에 전재되었다.

디어가 충족시키지 못했던 소통의 욕구, 다시 말해 모든 사회구성 단위에서 제약 없이 자유로운 소통을 가능하게 함으로써 미디어사회의 출현을 이끌어 내고 있다. 거의 모든 사회적 관계가 미디어를 매개로 하여 이루어지는 상태를 의미하는 미디어사회에서 분산되고, 자율적이며, 욕구충족에 의해 스스로의 정체성을 정립하는 개인들은 관심사를 공유하는 새로운 인간관계와 집단지성에 의한 지식구조를 창출하면서 작고 끊임없는 상호작용을 통해 상호소통의 욕구를 적극적으로 추구하고 있다.

미디어사회는 인간과 미디어의 공진화과정을 거쳐 새로운 통합적 사회질서를 요구한다. 단선적 진보와 이성중심주의를 핵심 원리로 삼은 근대적 사유는 표준화, 단순화, 획일화로 점철된 근대사회의 폐해를 초래했으며, 이를 극복하기 위해 다양성과 차이를 강조하는 탈근대적 사유체계의 등장은 이질성에 대한 관용과 수용, 조합성 혹은 구성성을 중심으로 하는 퓨전 문화를 자연스러운 사회문화적 현상으로 여기게끔 했다. 미디어사회는 바로 이러한 탈근대적 사회 · 문화 구조에 조응하는 새로운 사회질서를 요구하고 있는 것이다. 융합의 논리는 미디어사회가 요구하는 새로운 사회질서의 핵심 논리이다. 분산되고 상호독립적으로 존재하면서 네트워크를 통해 부단히 이동하고, 필요에 따라 약한 연대로 긴밀히 연결된 개인들이 만들어 내는 모든 사회영역에서의 내파와 경계이완이 초래하는 교차, 침투, 섞임, 분화 등이 복합적으로 나타나는 것이 바로 융합의 논리이다.

다양한 구성 요소들의 역동적 상호작용과정에서 우연적으로 개입하게 되는 조합적이고 구성주의적인 피드백은 예기치 못한 새로운 결과를 만들어 내는 창발성의 원리는 미디어사회의 융합현상의 뿌리라고 할 수 있다. 개방과 피드백에 의한 상호침투와 그로 인한 비선형적 인과성은 창발성의 원리의 기본특징이다. 창발성의 원리와 융합의 논리에 뿌리내리고 있는 탈근대적 주체로서의 개인은 네트워크를 통해 끊임없이 상호소통하며 공감대를 형성하려 한다는 점에서 소통적 인간이라고 할 수 있다. 특히 편재하고 있는 미디어를 통해 관심이 가는 모든 이슈에 적극적이고 능동적으로 참여하고 교류하며, 교감을 시도하는 미디어사회의 개인은 소통지향적 생활방식을 담지하는 신종족으로서 호모 미디어쿠스로 규정할 수 있다. 이러한 호모 미디어쿠스의 출현은 새로운 사회구성 원리로서의 소통 합리성에 대한 관심을 유발하게 된다(김문조, 2008).[2] 이러한 문제의식 속에서 공공과 민간 영역의 상호작용이 어떠한 변화를 맞이하고 있는가를 검토하는 것이 본 연구의 기본주제이다.

## Ⅱ. 소통 합리성의 변화

### 1. 하버마스의 의사소통행위이론에 대한 개괄적 이해[3]

하버마스에 의하면 인간 해방은 '합리적 의사소통'을 통해 가능하다. 인간 사이의 의사소통은 언어의 의미 불완전성으로 인해 의사소통과정에서 필연적으로 왜곡되는데, 이러한 왜곡된 의사소통의 간격을 줄여 나가는 합리적 의사소통이 진행되면 인간 간의 갈등도 줄 것이라는 주장이다. 이러한 주장은 하버마스가 주창하는 '의사소통행위이론'에서 구체적으로 제시되어 있다. 하버마스에 있어서 의사소통행위란 상황에 대한 공통의 해석과 합의를 통해 조정되는 상호작용의 유형을 말한다. 이 행위유형에서 언어적 상호이해는 행위조정의 필수불가결한 수단이고, 그래서 언어적 상호이해에 내재하는 논리가 행위조정에서 힘을 발휘한다. 한편, 의사소통행

---

2 김문조는 이와 관련하여 근대사회가 하버마스가 주장하는 규범적 소통 합리성에 의해 규율되는 사회였다면, 향후 전개될 융합적 미디어사회는 인문주의적 소통 합리성을 근간으로 구성되어야 한다고 주장하고 있다(김문조, 2008).

3 이 절의 내용은 하버마스(2006a, 2006b)의 논의를 개괄적으로 요약, 정리한 것이다.

위에 대비되는 상호작용 유형은 전략적 행위이다. 이것은 상대방에게 영향을 미침으로써 자신의 목표를 달성하고자 하는 상호작용 유형을 말한다.

하버마스의 '의사소통행위이론'에서 거시적 혹은 구조적 분석을 위해 가장 중요한 개념은 '생활세계'와 '체계'의 개념이다. 사회화, 문화적 재생산, 사회통합처럼 반드시 언어적 의사소통을 통해서 행위조정이 이루어져야 하는 영역을 '생활세계'라고 하고, 권력과 화폐와 같은 비언어적 매체를 통해 행위조정이 이루어지는 영역을 '체계'라고 한다. 하버마스는 생활세계로부터 체계가 분리된다는 점에서 근대사회의 구조적 특징을 찾고 있다. 한편에서 그는 체계가 생활세계로부터 분리되는 것을 생활세계 합리화의 결과로 파악한다. 사회의 복잡성이 증가함에 따라 언어적 의사소통을 통해서만 행위를 조정하기가 어렵게 되고, 언어적 의사소통의 과도한 부담을 덜기 위해 반드시 언어적 의사소통에 의지하지 않아도 좋은 영역들이 독립하게 된다는 것이다. 이렇게 체계를 자립화시키면 체계는 더 큰 기능적 역량을 갖게 되고, 생활세계 역시 더욱더 언어적 의사소통의 고유한 논리에 따를 수 있게 된다. 그런데 다른 한편 체계와 생활세계가 분리되기는 하지만 생활세계는 여전히 사회상태 전체에 대해 정의를 내리는 틀이기도 하다. 어떤 영역을 어느 정도까지 체계의 논리에 맡겨둘 것인지를 정의하는 것은 생활세계에 달려 있는 것이다. 그래서 체계는 생활세계로부터 분리되기만 하는 것이 아니라 동시에 생활세계 안에 닻을 내려야 한다.

체계와 생활세계가 분리되면서도 동시에 체계가 생활세계에 닻을 내릴 수 있으려면, 체계와도 연결될 수 있고 생활세계와도 연결될 수 있는 특수한 연결고리가 필요하다. 하버마스는 법에 그런 역할을 부여한다. 법은 한편으로 제재력에 기초하여 행위를 조정하는 형식적 규제들의 집합으로서 권력이나 화폐와 같이 비언어적 매체의 일종이다. 다른 한편 법 규범은 정당화과정을 거쳐야 한다는 점에서 사회적 제도의 일종이기도 하다. 하버마스는 도덕과 달리 근대적 법은 이렇게 양면이 다른 재질로 이루어졌기 때문에 체계와 생활세계를 연결하는 역할을 할 수 있다고 보았다.

생활세계에서 개방적 의사소통에 따라 합의된 규범이 법으로 구체화되고 체계가 이런 법에 따른다면, 체계의 독립 자체는 아무런 문제가 되지 않을 것이다. 그러나 강력한 객관적 힘이 된 체계는 생활세계의 의사소통을 왜곡하고 오히려 생활세계를 체계의 기능적 부속물이 되도록 강제하는 경향을 갖는다. 금전화와 관료제화 경향이 생활세계에 깊숙이 침투하는 것이다. 이것이 하버마스가 말하는 생활세계의 식민화이다.

하버마스는 근대화의 고유한 병리적 현상은 생활세계가 목적합리적 행동의 자립화된 하위체계에 의해 '내적 식민화'되는 데 있다고 주장한다. 즉, 의사소통에서의 목적합리적 행동, 또는 전략적 행동은 후기 자본주의에서 체계의 위상이 상승하면서 체계를 위한 '형식적으로 조직된 목적합리적인 행동'들 또한 체계를 위해 증가하게 되었다. 여기서 일상적 의사소통의 합리성은 생활세계에 중심이 쏠리기보다는 체계를 위한 목적합리적 의사소통으로 중심이 이동하게 되면서 결국 의사소통의 합리성을 상실해가는 '생활세계 내의 문화적 빈곤화'에 의해 생활세계가 체계에 의해 식민화된다는 것이다.

그러나 하버마스에 의하면 생활세계의 식민화는 이를 극복하기 위한 계기가 되기도 한다. 체계에 의한 식민화가 심화될수록 생활세계의 고유한 논리를 강하게 의식하게 되고, 다시금 의사소통의 합리성을 회복하기 위한 노력을 기울이게 된다는 것이다.

## 2. 의사소통 합리성의 한계와 과제

하버마스가 논의하고 있는 의사소통 합리성은 상호협력적인 언어행위의 주체들에 의해 이상적 담화 상황에서 구성되는 정치적, 논증적, 형식적 합리성이다. 체계와 생활세계로 구성된 사회에서 생활세계는 실제 의사소통행위가 일어나는 영역으로 이를 규정하는 의사소통적 합리성을 통해 체계를 수용하거나 체계에 대응한다(유현식, 2008). 특히 하버마스는 생활세계의 공적 영역에 관심을 집중하고 있다. 공적 영역은 "사람들이 일반적으로 관심을 갖는 문제를 토론할 수 있는 사회생활의 범주이며, 사람들이 관습, 독단, 힘에 의지하지 않고 이러한 주제를 토론하고 논쟁할 수 있는 곳"으로 정의되는데(터너, 2001), 스스로의 이성에 의해 삶을 계획하고 사회를 구성해 나가는 근대적 개인의 출현으로 인해 공적 영역이 크게 확장되었다고 본다. 특히 살롱이나 신문 등을 통해 사회적 이슈에 대해 공개적이고 자유로운 토론이 가능했던 근대 초기의 유럽은 공적 영역이 활발하게 작동한 대표적 사례이다.

그러나 하버마스는 현대사회에서는 근대적 계몽의 기획이 초래한 폐해로 인해 공적 영역이 근대 초기에 비해 대폭 축소되었음을 지적하고 있다. 도구적 합리성의 전범으로 간주되는 관료제를 핵심 원리로 하는 국가의 확대를 공적 영역의 축소를 불러온 직접적인 원인이라고 보았다. 관료제의 확대는 국가가 문제해결과정에서 공적 영역에서의 토론과 논쟁을 점차 배제하고 기술과 행정에 의지하는 결과를 초래했다는 것이다(터너, 2001). 이것은 도구적 합리성에 의해 의사소통 합리성에 제한을 받게 된다는 점에서 생활세계의 식민화의 한 단면이다.

호르크하이머와 아도르노는 인간을 신으로부터 해방된 존재로 일으켜 세우는 데 지대한 공헌을 했던 근대적 이성에 의해 인간이 다시금 억압적 상황에 놓이게 되는 이러한 상황을 '계몽의 변증법'이라고 규정하고 있다. 그런데 계몽의 변증법은 근대적 이성에 내재된 필연적 결과이기도 하다. 계산가능성 혹은 도구성을 기본 성격으로 하는 근대적 이성은 모든 것을 객관화함으로써 주체 스스로를 대상화하고, 근대적 주체의 자기 보존을 최고의 목적으로 삼아 스스로를 도구적 역할의 틀 안에 가두게 된다(김선욱, 2008). 도구적 이성은 단일 인과성과 이를 근거로 하는 선형적 소통을 추구한다는 점에서 융합사회의 주체적 특성과 차이를 드러낼 수밖에 없다. 하버마스가 도구적 이성을 지닌 주체를 의사소통적 이성을 통해 상호이해를 추구하는 의사소통적 주체로 전환시켰다는 점에서 의미를 부여할 수 있지만, 국가 혹은 체계와 대립하는 개인을 의사소통적 주체로 상정하고 있다는 점에서 여전히 융합적 미디어사회의 주체와는 거리를 두고 있다.

하버마스의 의사소통 합리성은 언어적 행위를 통한 개인들의 상호주관성을 인정하고 있지만, 개인의 정체성 형성과 개인 간의 연대 구축에 있어서 한계를 보이고 있다. 인간은 스스로의 삶에 대해 항상 문제를 제기하고, 그에 답하는 성찰적 주체이기도 하다. 또한 그러한 성찰의 과정을 통해 정체성을 형성하고 사회적 삶을 살아가는 존재이다. 언어적 행위를 통한 상호이해와 합의의 가능성을 전제하고 있는 의사소통 합리성은 어떤 행위나 주장에 대한 적절한 이유를 제시하거나 자유롭고 평등한 논증을 통해 합리성을 추구한다(김선욱, 2008). 이 과정에서 의사소통의 가능성과 상호이해에 주목하는 하버마스의 소통 합리성은 논증이 진행되는 순간에 집중하게 됨으로써 각 개인의 삶이 빚어내는 역사성과 맥락성을 놓치게 된다.

## 3. 인문주의적 소통 합리성의 필요성

앞서 검토한 바와 같이 하버마스가 주장한 의사소통 합리성은 융합사회의 사회질서를 구성하는 데 일정한 한계를 가지고 있다. 이와 더불어 하버마스의 의사소통행위이론은 보편적 상호이해 가능성의 문제나 이상적 행위자의 문제 등과 관련해 한계를 보이고 있고, 이러한 한계들로 인해 실제 언어생활의 문제들에 대한 적절한 해결책을 제시하지 못한다는 비판에 직면하게 된다.

이러한 한계를 극복하기 위한 방법으로 김문조는 툴민의 인문주의화(humanization)를 제시하고 있다(김문조, 2008). 인문주의화는 생활세계에서 발견되는 다양한 불일치와 차이, 모순과 복합성을 인정하고 삶의 구체적 맥락에 대한 관심을 통해 삶의 다양성과 풍요로움을 존중해야 한다는 것이다. 그러나 이러한 인문주의화는 생활세계와 체계가 분리되고, 생활세계에 의해 체계가 규정된다는 근대사회의 구조적 특성에 대한 하버마스의 인식을 전제로 할 때에만 비로소 가능한 대안이다. 융합사회로 지칭할 수 있는 현대사회는 체계와 생활세계가 상호침투하는 수준을 넘어서 분리된 두 영역이 상호융합하는 현상을 목도하고 있으며, 이러한 융합현상의 전면화를 대비해야 한다. 특히 생활세계를 규율하는 의사소통적 합리성과 체계를 관통하는 효율성 중심의 목적-수단적 합리성을 아우를 수 있는 패러다임을 구성하는 것이 시급한 과제이다. 이러한 새로운 패러다임은 체계의 하위영역으로서의 공공부문과 생활세계로서의 민간 혹은 시민사회의 소통양식을 규정할 수 있어야 한다.

특히 의사소통의 주체를 어떻게 설정할 것인가에 대한 논의에 주목해야 한다. 이것은 하버마스의 의사소통행위이론이나 툴민의 인문주의화 대안 등이 모두 여전히 근대적 기획의 틀 안에 위치하고 있으며, 이로 인해 개인주의적이고 독립된 자아를 행위의 기본주체로 상정하고 있기 때문이다. 사실 개인주의적이고 독립된 근대적 자아는 자율적인 행위주체로서의 위상을 견고하게 구축하고 있지만, 경계가 해체되고 융합되는 현대사회에서는 오히려 적응 능력이 저하되는 모습을 보이고 있다. 정보사회 등장 이후 유연적 자아, 복합정체성 등을 특징으로 하는 신인류의 등장을 강조하는 많은 논의들이 단적인 예이다.

아렌트의 내러티브 방법은 인문주의적 소통합리성을 구성하는 데 유효한 이론적 자원의 하나이다. 내러티브는 논증구조를 제시하는 것이 아니라 사태에 대한 분석과 서사를 중심으로 해당 사태의 본질을 포착하는 논술방식이다. 내러티브는 공유된 세계를 타인의 관점을 통해 드러냄으로써 재창조하는 방식을 취하는데, 전례 없는 새로운 사건 속에 담긴 새로움의 요소를 드러내고, 이에 대한 사람들의 감수성과 도덕적 반향을 불러일으키는 특성을 가지고 있다. 사람들의 감수성과 도덕성에 소구한다는 점과 이야기하는 주체의 삶이 반영되어 있다는 점에서 내러티브는 인간적 가치를 지닌 언어의 사용방식으로 평가할 수 있다. 이로 인해 의사소통 합리성의 한계로 지적되는 정체성이나 연대성을 강화할 수 있다는 점은 내러티브 방법의 강점이다. 한편 의사소통 합리성이 공통의 언어 사용을 통해 상호이해에 다다를 수 있다는 규범적 목표를 가지고 있다면, 내러티브는 관점의 공유를 통한 의사소통을 추구한다는 점에서 차이를 보이고 있다. 상대방에 대한 관점의 공유는 인간에 대한 이해와 인정에 기반하고 있으며, 이성과 감성 모두를 활용하고 있다는 점에서 내러티브는 본질적으로 인문주의적 속성을 내재하고 있다. 개연적 사건들의 부분적 연쇄를 통해 거대한 사건들의 논리적 연관성을 찾는 것을 부정하는 내러티브 방법은 단편들로서의 내러티브 자체에 주목함으로써 역사적 필연성보다는 다른 가능성을 검토하는 데 보다 효과적이다(김선욱, 2008).

이러한 내러티브 방법은 융합사회가 요구하는 인문주의적 소통 합리성을 구성하는 데 매우 유용한 자원일 뿐만 아니라 융합사회의 창발적 특성을 포착하는 데에도 효과적이라고 판단된다.

이상의 논의를 통해 인문주의적 소통 합리성의 개괄적인 밑그림을 그려볼 수 있다. 우선 인문주의적 소통 합리성은 도구적 합리성으로 인한 인간소외 같은 근대적 주체의 한계를 극복하고, 이성과 감성의 조화를 통해 인간적 삶을 온전히 복원할 수 있어야 한다. 또한 상호성에 입각한 상호 인정과 이해를 추구할 수 있어야 하며, 구체적인 개별 상황 속에서 드러나는 맥락적 요소와 관계의 복합성과 그로 인한 창발적 결과를 포착할 수 있어야 한다.

그리고 융합사회에서 제기되는 소통의 기본원리를 인문주의적 소통 합리성으로 규정하면, 관료제적 효율성을 토대로 이루어지던 기존의 공공-민간 사이의 소통방식 역시 새롭게 규정해야만 할 것이다. 이를 위해서는 변화된 융합사회의 특성에 부합하는 의사소통의 주체에 대한 논의와 이를 바탕으로 하는 공공과 민간의 개념적 재규정과 관계 설정에 대한 검토가 뒤따라야 한다.

## Ⅲ. 의사소통 주체로서의 공공과 민간

국립국어원이 펴낸 표준국어대사전에 의하면 민간은 '관청이나 정부기관에 속하지 않음'이라는 의미를 지닌 것으로 정의되고 있는 반면, 공공은 '국가와 사회의 구성원에게 두루 관계되는 것'이라고 정의되어 있다. 민간과 공공의 상대적 의미를 헤아려 보면 의사소통의 주체로서 공공은 정부기관 혹은 국가를 지칭하는 것임을 알 수 있다. 또한 공(公)은 '여러 사람에 관계되는 국가나 사회의 일'로 규정되어 있고, 사(私)는 '개인이나 개인의 집안에 관한 사사로운 것'이란 의미를 갖는다. 따라서 공공-민간의 관계는 공과 사, 혹은 국가와 개인의 관계로 대체하여 이해할 수 있다.

여기서는 서구 사상사에서 논의되어 온 국가와 개인의 관계, 동양적 지적 전통에서 논의되어 온 공과 사의 관계를 중심으로 공공-민간의 성격을 논의해 보고자 한다.

### 1. 서구 사상사적 전통에서의 국가와 개인, 공익과 사익

표준국어대사전은 개인을 '국가나 사회, 단체 등을 구성하는 낱낱의 사람'으로 정의하고 있다. 더 이상 분리할 수 없고, 서로 환원되지 않으며, 홀로 느끼고 생각하며 행동하는 존재인 개인은 각각 상이하고 고유한 개성을 가지며, 비판적 성찰을 통해 스스로 결정하고 독립성을 추구하는 자율적 존재이다. 따라서 개인은 자신을 초월하는 전체의 한 부분이 아니며, 전체에 의해 개인의 운명이 미리 결정되지도 않는다. 즉, 개인은 외부의 강제 없이 스스로의 선택에 의해 삶을 영위하고 자신의 고유한 정체성을 창조하는 주체이다(로랑, 2001: 10-12).

이처럼 스스로 자신을 규정하고 실현하는 존재로서의 개인에 대한 관념은 근대사회의 출현과 맞닿아 있다. 물론 근대사회 이전에도 개인에 대한 관념은 존재했고, 그러한 실마리는 르네상스와 종교개혁의 시기로 거슬러 올라가 찾아볼 수 있다. 그러나 자신에 대해 의식적으로 성찰하고, 자신의 독자적인 기준에 근거해 자신의 삶은 물론이고, 나아가 사회까지도 형성하고자 하는 개인에 대한 인식은 19세기에 이르러서야 등장했다는 것이다(뒬멘, 2005: 9-12).

근대사회의 형성과 함께 등장한 개인, 즉 '근대적 개인'은 앞서 언급한 바와 같이 공동체로 환원될 수 없는 고유한 권리를 지닌 존재이다. 이에 비해 전근대사회의 개인은 '공동체 속의 개인'으로 인식하는 경우가 대부분이고, 따라서 근대적 개인은 '사회'라는 공동체와는 질적으로 다른 범주로 분류된다(노명우 · 윤명희, 2008).

근대적 개인이란 신의 속박으로부터 벗어나 스스로의 이성에 의해 삶을 계획하고 사회를 구성해 나가는 존재이다. 사회와 무관한 개인의 존재는 사회가 원래부터 개인 간의 자발적 계약의 산물이고, 사회 이전에 개인이 존재하며 사회의 목적은 개인의 원초적 계약을 보호하는 것이라고 주장하는 사회계약설의 주춧돌이다. 홉스에 의하면 국가는 생존을 보장하기 위해 인간 이성이 만들어 낸 산물이다. 인간은 자기 이익을 추구하는 존재인데, 이러한 사적 이익의 추구는 공동의 삶을 위협하기 때문에 인간들은 계약을 맺어 사적 이익을 공공의 이익에 종속시킴으로써 만인의 만인에 대한 투쟁을 종식시키고 안전을 보장받는다는 것이다.

이와 같은 '근대적 개인'에 대한 관념은 필연적으로 국가와 개인을 서로 독립적으로 존재하는 분리된 실체로 규정하게 한다. 특히 인간 이성과 인간의 천부적 권리를 강조하는 계몽주의 사상을 기반으로 근대사회가 구축되면서 개인은 공동체의 구속에서 해방되어 정치적 · 경제적으로 자율적인 권리 행사의 주체로 자리매김한다. 이러한 경향은 서구사회에서 개인주의가 발전하는 자양분이 되었고, 그 결과 개인은 국가와 사회의 영향을 벗어나서 사적 이익을 추구하는 존재로 발전하게 되었다.

이상의 논의를 살펴보면 국가와 개인의 관계는 서로 분리되어 독립적으로 존재하며 국가는 공동의 이익을 추구하고, 개인은 사적인 이익을 추구함을 알 수 있다. 따라서 국가와 개인의 소통은 공익과 사익의 충돌을 조정하는 과정이 된다.

사회와 국가는 개인으로 구성되지만, 단순한 개인의 집합체와는 다른 고유의 성격을 가지고 있기 때문에 이에 상응하는 고유한 권익, 즉 공익을 가지게 된다. 공익 개념은 국가와 개인 사이의 관계, 보다 구체적으로는 국가에 대한 시민의 권리에 대한 관심이 고조되기 시작한 17세기에 이르러 집단을 구성하는 개인 전체의 공통선을 의미하는 개념으로 일반화되었다(윤인진, 2008). 홉스가 지적한 바와 같이 모든 사람들이 사익을 극대화하면 사익을 안정적으로 추구할 수 있는 토대를 허물게 되기 때문에(김비환, 2001) 적정한 수준에서 사익은 통제되어야 한다. 국가가 공익을 추구하는 과정은 부득이하게 개인의 자유와 권리를 침해하거나 억압할 가능성이 크기 때문에, 집단의 이익 속에 나 자신의 이익이 포함되어 있다는 믿음이 없다면 개인들은 국가의 공익 추구행위에 저항을 하게 된다. 따라서 공익은 반드시 사익을 포함해야 하며(김항규, 2002), 국가는 사적 이익의 극대화를 추구하는 여러 집단과 개인들을 조정, 통합하여 공익을 달성하는 역할을 담당한다(강형철, 2006: 36). 이러한 조정을 통해 공익과 사익은 공존하게 되며, 장기적인 관점에서 볼 때 공익은 사익을 안정적으로 추구할 수 있는 토대가 된다.

공익은 일반적으로 특정 개인의 이익이 아니라 개인들의 집합적 이익, 혹은 공동체의 이익으로 이해할 수 있다. 그러나 공익은 그 내용이나 함축하고 있는 가치 등에 있어서 시간적 · 공간적 맥락에 따라 폭넓은 다양성을 보이고 있기 때문에 한마디로 정의하기 어려운 개념이다.

실제로 공익은 '사회 일반의 이익, 불특정 · 다수인의 이익, 사회구성원의 평균적 이익'(김규정, 1973), '사회구성원 개개인의 정의(사회의 수용 범위 내에 있는 합사회적 이익)의 합계'(박정택, 1990), '전체를 위한 바람직하거나 정당하고 올바른 행위 또는 일'(박종주 외, 1992), '"천하의 마음"을 가질 때 드러나는 천하의 이익 혹은 대의'(박세일, 2001), '정당한 개인 이익에 기반을 둔 사회구성원들의 합사회적 이익'(박정순, 2002), '어떤 사회를 구성하는 개인이나 집단의 사적 이익에 대하여 그 사회의 전 구성원에 관계되는 공통의 이익'(지성우, 2006) 등의 예와 같이 학자들에 따라 다양하게 정의되어 왔다.

유민봉과 고성철(2001)은 공익에 대한 개념을 실체설, 과정설, 절충설로 구분하고 있다. 실체설에 의하면 공익은 사회공동체의 이익을 의미하며, 이는 공동체 구성원의 이익을 모두 모은 것이라고 할 수 있다. 따라서 부분적이며 특수한 이익이 아니라 보편적으로 사회구성원 간에 공유되는 이익이다. 이에 비해 과정설에서는 공익을 집단 간의 상호 이해조정과정을 거쳐 얻은 결과로 본다. 즉, 상충되는 이익을 가진 집단들이 타협을 통해 집단들 사이에 조화 · 균형을 이룬 상태를 공익이 실현된 것으로 이해한다. 절충설은 사회 전체의 구성원에게 공동선이 될 수 있도록 개인이나 집단의 이익들을 조정한 것을 공익으로 규정하며, 이 경우 공익은 행정이나 정책결정의 지침이 될 수 있다고 본다.

공익의 개념에 대한 다양한 논의의 결과들은 '사회 전체에 바람직하거나 올바른 것으로 추론되는 가치의 실현, 사회구성원 전체의 효용을 극대화하는 것, 사회의 주어진 상황에서 사회구성원이 소유하고 있는 가치(사익) 중에서 일반에게 바람직한 것으로 받아들여지는 가치, 이익집단 간의 타협 내지 조율의 결과, 정책의 결정 및 집행에 있어서 모든 행위를 인도하고 규제하는 규범적이고 윤리적인 기준, 특수한 개별 집단의 이익을 배제한 다수의 이익' 등으로 정리할 수 있다(김항규, 2006 ; 윤인진, 2008).

한편 박세일(2001)에 따르면 서구사회에서는 공익을 조화와 타협을 통한 사익들 간의 균형점으로 이해하는 다원주의적 견해와 사익과는 질적으로 다른 것으로 이해하는 공화주의적 견해가 존재한다고 한다. 공익과 사익에 대한, 혹은 공과 사에 대한 다양한 논의들에도 불구하고, 근원적으로 공익과 사익은 구분되고 있으며, 공익을 위해 사익은 어떠한 형태로든 조정되거나 억제되어야 한다는 이분법적 사고는 공통적으로 발견할 수 있다. 공익은 사회 전체 혹은 공동의 이익을 추구하는 것이고, 사익은 자신과 자기 집단의 이익만을 추구하는 것이기 때문에 공익과 사익은 본질적으로 대립적인 의미를 갖고 있다.

또한 실제로 현대 서구사회의 역사적 전개과정에서 분명하게 드러나고 있는 것은 개인과 사회 및 자연과의 단절이라는 존재론적 대명제로 인해 공의 세계가 더욱 축소되어 왔다는 점이다. 현대 서구사회에서 공은 내면적 성찰을 결여한 외면적 규제로서의 공, 시민적 의무로서의 공, 사와 대립하는 공이며, 개인의 입장에서 보면 자기 희생 위에 치러지는 공이다. 그렇기 때문에 하버마스는 개인을 국가와 대립하는 관계로 설정하고, 국가의 공적인 성격은 최소화하고자 하는 한편, 개인이 중심이 되는 공의 세계를 구축하고자 한다. 하지만 개인이 공이 될 수는 없으므로, 그의 논의는 근본적인 한계를 안고 있을 수밖에 없다(최석만, 2002: 16-17).

## 2. 동양적 지적 전통에서의 공과 사

서구적 개인주의 사상이 대두되면서 개인의 영역은 사이고, 사회의 영역은 공이라고 공간적으로 이분화한다. 개인주의에서는 가치 판단의 유일한 주체가 개인이므로 공의 영역은 실상 가치를 상실하였으며, 개인들의 자발적인 참여를 기대하는 것 이외에는 방법이 없게 되었다. 그러나 어느 사회든 존립을 위해서는 공공선이 반드시 존재해야 하는 까닭에 현대사회는 사회구성의 위기를 맞고 있다. 사회와 개인, 공과 사는 현대의 사회생활에서 대립적인 존재이며, 오늘날 우리 사회에도 이런 대립이 보편화되었다. 개인생활과 사회생활의 단절, 가족적 · 사회적 의무의 방기, 개인과 사회를 포괄하는 세계관의 부재, 그리고 이기주의가 만연해 있다. 개인의 사와 사회의 공이 단절됨으로써 사람은 삶의 외연을 확대할 수 없고, 사회는 공의 뿌리를 상실해 존립의 위기를 맞고 있다. 이러한 문제점을 해결하기 위해서는 개인과 가족과 사회를 하나로 묶는 통합적인 사고 틀이 형성되어야 한다(최석만, 2002: 18-19). 동양의 지적 전통은 이분법적 세계관에 근거한 서구사상과 달리 일원론적이고 통일체적인 세계관을 통해 이러한 통합적 사고 틀을 제공해 주고 있다.

서구의 근대사회는 개인들 사이의 계약의 산물이며, 시민사회는 국가로부터 분리되어 성립했다는 점에서 개인과 사회의 관계를 수단과 목표를 상호공유하는 통일체적 관계로 이해하는 유교의 인식론은 근본적인 차이를 드러내고 있다. 유교에서는 사회를 통합된 관계들의 체계로 보는 전체론적 시각을 갖는다. 따라서 사회를 구성하는 단위들 간의 긴밀한 연관성을 강조한다. 사회의 각 구성단위들은 결코 독립적으로 존재할 수 없으며, 항상 타자와의 관계 속에 존재한다. 유교의 세계관 속에서 타자는 자신의 존재성을 확보하기 위한 필수적인 전제이며, 서로의 존재는 상호의존적인 동시에 상호보완적이다. 유교에서 사회의 구성요소들은 각각 존재하는 동시에 전체 체계의 통합적 일부이다. 즉, 다양성과 개체성을 인정하면서 그들 사이의 통일성을 강조하고 있는 것이다. 화이부동, 화이불류, 동이이 등의 명제들은 개체로서의 고유성과 독자성을 유지하면서 전체의 통일성을 견지해야 한다는 유교의 사회구성 원리를 드러내고 있다. 이러한 원리에 따르면 개인과 사회, 국가는 서로 긴밀히 통합된 상태로 존재하게 된다. 다시 말해 개인과 가족, 국가, 천하는 유기체처럼 서로 통합됨으로써 전체의 존재가 생명력을 갖게 된다고 할 수 있다(이영찬, 2008). 이처럼 유교의 인식론은 피아를 엄격히 구분하고 거기에 머물러 있는 소극적인 상대론적 관점이 아니라, 자기에서 출발하여 남에게 나아가면서 자기의 외연을 끊임없이 확대해 나간다(최석만, 2002: 12).

동양사회에서 공은 관 혹은 통치자의 입장을, 사는 민 또는 피통치자의 입장을 뜻한다고도 하고(박충석, 2001: 601-602), 천리를 따르는 것을 공으로 규정하고, 사는 사람의 욕심을 따르는 것으로 규정하기도 한다(최석만, 2002: 8). 또한 유교에서는 공을 인간 본연의 속성으로 가정하기 때문에 공으로 나아가는 것은 인간 존재의 보편적 성향이라고 할 수 있는 반면, 사를 추구하는 것은 개인의 특수한 지향으로 인식한다(홍승표, 1998).

이러한 인식은 기본적으로 공을 개인과 분리된 것이 아니라 인간의 내면에 통합되어 있는 속성임을 드러내고 있다. 공은 개인의 사사로운 정을 떠나서 천하로 열린 마음이고, 자신을 사랑하는 마음을 미루어 천하는 자신의 몸으로 여기는 마음이다(이영찬, 2008). 때문에 동양에서 수신(修身)은 스스로의 자의식을 반추하거나 내면적 목표를 향해 정진하는 것이 아니라 보다 넓은 세계, 가족, 사회, 우주와 하나가 되기 위해 나아가는 것을 말한다. 수신은 자아를 우주로 확대시키고 우주의 원리에 비추어 스스로를 교정하는 과정이며, 공이란 사람과 사회와 자연이 일체가 된 상태를 말한다. 유교에서 공은 부모에 대해서는 효도로, 형제에 대해서는 자애로, 이성 간에는 사랑으로, 어른에 대해서는 공경으로, 아이에 대해서는 따뜻한 애정으로, 그리고 자기가 몸담고 살아가고 있는 사회와 국가에 대해서는 헌신과 봉사를 다하는 것으로 나타난다. 또한 유교에서 인간의 본성이 지향하는 바는 우주이지만, 삶의 장은 시공간적으로 한정되어 있고, 천하의 공도를 깨우쳤더라도 실천은 가까운 데부터 해야 하기 때문에, 인간의 삶은 여러 겹의 동심원을 헤쳐 나가는 것과 같다고 한다(최석만, 2002: 6-10). 따라서 수신제가치국평천하(修身齊家治國平天下)는 개인이 가족, 국가, 천하로 자신의 본성을 확대해 가는 것을 의미한다.

이상의 논의들을 종합해 보면 서구 사상사적 전통에서의 국가와 개인, 그리고 동양적 지적 전통에서의 공과 사 개념 사이에는 이분법적 세계관과 일원론적 세계관이라는 동서양의 근원적 인식의 차이가 놓여 있음을 알 수 있다. 그리고 이러한 인식론적 차이는 현재에서 미래로 진행되고 있는 융합사회로의 변화 속에서 동양의 일원론적 세계관이 선택적 친화력을 갖는다는 점을 분명히 하고 있다.

## Ⅳ. 공공-민간 소통의 환경 변화

근대사회의 출현 이후 공공-민간 사이의 소통은 국가가 정보와 강제력을 독점하고 공익의 추구를 내세우면서 개인의 자유를 억압하고 권리를 제한하는 일방적 행태를 보여왔다. 하버마스가 주장하는 체계에 의한 생활세계의 식민화는 이러한 현대사회의 병폐로 지적하고 있는 것이다. 물론 이와는 상반되는 주장도 존재한다. 정지연 등은 현대사회가 사적 이익의 극대화를 추구하면서 인간 삶의 공통조건인 공공영역을 파괴하는 것으로 이해하고 있다(정지연 · 윤상호 · 박태희, 2007). 공공이 민간을 압도하든지, 혹은 민간이 공공의 기반을 허물든지 간에 서구적 모더니티 기획에 준거해 운영되어 온 현대사회에서 공공과 민간의 소통은 일종의 제로섬 게임을 하고 있다고 볼 수 있다. 최근 등장하고 있는 융합사회는 이러한 제로섬 관계를 플러스섬 관계로 전환시킬 가능성을 가지고 있는 것으로 여겨진다. 여기서는 공공-민간의 소통 환경이 어떻게 변화하고 있는가를 정치 · 정책적 영역에 한정하여 살펴보고자 한다.[4]

근대사회에서 국가는 독립적이고 이성적인 개인들 사이의 관계를 조정을 목적으로 개인들의 사회적 계약에 의해 발생한 것으로 간주하였음은 이미 지적한 바 있다. 개인과 분리되어 환원되지 않는 초개인적 실체로 존재하는 국가는 자본주의와 근대적 사회체계의 성장에 따라 점차 그 영향력이 커지면서 개인을 억압하고 강제하기 시작하였다. 이에 대항하여 개인들은 개인적 차원을 벗어난 사회적 · 국가적 이슈에 접근할 수 있는 통로로 시민사회를 활용하였다.

시민사회는 17-18세기 유럽에서 국가라는 공적인 권위에 대항하며 분리된 시민들의 자율적 영역을 의미한다. 왕권의 지배 아래 수동적 신민으

---

4 정치 혹은 정책의 영역은 공공과 민간의 직접적이고 상호적인 소통이 요구되는 영역이다. 따라서 공공-민간의 소통 환경 변화를 이 영역에 국한하여 살펴볼 것이다.

로 존재했던 사람들이 독립적이고 능동적인 주체로서 국가에 대해 자신들의 권리를 제도화시켜 가면서 시민사회를 형성하였다. 시민들이 자율적으로 활동하면서 사회문제를 제기하고 올바른 여론을 형성하는 규범적인 영역이자 다양한 세력들 간의 헤게모니 투쟁이 일어나는 공간인 시민사회는 단순히 경제적 · 사적 이해의 집합체가 아니라 공적인 이해를 표현할 수 있고, 다양한 사회적 문제를 공론화하고 대안을 제시함으로써 이들 문제를 해결하는 데 기여했다. 즉, 시민사회는 공적 이익의 담지자를 자처하면서 폭력을 독점하는 국가와 분리되었고, 국가의 권위에 문제를 제기하고 영향을 미치게 되었다. 특히 공론장에서는 국가가 마음대로 펼쳤던 정책에 대한 비판과 토론이 이루어졌고, 여기서 형성된 여론이 국가에 영향을 미침으로써 민주주의가 발전할 수 있었다.

국가의 억압에 대항하기 위해 자유로운 개인들이 자발적으로 참여하여 공론을 형성하는 공간으로 발전한 시민사회에의 참여는 전적으로 개인의 의사에 따라 결정되고 있고, 한번 형성된 시민사회는 개인의 욕구와 무관한 자체의 내재적 발전 논리에 따라 조직을 유지한다는 점에서 개인과 시민사회 역시 분리된 영역으로 존재한다는 한계를 가지고 있다.

한편 현대사회에 들어서면서 매스미디어의 영향력이 급속히 확장되면서 매스미디어는 시민사회의 여론을 주도하는 핵심적 영역으로 부상하였다. 매스미디어의 강력한 파급력과 효과는 공익성을 앞세운 국가의 개입을 초래하였고, 그 결과 매스미디어는 지배 이데올로기의 재생산과 확산에 기여해 왔다. 물론 매스미디어가 일방적으로 지배 이데올로기를 전파한 것은 아니다. 제한적이기는 하지만 다양한 이해관계를 가진 개인과 집단들이 서로 헤게모니 장악을 위해 투쟁하는 공론장으로서의 역할을 수행한 것은 사실이다. 그러나 물리적 강제력과 행정적 · 법률적 통제, 정보의 검열 등을 통해 국가는 매스미디어에 대해 강력한 영향력을 행사했고, 자본은 광고를 매개로 매스미디어에 영향력을 행사하였다. 따라서 매스미디어를 중심으로 재편된 현대사회의 시민사회에서 개인들은 정치 · 정책적 영역에서 점차 소외되었으며, 개인들의 의사를 전달할 수 있는 통로를 상실하였다.

이러한 공공-민간 사이의 소통 환경을 변화시킨 것은 인터넷을 위시한 정보통신기술의 발전이다. 정보통신기술의 발전은 정치 · 정책적 영역에서의 시민참여를 촉진시킴으로써 사이버공간에 전자적 시민사회를 재구축하고 있다.

정보통신기술의 발전은 참여 공간, 정보처리 역량 등 미디어 접근에 대한 기술 장벽을 낮춤으로써 시민참여의 가능성을 현저히 증가시켰으며, 새로운 시민참여제도의 실현을 용이하게 했다. 대의민주주의는 국민의 참여 부족과 정책 결정의 투명성 및 개방성의 미흡이 가장 큰 문제점으로 지적되어 왔다. 그런데 인터넷은 대의민주주의에서 발생하는 거대관료제에 의한 정부의 정보 독점, 정책의제 형성 및 집행과정에 대한 시민참여 제한 등의 문제점을 보완 혹은 해결해 줄 수 있는 획기적인 수단으로 인식된다. 특히 인터넷은 엄청난 동원 잠재력, 정치적 참여의 용이성, 의제 설정, 효율적인 조직화 및 유연한 연대가능성 등을 통해 참여민주주의의 확고한 기반이 될 수 있다(김종길, 2007 : 83-93).

실제로 오늘날 인터넷은 세대와 계층을 망라하여 전체 사회의 의제를 구성하고 모든 구성원 간의 의사소통을 매개하는 핵심적인 커뮤니케이션 수단으로 자리를 잡고 있다. 그리고 이러한 인터넷의 주요 특성들, 보다 구체적으로는 탈시공간성, 탈맥락성, 쌍방향성, 개방성, 분산성 등은 물리적 제약과 사회적 거리감의 해소, 다양하고 빈번한 상호작용과 동시적 참여, 탈집중적이고 개방적인 정보 생산 및 유통, 왜곡 없는 의사소통의 가능성 등 민주주의에 긍정적 영향을 미칠 수 있는 많은 변화들을 이끌어 내고 있다. 이러한 변화들은 인터넷을 통한 시민참여를 점차 확대시키고 있다.

인터넷을 통해서 일반 시민이 정치에 참여할 수 있는 길이 열렸다는 것은 정치인들과 시민들 사이에 존재하고 있던 수직적 정치구조에 많은 변화가 일어났다는 것을 의미한다(강미은, 2005: 12). 시민들에 의한 정부의 감시 및 견제, 공공의 의제 설정 등이 가능해지면서 수직적인 지배-피지배 관계가 보다 수평적인 관계로 변화되고 있다. 나아가 이러한 인터넷의 발전은 시민참여의 영역을 정치부문에서 시민들의 일상생활 속으로 확산시킨다.

이처럼 인터넷으로 대표되는 정보통신기술이 정치를 비롯한 다양한 영역에서 민주주의에 미치는 영향은 전자민주주의 담론으로 구체화되는데, 전자민주주의가 대의민주주의의 한계를 극복하고 보완하고자 하는 참여민주주의와 접목되면서 민주주의에 대한 전망을 새롭게 하고 있다(정동규, 2005: 17).

결론적으로 정보통신기술의 발전이 온라인상에 새로운 행위의 공간을 창출함으로써 정치활동의 기반을 확장했고, 이를 통해 정부의 대국민 서비스 및 책임성의 증대, 정치과정의 효율성 제고, 시민사회단체들의 조직화와 여론 형성 및 사이버 액티비즘 같은 시민참여 확대 등의 정치적 효과를 거두고 있다(장우영, 2007). 정보통신기술은 시민들이 정치 엘리트들과 동등한 입장에서 직접적으로 접촉하고, 그들의 의사결정에 영향을 미칠 수 있게 하는데, 이것은 정치영역에서 단순한 관찰자나 정치적 무관심층에 불과했던 시민들을 참여자로 전환시키는 결과를 가져온다. 또한 정보와 커뮤니케이션 비용을 줄임으로써 새로운 정치 커뮤니티를 조성하는 데 중요한 역할을 하며, 상대적으로 소외되어 있는 주변부 구성원들에게 유리한 정치적 기회구조를 제공할 것으로 기대된다(노리스, 2007: 325; 박한우, 2007: 387). 이러한 결과들은 과거 대리인에게 위임되었던 정책결정 권한을 일정 부분 시민에게 되돌림으로써 시민을 동원의 대상으로 전락시켰던 기존의 '대의적 시민참여' 방식들을 대신하여 시민들의 자발적인 '전자적 시민참여'를 새로운 정치참여 모델로 부각시킨다(이원태, 2006: 87).[5]

---

5 물론 인터넷이 이미 정치에 적극적으로 참여하고 있는 시민들에 의해 조직 강화의

여기에 최근 참여와 개방성을 강조하는 웹 2.0 담론과 창발성과 환류성, 상호침투성 등을 특징으로 하는 융합사회의 출현은 활동적인 개별 공중들을 양산할 수 있으며, 활성화된 공중들은 인터넷을 통해 정보의 급속한 확산과 그들의 의제를 사회적으로 쟁점화시켜 오프라인에서의 극단적인 집단행동을 동원할 수 있는 잠재력을 갖는다(한정호 · 박노일 · 정진호, 2007: 320). 이러한 변화들은 기존의 관점에서 보면 일탈적이고 비일상적인 것으로 여겨지는 사회질서가 일반화되는 환경을 제공하고 있다.

## V. 융합사회에서 공공-민간의 관계 변화와 새로운 소통방식

융합사회에서는 다양하고 이질적인 요소들의 융합을 사회구성의 기본원리로 삼고 있다는 점에서 개인과 시민사회, 국가를 별개의 독립적 영역으로 분리시키는 것이 아니라 개인-시민사회-국가를 하나의 유기체적 통합체로 이해할 수 있는 논리적 토대를 구축하는 것이 필요하다. 이러한 논리적 토대의 구축은 이분법적 세계관에 근거한 근대사회적 공공-민간 상호관계를 동양적 지적 전통에 근거한 일원론적 공공-민간 상호관계로 전환함으로써 가능하다. 이를 도식으로 표현하면 다음의 [그림 1]과 같다.

---

수단으로 이용되고 있다는 비판도 존재한다. 인터넷이 커뮤니케이션, 동원 및 조직화에 수반되는 기회비용을 줄임으로써 이미 정치에 관심이 있는 사람들의 정치참여를 더욱 촉진하지만, 대중적 수준에서 정치적 비참여자들을 동원하지는 못한다(노리스, 2007: 324)는 것이다.

**그림 1 공공-민간 상호관계의 변화**

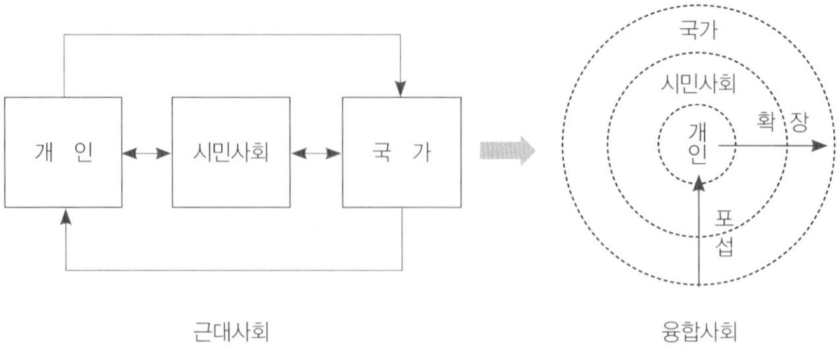


앞서 살펴본 공공-민간 관계에 의하면 공공은 국가로 치환이 가능하고, 민간은 개인과 개인들로 구성된 시민사회로 구분할 수 있다. 그런데 민간 영역의 개인과 시민사회는 국가로 대표되는 공공영역과 주된 상호작용에 있어서 내용적 차이를 드러내고 있다. 기본적으로 사익을 추구하는 개인은 국가와의 상호작용 역시 사익의 실현을 목적으로 하는 경우가 많은 반면에, 공적인 이슈를 다루는 시민사회는 공공성의 실현을 추구하기 때문이다.

개인이 국가와 상호작용하는 경우는 개인적 필요를 국가에 요구하는 민원제기가 가장 일반적이다. 반면 국가가 개인과 직접 상호작용하는 경우는 민원에 대한 대응이나 복지를 비롯한 다양한 대민서비스가 주류를 이루고 있다. 이러한 상호작용은 특정한 기능을 중심으로 이루어지며, 효율성을 추구한다.

한편 시민사회와 국가는 정책입안 및 집행과정을 둘러싸고 직접적인 상호작용을 맺는 경우가 일반적이다. 국가는 정책입안 및 집행에 있어서 시민사회(개인 포함)의 이해와 협조를 요구하며 경우에 따라서는 통제를 가하기도 한다. 이에 대응하여 시민사회는 정책에 대한 평가에 따라 국가에 동조하거나 저항하는 형태로 상호작용을 한다. 이러한 정책 중심적 상호작용은 공공성을 추구하는 행위이다.

한편 사회의 공적 이슈에 대해 시민사회가 제시하는 대안에 개인들이 동의함으로써 개인과 시민사회는 유기적 통일성을 갖추게 된다.

이상의 상호작용을 도식으로 정리하면 다음의 [그림 2]와 같다.

**그림 2** 공공-민간의 상호작용 내용

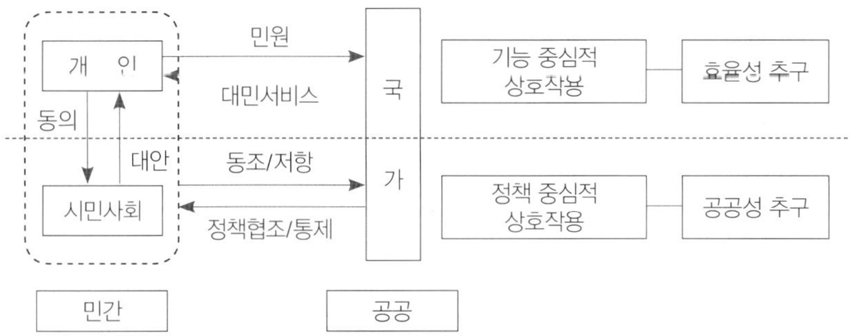


한편, 융합사회의 특성을 반영하는 전자적 시민사회를 운영할 수 있는 새로운 소통양식도 필요하다. 김문조가 주장한 바와 같이 맥락적 고려를 중시하는 인문주의적 소통 합리성이 단지 다양한 이견의 존재를 인정하는 데 그치게 되면 소통 자체에 내재된 근본적인 목적이라고 할 수 있는 사회통합과 실천의 전제는 충족시키지 못한다. 따라서 융합사회에서는 다원화된 이견들을 하나로 통합할 수 있는 소통의 필요성이 더욱 요구된다. 소통이 각 주체들 사이의 상호작용이라고 한다면, 의미를 주고받는 것에 그치는 것이 아니라 그런 의미의 교환을 통해서 서로에 대한 이해와 인정을 토대로 서로에게 유익하면서 통합을 저해하지 않는 실천행위를 이끌어 내야 한다.

기존의 소통양식 논의는 주로 메시지의 교환 방향(일방적 소통-쌍방향적 소통), 발신자와 수신자의 수(1:1, 1:多, 多:1, 多:多), 매개체의 유형(구어적 소통-문어적 소통-전자언어적 소통) 등 커뮤니케이션의 형식에 근거하여 이루어져 왔다. 이러한 논의는 커뮤니케이션을 분석적으로 이해하는 데 있어 유용한 점이 있지만, 실질적인 커뮤니케이션 과정에 대한 분석이 쉽지 않다는 한계를 안고 있다. 더욱이 커뮤니케이션 형식에 근거한 소통양식 논의는 다양한 미디어적 기능이 하나의 미디어기기로 수렴 혹은 융합되는 융합사회에서의 변화를 수용하기 어렵다는 결정적 한계를 가진다. 따라서 융합사회에 적합한 소통양식을 모색하기 위한 논의에는 새로운 돌파구가 필요하다.

이를 위해서는 소통, 보다 정확히 커뮤니케이션은 메시지 전달자와 수신자가 의미의 교환과 해석을 통해 각자의 태도와 행동을 변화시켜 가며 서로에게 적응해 가는 과정이라는 본질적인 논의로 돌아가서 소통양식을 재고할 필요가 있다. 메시지 교환을 통한 태도와 행동의 변화라는 커뮤니케이션 본래의 의미를 중심으로 소통양식을 검토하게 되면, 소통과정의 내용과 질적 변화에 주목할 수 있기 때문이다.

**그림 3** 소통양식의 질적 발전 단계

| 소통양식 | 소통형태 | 소통과정 | 소통의 지향점 | 소통의 방향 |
|---|---|---|---|---|
| 동조적 소통 | 실천적 참여 | 자기 동일시 | 도덕적 정당화 | 쌍방향적 |
| ↑ | | | | |
| 맥락적 소통 | 상호인정 | 개연성의 확보 | 맥락적 타당화 | |
| ↑ | | | | |
| 설득적 소통 | 의견 교환 | 객관적 자료 제시 | 논리적 이해 | |
| ↑ | | | | |
| 정보적 소통 | 정보 전달 | 주관적 메시지 전달 | 메시지 접수 | 일방적 |

이러한 질적 변화에 주목하면, '정보적 소통–설득적 소통–맥락적 소통–동조적 소통'이라는 소통의 질적 발전 단계를 구성할 수 있다.

정보적 소통은 상호작용의 당사자들이 서로의 문제를 상대방에게 전달하는 단계이다. 이 단계에서는 자신이 안고 있는 문제를 상대방에게 전달하는 행위에 강조점이 주어진다. 따라서 상대방의 피드백이 중요한 것이 아니라 자신의 메시지가 상대방에게 접수되었는지가 중요하며, 그런 점에서 소통의 방향은 일방향적이다.

정보적 소통을 통해 상호 간의 문제를 인지한 다음 단계에서는 문제 해결을 위한 의견을 교환하게 된다. 이 과정에서 소통 당사자들은 자신의 의견을 정당화할 수 있는 객관적 자료를 제시하고, 이에 대한 평가와 가치 판단을 통해 논리적 이해를 시도한다. 상대방의 의견을 논리적으로 이해하고 수용하게 되면 문제해결 방안에 대한 설득이 완료된다는 점에서 이 단계의 소통은 설득적 소통이라고 할 수 있다.

상대방의 의견을 논리적으로 이해하고 납득하는 것과 상대방의 입장을 수용하는 것은 별개의 소통과정을 요구한다. 객관적 자료에 의해 제시된 의견은 자체로서 논리적 구성물이며, 내재된 논리 전개에 문제가 없다면 납득이 가능하다. 그러나 상대방의 의견에 논리적으로 수긍이 간다 해도 그것을 흔쾌히 받아들이기 위해서는 상대방이 그런 의견을 제시하게 된 맥락에 대한 타당성이 성립되어야 한다. 상대방이 처한 상황과 그런 맥락 속에서 선택한 문제해결 방안이 개연성을 가지고 있다는 점을 인정하지 않으면 아무리 논리적인 의견이라 해도 수용하기 어렵기 때문이다. 그런 점에서 상호납득한 논리적 문제해결 방안을 수용하기 위해서는 개연성을 확보함으로써 맥락에 대한 타당성이 입증되어야 하고, 이를 토대로 상호 인정이 교환되어야 한다. 따라서 이 단계는 맥락적 소통 단계로 규정할 수 있다.

상대방의 의견을 납득하고 수용하는 것과 그에 상응해서 자신의 행동을 구체적 실천으로 드러내는 것은 또 다른 소통의 과정을 필요로 한다. 납득하여 수용한, 즉 합의한 문제해결 방안을 도덕적으로 정당한 것으로 간주하고, 상대방과 자신을 동일시하는 동조적 소통의 과정을 통해서 실천적 참여라는 소통 본래의 목적을 달성할 수 있다. 동조와 자기 동일시는 감정적 반응을 통해 구체화되는데, 슬래터와 로우너는 감정적 관여가 태도 변화를 가져온다는 연구결과를 제시한 바 있고(Slater and Rouner, 2002), 윤태

일과 심재철은 특정 주장에 동조하는 입장일수록 그와 관련된 사회적 행동에 참여할 의향이 높다고 보고하고 있다(윤태일 · 심재철, 2003).

융합사회에서 공공과 민간의 소통이 제로섬 관계가 아니라 시너지를 내는 창발적 관계로 승화되고, 사회통합의 효과를 거두기 위해서는 피상적인 소통의 형식이 아니라 소통의 내용을 중심으로 심층적이고 질적인 차원의 소통양식을 추구할 필요가 있을 것이다. 특히 확장과 포섭이라는 공공-민간의 일원론적 상호관계를 뒷받침하기 위해서는 맥락적 소통을 넘어 동조적 소통으로 나아가는 질적 발전을 이루어야 할 것이다.

## Ⅵ. 맺음말

본 연구는 융합사회의 등장으로 인해 나타나는 새로운 사회구성 원리로서의 소통 합리성에 대해 살펴보고, 이를 근거로 공공영역과 민간영역의 상호작용이 어떤 변화를 맞이할 것인가를 검토하였다.

이를 위해 하버마스의 의사소통 합리성 이론을 간략히 개괄하고, 그 한계와 과제를 도출하였다. 이러한 비판적 검토 위에서 도구적 합리성으로 인한 근대적 주체의 한계를 극복하고, 이성과 감성의 조화, 상호성에 입각한 상호 인정과 이해를 추구할 수 있으며, 구체적인 개별 상황 속에서 드러나는 맥락적 요소와 관계의 복합성, 그리고 그로 인한 창발적 결과를 포착할 수 있는 인문주의적 소통 합리성의 모색이 필요함을 주장하였다.

그리고 이러한 맥락 속에서 변화되는 공공-민간의 상호작용을 이해하기 위해 우선 서구와 동양의 지적 전통에서 각기 달리 정의되고 있는 공공과 민간의 개념에 대한 논의를 검토하였다. 그 결과, 서구 사상사적 전통에서의 국가와 개인, 그리고 동양적 지적 전통에서의 공과 사 개념 사이에는 이분법적 세계관과 일원론적 세계관이라는 동서양의 근원적 인식의 차이가 놓여 있음을 알 수 있었다. 그리고 이러한 인식론적 차이는 현재에서 미래로 진행되고 있는 융합사회로의 변화 속에서 동양의 일원론적 세계관이 선택적 친화력을 갖는다는 점을 확인하였다.

이어서 정보통신기술의 발전이 공공-민간 사이의 소통 환경을 변화시키고 있음을 검토하고, 동양적 지적 전통에 근거하여 개인과 시민사회, 국가를 하나의 유기체적 통합체로 인식할 수 있는 공공-민간의 관계와 상호작용의 내용을 제시하였다. 그리고 소통양식의 질적 발전 단계를 설정하고, 융합사회에 바람직한 공공-민간 상호작용을 실질적으로 구현하기 위해서는 단순한 정보나 의미의 교환을 넘어서 상호 이해와 인정을 토대로 한 실천행위를 이끌어 낼 수 있는 소통양식이 필요함을 주장하였다.

그러나 본 연구는 이론적으로 검토된 공공-민간의 상호작용 모델을 경험적으로 검증하지 못했다는 한계를 가질 수밖에 없다. 전자정부나 공공기관의 홈페이지 운영 실태를 통해 본 연구에서 제시한 공공-민간 상호작용 모델의 검증이 가능할 것으로 여겨지지만, 이는 차후의 연구과제로 남겨두고자 한다.

# 참고문헌


**강미은**, 2005, 「인터넷 속의 정치」, 한울.

**강형철**, 2006, "사이버 커뮤니케이션과 공익," 「사이버커뮤니케이션학보」, 17: 5-46.

**김규정**, 1973, 「신행정학개론」(제3개정판), 법문사.

**김문조**, 2008, 「정보사회의 미래와 통신정책의 새로운 패러다임」, 정보통신정책연구원.

**김비환**, 2001, "영미 자유주의사상에서의 공익 개념과 한국에서의 함의," 「철학과 현실」, 50: 36-48.

**김선욱**, 2008, "아렌트의 내러티브와 의사소통적 합리성," 「철학」, 94: 29-53.

**김종길**, 2007, 「온라인 시민 정책참여의 활성화를 통한 전자민주주의 구현 방안」, 국회 행정자치위원회(미간행 연구보고서).

**김항규**, 2002, "행정에서의 합법성 이념과 헌법에서의 공익판단의 근거," 「한국행정논집」, 14(3): 557-579.

_____, 2006, "행정철학과 행정법학과의 대화: 헌법상의 공익 논의를 중심으로," 「한국공공관리학보」, 20(1): 136-151.

**노리스, 피파**(P. Norris), 2007, 「디지털 시대의 민주주의」, 이원태 외 옮김, 후마니타스.

**노명우 · 윤명희**, 2008, 「탈근대사회에서의 개인과 공동체 관계의 변화」, 정보통신정책연구원.

**뒬멘, 리하르트**(R. Dulmen), 2005, 「개인의 발견: 어떻게 개인을 찾아가는가 1500~1800」, 최윤영 역, 현실문화연구.

**로랑, 알랭**(A. Laurent), 2001, 「개인주의의 역사」, 김용민 역, 한길사.

**민경배 · 박수호**, 2009, "융합사회의 등장과 정체성 변화," 「문화경제연구」, 12(2): 195-222.

**박세일**, 2001, "공공선(공익)을 어떻게 찾아야 하는가?," 「철학과 현실」, 50: 61-74.

**박정순**, 2002, "개인이익과 공익의 자유주의적 관련 방식," 「철학연구」, 61: 202-230.

**박정택**, 1990, 「공익의 정치 행정론」, 대영문화사.
**박종주 · 김성관 · 손충기 · 심대섭**, 1992, "한국 청소년의 도덕성 · 공익성 실태분석 연구," 「한국청소년연구」, 9: 71-91.
**박충석**, 2001, "유교에서의 '공' · '사' 관념과 현대한국사회," 안동대 퇴계학연구소 편, 「퇴계와 함께 미래를 향해」, 세계유교문화축제추진위원회.
**박한우**, 2007, "블로그에 나타난 정치인 네트워크: 17대 국회의원을 대상으로," 「한국언론학보」, 51(3): 385-406.
**유민봉 · 고성철**, 2001, "정책결정 기준으로서 공익과 사회적 형평," 「사회과학」, 40(1): 139-161.
**유헌식**, 2008, "말은 서로 흐르게 하라!: 실효(實效)적 소통을 위하여," 「철학과 현실」, 78: 30-41.
**윤인진**, 2008, "공익의식과 사회갈등," 「한국사회」, 9(3): 119-152.
**윤태일 · 심재철**, 2003, "인터넷 웹사이트의 의제설정 효과," 「한국언론학보」, 47(6): 194-216.
**이영찬**, 2008, 「유교사회학의 패러다임과 사회이론」, 예문서원.
**이원태**, 2006, "인터넷 포퓰리즘과 한국 민주주의," 「시민사회와 NGO」, 4(1): 81-110.
**장우영**, 2007, "ITCs와 정당의 '적응': 정치인 팬클럽의 역할을 중심으로," 「국제정치논총」, 47(1): 95-119.
**정국환 · 김희연 · 박수호**, 2009, 「융합미디어를 활용한 공공-민간 상호작용 확대방안 연구」, 정보통신정책연구원.
**정동규**, 2005, 「인터넷과 참여민주주의」, 한국학술정보.
**정지연 · 윤상호 · 박태희**, 2007, "DMB 정책과정에서 살펴본 디지털 미디어의 공공성에 관한 연구," 「사이버커뮤니케이션학보」, 21: 153-196.
**지성우**, 2006. "법학적 의미에서의 '공익' 개념에 대한 고찰," 「성균관법학」, 18(3): 211-231.
**최석만**, 2002. "공과 사: 유교와 서구 근대사상의 생활 영역 비교," 「동양사회사상」, 5: 5-21.
**터너, 조나단**(J. Turner), 2001, 「현대사회학이론」, 정태환 역, 나남.
**하버마스, 위르겐**(J. Habermas), 2006a, 「의사소통행위이론 1」, 장춘익 역, 나남.
________________, 2006b, 「의사소통행위이론 2」, 장춘익 역, 나남.
**한정호 · 박노일 · 정진호**, 2007, "온라인과 오프라인 커뮤니케이션 상황이 공중 세분화 변인에 미치는 영향," 「언론과학연구」, 7(1): 319-350.
**홍승표**, 1998, "유교의 인간관," 「한국사회학」, 32(겨울호).

**Slater, M. and D. Rouner,** 2002, "Entertainment-Education and Elaboration Likelihood: Understanding the Processing of Narrative Persuasion," *Communication Theory*, 12(2): 173-191.

chapter **14**

# 공공활동 참여 경험과 일반신뢰는 투표참여에 영향을 미치는가?[1]

**조광덕**(경희대학교 사회학과 강사)

## Ⅰ. 들어가는 말

민주주의 정치체제의 실현에서 중요한 요인 중 하나는 대중의 정치참여이다. 그중에서도 투표참여는 단순히 정치적 권력을 어느 쪽에 분배하느냐 하는 거시적인 문제뿐만 아니라 유권자가 거주하는 주변 환경의 지역 발전과도 연결되는 중요한 참여행위이다. 투표참여는 공동체 구성원의 응집력을 확인할 수 있고 개인수준에서 해결할 수 없는 거시적인 사회문제를 해결하는 데 있어서 중요한 역할을 한다. 따라서 상대적으로 쉬운 참여로 분류되는 투표 여부에 미치는 요인들을 탐색하는 것은 매우 중요한 작업임이 틀림없다.

본 연구의 목적은 공공활동 참여 경험과 신뢰가 투표 여부에 미치는 영향을 분석하는 데 있다. 구체적으로는 공공활동 참여뿐만 아니라 일반신뢰(generalized trust)가 사회자본(social capital)의 형성과 유용성을 증대시키

1 이 글은 2017년 「사회과학연구」 43권 1호, "공공활동 참여 경험과 일반신뢰가 투표 여부에 미치는 영향: 2012년도 국회의원 선거를 중심으로"의 내용을 수정 보완하였다.

며 민주주의제도를 확립시키는 데 있어서 중요한 요인임을 실증적인 분석을 통해서 확인한다.

기존의 연구들에서는 사회 · 심리적 요인이나 사회정치적 · 사회경제적 요인이 투표행위에 미치는 영향(강황선 · 이명행, 2012)을 중심으로 천착해 왔지만 사회자본 중에서도 어떠한 성격의 사회참여와 신뢰의 유형이 투표행위에 영향을 주는지 집중한 연구는 소수에 불과하다.

일찍이 퍼트남(Putnam, 1993)은 효율적인 사회체제를 확립하는 데 있어서 구성원의 자발적 의사 참여와 구성원 간의 활발하고 수평적인 의사소통을 강조한다. 또한 개인이 단체, 모임을 횡단하여 다양한 부류의 회원들과 접촉하는 경우(Paxton, 1999)에 비로소 민주주의제도가 제대로 기능할 수 있는 바람직한 사회자본이 생성된다고 주장하기도 한다(박희봉, 2009). 사회자본은 사회구조에서 개인의 특정 행위를 더욱 축발시키며(Coleman, 1988), 네트워크와 규범, 신뢰(Putnam, 1993)를 중심으로 또 다른 공공활동으로 확대될 수 있음을 강조한다. 사회자본의 중요한 특징 중 하나는 사회구성원의 상호이익을 위해 조정과 협력을 증대시킬 수 있다는 점이다. 즉 사회자본은 사회조직의 상호이익을 위해 조정, 협력을 가능하게 하면서 경제적, 정치적 효율을 높인다(Putnam, 1993). 하지만 이러한 중요성에도 불구하고 민주화가 진행되던 80년대 말, 90년대 들어서 정치참여에 대한 연구가 오히려 줄어들고 있으며, 투표참여와 다른 유형의 정치참여를 연결시킨 연구는 찾아보기 힘들다(김욱, 2013).

이 글에서는 사회자본을 사회참여와 신뢰로 구분하였다. 사회참여 중에서도 이타성이나 공동체 의식, 지역사회 발전을 위한 협조 등을 전제로 하는 자발적 공공활동 참여가 집단 내 규범과 관습을 체화시키고, 민주주의 체제를 공고히 해 주는 투표참여에도 긍정적인 영향을 미칠 수 있다는 가능성에 초점을 둔다. 하지만 여기서 자발적 공공활동 참여라 하더라도 모임의 유형과 목적에 따라 그 결과가 다르게 나타날 수 있으므로 유형별로 분석에 투입시켰다. 또한 사회자본에서 중요하게 다뤄지는 신뢰가 세부적으로 일반신뢰와 특수신뢰로 구분될 수 있으며, 사회자본의 확충에는 일반신뢰가 특수신뢰에 비해 매우 중요한 함의를 제공한다는 점을 확인한다. 이에 본 연구는 신뢰에 관한 논의들을 정리하고 사회자본의 세부적인 차이가 민주주의체제 확립에 중요한 행위인 투표 여부에 긍정적인 영향을 주는 요인임을 실증적인 분석을 통해 확인한다. 본 연구에서는 사회참여 중 하나인 '공공활동 참여'가 지역토론 참여와 사교모임을 투입한 상태에서 투표 여부에 미치는 영향을 분석하고 나아가 신뢰성도 역할신뢰, 특수신뢰, 일반신뢰로 구분하여 사회 · 인구학적 배경변수, 정치적 요인을 투입한 후에도 통계적 유의미성을 보이는지 검증한다.

본 연구의 연구문제를 기술하면 다음과 같다. 첫째, 어떠한 공공활동 참여 경험이 투표 여부에 영향을 미치는가? 공공활동 참여 경험은 지역사회토론 참여와 사교모임을 투입한 후에도 통계적으로 유의미한가? 또한 투표 여부에 가장 큰 영향력을 가진 변수인 정치적 변수를 투입한 후에도 통계적으로 유의미한가? 둘째, 사회자본에서 중요하게 다뤄지는 일반신뢰는 다른 유형의 신뢰를 투입한 후에도 통계적으로 유의미한가? 이와 같은 연구문제를 통해서 본 연구는 사회자본 중에서 공공활동 참여 경험과 일반신뢰의 중요성을 실증적으로 분석하는 데 초점을 둔다.

## Ⅱ. 선행연구 고찰

### 1. 투표에 영향을 미치는 요인들

현대 민주주의체제에서 표출되는 국가의 공권력은 투표행위를 통해 비로소 합법적인 근거가 마련되고 국민에게 민주적 정당성을 인정받게 된다. 하지만 저조한 투표율은 선거로 선출된 정부의 정통성에 의문을 제기하게 되는 문제를 발생시키고 사회경제적 지위가 낮은 약자의 투표참여가 저조할 때 발생하는 문제점은 평등성을 기반으로 하는 민주주의의 기능을 상실케 한다(허석재, 2013). 따라서 높은 투표율은 약자의 정치적 입장이 반영되는 계기가 되기도 하며 민주주의의 정당성을 확보하는 데 중요한 척도가 된다.

사회학적 접근에서 투표형태에 영향을 미치는 요인으로는 유권자의 사회경제적 지위나 거주지, 종교와 같은 요인들이 있다고 보고한다(Campbell *et al.*, 1980). 세부적으로 살펴보면, 기존의 많은 연구들에서는 투표참여에 미치는 요인들로 유권자의 성별, 학력, 연령, 소득수준, 직업 등과 같은 사회경제적 지위가 제시되며 이러한 변수들은 사회집단의 소속감이 투영된 결과라고 주장한다(신범순, 2005). 즉 유권자의 투표형태가 사회경제적 지위에 기반하고 후보자와의 상호작용에 의해 영향을 받는다는 일부 연구결과는 사회경제적 요인 중 하나인 소득수준과 교육수준의 차이로 인해 투표율이 강화되거나 감소할 수 있음을 보여준다(송건섭, 2010). 서구의 연구들에서도 교육수준이 높을수록, 연령이 높을수록, 소득이 많을수록, 전문직에 종사할수록, 거주지 지역이 대도시일수록 투표활동은 증가한다고 보고한다(Wolfinger and Rosenstone, 1980). 또한 정치적 요인의 측면에서 거주자의 거주기간도 주목할 수 있다. 유권자의 지역경제발전은 본인의 경제적 이득을 가져오기 때문에 지역애착과는 별개로 정치 · 경제적 요인으로 인한 변수로 이해될 수 있다. 또 다른 측면에서, 교육과 경제적 수준과 같은 사회경제적 요인은 사회참여에 있어서 지지자들이 동일한 사회 환경, 규범, 사회관계에 속해 있음을 보여준다. 이러한 사회관계와 네트워크는 그 집단의 요청에 의하여 공공활동으로 이어질 수 있는 가능성도 제기된다(Schervish, 1997).

또 다른 일부 연구에서는 이러한 투표율의 중요성을 확인하고 다양한 요인들을 천착해 왔다. 대표적으로 김욱(2013)은 연령과 같은 사회 · 인구학적 요인과 개인의 정치적 태도(시민적 의무감, 이념성향, 정치적 효능감), 탈물질주의가 통계적으로 유의미한 영향을 준다는 점을 제시하였다. 탈물질주의와 관련된 내용에서는 탈물질주의 가치체계가 높을수록 자원봉사, 선거 등과 같은 사회참여에 적극적이라는 것이다(김욱, 2013; 송경재, 2011). 하지만 더욱 중요한 발견은 정치참여에 있어서 동기와 혜택의 원천인 사회적 연결망과 유대감이 투표행위에 결정적인 기여를 한다는 결과에 있다. 즉, 대중의 사회인지적 관점과 사회관계적 속성과 같은 요인도 시회 · 인구학적 배경변수 못지않게 중요하다는 것을 보여준다.

물론, 유권자의 투표형태를 결정짓는 요인에는 다양한 변수들이 개입된다. 한국 사회의 경우에는 내집단주의가 강한 문화적 습속이 작동하여 정치적 요인을 형성시킨다는 점에서 문화적 요인도 배제할 수 없다(송건섭 · 이곤수, 2011). 따라서 정당일체감(party identification)과 같은 일부 집단에 대한 감정적인 정향이 정당선호도를 결정하고 개인이 지속적으로 특정 정당을 지지하고 정치적 태도를 고수하는 요인이 된다(강황선 · 이명행, 2012; 박상호, 2004; 박찬욱, 1993; Pinkleton & Austin, 2001). 이러한 정치적 태도와 정치적 만족도는 소속정당의 소속감을 재확인시켜 투표에 직접적인 원인이 되기도 하다. 그 밖에 정치신뢰도와 기본적인 사회에 대한 신뢰, 선거쟁점의 관심도, 공명성 정도, 투표 편의성 등이 정치적 요인으로 투표활동에 영향을 주는 것으로 보고하고 있다(강황선 · 이명행, 2012). 하지만 이와 같은 변수들이 정치성향보다 높을 수 있다는 가정은 다소 무리한 가설일 수 있다. 즉, 정치적 쟁점이나 후보자의 공명성보다는 한국인이 지닌 내집단주의는 긴 역사성을 가지고 있기 때문에 일종의 문화적 습속으로 보다 깊이, 투표참여에 반영될 수 있음을 주지해야 할 것이다. 예를 들어, 신뢰가 투표참여에 영향을 준다고 하더라도 신뢰의 대상이 누구냐에 따라서 투표참여 여부는 달라질 수 있다.

정리하자면, 기존 연구들은 주로 사회 · 인구학적 배경 변수를 중심으로 투표행위를 설명하려 했다. 반면, 투표자의 사회적 관계와 태도에 관련된 연구는 크게 주목하지 않았다. 사회자본은 지역사회 구성원들의 활동 정도와 사회관계를 보여주는 개념으로 투표참여와 밀접한 관련성을 갖는다(곽현근, 2007). 또한 투표참여가 개인적 차원에서 설명되는 것을 넘어서 정치제도와의 관계 우선에 초점을 둔다는 측면에서 투표참여는 사회적 자본의 구성요소가 아닌 사회자본의 소유에 의해서 설명된다고 이해할 수 있다(Putnam, 2000; Paxton, 1999; Nakhaie, 2006; 곽현근, 2007). 따라서 본 연구에서는 투표참여에 중요한 요인으로 사회참여와 신뢰를 설명하는 사회자본에 주목하여 이론적 검토를 기술하고 실증적 분석으로 결과를 도출할 것이다.

## 2. 사회자본

### (1) 관계적 사회자본과 제도적 사회자본

일반적으로 인간은 사회적 존재로서 다양한 사회참여과정을 거치면서 개인의 인격이 형성되기도 하고 타인과의 원활한 대인관계 기술을 배우기도 한다. 이러한 측면에서 사회자본은 생활 만족도를 높이는 기제로 작동하기도 하고 나아가 개인이 해결할 수 없는 사회문제가 발생했을 때에는 긍정적인 역할을 수행하기도 한다. 따라서 사회자본의 역할이 공동체사회의 위기로 규정되는 현대사회에서 발생하는 많은 사회문제들을 해결할 수 있음에 주목해야 한다. 하지만 사회자본을 이해하는 데 있어서 사회자본 자체가 관계적 자원(relational resources)이 촉발하는 사회적 협력이기 때문에 다양하고 복합적인 성격을 태생적으로 보유하고 있다. 또한 개념에 대한 비판이나 유형의 분류가 없이 무차별적으로 남용하고 있는 것이 현실이다(김상준, 2004). 즉 사회자본에 대한 개념적 정의가 분야마다, 학자마다 다르기 때문에 국내 연구분야에서는 확정된 기준을 제시하지 못하고 있다. 물론 본 연구에서 이러한 사회자본의 개념 정립을 시도하는 것은 아니지만 적어도 한 유형의 사회자본이 다른 유형의 사회자본을 촉발시킬 수 있는 가능성을 확인하는 것은 무엇보다 중요하다.

사회자본의 개념 확장에서 주목할 만한 성과는 서구의 다수 학자들을 통해서 발전되어 왔다. 콜만(Coleman, 1988)은 합리적 행동이론(rational action theory)을 기반으로 사회자본을 설명하면서 행위자 자신의 이익을 극대화하기 위한 효용의 최대화(utility-maximizing)에 의해 사회자본이 축적된다고 주장했다(최은경 · 연보영, 2012; 송경재, 2013). 한편, 퍼트남(Putnam, 1993)은 공동체주의적 관점에서 상호이익을 위한 조회(coordination)와 협력(cooperation)을 강조한다. 즉 사회자본의 형성이 시민성과 시민공동체의 형성과 유지에 긍정적인 영향을 미치며 높아진 시민성이 신뢰, 호혜성으로 이루어진 사회자본으로 축적된다고 설명한다(Putnam 2000; Stolle and Rochon, 1998). 요약하면, 콜만의 경우에는 개인수준에서의 개념화를 제공하지만 퍼트남은 공동체 발생의 이익에 초점을 둔다. 따라서 본 연구에서는 퍼트남의 이론적 함의가 시민사회와 정치참여와 관련된 논의에서 중요한 근거를 제시한다는 점을 중심으로 전개한다.

사회참여를 통해 나타나는 개인들의 공공이익과 연관된 공익적 행위, 시민적 영향력은 행위자가 참여하는 사회참여 유형에 따라 달라질 수 있다(최은숙 · 이석호, 2011; 박종민 · 배정현, 2006). 즉 모든 사회참여가 다 같은 공익적 결과를 만들어 내지는 못한다는 것이다. 따라서 사회참여의 범위 안에 포함된 내부 변인의 속성에 주목할 필요가 있다. 시민의 사회참여는 크게 공적 정보획득을 위한 참여와 이타적 호혜성을 위한 목적으로 하는 참여로 구분해 볼 수 있다. 공적 정보획득을 위한 사회참여는 참여자의 관심분야 영역에서 사고의 지평 확장을 위한 활동으로 내적인 만족을 향해 나아가는 것을 말하며, 공공활동은 호혜성을 위한 것으로 타인을 위한 배려와 공동체의 유지를 위한 행위 전반을 가리킨다. 또한, 퍼트남(Putnam, 1993)은 *Making Democracy Work*에서 수평적 조직에서 상호호혜성의 규범과 시민참여의 네트워크가 누적된 지역이 수직적 구조로 조직화된 지역보다 높은 제도적 성과를 보인다고 강조하였다. 따라서 퍼트남의 입장에서 보면 진정한 의미의 사회자본은 자발적인 행위가 요구되는 수평적 조직에서의 자본을 의미한다.

국내 연구에서 이재열과 남은영(2008)은 사회자본 안에서의 사회참여를 사회자본으로 이해하고 가치 있는 경제적 · 상징적 자원을 획득하기 위해 개인의 사회적 관계나 집단소속 여부를 이용하는 능력으로 보기도 하며, 다수의 개인들에 의한 공동참여 활동이나 신뢰, 확립된 생활양식에 대한 헌신이 주는 집합행동의 이득을 누리는 것으로 바라본다. 전자를 '관계적 자본(relational social capital)'으로 정의할 때, 사람들의 행동에는 일정한 자신의 이익이 있다는 점을 부각하여 사회자본에서 자본을 경제학적 접근으로 설명한다. 즉, 자본은 이익을 획득하기 위한 '밑천'과 같은 개념이다. 사회자본에 대하여 부정적인 측면을 언급할 때, 대표적으로 관계적 자본을 언급하는데, "부정알선(trafficking), 공갈협박(racketeering), 약탈횡령(plundering), 부정이득(looting), 또는 정실주의(favoritism)"의 원천이 이 관계적 자본을 지적하기도 한다(Platteau, 1996; 김상준, 2004). 이러한 측면에서 보면 한국에서의 사회자본은 내집단주의는 이러한 관계적 사회자본의 이기적인 속성이 반영된 모습으로 비춰지기도 한다. 사회자본이 부정적인 측면이 강조된 것은 상호 간 협력을 촉진시키는 신뢰와 네트워크, 규범이 한 사회조직 내에서만 작동하고 다른 범위로 전위되는 데 있어서 오히려 장애가 되기 때문으로 사료된다.

하지만 '제도적 사회자본(institutional social capital)'은 사회 전반적 수준(societal level)에서 논의되며 이러한 입장에서 퍼트남(Putnam, 1993)은 참여자들이 협력을 가능케 하고, 공유한 목적을 보다 효과적으로 성취하도록 만드는 신뢰, 규범, 연결망과 같은 사회조직의 특징으로 사회자본을 논의하고 있다. 이러한 그의 구분으로 이해한다면, 사회참여는 자원봉사나 자원결사체의 측면에서 공공활동과 다양한 의견을 공유하는 공론장참여로 구분될 수 있다. 사회참여는 시민으로서의 미덕을 함양하는 데 좋은 기회를 제공한다(이승훈, 2011). 즉 사회참여 활동 중에서도 제도적 사회자본은 시민단체 등과 같이 공공의 이익을 전제하며, 강한 응집력보다는 제도적 공공성을 기반으로 개방적인 체계와 타 집단과의 협력적 관계를 지향한다(조남억, 2010).

기존 연구에서는 이규환과 남상우(2008)가 잠재변수인 사회자본을 구성하는 외재변수를 밝히기 위해 사회자본의 개념요소의 연계성을 검토하였다. 주목할 만한 결과를 살펴보면, 사회자본에서 참여>이타심>연계>제도준수>정부신뢰 순으로 실명됨을 확인하였다. 즉, 사회자본과 참여는 매우 밀접한 관계성을 가지며 사회참여가 구성개념들 간에도 강한 인과관계가 있음을 밝히고 있다. 나아가 시민참여는 연계망에 의해 촉발되고 이는 제도준수율이 정부신뢰를 높인다고 주장한다. 하지만 이러한 결과를 일반화하기에는 충북 청주시를 중심으로 한정된 자료를 통해 분석한 결과이며, 시민참여가 이타심을 증대시킨다는 주장은 역인과관계를 해결하지는 못했다. 또한 어떠한 시민참여가 이타심을 증대시키는지에 대한 결론을 도출하지 못했다는 점에서 아쉬움을 남긴다. 따라서 본 연구는 사회참여를 이타심이 내재된 공공활동 참여와 이타심보다는 개인의 인지적 지평을 확상하는 데 참여하는 시회토론 참여로 구분하여 분석에 포함시켰다.

사회자본이 굉장히 다차원적이고 다면적인 속성을 내포하고 있음을 보여주는 증거(이규환 · 남상우, 2008)는 아직도 논의를 전개해 나아가야 할 필요성을 보여준다. 하지만 긍정적인 측면에서 사회자본은 한 집단이 사회전체에 규범을 제공하고 신뢰를 통해서 개인 혹은 단체 간에 거래비용을 감소시켜 주기도 한다. 또한 작은 규모의 사회자본은 네트워크의 확장을 가능하게 해 주며 사회구성원들에게 안정적인 집단행동을 가능하게 해 준다는 측면에서 투표행위 증진에도 기여하게 된다.

이상 사회자본과 관련된 기초적인 논의들을 정리하면, 사회자본의 유형은 매우 다양하며, 그 효과는 속해 있는 국가의 사회적 특성에 따라 다양한 결과를 산출한다. 지역사회의 발전을 위한 공공활동 참여는 제도적 자본의 긍정적인 역할을 확인할 수 있는 참여 형태이며 이러한 참여는 낯선 타인과의 관계를 맺게 되는 동기적 측면에서 가치지향적일 수 있으며 이는 가치내면화와 공동체적 연대에 의해 가능하다(박병진,2007). 즉 넓은 범위에서 사회자본은 비자발적 동기와 자발적 동기가 모두 충족되어야 하는 개념이다. 하지만 공공활동 혹은 자원봉사와 같은 자발적 행위는 호혜성을 바탕으로 하며 소속사회에 대한 능동적인 행위로 이해할 수 있다. 사회참여 중에서도 이러한 제도적 사회자본이 민주주의 발전에 긍정적인 역할을 수행할 수 있다. 따라서 사회참여 중에서도 공공활동은 또 다른 사회자본의 긍정적 결과 중 하나인 투표참여에도 유의미한 역할을 수행할 것으로 기대할 수 있다. 중요한 점은 이와 같은 제도적 사회자본의 효과를 살펴보기 위해서는 관계적 사회자본을 통제해야 한다는 것이다. 따라서 본 연구에서는 '정치모임', '종교집단 모임', '동창회', '여가모임'과 같은 사교모임을 분석에 포함시켰다.

### (2) 대인신뢰와 역할신뢰

정치에 상대적으로 무관심한 젊은 층이 보여주는 정부에 대한 낮은 신뢰와, 보수층이라 간주되는 노년층의 보수당을 향한 절대적인 신뢰를 감안하더라도 정부와 정치에 대한 신뢰 정도는 유권자의 투표참여 적극성을 보여주는 중요한 변수이다(Almond and Verba, 1965).

사회자본에서 신뢰에 대한 강조는 콜만(Coleman, 1988)에 의해서 지적되어 왔다. 네트워크가 한 집단에서 다른 집단으로 이어지는 확장성을 강조한다면 그 확장성을 유지시켜 주는 기제가 바로 신뢰이다. 퍼트남(Putnam, 1993)은 사회의 효율성을 제고시킬 수 있는 신뢰, 규범 및 네트워크가 행동을 조율하는 것을 사회자본이라고 정의하면서 신뢰를 등장시켰으며, 후쿠야마(Fukuyama, 1995)는 사회에서 이 신뢰가 파생되는 지역사회의 능력을 강조한다. 스톨레(Stolle, 2002)는 신뢰가 개인과 지역사회에 있어서 중요한 공공선(public good)으로 작동한다고 강조한다. 왜냐하면 높은 신뢰수준은 사회에서 발생하는 거래비용(transaction cost)을 감소시켜 주고 나아가 경제적 발전과 더불어 민주주의 발전에도 크게 기여하기 때문이다. 신뢰의 증진은 집단 내에서 응집력을 강화시켜 일관된 정책적 방향을 이끌어 갈 수 있다는 점에서 사회자본과 관련된 연구에서는 반드시 살펴봐야 할 부분이다.

신뢰의 유형은 크게 3가지로 분류할 수 있다. 첫째, 대인 간 신뢰(inter-personal trust)는 자신과 대인관계 수준에서의 전략적이며 합리적인 판단을 의미한다. 둘째, 특수화된 신뢰(particularized trust)는 소속된 특정 집단의 사람들 간의 신뢰를 의미한다. 셋째, 일반화된 신뢰(generalized trust)는 자신과 사회경제적으로 낯선 타인들에 대한 신뢰를 말한다(강철희 · 이상철, 2013). 하지만 이 3가지 유형의 신뢰가 모두 사회자본에 기여하는 것은 아니다. 일반화된 신뢰는 얇은(thin) 신뢰로 집단구성원이 수평적이고 대면적인 접촉을 통해 생성된다. 하지만 반대로 특수화된 신뢰는 두꺼운(thick) 신뢰로 집단구성원이 동질적일 경우에 발생한다. 또한 내집단주의와 타집단을 배제하고 배척하여 공동체를 분열시키는 역할을 수행한다. 퍼트남(Putnam, 1993)의 주장에 따르면, 사회자본은 결속형(bonding)과 연계형(bridging)으로 나뉘는데, 결속형의 경우 나와 유사한 특성을 지닌 사람들로 학연 · 혈연 · 지연 등으로 이루어진 사람들 사이에서 형성되는 내부 지향적인 커뮤니티를 지칭하며, 타 집단에 대해 배타적이고 집단 내 동질성을 강화하는 경향을 갖는다고 지적한다. 반면 연계형은 다양한 사회적 관계에서의 사람들 사이에서 정체성과 호혜성의 네트워크를 형성하는 것을 지칭한다. 예를 들어, 자발적 결사체 혹은 자원봉사활동이 그 전형적인 사례이다. 즉 결속형 사회자본은 두꺼운 신뢰를, 연계형 사회자본은 얇은 신뢰를 형성하게 된다는 것이 그의 주장이다.

이와 같은 결속형 · 연계형 자본은 행위자의 참여 형태뿐만 아니라, 신뢰의 유형에서도 구분점을 제공한다. 뉴톤(Newton, 2009)의 분류법에 따르면, 신뢰는 대인신뢰(trust in people)와 제도신뢰(confidence in institutions)로 구분된다. 대인신뢰는 다시 특수신뢰와 일반신뢰로 (재)구분된다. 따라서 같은 대인신뢰라고 하더라도 잘 아는 사람(가족구성원, 친구, 동료, 이웃 등)과 관련된 특수신뢰가 있으며, 잘 모르는 일반적 타자에 대한 일반신뢰로 구분할 수 있다. 이러한 구분은 퍼트남(Putnam, 1993)의 결속형 자본과 연계형 자본과 연결되는 지점이다. 한편, 제도신뢰는 국가, 지방자치단체를 의미하는 정치공동체신뢰, 정치체제나 경제체제, 기술체제를 말하는 체제신뢰, 입법부와 행정부, 언론기관 등과 같은 이차집단을 칭하는 집단신뢰, 질서와 절차를 강조하는 절차신뢰, 직업군으로 분류된 역할신뢰로 구분된다(Newton, 2009; Sztompka, 2000; 이수인, 2010, 2011; 류태건, 2014). 특수신뢰를 다시 살펴보면, 폐쇄적 협력과 결속을 강조하기 때문에 사회적 불신과 사회분열을 조장할 수 있다(Putnam, 1993). 즉 신뢰가 다양한 사회적 네트워크 조직의 형성을 촉진하여 개인들 간에 유대관계를 강화시키고 각종 사회활동 참여에 자발성을 부여하기도 하지만, 어떤 신뢰냐에 따라서 사회활동 참여와 같은 투표행위에까지도 영향을 미칠 수 있을 것이다. 특히 뉴톤(Newton, 2009)은 현대사회에서 필연적으로 낯선 타인들과 교류하는 접촉의 빈도가 높은 특징을 지닌 사회에서는 일반신뢰가 중요하다고 강조한다. 유스라너(Uslaner, 2002)에 따르면, 일반신뢰를 가진 사람은 삶 자체를 통제할 수 있으며, 사회질서를 유지하려는 노력을 한다고 한다. 이는 다시 말해, 사회적 가치를 구현하게 하는 평등성과 공정성이 체화된 사람이 일반신뢰가 높다고 할 수 있다. 즉, 일반신뢰가 사회협력을 가능하게 하고 민주주의의 정착에 중요한 기능을 수행한다고 이해할 수 있다(Putnam, 2000).

반면에 제도신뢰는 공식적 제도를 통해서 이해할 수 있다. 즉 "한 행위자나 집단이 개인의 평판이나 귀속적 특성과 무관하게 제도나 조직에 의해 이루어지는 신뢰"라고 정의할 수 있다(Zucker, 1986; 서운석, 2014). 많은 연구들에서는 이 제도신뢰를 측정하고자 할 때 주로 대통령, 행정부, 사법기관, 대기업, 사회운동 등 어떤 역할을 수행하는 사람으로 그 집단의 운영자에 대한 신뢰를 포함시키고 있다(Newton, 1999; 박통희 · 원숙연, 2000).

본 연구에서도 이 제도신뢰를 위에서 열거한 기관들의 운영자에 대한 신뢰를 역할신뢰라고 명명하여 사용하였다. 이 같은 역할신뢰도 다른 신뢰와 마찬가지로 사회적 비용의 감소를 유도하고 사회공정성을 높이는 역할을 할 수 있다. 하지만 역할신뢰가 직접적으로 투표참여에 영향을 준다는 데에는 다소 의문이 들 수 있다. 사회의 거래비용을 감소시킬 수 있는 기제로는 중요하지만 제한된 후보들이 선거의 장(field)에 나왔을 때 중요한 선택기준은 높거나 낮은 역할신뢰의 정도보다는 유권자의 정치적 입장이 우선 고려될 수 있기 때문이다. 이러한 가정은 한국 사회에서 투표참여는 그 후보자가 어느 정당의 소속인지, 그리고 유권자가 지지하는 정당을 대표하는지가 보다 더 중요하게 고려되기 때문이다.

본 연구에서는 대인신뢰를 가족, 친척, 친구, 직장동료 등과 관련된 특수신뢰와 낯선 타자들에 대한 신뢰를 의미하는 일반신뢰로 구분하여 분석에 포함시켰으며, 각 기관을 운영하는 지도자들에 대한 신뢰를 묻는 역할신뢰도 추가하여 실증적인 분석을 실시할 것이다.

## 3. 공공활동 참여

사회자본을 시민영역의 경우로 한정해서 본다면 대표적인 활동으로 자원봉사활동을 통한 사회자본의 형성이 있다(Raad, de, 2003; 권영숙 · 이영민, 2011). 공공활동 혹은 자원봉사는 자발성과 사회책임(social responsibility)을 가지고 있으며, 경제적 이익을 추구하지 않는(without monetary profit) 것, 그리고 마지막으로 기본 의무를 초월하는 것(beyond basic obligation)으로 구분할 수 있다(신윤창 · 손경숙, 2008). 여기서 중요한 점은 기본 의무의 초월성이란 투표권 행사와 같은 기본적인 의무를 넘어서며 사적 이해관계를 배제한 것을 의미한다. 반대로 이는 어떤 정치적 신념과 소속집단, 그리고 개인의 이해관계가 반영된 투표권 행사와 같이 사적인 이해관계를 넘어서 공공의 선을 구축할 수 있게 된다는 점을 지적한다. 따라서 공공활동 참여와 같은 이타적 동기를 내포한 사회참여는 토론참여와 같이 개인에게 일정한 정보의 축적만을 제공하는 활동과는 구별되고 공공의 선을 완성하는데 중요한 활동이라고 볼 수 있다. 또한 자발적 공공활동과 같은 결사체에 참여하는 경우에 정치발전과 사회참여에 대한 토대를 마련해 낸다(Almond and Verba, 1963; Putnam, 1993). 또 다른 국내연구에서도 중·고령층의 자원봉사 참여빈도와 참여기간이 증가할수록 사회관계망인 네트워크와 대인신뢰에 대한 인식이 통계적으로 유의미한 정적 방향으로 증가한다고 보고한다(김영옥 · 권해수, 2011). 하지만 대인신뢰나 네트워크가 오히려 자원봉사와 같은 공공활동을 증가시킬 수 있다는 점을 간과하였다. 즉 어느 쪽이 원인이고 결과인지 인과적인 해석이 힘들다는 점이다. 그럼에도 불구하고, 사회자본에 신뢰나 관계, 참여를 한 범주에서 볼 때, 공공활동의 참여는 사회자본을 증가시키고 보다 확대된 사회참여로 투표형태로 이어질 수 있다는 것을 추론해 볼 수 있겠다. 올센(Olsen, 1972)도 결사체에 대한 참여가 참여자의 이해와 관심영역을 확장시키고, 타인들과의 접촉을 통해서 관계가 형성되면서 공적 문제나 정치적 활동을 야기한다고 주장한다. 사회자본 내에서 공공활동은 관계성의 확대와 더불어 상호 · 호혜성을 증진시키고 내재된 이타성이 시민의식을 확대한다. 또 다른 해외 연구에서도 공공활동과 같은 네트워크가 활발한 사람들은 다양한 타인과의 상호작용성이 높으며 그 결과로 호혜성의 감정이 증폭하며, 나아가 공익적 행위로 이어진다고 보고한다(Martin, 1994).

국내 연구에서 이승훈(2015)은 '동감'이라는 감정에 주목한다. 그의 연구결과에 따르면, 공공활동은 참여자들에게 사인 간의 차이에 대한 인식과 타자에 대한 동감을 형성하게 해 주며 사회적으로 긍정적인 결과를 가져온다고 주장한다. 결국 공공활동의 참여는 전체사회에 대한 적극적인 관심을 이끌어 낸다고 강조한다. 이타성과 공공활동에 대한 인과관계를 밝히기는 힘들지만 적어도 공공활동이 호혜성을 바탕으로 한 확장된 시민참여, 즉 투표참여에 있어서도 발전될 수 있다고 예측할 수 있다. 그럼 과연 공공활동이 어떠한 이유로 인해서 투표행위를 증진시킬 수 있을까? 이러한 이유에는 다양한 원인들이 제기될 수 있지만, 체화된 만족감은 보다 발전된 사회를 이룩하는 데 있어서 긍정적인 사고를 갖게 되며, 사회의 일원으로서 중요한 책임감을 형성시킨다. 아렌트(2002)는 공공활동 경험이 '확장된 사고(enlarged mentality)'가 가능하다는 점을 강조한다. 공공활동이 타인과의 관계에서 동감과 이해의 폭을 확장시켜 준다는 점을 제시하면서(Sunstein, 2003) 토론과 같은 사회참여는 이질적 타인과의 관계와 동감의 측면은 작동하는 듯하나, 이타적인 속성을 발휘하는 데 한계가 있음을 보여준다. 따라서 토론참여는 지식의 확장이 강조되고 공공활동에서는 참여자와 이질적 타인과의 관계, 그리고 동감, 이타성도 포섭하게 된다. 남은영과 그의 동료들(2012), 역시 이러한 점에서 공적이고 이타적인 가치를 지향하는 봉사활동이 일상적 영역과 공적인 영역으로 분리된 활동으로 보이나 상호연결되어 있으며, 시민참여를 높인다고 강조한다.

퍼트남(Putnam, 2000)의 저서 *Bowling Alone*(「나 홀로 볼링」)에서 보여주듯이 공식적인 공동체 붕괴 이후에도 사회자본은 다양한 네트워크를 구성하는 여가활동, 클럽생활 참여, 종교단체, 시민단체 등의 조직활동 참여와 같은 '관계재(relational goods)'로 개인과 개인, 조직, 사회의 관계를 이어준다(Becchetti *et al.*, 2012). 이와 같은 관계재적 성격은 유사 사회참여가 발선된 사회참여로 확장될 수 있음을 보여줄 수 있는 긍정적인 신호이지만, 이타성과 연결시키기에는 다양한 감정들이 혼재되어 있는 사교적 모임까지도 포함되어 있다. 그럼에도 불구하고 사회자본 중 일부인 공공활동은 구성된 네트워크를 통해 타인에게 동감을 얻게 되면서 이타성이 형성될 수 있는 가능성은 충분하다고 볼 수 있다. 즉 여가활동이나 종교단체는 공동의 목표가 유흥이나 자기발전 혹은 신의 규범을 지켜낸다는 점에서 관계 형성되지만 공공활동은 참여자의 이익이 아닌 타자에 대한 관심과 사회규범을 위한 행위이기 때문이다. 따라서 동감과 이타성에 대해서 전후관계를 주장하기보다는 자발성에 포함된 호혜성, 즉 타인에 대한 동감, 이타성과 같은 감정적 측면이 어떠한 역할을 할 수 있는가를 주목하는 것이 필요할 것으로 사료된다. 이러한 주장을 바탕으로 본 연구에서는 자발적 공공활동 참여가 이타성을 가진 사회자본의 결과로 이해하고 토론참여와 같은 사회참여와 구분하여 또 다른 형태의 사회참여인 투표 여부에도 긍정적인 영향을 미칠 수 있음을 확인할 것이다. 나아가 본 연구에서는 공공활동 참여를 의미하는 지역사회 참여, 문화 예체능 참여, 사회적 취약집단 참여, 정치적 이슈 관련 참여를 분리하여 분석 모형에 투입할 것이다. 왜냐하면 만약에 정치적 이슈 관련 참여가 중요한 결과를 도출하게 된다면, 결국은 투표참여와 같은 종류의 참여에 해당할 수 있기 때문이다.

민주주의체제는 기본적으로 간접적인 대표자를 선출하는 방식이기 때문에 유권자의 정치적 결정이 중요하다. 여기서 중요한 점은 이러한 결정으로 인한 투표결과에 시민적 의무감이 발휘된다는 점이다. 투표에 참여하는 유권자의 시민적 의무감은 어떻게 형성되는 것일까? 물론 이러한 규범의 형성에는 다양한 요인들이 작용한다. 그것은 교육과 소득수준과 같은 사회경제적 요인일 수 있으며, 정치적 이념의 동일성을 대표하는 정치적 요인이 작동할 수도 있다. 그러나 본 연구는 민주주의 정치체제를 선택하고 확인하는 선거에서는 개인과 사회의 관계에서 발휘되는 동기적 측면과 일반신뢰를 강조하는 사회자본의 함의에 보다 주목하고자 한다.

# Ⅲ. 연구방법

## 1. 분석자료 및 변수

### (1) 분석자료

본 연구에서는 2012년 「한국종합사회조사」(Korean General Social Survey: 이하 KGSS)를 활용하였다. KGSS는 연차적 대단위 전국표본조사(national sample survey)로서, 미국 시카고대학교 NORC(National Opinion Research Center)의 GSS(General Social Survey)를 기본모형으로 설계되었다. 해당 조사는 매년 반복 조사하는 핵심질문(replicating core questions), ISSP(International Social Survey Programme)의 50여 개 회원국들이 공동으로 조사하는 연차적 주제모듈(ISSP annual topical modules), 한국, 중국, 일본 등 동아시아 국가들이 공동 조사하는 주제모듈(EASS biennial topical modules), 그리고 특별연구를 위한 주제모듈(special topical modules) 등을 조사 설계 단계에서 유기적으로 결합하는 형태로 구성하였으며, 표본은 전국의 거주 가구 만 18세 이상 성인 남녀를 모집단으로 해서 다단계지역확률표집(multi-stage area probability sampling) 방법으로 추출하였다. 또한 현지조사는 면접원이 직접 방문하여 심층면접 방식으로 진행하였다(김상욱 · 김지범 · 문용갑 · 신승배, 2013). 따라서 매우 신뢰할 수 있으며 타당성이 우수한 자료이다.

2012년 「한국종합사회조사」(KGSS)에서는 본 연구에서 활용할 공공활동 참여, 사회토론 참여, 정치변수와 신뢰변수 그리고 투표 여부 변수들을 포함하고 있어서 연구목적에 활용하기 적합한 자료이다.

(2) 변수

① 사회자본 변수

본 연구에서 투입된 변수들의 기술통계치는 〈표 1〉에 제시하였다. 독립변수로 사용한 공공활동 참여는 '지역사회 개선 자원봉사활동', '문화 예체능 자원봉사활동', '사회적 취약집단 자원봉사활동', '정치적 이슈 관련 자원봉사활동'으로 구성되어 있으며 각 문항에 '지난 1년간 다음과 같은 공공활동에 참여해 본 적이 있습니까?'라는 질문에 '그렇다'와 '아니다'로 응답하도록 되어 있다. 즉 이분변수 형태로 구성되어 있다. 각 하위변수들을 묶어서 하나의 공공활동 참여 변수로 활용할 수 있지만, 정치적 이슈 관련 변수는 투표참여와 같은 종류의 참여로 인과적 독립변수로 보기가 힘들다. 따라서 각 변수들을 독립해서 분석모형에 추가하였다. 분석에서는 그렇다(1), 아니다(0)로 재부호화하였다.

본 연구에서는 사회자본 중 신뢰에 관한 문항을 측정하기 위해 '특수신뢰'와 '일반신뢰'를 투입하였다. 또한 제도신뢰로 이해할 수 있는 '역할신뢰'도 분석에 포함시켰다. '역할신뢰'는 '대기업 운영자', '종교기관 운영자', '교육기관 운영자', '노동조합 운영자', '신문사 운영자', 'TV방송국 운영자', '의료기관 운영자', '중앙정부부처 운영자', '지방자치정부 운영자', '국회 운영자', '대법원 운영자', '학계 운영자', '군대 운영자', '금융기관 운영자', '청와대 운영자', '시민운동단체 운영자'에 대한 신뢰의 정도를 묻고 있으며 '거의 신뢰하지 않음'에서 '매우 신뢰'로 1점에서 3점 척도로 구성되어 있다. 모든 변수들을 합산한 후 평균으로 나눠서 '역할신뢰'변수로 생성하였다. 각 문항들에서 결측치는 제거하였으며, Cronbach-α는 .870으로 신뢰도가 높은 것으로 나타났다. 본 연구에서 대인신뢰는 '특수신뢰'와 '일반신뢰'로 구분하여 분석에 포함시켰다. '특수신뢰'는 '친척', '친구', '이웃', '직장동료'에 대해 어느 정도 신뢰하는지 물었으며 '전혀 신뢰하지 않음'에서 '매우 신뢰'로 구성된 4점 척도이며 해석의 용이성을 위해 역으로 재부호화하였다. 또한 각 하위변수들을 합산한 후 평균으로 나눠서 '특수신뢰' 변수로 활용하였다. Cronbach-α는 .707로 신뢰도가 높은 것으로 나타났다. '일반신뢰'는 '낯선 사람', '의사', '은행원', '회사임원', '언론인', '비정부조직/비영리조직의 장', '학교교사', '지방정부 공무원', '중앙정부 공무원', '경찰관', '군장교', '판사'에 대한 신뢰를 물었으며 특수신뢰와 마찬가지로 4점 척도이며 해석의 용이성을 위해 역으로 재부호화하여 값이 높을수록 신뢰가 높음을 의미하게 된다. 각 문항의 결측치는 제거하였으며, Cronbach-α는 .882로 신뢰도가 높은 것으로 나타났다.

사회참여와 관련된 변수는 사회토론 참여와 봉사활동 참여로 구성되어 있다. 사회토론 참여는 '환경문제', '교육문제', '안전문제', '소비자문제'에 관한 참여의 정도를 묻는 방식으로 구성되어 있으며 각 문항들을 더해서 나눈 평균값을 취하는 방식으로 지수화시켰다. Cronbach-α는 .917로 신뢰도가 높은 것으로 나타났다.

제도적 사회자본의 효과를 살펴보기 위해서는 관계적 사회자본을 통제해야 한다. 관계적 사회자본으로 '정치모임', '종교모임', '동창회', '여가모임'을 투입하였다. 각 모임에 '구성원이 아니다'에서 '구성원이다. 모임에 적극적으로 참여한다'로 참여 정도를 측정하였으며, 3점 척도로 구성되어 있지만 구성원일 경우(1)와 구성원이 아닐 경우(0)로 재범주화시켰다.

#### ② 배경변수

인구사회학적 · 사회경제학적 배경변수는 성별, 연령, 가구소득, 혼인 상태, 거주지역, 교육수준, 거주기간, 계층의식으로 구성되어 있다. 정치변수는 지지정당, 정치적 성향, 정치 만족도, 신뢰변수는 사회신뢰 대인신뢰로 구성되어 있다. 이를 자세히 기술하면 다음과 같다.

성별은 남성이 617명(44.2%)이며 여성이 779명(55.8%)으로 구성되어 있다. 본 연구에서는 남성을 기준(0)으로 여성을 1로 코딩하여 분석에 포함시켰다. 연령은 18세 이상인 성인집단을 대상으로 하며 해석의 용이성을 위해 표본의 연령 평균(50세)을 기준으로 센터링하였다. 혼인 상태는 '기혼'이 831명(59.5%)이며 '사별'은 208명(14.9%), '이혼'은 58명(4.2%), '별거'는 12명(0.9%), '미혼'은 283명(20.3%), '동거'는 4명(0.3%)으로 구성되어 있다. 본 연구에서는 '기혼'을 기준(0)으로 '사별', '이혼'과 '별거'를 하나의 범주로, '미혼'과 '동거'를 또 다른 범주로 묶어서 사용하였다. 이러한 구분은 사별과 이혼과 같이 기존에 부부생활을 유지하다 개인의 생활영역 해체에 따라 사회생활 참여에도 변화가 있을 수 있기 때문이다. 마찬가지로 미혼과 동거의 경우에도 법적으로 독립적인 생활을 영위할 때와 부부생활에서의 사회생활 참여에도 차이를 보일 가능성이 있기 때문이다. 거주지역(도시화수준)은 '큰 도시'가 326명(23.4%)이며 '큰 도시 주변'이 318명(22.8%), '작은 도시'가 371명(26.6%), '시골마을'이 363명(26.0%), '외딴 곳'이 18명(1.3%)이다. 본 연구에서는 큰 도시를 기준(0)으로 '큰 도시 주변'과 '작은 도시'를 1, '시골마을'과 '외딴 곳'을 2로 코딩하여 범주화시켰다. 월평균 가구 총소득은 소득 없음이 응답빈도 23명(1.6%)을 포함하여 50만 원 미만에서 1,000만 원 이상이 64명(4.6%)으로 구성되어 있다. '모르겠다'라고 응답한 케이스가 4명(0.3%)으로 본 연구에서는 결측치 처리하였다. 또한 소득변수는 연속변수 형태로 사용하였으며 로그(log) 변환을 통해 정규분포화시켰다. 교육수준은 '무학'이 113명(8.1%)이며 '국민학교(초등학교)'가 220명(15.8%), '중학교'가 138명(9.9%), '고등학교'가 405명(29.0%), '전문대학(2·3년제)'이 133명(9.5%), '대학교(4년제)'가 348명(24.9%), '대학원'이 35명(2.5%), '서당한학'이 4명(0.3%)으로 구성되어 있다. 본 연구에서는 '서당한학'을 결측치 처리하였으며, 교육수준이 범주화되어 있지만 일정한 방향성을 가진다는 전제하에서 연속형으로 취급하여 분석에 포함시켰다. 계층의식은 '최하층'에서 '최상층'까지 10점 척도로 구성되어 있으며 본 연구에서는 연속변수로 활용하였다. '무응답'은 응답빈도가 10명(0.7%)으로 결측치 처리하였다. 거주기간은 '태어나면서부터 계속'에서 '30년 이상'으로 8점 척도로 구성되어 있으나 방향성을 고려하여 연속변수로 사용하였다.

### ③ 정치변수

지지정당은 '새누리당'이 501명(37.17%), '민주통합당'은 374명(27.74%), '통합진보당'은 49명(3.64%), '기타 정당'은 38명(2.82%), '어느 정당도 지지하지 않음'은 386명(28.64%)이다. 정치적 성향은 '매우 진보적'에서 '매우 보수적'으로 구성되어 있다. '무응답' 91명(6.52%)은 결측치 처리하였다. 정치와 관련된 또 다른 변수인 정치 만족도는 '매우 만족'은 318명(23.16%), '다소 만족'은 519명(37.80%), '만족도 불만족도 아니다'는 331명(24.11%), '다소 불만족'은 182명(13.26%), '매우 불만족'은 23명(1.68%)이다. '무응답'은 23명(1.65%)이며 결측치 처리하였으며 연속변수로 취급하였다.

### ④ 종속변수: 투표

마지막으로 종속변수는 '투표 여부'로 투표함을 '1'로, 투표하지 않음은 '2'로 구성되어 있지만 투표함을 '1'로, 투표하지 않음을 '0'으로 변환하였다. '투표함'은 395명(28.69%), '투표하지 않음'은 982명(71.31%)이다.

**표 1** 기초 통계치

| 변수 | | | 빈도 | 백분율 | 평균 | 표준편차 | 척도평균 | 범위 |
|---|---|---|---|---|---|---|---|---|
| 공공활동참여 | 지역사회 개선 자원봉사활동 | | 1396 | – | .133 | .340 | – | 0–1 |
| | 문화 예체능 자원봉사활동 | | 1396 | – | .084 | .277 | | 0–1 |
| | 사회적 취약집단 자원봉사활동 | | 1396 | – | .150 | .357 | | 0–1 |
| | 정치적 이슈 관련 자원봉사활동 | | 1396 | – | .054 | .227 | | 0–1 |
| 사회토론참여 | 환경문제 | | 1396 | – | 1.237 | .633 | 1.247 | 1–4 |
| | 교육문제 | | 1396 | – | 1.254 | .637 | | 1–4 |
| | 안전문제 | | 1396 | – | 1.271 | .664 | | 1–4 |
| | 소비자문제 | | 1396 | – | 1.226 | .643 | | 1–4 |
| 신뢰변수 | 역할신뢰 | | 1182 | – | – | .370 | 2.202 | 1–3 |
| | 대인신뢰 | 특수신뢰 | 1396 | – | – | .359 | 2.700 | 1.5–4 |
| | | 일반신뢰 | 1396 | – | – | .406 | 2.532 | 1.25–3.75 |

| | | | | | | | | |
|---|---|---|---|---|---|---|---|---|
| 사교 모임 참여 | 정치모임 참여정도 | (0) | 1319 | 94.48 | – | – | – | – |
| | | (1) | 77 | 5.52 | – | – | – | – |
| | 종교모임 참여정도 | (0) | 988 | 70.77 | – | – | – | – |
| | | (1) | 408 | 29.23 | – | – | – | – |
| | 동창회 참여정도 | (0) | 729 | 52.22 | – | – | – | – |
| | | (1) | 667 | 47.78 | – | – | – | – |
| | 여가모임 참여정도 | (0) | 855 | 61.25 | – | – | – | – |
| | | (1) | 541 | 38.75 | – | – | – | – |
| 통제 변수1: 배경 변수 | 성별 | 남성 | 617 | 44.20 | – | – | – | – |
| | | 여성 | 779 | 55.80 | – | – | – | – |
| | 연령 | | 1396 | – | 50.617 | 18.204 | – | 18–95 |
| | 혼인 상태 | 결혼(기혼) | 831 | 59.53 | – | – | – | – |
| | | 비결혼 (사별,이혼,별거) | 278 | 19.91 | – | – | – | – |
| | | 미결혼(동거, 미혼) | 287 | 20.56 | – | – | – | – |
| | 도시화 수준 | 큰 도시 | 326 | 23.35 | – | – | – | – |
| | | 큰 도시 주변 | 318 | 22.78 | – | – | – | – |
| | | 작은 도시 | 371 | 26.58 | – | – | – | – |
| | | 기타 지역 | 381 | 27.29 | – | – | – | – |
| | 월평균 가구소득(로그) | | 1392 | – | 5.263 | 1.298 | – | 0–8.455 |
| | 교육수준 | | 1392 | – | 3.016 | 1.676 | – | 0–7 |
| | 주관적 계층의식 | | 1386 | – | 4.429 | 1.722 | – | 1–10 |
| | 거주기간 | | 1396 | – | 5.519 | 2.208 | – | 1–8 |
| 통제 변수2: 정치 변수 | 지지 정당 | 새누리당 | 501 | 37.17 | – | – | – | – |
| | | 민주통합당 | 374 | 27.74 | – | – | – | – |
| | | 통합진보당 | 49 | 3.64 | – | – | – | – |
| | | 기타 정당 | 38 | 2.82 | – | – | – | – |
| | | 지지하지 않음 | 386 | 28.64 | – | – | – | – |
| | 정치적 성향 | 매우 진보적~ 매우 보수적 | 1305 | – | 3.033 | 1.044 | – | 1–5 |
| | 정치 만족도 | 매우 만족~ 매우 불만족 | 1373 | – | 2.325 | 1.024 | – | 1–5 |
| 종속변수: 투표 여부 | 투표함(1) / 투표하지 않음(0) | | 1381 | – | .734 | .598 | – | 0–8 |

## 2. 분석방법

로지스틱 회귀분석이 적절하기 위해서는 변수 하나당 30개 이상의 표본이 있어야 적당하다고 할 수 있다. 따라서 본 연구에서 사용된 표본의 수는 적당하다. 여기서 주의할 점은 로지스틱 회귀분석은 기본가정에 적용되지 않기 때문에 사후분석 가정(post-analysis assumptions)을 통해 분석모델의 적절성을 검증할 것이다. 좀 더 자세히는 2LL를 사용하여 전반적인 모델의 적절성을 검증할 것이다. 보통 로지스틱 회귀분석에서 최대우도추정법(ML=maximum likelihood)을 통하여 사건이 일어날 가능성(likelihood)을 최대화하는 값을 얻는다. 따라서 log-likelihood값이 크면 클수록 좋다고 보고하고 있다(정성호, 2013).

또한 일반회귀방정식과는 다른 종속변수 형태를 가진 로지스틱회귀방정식은 회귀계수 해석에서 신중을 기해야 한다. 이를 위해 우선 *Exp(B)*값을 확인할 것이다. 추가적으로 한계효과(marginal effect)를 통해 다른 독립변수를 통제한 상태에서 독립변수가 한 단위 증가하면 종속변수가 한 단위 증가할 확률 또는 가능성을 해석할 것이다. 본 연구에서 통계분석은 stata 12.0을 사용하였다.

# Ⅳ. 분석결과

### 로지스틱(logistic) 분석 모형의 추정결과

본 연구는 투표 여부에 대한 공공활동 참여 경험과 대인신뢰를 중심으로 논의를 전개해 나아간다. 분석결과는 〈표 2〉의 결과와 같다.

표 2 투표 여부에 대한 공공활동 참여 경험과 일반신뢰를 분석한 이항 로지스틱(Binominal logistic) 분석결과

| Variables | | | model 1 | | | model 2 | | | model 3 | | |
|---|---|---|---|---|---|---|---|---|---|---|---|
| | | | Exp(B) | M · E | S · E | Exp(B) | M · E | S · E | Exp(B) | M · E | S · E |
| 사회자본 | 공공 활동 참여 | 지역사회 개선을 위한 자원봉사 활동 | 1.818 | 0.108 | 0.041 | – | – | – | 1.846 | 0.099 | 0.041 |
| | | 스포츠, 문화, 예술, 학술 관련 자원봉사 활동 | 0.592 | −0.111 | 0.058 | – | – | – | 0.595 | −0.096 | 0.056 |
| | | 사회적 취약 집단 관련 자원봉사 활동 | 1.211 | 0.037 | 0.043 | – | – | – | 1.237 | 0.036 | 0.041 |
| | | 정치적 이슈 관련 자원봉사 활동 | 1.222 | 0.038 | 0.062 | – | – | – | 1.219 | 0.034 | 0.060 |
| | 지역 사회 토론 참여 | 지역사회 이슈 관련 집단토론 참여빈도(환경문제) | 1.076 | 0.015 | 0.036 | – | – | – | 0.904 | −0.018 | 0.034 |
| | | 지역사회 이슈 관련 집단토론 참여빈도(교육문제) | 1.020 | 0.004 | 0.036 | – | – | – | 1.137 | 0.022 | 0.036 |
| | | 지역사회 이슈 관련 집단토론 참여빈도(안전문제) | 1.128 | 0.024 | 0.038 | – | – | – | 1.128 | 0.021 | 0.037 |
| | | 지역사회 이슈 관련 집단토론 참여빈도(소비자문제) | 0.993 | −0.001 | 0.037 | – | – | – | 0.976 | −0.004 | 0.035 |
| | 대인 신뢰 | 특수신뢰 | 0.944 | −0.011 | 0.040 | – | – | – | 1.029 | 0.005 | 0.039 |
| | | 일반신뢰 | 1.765 | 0.112 | 0.040 | | | | 1.547 | 0.076 | 0.038 |
| | 역할신뢰 | | 1.000 | 0.000 | 0.042 | – | – | – | 0.770 | −0.046 | 0.043 |
| | 사교 모임 참여 | 정치모임 | 0.762 | −0.054 | 0.054 | – | – | – | 0.947 | −0.009 | 0.050 |
| | | 종교모임 | 1.181 | 0.033 | 0.019 | – | – | – | 1.084 | 0.014 | 0.018 |
| | | 동창회 | 1.187 | 0.034 | 0.018 | – | – | – | 1.153 | 0.025 | 0.018 |
| | | 여가모임 | 1.038 | 0.007 | 0.018 | – | – | – | 1.103 | 0.017 | 0.017 |
| 정치변인 | 지지정당(0 : 새누리당) | | – | – | – | – | – | – | – | – | – |
| | 민주통합당 | | – | – | – | 0.664 | −0.069 | 0.029 | 0.880 | −0.021 | 0.032 |
| | 통합진보당 | | – | – | – | 1.589 | 0.060 | 0.051 | 2.706 | 0.122 | 0.048 |
| | 기타정당 | | – | – | – | 0.452 | −0.148 | 0.080 | 0.655 | −0.074 | 0.078 |
| | 지지하지 않음 | | – | – | – | 0.264 | −0.275 | 0.032 | 0.329 | −0.215 | 0.036 |

| | | | | | | | | | | |
|---|---|---|---|---|---|---|---|---|---|---|
| | 정치적 성향 | – | – | – | 0.960 | −0.008 | 0.008 | 1.010 | 0.002 | 0.009 |
| | 정치 만족도 | – | – | – | 0.868 | −0.027 | 0.012 | 0.835 | −0.031 | 0.014 |
| 사회 인구학적 배경 변인 | 성별(0: 남성) | – | – | – | – | – | – | – | – | – |
| | 여성(1) | – | – | – | – | – | – | 1.019 | 0.003 | 0.028 |
| | 연령(50) | – | – | – | – | – | – | 1.036 | 0.006 | 0.001 |
| | 가구소득(log) | – | – | – | – | – | – | 0.955 | −0.008 | 0.014 |
| | 교육수준 | – | – | – | – | – | – | 1.286 | 0.044 | 0.013 |
| | 혼인상태(0: 기혼) | – | – | – | – | – | – | – | – | – |
| | 비결혼 | – | – | – | – | – | – | 0.725 | −0.058 | 0.041 |
| | 미결혼 | – | – | – | – | – | – | 0.923 | −0.014 | 0.040 |
| | 도시화수준(0: 큰 도시) | – | – | – | – | – | – | – | – | – |
| | 큰 도시 주변 | – | – | – | – | – | – | 0.660 | −0.075 | 0.037 |
| | 작은 도시 | – | – | – | – | – | – | 0.955 | −0.008 | 0.035 |
| | 기타 | – | – | – | – | – | – | 0.969 | −0.005 | 0.039 |
| | 주관적 계층의식 | – | – | – | – | – | – | 1.039 | 0.007 | 0.008 |
| | 거주기간 | – | – | – | – | – | – | 1.081 | 0.014 | 0.006 |
| *Pseudo* $R^2$ | | 0.0319 | | | 0.0553 | | | 0.1276 | | |
| *−2*log−likelihood* | | −679.35534 | | | −741.27258 | | | −590.10471 | | |
| *N* | | 1168 | | | 1319 | | | 1128 | | |
| *Cragg & Uhler's* $R^2$ | | 0.054 | | | 0.055 | | | 0.203 | | |
| *LR chi2( )* | | (15)44.82 | | | (6)86.70 | | | (32)172.62 | | |

$^*p<.05$ $^{**}p<.01$ $^{***}p<.001$

주: 1) 사회자본 변수 중에서 공공활동 참여 하위변수들과 사교모임 참여 하위변수들은 더미변수 형태임. 즉 미참여(0), 참여(1)로 코딩되어 있음.

2) 통계적으로 유의미한 변수의 *Exp(B)*와 한계효과, 표준오차는 색인 처리되어 있음.

3) *M · E*는 Marginal Effect의 약어임.

우선 model 1은 사회자본 중에서 공공활동 참여 경험과 지역사회 토론 참여, 대인신뢰, 역할신뢰, 사교모임 참여를 중심으로 투표 여부[2]에 미치는 영향을 살펴보았다. 즉 model 1은 사회자본으로 구성되어 있다. 사교모임 참여는 관계적 사회자본으로 제도적 사회자본인 공공활동 참여의 영향을 살펴보기 위해 통제변수로 추가하였다. 분석결과를 살펴보면, 공공활동 참여 경험 중에서도 '지역사회 개선을 위한 자원봉사 활동', '스포츠, 문화, 예술, 학술 관련 자원봉사 활동' 그리고 '일반신뢰'가 통계적으로 유의미한 결과를 보였다. 이를 바탕으로 해석하면 '지역사회 개선을 위한 자원봉사 활동'을 하지 않는 사람에 비해 참여한 사람이 투표에 참여할 odds는 약 1.818배 증가하며 이 결과는 $p<.05$ 수준에서 통계적으로 유의미했다. '스포츠, 문화, 예술, 학술 관련 자원봉사 활동'에 참여하지 않는 사람에 비해 참여한 사람이 투표에 참여할 odds는 약 .592배 감소하며 이 결과는 $p<.05$ 수준에서 통계적으로 유의미했다. 즉, '지역사회 개선을 위한 자원봉사 활동'과는 반대의 결과를 확인할 수 있었다. 또한 신뢰변수들 중에서는 일반신뢰만이 통계적으로 유의미하였는데, 일반신뢰의 정도가 한 단위 증가로 투표에 참여할 odds는 약 1.765배 증가한다($p<.01$). model 1을 한계효과로 해석하면, '지역사회 개선을 위한 자원봉사 활동'에 참여한 사람은 참여하지 않은 사람에 비해 투표할 확률은 약 10.8%포인트만큼 증가하며, '스포츠, 문화, 예술, 학술 관련 자원봉사 활동'에 참여한 사람은 참여하지 않은 사람에 비해 투표할 확률이 약 11.1%포인트만큼 감소한다. '일반신뢰'는 한 단위 증가할 때 투표할 확률은 약 11.2%포인트만큼 증가한다.

model 2는 투표참여에 중요한 역할을 하는 정치변인으로 지지정당과 정치 만족도가 통계적으로 유의미한 결과를 보여준다. 결과를 해석하면 다음과 같다. 민주통합당을 지지하는 사람과 지지하지 않는 사람에 비해

---

2 본 연구에서 사용된 종속변수는 투표 여부이다. 엄밀히 말해서, '2012 국회의원선거 투표참여'를 지칭하나, 편의상 '투표 여부'로 기술하였다. 따라서 분석결과와 결론 및 함의에 기술된 '투표'는 '2012 국회의원선거 투표'를 의미함을 밝힌다.

새누리당을 지지하는 사람이 각각 투표에 참여할 odds는 약 .664배($p<$ .05), 약 .264배 증가한다($p<$ .001). 그리고 정치 만족도가 한 단위 감소하면 투표에 참여할 odds는 약 .868배 증가한다($p<$ .05). 한계효과로 다시 해석하면 다음과 같다. 새누리당을 지지하는 사람은 민주통합당을 지지하는 사람에 비해 투표할 확률은 약 6.9%포인트만큼 증가하고, 지지하지 않는 사람에 비해 새누리당을 지지하는 사람이 투표할 확률은 약 27.5%포인트만큼 증가한다. 정치 만족도는 한 단위 감소할 때 투표할 확률이 약 2.7%포인트만큼 증가한다.

마지막 model 3는 사회자본이 정치변인과 사회 · 인구학적 배경변인을 투입한 상태에서 통계적으로 유의미한 결과를 유지하는지 보여준다. '지역사회 개선을 위한 자원봉사 활동' 참여 경험과 일반신뢰는 통계적으로 유의미했지만, '스포츠 · 문화 · 예술 · 학술 관련 자원봉사 활동' 참여 경험은 통계적 유의미함이 사라졌다. 이러한 결과는 스포츠 · 문화 · 예술 · 학술 관련 자원봉사 활동' 경험에 특성상, 사회적, 경제적 요인들이 중요하기 때문으로 사료된다. 정치변인에서는 지지정당 변수의 변화와 함께 정치 만족도가 통계적으로 유의미했으며, 사회 · 인구학적 배경변인 중에서는 연령과 교육수준, 도시화수준, 거주기간이 통계적으로 유의미했다. 이러한 결과를 다시 해석하면 다음과 같다. 사회자본 변인들 중에서 '지역시회 개선을 위한 자원봉사 활동'에 참여한 사람이 투표할 odds는 약 1.846배 증가($p<$ .05)하며, 일반신뢰는 한 단위 증가할 때 투표할 odds는 약 1.547배 증가한다($p<$ .05). 정치변인은 새누리당을 지지하는 사람에 비해 통합진보당을 지지하는 사람이 투표할 odds는 약 2.706배 증가($p<$ .05)하고 지지하는 정당이 없는 사람에 비해 새누리당을 지지하는 사람이 투표할 odds는 약 .329배 증가($p<$ .001)한다. 또한 정치 만족도가 한 단위 감소할 때, 투표할 odds는 약 .835배 증가($p<$ .05)한다. 마지막으로 사회 · 인구학적 배경변인 중 연령이 50세 기준으로 한 단위 증가할 때 odds는 약 1.036배 증가($p<$ .001)하고 교육수준이 한 단위 증가할 때 odds가 약 1.286배 증가($p<$

.001)한다. 또한 큰 도시 주변에 비해 큰 도시가 투표할 odds는 약 .660배 증가($p <$ .05)하며, 거주기간이 한 단위 증가할 때 odds가 약 1.081배 증가($p <$ .05)한다. 이를 바탕으로 한계효과로 해석하면 다음과 같다. '지역사회 개선을 위한 자원봉사 활동'에 참여한 사람이 참여하지 않은 사람에 비해 투표할 확률은 약 9.9%포인트만큼 증가하며 일반신뢰가 한 단위 증가할 때 투표할 확률은 약 7.6%포인트만큼 증가한다. 정치변인에서는 새누리당을 지지하는 사람에 비해 통합진보당을 지지하는 사람이 투표할 확률은 약 12.2%포인트만큼 증가하며, 지지하는 정당이 없는 사람에 비해 새누리당을 지지하는 사람이 투표할 확률은 약 21.5%포인트만큼 증가한다. 또한 정치만족도가 한 단위 감소할 때 투표할 확률은 약 3.1%포인트만큼 증가한다. 사회 · 인구학적 배경변인 중 연령은 50세 기준으로 한 단위 증가할 때 투표할 확률은 약 .6%포인트만큼 증가하며 교육수준은 한 단위 증가할 때 투표할 확률은 약 4.3%포인트만큼 증가한다. 큰 도시 주변에 비해 큰 도시에 거주한 사람이 투표할 확률은 약 7.5%포인트만큼 증가하며, 거주기간이 한 단위 증가할 때 투표할 확률은 1.4%포인트만큼 증가한다. 이상 전체 해석을 바탕으로 한 함의는 결론 부분에 기술할 것이다.

## Ⅴ. 결론

본 연구는 시민참여 중 하나인 공공활동 참여와 일반신뢰가 투표행위에 영향을 미치는지 살펴보았다. 분석결과를 바탕으로 본 연구의 함의를 정리하면 다음과 같다.

첫째, 기존연구에서 제기한 사회 · 인구학적 배경변수가 투표행위에 미치는 영향은 선행 연구결과와 상당부분 일치하였다(신범순, 2005; 송건섭, 2010). 본 연구결과에서는 연령이 50세 기준으로 높을수록 투표할 확률이 증가하였으며, 거주기간이 길수록 투표할 확률이 높아진다고 확인되었다. 이러한 연구결과는 기존의 중·장년층에서 높아진 사회적 관심도와 연령이 증가할수록 민감한 정치적 소속감을 직접적인 행동으로 표출하려는 시도로 이해할 수 있다. 또한 후보자를 선택하는 데 있어서 거주기간의 장기적 지속성은 사회경제적 혜택과 직결된다는 점에서 당연한 결과일 것이다. 반면에 교육수준이 높을수록 투표할 가능성이 높다는 것은 정책에 대한 이해도가 상대적으로 높기 때문에 투표 여부를 결정하는 데도 적극성이 발휘될 수 있다. 즉, 교육상태가 높은 유권자는 정치적 의사결정수준에서 충분한 자기 결정권을 가지고 있음을 다시 한 번 확인시켜 주었다(Wolfinger *et al.*, 1980). 하지만 캠벨과 그의 동료들(Campbell *et al.*, 1980)이 주장하는 성별의 효과는 나타나지 않았다.

한편, 정치적 요소로는 지지하는 정당이 없는 사람에 비해 새누리당을 지지하는 유권자가 투표할 확률이 높았으며 정치 만족도가 높을수록 투표할 확률은 증가한다. 이와 같은 결과는 다시 말해, 새누리당을 지지하는 보수지지자들은 응집력이 상당히 높기 때문에 적극적인 투표행위로 의견을 표출한다는 것으로 이해된다(김내래, 2015). 즉, 새누리당이 다른 당에 비해 정당일체감이 높기 때문에 투표행위로 연결될 개연성이 높다는 것이다. 이러한 결과는 서구 연구와도 일치한 결과로 해석된다(Pinkleton and Austin, 2001). 하지만 지지정당변인에서 사회 · 인구학적 배경변인을 통제한 경우에는 새누리당을 지지하는 사람에 비해 민주통합당을 지지하는 사람이 투표할 확률이 증가하였다. 이와 같은 결과를 두고 볼 때, 자신의 정치적 지지집단의 성격이 투표에 매우 중요한 역할을 하며 본 연구에 사용된 데이터가 2012년도 국회의원선거를 기준으로 조사되었기 때문에 일반화시킬 수는 없지만, 일정 부분은 기존 정치세력에 대한 반감이 표출된 것으로 해석된다. 이 같은 해석은 정치 만족도가 낮은 사람이 투표할 확률도 높다는 본 연구결과에서도 찾아볼 수 있다. 즉 낮은 정치 만족도는 기존 정치권에 대한 반감으로 자신의 의견을 표출하려는 시도로 투표에 참여했다고 이해된다. 하지만 이러한 결과는 기존에 높은 정치 만족도와 투표행위가 정치적 태도와 상당 부분 지지된다는 연구결과(김욱, 2013)와는 상반된 결과이기 때문에 해석에 주의해야 할 것으로 보인다.

둘째, 본 연구의 주요 관심인 공공활동 참여와 관련된 분석을 살펴보면, 공공활동 참여 중에서도 '지역사회 개선을 위한 자원봉사 활동'에 참여한 사람이 투표할 확률이 증가한다고 제시되었다. 이러한 결과는 정치변인과 사회 · 인구학적 배경변인을 통제한 상태에서도 통계적으로 유의미하였다. 하지만 토론참여와 사교모임 참여는 통계적으로 유의미하지 못하였다. 이를 바탕으로 살펴보면, 제도적 사회자본인 '지역사회 개선을 위한 자원봉사 활동' 참여가 타인을 배려하고 공동체의 유지를 위한 행위 전반을 상승시킨다고 해석된다(Putnam, 1993, 2000; 이승훈, 2011; 조남억, 2010). 올센(Olsen, 1972)도 결사체 참여가 참여자의 이해와 관심영역을 확장시키고, 타인들과의 접촉을 통해서 새로운 관계가 형성되면서 공적 문제나 정치적 활동으로 확장되는 계기가 될 수 있음을 강조한다. 이것은 사회참여라는 사회자본변수가 민주주의 절차의 중요성을 보여주는 투표행위에 영향을 미치는 데 있어서 참여형태에 따라서 그 효과가 다를 수 있음을 보여주기도 한다. '스포츠 · 문화 · 예술 · 학술과 관련된 자원봉사 활동' 참여의 경우에는 참여자의 사회경제적 지위에 많은 영향을 받은 참여활동일 수 있기 때문에 자발성이 내재된 사회참여라 하더라도 긍정적인 역할을 수행한다고 보기는 어려울 수 있다. 하지만 '사회적 취약집단과 관련된 자원봉사 활동'의 경우에는 자발성과 이타성을 모두 지니고 있는 참여형태이다. 그럼에도 불구하고 투표 여부에는 통계적으로 유의미한 결과를 보여주지 못했다. 얀키로브와 그의 동료들(Yankeelov *et al.*, 1993)은 불행한 상황에 처한 타인에게 자원을 제공했을 때, 자원 제공자는 자원 수혜자의 반응을 확인하고 만족하게 되며 이러한 경험들이 누적되면서 오는 자부심, 자기가치감 혹은 자기효능감 등을 경험할 수 있다는 점을 강조한다. 하지만 이러한 주장은 이타적인 사회참여가 반드시 다른 형태의 참여로 연결된다고 해석될 수 없음을 본 연구에서는 보여준다. 이와 같은 결과를 이해하기 위한 추론은 다음과 같다. 우선, 사회참여의 활동목적이 지역사회 개선을 위한 투표참여와 차이가 있음을 예상할 수 있다. 즉 이 사회참여 활동이 타자의 생활수준을 향상시키기 위한 목적이 우선되기 때문이다. 따라서 정치변인과 사회 · 인구학적 배경변인을 투입한 상태에서도 통계적 유의미함이 남아 있는 '지역사회 개선을 위한 자원봉사 활동' 참여는 이타성과 자발성, 그리고 목적성도 충족한 제도적 자본으로 이해할 수 있을 것이다. 이 결과는 본 연구에서 제기한 자발적 공공활동의 이타성만으로는 투표참여에까지 확장하기 어렵다는 것이다.

그러면 공공활동 참여와 함께 지역사회 토론 참여도 같은 사회참여 범주에 포함됐음에도 불구하고 어째서 '지역사회 개선을 위한 자원봉사 활동' 참여만이 통계적으로 유의미한 것일까? 지역사회 토론 참여는 수혜자가 본인 스스로에게 향한다. 즉 지역사회 토론 참여는 이타성보다는 참여자 개인의 지평의 확장에 관심을 두고 하는 사회참여이다. 물론, 그러한 활동 안에서 정보획득과 지식축적이 정치적 판단에 중요한 변수로 작용할 수 있지만 정보의 확장은 개인에게만 이익을 가져다주고 전체사회를 위한 시도는 아니기 때문에 한계를 가진다. 결론적으로 본 연구에서는 지역사회 토론 참여와 같은 개인에게 사회정치적 지식과 이해의 확장에 도움을 주지만 자발성, 목적성, 이타성의 부분에서 '지역사회 개선을 위한 자원봉사 활동' 참여와는 차이가 있기 때문에 투표행위에 긍정적인 기여를 하지 못한 것으로 이해된다.

한편, 정치모임, 동창회, 종교모임, 여가모임과 같은 사교모임의 경우는 대표적인 관계적 자원이다. 퍼트남(Putnam, 1993)이 주장하듯이, 이러한 관계적 자원은 좀 더 확장된 사회자본으로 이어지는 데는 한계가 있음을 보여준다. 즉, 비자발적이고 목적도 내집단의 유지에 한정되어 있음을 알 수 있다. 다시 말해, 참여자원의 성격에 의해서도 투표참여에 미치는 영향은 다를 수 있다는 것은 관계적 자원과 제도적 자원의 주장을 다시 한 번 환기시킨다.

셋째, 사회자본 중에서 일반신뢰가 투표에 긍정적인 영향을 미쳤다. 즉 일반신뢰가 높을수록 투표할 확률은 증가하는데, 이와 같은 결과는 퍼트남(Putnam, 1993)이 강조한 제도적 자본의 긍정적인 효과를 실증적으로 보여주는 것이다. 스톨레(Stolle, 2002)는 신뢰가 개인과 지역 사회에 있어서 공공선으로 작동한다고 주장한다. 이러한 주장은 현대사회가 비교적 낯선 타인들과 교류하는 접촉의 빈도가 높기 때문에 일반신뢰는 더욱 중요하다(Newton, 2009). 일반신뢰는 단순히 사회교류과정에서 거래비용을 감소시키는 것뿐만 아니라, 현대사회에서 민주주의 정착에도 일정부분 큰 역할을 수행한다(Putnam, 2000 ; Uslaner, 2002). 하지만 특수신뢰는 소속된 집단 내에서 작동하고 사회 전체적으로는 타 집단을 배제하기 때문에 오히려 민주주의체제의 정착에는 부정적인 결과를 가져온다. 뿐만 아니라 역할신뢰는 투표참여에 통계적으로 유의미한 결과를 나타내지 않았다. 이 부분에서는 한국 사회가 지도층에 대한 신뢰가 지속적으로 낮았으며, 투표참여에는 지도층신뢰보다는 유권자의 지지정당을 기준으로 참여하기 때문에 특별히 중요한 요인은 아닐 수 있다(강황선 · 이명행, 2012 ; 박상호, 2004 ; 박찬욱, 1993).

유권자의 다양한 공공활동이 민주주의체제 형성에 도움을 준다는 점은 눈여겨볼 필요가 있다. 하지만 본 연구에서는 자발적인 공공활동이라고 하더라도 그 참여활동에도 목적과 성격이 중요함을 확인할 수 있었다. 뉴톤(Newton, 1999)은 이러한 측면에서 공공활동과 같은 결사체 참여가 개인들의 상호작용을 지속시키고 단기적 이익(한 집단에 대한 호혜성)보다는 장기적 목표(민주주의체제 확립)를 중시하고, 집단행동의 모순을 극복하는 가치와 규범을 내면화시킨다고 주장한다. 따라서 민주주의 시민사회 건설을 위해서는 지역주민의 자발적인 공공활동 참여를 유도하는 정책이 필요하다. 또한 내집단의 신뢰만이 아닌 낯선 타자들과의 활발한 교류를 통해서 일반신뢰를 형성할 수 있는 계기가 마련돼야 할 것이다.

신뢰가 상실되고 불안한 현대사회에서는 점차 개인의 이익이 중요한 변수로 작동한다. 사회에서 개인의 이타성은 이익의 감소를 의미하기 때문이다. 하지만 인간에게는 경제적 이익만큼이나 인간으로서의 감성적 측면을 보상받고 타인의 고통과 지역사회의 공공성을 이해하고 회복하려는 능동성도 중요하다. 이와 같은 능력은 생존과 진화를 가능케 해 주는 인간만이 보유한 중요한 성질이다. 사회의 경제적 측면이 일방적으로 강조된 지금, 대중은 타인에 대한 공감, 이타성을 통해 그 균형을 맞추려는 시도를 실행하고 지역사회를 넘어서 전체사회의 변화를 주도해야 할 필요성이 있다. 따라서 경제적 · 개인적 이익보다 타인과 사회에 도움을 주려는 행위 목적을 요구하는 이타성을 확보해야 한다. 또한 신뢰의 측면에서 이해관계가 다른 집단을 지속적으로 접촉하여 상호이해관계를 확인하는 작업을 진행할 필요가 있다. 이러한 노력들은 민주주의의 위기로 규정되는 현대사회에서 긍정적인 정치적 참여로 확장될 수 있음을 본 연구에서는 강조한다.

본 연구는 사회자본 중에서도 공공활동과 일반신뢰가 투표참여에 중요한 요인임을 실증적으로 분석하였다. 또한 공공활동 중에서도 자발성과 이타성, 목적성이 충족해야 투표행위에 긍정적인 결과를 도출한다고 보여준다. 이와 같은 공공활동 참여와 일반신뢰의 공통점은 바로 제도적 자본이라는 것이다. 본 연구는 기존 연구에서 강조한 이러한 사회자본의 성격이 투표참여율을 높일 수 있을 것으로 기대한다. 이러한 함의에도 불구하고 본 연구에서의 한계는 다음과 같다. 첫째, 본 데이터는 2012년 국회의원 총선거에 관한 투표 여부를 묻는 것이기 때문에 모든 투표행위를 확장시켜 일반화된 해석을 할 수 없을 것이다. 즉, 국회의원 총선거를 지역의 발전성과도 연결시켜 본다면, 지역에 대한 애정에서 촉발된 지역공공활동이 투표행위와 인과성을 가질 수도 있다는 것이다. 따라서 모든 선거에서 공공활동이 영향을 줄 것이라는 확장된 해석에는 주의를 기울여야 할 것으로 보인다. 둘째, 사회토론 참여에서 정치토론 참여의 변수가 포함되지 않았다. 만약에 정치적 토론참여가 포함되었다면, 공공활동 참여의 인과적 효과로 가정한 공감이나 이타성 함양이 여기에서 발생했을 수 있다. 이러한 한계점을 통해서 차후 연구에서는 좀 더 다양한 자료를 확보하여 사회자본 중 하나인 다양한 형태의 참여의 차이점을 이어나갈 필요가 있을 것이다.

# 참고문헌


**강철희 · 이상철**, 2013, “한국인의 보편적 신뢰 영향 요인에 관한 연구: 시민의 사회참여행동과 사회적 불평등 인식의 영향력 검증,” 「한국사회복지행정학」, 15(4): 1-28.

**강황선 · 이명행**, 2012, “유권자의 지방선거 투표참여 영향요인에 관한 연구: 유권자 효능감의 조절효과를 중심으로,” 「GRI연구논총」, 14(3): 33-58.

**곽현근**, 2007, “개인수준의 지역사회 사회적 자본이 투표참여에 미치는 영향에 관한 연구: 2006년 지방선거 · 2004년 총선 · 2002년 대선의 비교를 중심으로,” 「한국지방자치학회보」, 19(3): 5-30.

**권영숙 · 이영민**, 2011, “지역사회 자원봉사활동 특성 유형과 사회적 자본 형성의 관계 분석,” 「지방행정연구」, 25(1): 137-156.

**김대래**, 2015, 6.4 “부산 지방선거에 나타난 투표행태,” 「지방정부연구」, 19(1): 329-352.

**김상욱 · 김지범 · 문용갑 · 신승배**, 2013, 「한국종합사회조사 2012」, 서울: 성균관대학교출판부.

**김상준**, 2004, “부르디외, 콜만, 퍼트남의 사회적 자본 개념 비판,” 「한국사회학」, 38(6): 63-95.

**김영옥 · 권해수**, 2011, “자원봉사활동이 사회적 자본 형성에 미치는 영향: 중고령층 자원봉사자를 중심으로,” 「한국거버넌스학회보」, 18(2): 103-129.

**김욱**, 2013, “투표참여와 다른 유형의 정치참여 간의 연계성 분석,” 「정치 · 정보연구」, (16)2: 27-59.

**남은영 · 이재열 · 김민혜**, 2012, “행복감, 사회자본, 여가: 관계형 여가와 자원봉사활동의 함의를 중심으로,” 「한국사회학」, 46(5): 1-33.

**류태건**, 2014, “동북아 4국의 시민문화: 한국, 중국, 대만, 일본의 사회자본 비교연구,” 「동북아 문화연구」, 39: 549-575.

**박병진**, 2007, “신뢰형성에 있어 사회참여와 제도의 역할,” 「한국사회학」, 41(3): 65-105.

**박상호**, 2004, “미디어 신뢰도와 정치형태에 관한 연구: 대학생들의 정치참여 행위를 중심으로," 중앙대학교 박사학위논문.

**박종민 · 배정현**, 2006, "한국에서 단체는 민주주의의 학교인가,"「한국정치학회보」, 42(3): 121-141.

**박찬욱**, 1993, "제14대 국회의원 선거결과에 대한 집합자료 분석,"「한국과 국제정치」, 18: 1-31.

**박통희 · 원숙연**, 2000, "조직구성원간 신뢰와 연줄: 사회적 범주화를 중심으로,"「한국행정학보」, 34(2): 101-120.

**박희봉**, 2009,「사회자본」, 서울: 조명문화사.

**송건섭**, 2010, "유권자의 후보자 선택모델 검증 및 비교,"「한국행정논집」, 22(3): 671-691.

**송건섭 · 이곤수**, 2011, "유권자의 투표행태와 결정요인에 관한 연구: 2002년, 2006년, 2010년 지방선거를 중심으로,"「한국정책과학학회보」, 15(3): 49-71.

**송경재**, 2011, "소셜 네트워크 세대의 정치참여,"「한국과 국제정치」, 27(2): 57-88.

______, 2013, "사회적 자본과 한국의 시민참여: 관습적 · 비관습적 참여와 사회적 자본,"「한국정당학회보」, 12(2): 221-244.

**신범순**, 2005, "네티즌의 투표행동 영향요인에 관한 연구: 한국의 제16대대통령선거를 중심으로," 고려대학교 박사학위논문.

**신윤창 · 손경숙**, 2008, "자원봉사활동의 이론적 연구,"「한국행정과 정책연구」, 6(1): 123-148.

**아렌트, 한나**(Hannah Arendt), 2002,「칸트 정치철학 강의」, 심선욱 역, 서울: 푸른숲.

**이규환 · 남상우**, 2008, "사회적 자본 개념요소 연계성에 관한 연구: 충북 청주시를 중심으로,"「한국지역개발학회지」, 20(1): 207-228.

**이수인**, 2010, "일반신뢰와 정부신뢰의 관계와 성별차이에 대한 탐색적 연구,"「한국사회학」, 44(4): 162-203.

______, 2011, "정서적 가족주의와 문화적 가치가 일반신뢰와 특수신뢰에 미치는 영향,"「경제와 사회」, 92: 169-204.

**이승훈**, 2011,「시민성과 통치성 그리고 공공성」, 서울: 백산서당.

______, 2015, "공공활동의 참여를 통한 동감의 구성,"「사회과학연구」, 27(2): 57-86.

**이재열 · 남은영**, 2008, "한국인의 사회적 자본: 인맥의 특징과 중간집단 참여 효과를 중심으로,"「한국사회학」, 42(7): 178-214.

**정성호**, 2013,「사회과학통계(STATA를 활용한)」, 서울: 박영사.

**조남억**, 2010, "청소년기 제도적 사회자본 형성과 청소년 시민성 개발: 공공성을 중심으로,"「미래청소년학회지」, 7(2): 67-85.

**최은경 · 연보영**, 2012, 「소셜 네트워크시대의 사회자본」, 서울: 커뮤니케이션북스.
**최은숙 · 이석호**, 2011, "시민들의 자발적 결사체 참여가 기부 및 자원봉사에 미치는 영향," 「한국지역사회복지학」, 38: 115-140.
**허석재**, 2013, "민주주의에 대한 불만과 투표참여: 전환모형 접근," 「민주주의와 인권」, 13(1): 111-141.

**Almond, G. and Sidney Verba,** 1965, *The Civic Culture: Political Attitudes and Democracy in 5nations*, Boston: Little Brown & co.
**Becchetti, L., E. G. Ricca, and A. Pelloni,** 2012, "The Relationship Between Social Leisure and Life Satisfaction: Causality and Policy Implications," *Social Indicators Research*, 108: 453-490.
**Campbell, A., P. E. Converse, W. E. Miller, and D. E. Stokes,** 1980, *The American Voter*, Chicago: University of Chicago Press.
**Coleman, J.,** 1988, "Social Capital in the Creation of Human Capital," *American Journal of Sociology*, 94: 95-121.
**Fukuyama, F.,** 1995, *Trust: The Social Virtues and the Creation of Prosperity*, NY: Free Press.
**Martin, M. W.,** 1994, *Virtuous Giving: Philanthropy, Voluntary Service, and Caring*, Bloomington: Indiana University Press.
**Nakhaie, M. R.,** 2006, "Electoral Participation in Municipal, Provincial and Federal Elections in Canada," *Canadian Journal of Political Science*, 39(2): 363-390.
**Newton, K.,** 1999, "Social and Political Trust," in Pippa Norris(ed.), *Critical Citizens: Global Support for Democratic Government*, Oxford: Oxford University Press.
__________, 2009, "Social and Political Trust," in R. J. Dalton and H. D. Klingemann(eds.). *The Oxford Handbook of Political Behavior*, 342-361, Oxford: Oxford University Press.
**Olsen, M. E.,** 1972, "Social Participation and Voting Turnout: A Multivariate Analysis," *American Sociological Association*, 37(3): 317-333.
**Paxton, P.,** 1999, "Is Social Capital Declining in the United States? A Multiple Indicator Assessments," *Japanese Journal of Political Science*, 6(1): 63-85.
__________, 2002, "Social Capital and Democracy: an Interdependent Relationship," *American Sociological Review*, 67(2): 254-277.
**Pinkleton, B. E. and E. W. Austin,** 2001, "Individual Motivation, Perceived Media Importance, and Political Disaffection," *Political Communication*, 18(3):

321–334.

**Platteau, J. P.,** 1996, "Behind the Market Stage Where Real Societies Exist," *Journal of Development Studies*, Vol. 30, PART I: 533–577, PART II: 753–317.

**Putnam, R. D.,** 1993, *Making Democracy Work: Civic Tradition in Modern Italy*, Princeton: Princeton University Press.

__________, 2000, *Bowling Alone: The Collapse and revival of American Community*, New York: Simon & Schuster.

**Raad, de.,** 2003, Volunteerism, at the Heart of Social Capital. Retrieved October 2. 2010. from http://www.unvolunteers.org/index.htm.

**Schervish, P. G.,** 1997, "Inclination, Obligation, and Association: What We Know and What We Need to Learn about Donor Motivation," in D. F. Burlingame (ed.), *Critical Issues in Fund Raising*, 110–138, New York: John Wiley and Sons.

**Stolle, D.,** 2002, "Trusting Strangers: The Concept of Generalized Trust in Perspective," *OZP*, 31: 397–412.

**Stolle, D. and T. Rochon,** 1998, "Are All Associations Alike?: Member Diversity, Associational Type, and the Creation of Social Capital," *American Behavioral Scientist*, 42: 47–65.

**Sunstein, C. R.,** 2003, "The Law of Group Polarization," in James S. Fishkin and Peter Laslett(eds.), *Debating Deliberative Democracy*, Malden, MA: Blackwell.

**Sztompka, P.,** 2000, *Trust: A Sociological Theory*, Cambridge, UK: Cambridge University Press.

**Uslaner, E. M.,** 2002, *The Moral Foundations of Trust, New York*: Cambridge University Press.

**Wolfinger, R. E. and S. J. Rosenstone,** 1980, *Who Votes?* New Haven: Yale University Press.

**Yankeelov, P. A., A. P. Barbee, M. R. Cunningham, and P. B. Druen,** 1995, "The Influence of Negative Medical Diagnoses and Verbal and Nonverbal Support Activation Strategies on the Interactive Coping Process," *Journal of Nonverbal Behavior*, 19(4): 243–260.

**Zucker, L.,** 1986, "Production of Trust: Institutional Sources of Economic Structure," *Research in Organizational Behavior*, 8: 53–111.

## [저자약력]

**김성건(金成建)** | 영국 헐대학교 대학원에서 사회학 박사학위를 취득하고(학위논문: 『Korean Christianity and the Shinto Shrine Issue in the War Period, 1931-1945 : A Study of Religion and Politics』), 현재 서원대학교 사범대학 사회교육과 교수로 재직 중이다. 주요 저서로는 『글로벌 사회와 종교』(2015), 『21세기 종교사회학』(2013, 공저), 『한국교회의 현실과 쟁점』(2011), 『기독교와 사회학의 접점』(2009) 등이 있고, 최근 논문으로는 "The Place of Evangelical Protestantism in the Korean Public Sphere"(2017), "공산당 지배 하 중국에서 기독교의 성장"(2017), "파리데리 사건을 계기로 본 글로벌 사회의 종교갈등"(2016), "기독교와 정치 : 미국과 한국의 복음주의를 중심으로"(2012) 등이 있다. 미래목회 포럼, 한반도평화연구원 등에 참여하고 있다.

**김종철(金鍾鐵)** | 영국 런던정경대(LSE) 대학원에서 법학 박사학위를 취득하고(학위논문: 『Constitutionalising Political Parties in Britain』), 현재 연세대학교 법학전문대학원 교수로 재직 중이다. 최근 저술로는 "Dissolution of the Unified Progressive Party Case in Korea: A Critical Review with Reference to the European Court of Human Rights Case Law" (2017), "헌법개정과 공법학자의 역할"(2016), "정치분쟁 해결제도로서의 선거소송의 본질과 관할: 대통령과 국회의원 선거를 중심으로"(2015), "Upgrading Constitutionalism: The ups and downs of Constitutional Developments in South Korea since 2000"(2014) 등이 있다. 현재 법과사회이론학회 회장, 한국공법학회 부회장 등으로 학회활동에 적극적으로 참여하는 한편, 국회 헌법개정특별위원회 자문위원 등 정부 및 각종 민간단체의 활동에도 능동적으로 참여하고 있다.

**박수호(朴秀浩)** | 고려대학교 대학원에서 사회학 박사학위를 취득하고(학위논문: 『인터넷 이용과 종교의식』), 현재 중앙승가대학교 불교사회학부 교수로 재직 중이다. 주요 저서로 『현대사회의 위기와 동양사회사상』(2016, 공저), 『오늘의 사회이론가들』(2015, 공저), 『사회학적 관심의 동양사상적 지평』(2014, 공저) 등이 있고, 최근 논문으로는 "마음사회학의 이론적 정초: 마음과 사회의 중층의존성을 중심으로"(2017, 공저), "민심의 동원과 마음의 정치: 동양적 사회운동 이론과 도덕정치의 가능성"(2017, 공저), "융합사회의 도래와 불교의 대응전략: 포교 체계를 중심으로"(2016), "조직 내 갈등관리와 불교상담심리학의 과제"(2015) 등이 있다. 종교사회학, 동양사회사상, 문화사회학 등의 분야에서 불교를 중심으로 하는 연구에 관심을 가지고 있으며, 최근에는 동료들과 함께 '마음사회학'의 정립과 발전에 몰두하고 있다.

**송재룡(宋宰龍)** | 영국 브리스톨대학교에서 사회학 석·박사 학위를 받았으며, 현재 경희대학교 사회학과 교수 및 종교시민문화연구소 소장으로 재직하고 있다. 주요 연구관심은 자유주의적 공동체주의 전망에서 종교, 지식, 문화, 윤리 등의 주제를 다루는 데에 있다. 주요 저서로, 『포스트모던시대와 공동체주의』, 『종교와 사회발전(공저)』 등이 있으며, 옮긴 책으로 『중국의 종교』, 『현대 종교의 다양성』, 『세속화냐 탈세속화냐』 등이 있다. 최근 연구 논문으로, "종교와 사회 발전: 잉글하트의 수정 세속화론과 관련하여", "영성 사회학 테제의 가능성", "피터 윈치의 '룰 준수(rule-following)' 이론과 그 사회학적 함의", "'차별적 과시' 문화의 폭력성: 피에르 부르디외에 기대어" 등이 있다.

**오수길(吳洙吉)** | 성균관대학교 대학원에서 행정학 박사학위를 취득하고(학위논문: 『지방정부의 민관 협력 사례 연구: '지방의제 21'추진 과정을 중심으로』), 현재 고려사이버대학교 정보관리보안학과 교수로 재직 중이다. 주요 저서로는 『Interdisciplinary Perspectives on Public Affairs & Qualitative Research』(2016, 편저), 『한국 거버넌스 사례집』(2016, 공저), 『환경사회학』(2015, 공저), 『갈등을 넘어 협력 사회로』(2014, 공저) 등이 있고, 최근 논문으로는 "In Pursuit of Creative Linkages in the Network Society"(2016), "지속가능발전위원회 운영 개선에 관한 연구"(2016, 공저), "지역공동체의 진화에 따른 이해관계자 간 역할변화 분석"(2016, 공저) 등이 있다. 서울시 지속가능발전위원회와 협치협의회, 전국지속가능발전협의회, 한국매니페스토실천본부 등에 참여하고 있다.

**이국운(李國運)** | 서울대학교 법과대학을 졸업한 뒤, 같은 대학원에서 법학박사 학위를 취득했으며(학위논문: 『정치적 근대화와 법률가 집단의 역할: 법률가 양성제도 개혁 논의의 비교분석을 통한 접근』), 1999년부터 한동대학교 법학부에서 헌법, 법사회학, 기독교 정치사상 등을 가르치고 있다. 주요 저서로 『헌법』(2010), 『법률가의 탄생』(2012), 『헌법의 주어는 무엇인가: 헌법 묵상 제1조』(2017) 등이 있고, 번역서로 『역동적 자유: 민주주의 헌법을 해석하는 방법』(2016, 공역), 『출애굽과 혁명』(2017)을 냈다. 최근 논문으로 "한국 법조인 양성제도의 역사: 로스쿨 제도 이전"(2015), "'헌정적인 것'의 개념"(2016) 등이 있다. 사법개혁과 지방분권에 관련된 시민운동에 적극적으로 참여해 왔고, 최근에는 대한민국 헌법전의 심층적인 독해에 천착하고 있다.

**이지문(李智文)** | 연세대학교 대학원에서 정치학 박사학위를 취득하고(학위논문: 『한국 민주주의의 질적 고양을 위한 추첨제 도입 방안 연구』), 현재 연세대학교 SSK 연구교수로 재직 중이다. 주요 저서로는 『추첨시민의회』(2017, 공저), 『지구를 구하는 정치책』(2016, 공저), 『추첨민주주의 강의』(2015), 『내부고발자, 그 의로운 도전』(2014, 공저), 『추첨민주주의 이론과 실제』(2012), 역서로는 『민주주의 구하기』(2015), 『추첨민주주의』(2011, 공역) 등이 있다. 최근 논문으로는 "광장정치와 제도정치의 보합으로서 추첨시민의회 모색"(2017), "추첨민회 도입을 통한 양원제 개헌 모색"(2017) 등이 있다. 추첨민회네트워크 공동집행위원장, (사)한국청렴운동본부 본부장 등으로 참여하고 있다.

**장형철(張炯哲)** | 영국 맨체스터 대학교(The University of Manchester)에서 종교 사회학으로 박사학위(Ph. D.)를 받았다. 현재 인덕대학교 조교수(교목)로 재직하고 있다. 주요 관심사는 종교/문화사회학, 사회/문화이론 및 연구방법론이다. 주요 논문으로 "세월호 참사 사건에 대한 기독교 담론 분석: 성명서들과 선언문들 그리고 공식입장 표명들을 중심으로"(2016), "유형별로 나누어 본 문화적 혼성화: 종교문화를 중심으로"(2015), "IMF 경제위기 이후 초대형 교회 목회자들의 설교에 나타난 부(富) 담론 분석"(2014), "혼성화 이론으로 바라본 한국 개신교의 성장과 감소-새로운 개신교 문화담론을 향한 한 시도"(2012) 등이 있다. 저서로는 『혼종성 이후』(공저), 『종교와 사회진보』(2015, 공저), 『21세기 종교사회학』(2013, 공저) 등이 있다.

**전명수(全明秀)** | 고려대학교 대학원에서 사회학 박사학위를 취득하고(학위논문: 『뉴에이지 운동과 한국의 대중문화: 뉴에이지 운동의 한국 수용과 그 영향에 관한 사회학적 연구』), 현재 고려대학교 공공사회 · 통일외교학부 공공사회학전공 조교수로 재직 중이다. 주요 저서로는 『한국의 종교와 사회운동』(2010, 공저), 『21세기 종교사회학』(2013, 공저), 『화합사회를 위한 복지』(2013, 공저), 『종교와 사회진보』(2015, 공저) 등이 있고, 최근 논문으로는 "종교기반 시민사회단체의 복지활동과 시민사회의 발전: 종교 사회적 자본을 중심으로"(2016), "'좋은 사회'와 정의 이념의 종교적 기반: 민주화운동부터 시민사회운동까지"(2016), "종교자원봉사의 특성과 시민사회에서의 의의: 종교기반 시민사회단체의 활동을 중심으로"(2017) 등이 있다.

**정승안(鄭勝安)** | 부산대학교에서 사회학 박사학위를 취득하고(학위논문: 『한국사회에서 易과 占의 사회학적 고찰』), 현재 동명대학교 자율전공학부 교수로 재직 중이다. 주요 저서로는 『종교와 사회진보』(2016, 공저), 『현대사회의 위기와 동양사회사상』(2016, 공저), 『일상생활의 사회학적 이해』(2008, 공저) 등이 있고, 최근 논문으로는 "기후변화에 대한 역(易) 사회학적 이해"(2016), "신자유주의적 세계화와 한국불교의 대응"(2015) 등이 있다. 동양사회사상과 한국적 사회학의 이론적 접합을 화두로 한 연구 활동과 단체 참여를 하고 있다.

**조광덕(趙洸德)** | 경희대학교 대학원에서 사회학 박사학위를 취득하고(학위논문: 『성인기 이전 시기의 부정적 생활경험이 건강에 미치는 영향』), 현재 동 대학에서 강의를 하고 있다. 주요 저서로는 『G세대의 탄생: 그들의 가치와 이념, 참여에 대한 고찰』(2017, 공저)이 있으며, 최근 논문으로는 "공공활동 참여 경험과 일반신뢰가 투표여부에 미치는 영향"(2017)과 "종교와 종교성이 뇌사 시 장기기증의사에 미치는 영향"(2017) 등이 있다. 스스로를 낭인이라 칭하고 강의와 논문생산, 지적 지평을 확장시키기 위해 노력하고 있다.

민주주의, 종교성, 그리고 공화적 공존

초판 1쇄 인쇄 | 2017년 6월 26일
초판 1쇄 발행 | 2017년 6월 30일

지은이 | 김종철 · 송재룡 외
발행인 | 강희일 · 박은자
발행처 | 다산출판사
디자인 | 민하디지털아트 (02)3274-1333

주소 | 서울시 마포구 대흥로 6길 8 다산빌딩 402호
전화 | (02)717-3661
팩스 | (02)716-9945
이메일 | dasanpub@hanmail.net
홈페이지 | www.dasanbooks.co.kr
등록일 | 1979년 6월 5일
등록번호 | 제3-86호(윤)

이 책의 판권은 다산출판사에 있습니다.
잘못된 책은 구입하신 서점에서 바꾸어 드립니다.
저자와의 협의하에 인지첨부는 생략합니다.

ISBN 978-89-7110-546-7 94210
ISBN 978-89-7110-542-9(세트)

정가 24,000원

# 종교학

## 21세기 종교사회학(2014 세종도서 학술부문)

신국판 / 408쪽 / 20,000원 / 2013년 12월 발행
김성건 · 박승길 · 최현종 · 유광석 · 정태식
전명수 · 박수호 · 송재룡 · 장형철 · 김철수

기본적 인식에 기초하여 최근 세계 종교사회학계의 일각에서 주창되고 있는 중요한 '새로운 패러다임'과 연관된 다양한 연구 주제 및 동향을 종합적으로 저술하고 있다.

---

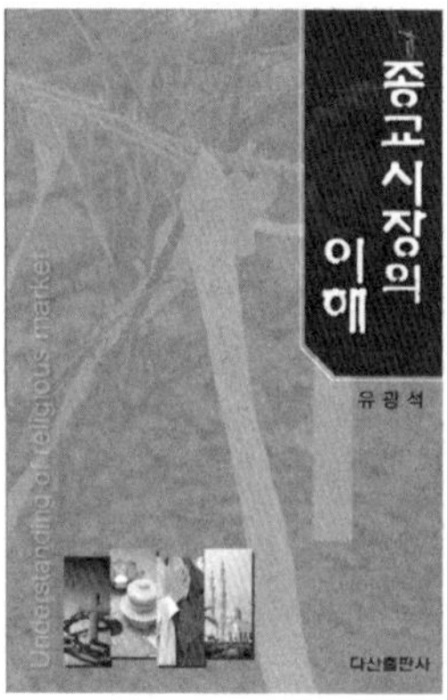


## 종교시장의 이해(2015 학술원 우수학술도서)

신국판 양장 / 264쪽 / 16,000원 / 2014년 9월 발행
유광석

종교시장이론의 핵심을 충실하면서도 깊이 있게 설명한 바탕 위에서 이 이론을 한국적 상황에서 몇 가지 사례에 대해 적용하고 결론 부분에서 종교시장이론의 한계와 잠재력에 대해서 균형 잡힌 논의를 펼치고 있다.

---

## 종교와 사회진보

신국판 양장 / 224쪽 / 13,000원 / 2015년 6월 발행
송재룡 · 김성건 · 전명수 · 정승안 · 유광석 · 최현종 · 장형철

거시적으로 한국사회의 사회적 진보의 동인을 이루는 다차원적 요인들에 대한 종교문화 사회학적 접근의 이론적 및 현상적 토대를 넓히는 데에 크게 기여할 것이다.

# 종교학

## 오늘의 사회, 오늘의 종교

신국판 / 336쪽 / 18,000원 / 2017년 2월 발행
최현종

한국 종교인구변동에 관해 기술하였으며 공적 영역에서의 종교와 종교사회학의 이론적인 측면에 관하여 저술하였다.

## 중국의 종교

신국판 양장 / 268쪽 / 16,000원 / 2017년 6월 발행
펭강 양 지음 / 송재룡 · 유광석 옮김

수천 년간 활동이 허락된 복수의 종교들이 있었지만 중국 정부는 그런 종교들에 제한적 규제들을 유지하고 이단적이거나 종파적인 종교 운동을 억압했다. 수억 명의 잠재적 종교 소비자들을 가진 거대한 회색 시장이 존재하는 중국의 종교에 관해 저술한 책이다.

## 민주주의, 종교성, 그리고 공화적 공존

신국판 양장 / 456쪽 / 24,000원 / 2017년 6월 발행
김성건 · 김종철 · 박수호 · 송재룡 · 오수길 · 이국운 · 이지문 · 장형철 · 전명수 · 정승안 · 조광덕

사회진보와 공화적 공존을 지향하는 한국적 시민참여모델의 창출은 매우 광범위한 인식론적, 방법론적, 정책론적 공동연구를 요청하고 있다. 종교성은 이러한 이론적 · 실증적 연구의 주요 소재이자 공화적 공존의 실체적 가치에 대한 지향가치를 제공해 준다.